**THE BURDENS
OF EMPIRE**

**1539 TO
THE PRESENT**

帝国与国际法 译丛

主办单位

北京大学国家法治战略研究院

译 丛 主 编

孔元 | 陈一峰

译 丛 编 委
（按汉语拼音排序）

强世功 | 汪晖 | 殷之光 | 章永乐

安妮·奥福德　　安妮·彼得斯　　本尼迪克特·金斯伯里　　大卫·阿米蒂奇
Anne Orford　　Anne Peters　　Benedict Kingsbury　　David Armitage

邓肯·贝尔　　马蒂·科斯肯涅米　　帕尔·弗兰格　　托尼·卡蒂　　詹尼弗·皮茨
Duncan Bell　　Martti Koskenniemi　　Pål Wrange　　Tony Carty　　Jennifer Pitts

帝国的重负

公元1539年至今

[美] 安东尼·帕戈登 著

杨春景 译

当代世界出版社

献给最美丽动人的茱莉亚

前　言

本书是我从过去十四年来所撰写的关于帝国政治和法律理论方面的全部文章中精选出部分文章辑录而成。为了反映最新的研究成果以及确保这些文章在辑录成书时具有整体连贯性，我对它们进行了大幅修订和改写。与原先的文章相比，有些文章几乎已"面目全非"，变成了全新的文章，为此我相应地对文章标题进行了修改。此外，本书第六章是首次发表。

第一章中的某些观点最早见于《征服与正义战争：萨拉曼卡学派和印第安事务》，载桑卡尔·穆图主编的《帝国与现代政治思想》（剑桥大学出版社2012年版）。[1]

第二章是对《贞提利、维托利亚及"自然万民法"的建构》一文的拓展，该文章载本尼迪克特·金斯伯里和本杰明·斯特劳曼主编的《万民法的罗马基础：阿尔贝里科·贞提利和帝国正义》（牛津大学出版社2010年版，第340—361页）。[2]

第三章的早先版本标题为《民族、种族和帝国：早期现代世界中的身份建构》，载米拉姆·伊利亚-菲尔顿、本杰明·伊萨克

和约瑟夫·齐格勒主编的《西方种族主义的起源》（剑桥大学出版社2009年版，第292—312页）。³

第四章的主要内容见于《美国剑桥法律史》（剑桥大学出版社，2008年版）中的"法律、殖民化、合法化和欧洲背景"章节，以及艾伦·布坎南和玛格丽特·摩尔主编的《国家、民族和边界：划界的伦理》中的"基督教传统"章节（剑桥大学出版社2003年版，第103—126页）。⁴

第五章的部分内容见于《贸易与征服：雨果·格老秀斯和塞拉芬·德·弗莱塔论海洋自由》一文（载《海洋自由》2000年第20期，第33—55页）。⁵

第七章是对《连续性法则：康德国际权利之下的征服和殖民》一文的改写和修订，载凯因·弗里克和里·皮主编的《康德与殖民主义：历史和批评观点》（牛津大学出版社2014年版）。⁶

第八章中的某些观点最早见于《评贸易、政府和帝国启蒙》一文，载《帝国：从上古到现代》（穆里诺出版社2009年版，第191—214页）。⁷

第九章的早先版本最先发表在《政治理论》2003年第31期，第171—199页。

注释

1. Anthony Pagden, "Conquest and the Just War: The 'School of Salamanca' and the 'Affair of the Indies'", in Sankar Muthu ed., *Empire and Modern Political Thought*, Cambridge: Cambridge University Press, 2012.

2. Anthony Pagden, "Gentili, Vitoria and the Fabrication of a 'Natural Law of Nations'", in Benedict Kingsbury and Benjamin Straumann eds., *The Roman Foundations of the Law of Nations: Alberico Gentili and the Justice of Empire*, Oxford: Oxford University Press, 2010, 340-61.

3. Anthony Pagden, "Ethnos, Race and Empire: The Fabrication of Identity in the Early-Modern World", in Miriam Eliav-Feldon, Benjamin Isaac, and Joseph Ziegler eds., *The Origins of Racism in the West*, Cambridge: Cambridge University Press, 2009, 292-312.

4. Anthony Pagden, "Law, Colonization, Legitimation and the European Background", in Michael Grossberg and Christopher Tomlins, *The Cambridge History of Law in America*, Cambridge University Press, 2008; "The Christian Tradition", in Allen Buchanan and Margaret Moore eds., *State, Nations and Borders: The Ethics of Making Boundaries*, Cambridge: Cambridge University Press, 2003, 103-26.

5. Anthony Pagden, "Commerce and Conquest: Hugo Grotius and Serafim de Freitas on the Freedom of the Seas", *Mare liberum*, 20 (2000) 33-55.

6. Anthony Pagden, "The Law of Continuity: Conquest and Settlement within the Limits of Kant's International Right", in Katrin Flikschuh and Lea Ypi eds., *Kant and Colonialism: Historical and Critical Perspectives*, Oxford: Oxford University Press, 2014.

7. Anthony Pagden, "Il commercio, la conquista e la critica illuministica dell'impero", in Ruth Ben Ghiat ed., *Gli imperi: dall'antichita all'eta contemporanea*, Bologna: Il Mulino, 2009, 191-214.

目 录

I | 前 言

1 | 导 言 　帝国的剖析：从罗马到华盛顿

75 | 第一章　为帝国辩护：萨拉曼卡学派和"印第安事务"

126 | 第二章　"从野蛮到文明"：阿尔贝里科·贞提利论帝国的合法性

164 | 第三章　移居新世界：早期现代世界的民族、种族和帝国

204 | 第四章　征服、殖民、购买、特许权：英国人占领美洲的正当性理由

259 | 第五章　占领海洋：雨果·格老秀斯和塞拉芬·德·弗莱塔论发现和先占权

294 | 第六章　自我革新：伊比利亚美洲世界政治想象中的改革和革命

339 | 第七章　从"国际权利"到"世界公民权利"：伊曼努尔·康德论法的连续性和帝国的限度

375 | 第八章　"野蛮人的冲动——文明人的权衡"：征服、商业和帝国的批判启蒙

406 | 第九章　人权、自然权利和欧洲的帝国遗产

436 | 参考文献
462 | 致 谢
464 | 索 引

导 言
帝国的剖析：从罗马到华盛顿

> 法律具有时代性。
>
> ——帕斯卡（Pascal）

一

在政治学辞典的所有术语中，"帝国"是让人最捉摸不透且最具争议性的一个术语。这里仅举其中几个例子为证，阿契美尼德波斯、古马其顿、罗马、帕提亚拜占庭、奥斯曼土耳其、古代中国、毗舍离纳加尔、亚述、埃兰、乌拉尔图、贝宁、毛利人统治下的新西兰、秘鲁和墨西哥、纳粹德国、苏联，甚至美国和欧盟都曾被冠以"帝国"之名。[1] 除了所有这些"帝国"（不包括美国和欧盟）早已不复存在外，它们还有四个共同点：它们都（相对而言）幅员辽阔，都被认为已经实际完成或具备完成大一统的潜力，所有这些国家中的一个民族或部落以某种方式统治其他多个民族或部落，以及在大多数情况下这些帝国是通过征服活动而建立的。[2] 自治权是一个民族不可剥夺的权利，不论这是一种真实抑或想象中的权利，它的历史相对短暂并且完全源于欧洲，人类学家马歇尔·萨林斯（Marshall Sahlins）将自治权称为"一种陈腐过时的西方观念，而统治是社会本性的一种自发性表达"。斐济的平民会对他的酋长说"吃掉我"，因为他明白所有的统治都是一种互相残杀，而互相残杀的首要规则就是没有人会吃自己。[3]

今天，帝国早已成为历史。但是，相比部落领地或现代国家，作为人类曾经历的历史，一直以来帝国兴亡更迭的频率更快，地域更为广袤。西罗马帝国统治的时间持续了约600年，东罗马帝国持续了1000多年。奥斯曼帝国持续了600多年，而古代中国虽然历经王朝更迭，但其统治的时间持续了2000多年之久。[4]

统治时间的长短并不能说明一切。相比任何之前或之后出现的国家，帝国统治的区域更幅员辽阔，并且统治人口数量更多。公元前323年，亚历山大帝国统治者亚历山大大帝去世，尽管这个帝国已是摇摇欲坠并且它的统治如同昙花一现，但是从亚得里亚海一直到印度河，从旁遮普一直到苏丹，这片区域都处在帝国的统治之下。2世纪时，罗马帝国的统治范围达到顶峰，其领土南起阿特拉斯山脉，北抵苏格兰，东至印度河谷，西到大西洋，面积约500万平方公里（美国陆地面积是350余万平方公里），人口约5500万。根据克里斯托弗·马洛（Christopher Marlowe）在《帖木儿大帝》（*Timur the Lame*）一书中的观点，1400年时，从黑海一直到喀什城的这片区域都处于跛腿帖木儿大帝的统治之下。

13世纪，奥斯曼苏丹的国土仅限于狭小的安纳托利亚行省一隅，它被夹在拜占庭帝国和塞尔柱土耳其中间，并且处于圣战骑士团的统治之下，到16世纪初，它已经扩张至从匈牙利到中亚横跨1万公里的区域。1532年，弗朗西斯科·皮萨罗（Francisco Pizarro）的军队抵达秘鲁，而至15世纪后期，印加（Inka）的领土就已扩张到库斯科（Cuzco）周边的地区，北抵今天的秘鲁、厄瓜多尔和哥伦比亚，南至玻利维亚、智利北部和阿根廷西北部地区。1923年，大英帝国成为有史以来领土面积最大的帝国，其领土面积约为2100万平方公里。[5] 相比之下，世界上大多数民族国家的历史尚且不足一个世纪，除了苏联解体后的俄罗斯和美国之外，其他大多数国家的面积都相对狭小且是在某一类型帝国的废墟上建立起来的。

然而，虽然大多数人类成员可能都曾生活在地域辽阔的多民族国家之中，但是"帝国"的概念以及在19世纪被称为"帝国主义"的概念很大程度上局限于欧洲和亚洲地区。"帝国"一词及其所有的变体词——"皇帝"（emperor）、"帝国主义"（imperialism）等——均源自拉丁语"帝国"（imperium），当初这个词只是指罗马行政官可以行使权力的范围。最初所有罗马指挥官统称"emperor"，直到2世纪，这个词才被特指罗马世界最高统治者，并且即便在这个时期，这个词的词意也并不是一成不变的，罗马最高统治者还被冠以其他同样表示尊崇的头衔，如奥古斯都（Augustus，意思为"至尊"）、第一公民（Princeps，意思为"元首"）、国父（Pater Patriae）和恺撒（Caesar）。"恺撒"最初是一个姓氏，德语中的"皇帝"（Kaiser）和俄语中的"沙皇"（Czar）均源于"Caesar"一词。

在西欧，"帝国"的概念以及这个词隐含的所有意思基本上都是由罗马人创造出来的。1883年，英国历史学家J. R. 塞利（J. R. Seeley）用一种19世纪流行的典型夸张表达方式指出，"这（指罗马帝国）是人类历史中最重要的事件，它可以被称作当今人类文明的基石"。[6]

罗马的历史为本书中所提及的、后来在西欧出现的帝国提供了一种模式（尽管在实践中人们通常对这一点知之甚少）。这一点在欧洲各国首都到处都是罗马风格的宏伟王室建筑上体现得尤为明显，诸如伦敦、马德里、维也纳、柏林，当然还有华盛顿；并且在19世纪，根据帝国关于公务人员衣着的法令规定，公务人员应穿着具有浪漫主义风格的罗马服饰。但是，事情还远不止于此。最重要一点是，"帝国"专指一种法律制度下的"扩张型政体形式"。1788年，伟大的印度学家、语言学家和法学家威廉·琼斯爵士（Sir William Jones）着手开展一项艰巨的工作，即统一印度的法律制度，他向总督康沃利斯勋爵（Lord Cornwallis）表示，他制定的新法典将为英属印度帝国人民享有"司法公正提供安全保障"，他将该法典比作伟大的罗马法典，后者是6世纪罗马拜占庭皇帝优士丁尼颁布且适用于"希腊和罗马臣民"的法典。[7]对于琼斯爵士及大多数印度官员而言，"大英帝国"犹如之前的罗马帝国，它代表了一种法律秩序。

生活在1世纪至2世纪的神学家特尔图良（Tertullian）将法律

视为"罗马身份"(Romanitas)的核心要素,"罗马身份"大致就是18世纪以来人们一直所称的"文明":那些在罗马统治下的"野蛮人"的生活方式比罗马统治范围之外的任何生活方式都更高级、舒适、稳定和公正。为了实现江山永固,所有帝国都必须对被征服者进行统治。历史上,罗马人早就意识到了这一点。[8]公元前1世纪末,罗马历史学家李维(Livy)指出,"一个帝国,只要它的臣民为之欢欣鼓舞,它就会长盛不衰。"[9]罗马帝国在大多数的时间内都处于这种状态。后来,新抵达罗马北部和东部边境地区的哥特人部落攻陷西罗马帝国,帝国随之土崩瓦解。但生活在罗马帝国核心区域的民族——高卢人、达契亚人、伊比利亚人,甚至居住在偏僻之地的不列颠人——均未像后来在欧洲统治者统治之下的亚洲和非洲民族那样揭竿而起反对罗马帝国。甚至哥特人也不想终结罗马的统治,因为被罗马人统治符合哥特人自身的利益。东哥特国王西奥多里克(Theodoric)曾说:"能力出众的哥特人想成为罗马人,只有卑微低贱的罗马人才希望像哥特人那样生活。"[10]

罗马可以传授给被征服的民族各种技能,比如建筑、修建浴室以及从遥远的地方取淡水或为诺森伯兰郡荒野别墅内用大理石装修的房间供暖。然而,最令人心驰神往的是公民身份。世人公认公民身份是罗马人发明的一种具备现代性的概念,自从罗马共和国建立以来,它一直是罗马世界主流意识形态的支柱。并非所有罗马臣民都希望获得公民身份;但是,如果很多人并不希望获得公民身份,那么帝国就无法存续下去。1859年,英国自由主义者约翰·斯图亚特·密尔（John Stuart Mill）指出，罗马人"并不是双手最干净的征服者"。但是，他接着提出了一个问题："对于高卢、西班牙、努米底亚和达契亚而言，如果它们从未成为罗马帝国的组成部分，那么它们民众的生活就会更好吗？"[11] 对密尔以及在他前后多个时期罗马帝国的狂热拥护者而言，答案再清楚不过，那就是"不会"。

正如历史上所有赫赫有名的帝国一样，罗马帝国本质上是一个开放社会。罗马通过"让陌生人自由地享受帝国的特权和荣光"从而建立了一个世界帝国，尼科洛·马基雅维利（Niccolò Machiavelli）对罗马帝国进行了研究并对这一点颇为推崇。[12] 他的观点与罗马共和国成立以来罗马人精心培护的帝国愿景是吻合的。212年，罗马皇帝卡拉卡拉（Marcus Aurelius Antoninus，又称Caracalla）将公民身份授予帝国所有自由民，这一法令被称为《安东尼敕令》（Antonie Constitution），至少这从理论上建立了一个共同的纽带，扩大了罗马公民身份的覆盖范围。《安东尼敕令》规定，"罗马统治范围内的所有人均为罗马公民"。然而，这绝不是利弊参半的事情。荷兰人文学家雨果·格老秀斯（Hugo Grotius，在第五章中我们会再次提及他）在他于1625年出版的名著《战争与和平法》（On the Law of War and Peace）中提出了一种关于理想状态下罗马公民身份的较为客观的观点。他认为，"帝国统治"分为两种模式，第一种是罗马模式，即试图建立一个"由其统治的所有国家组成的共同体"；第二种是"居鲁士大帝和亚历山大大帝偏爱的方式"，即"征服国王或民众之后，保留被征服者自己的政

府"。¹³

根据格老秀斯的观点,罗马皇帝卡拉卡拉原意是所有"生活在罗马帝国统治范围之内的"男性都应"蒙恩并享有真正罗马公民的特权"。但是,这并不意味着"帝国的崛起和起源依靠的是罗马民族之外的任何其他民族"。或者,正如历史学家爱德华·吉本(Edward Gibbon)后来不无讽刺地指出的,"卡拉卡拉大笔一挥",让"那些不愿归顺的外邦人被迫接受'罗马公民'这一虚名并承担这一虚名之下实实在在的义务"。¹⁴人们认为亚历山大和居鲁士区别对待统治者、帝国和他们征服的民众,而《安东尼敕令》则是在未经民众同意的情况下将公民身份强加在他们身上,从而将作为个人自由守门人的共和国转变成罗马皇帝不容置疑的帝国扩张行动。这距离宣布罗马是全世界的"共同家园"时间非常接近。但是,公民身份也创造了一个奇迹,所有受罗马法律管辖的民众变成了罗马人,同时又允许他们完全保留之前的种族、宗教和文化特征。有些基督徒曾将他们新的信仰视为导致政治纷争的原因,特尔图良警告这些基督徒说:"在这个你们被当作仆人的帝国中,统治公民的是贵族而不是独裁者。"¹⁵

现代法的终极渊源是罗马法,而制定罗马法在很大程度上是为了满足多民族帝国的需要。"公民身份"(citizenship)这个词本身就包含随时接纳外邦人的意思。¹⁶拉丁语"civis"(公民)源自印欧语系,意思为"家庭观念",尤指将外来人(换句话说就是"客人")接纳为家庭成员。因此,最恰当的翻译是"同胞"(fellow citizen),而不是"公民"(citizen)。公民是市民国家(civitas)

的成员，尽管"civitas"这个术语也被用来指整个罗马世界，但它并不是指一片地域，而是指糅合了权利和义务的一种法律架构。1 世纪，伟大的罗马诗人维吉尔（Virgil，但丁称他为"帝国的诗人"）创造了这个词，他指出，市民国家是"萨图恩*和特定的法律将野蛮民族聚集在一起"的地方，[17] 因此市民国家是全人类生活的地方。143 或 144 年，希腊演说家阿里乌斯·阿里斯蒂德斯（Aelius Aristides）在向罗马百姓发表演讲时指出："在你们的帝国中，每条大道均向所有人开放。虽然外邦人不配被纳入帝国的统治范围或得到帝国的信任，但是在已经建立自由共和国统治的世界市民社会之中，最贤明的统治者和秩序的掌控者统治着共和国，所有这些形成一个共同的城邦，其目的是使每个人得到他应当得到的东西。"[18] 阿里乌斯演讲中提到的皇帝安东尼·庇护（Antoninus Pius）不仅被尊称为"世界之王"（Dominus totius orbis）——他是首位获得该尊号的皇帝，同时他还自封"世界的监护人"。

此后，所有欧洲帝国都竭力（至少是最低限度地）模仿罗马帝国。16 世纪末，法国人，甚至西班牙人，曾希望建立一个类似由单一法律体系治理的大一统社会，他们反而成了真正帝国的反面典型。

或许罗马是一个例外，但阿里乌斯的话肯定有些夸张。然而，尽管罗马人是唯一一个提出我们今天所理解的"公民身份"法律概念的民族，但并非只有罗马人才具有包容性。大部分早期帝

---

* 罗马神话中的农神。——译者注

国都有类似的多元文化，它们都希望将帝国内部的各个族群纳入一个范围更大的国际性实体之中。波斯帝国阿契美尼德王朝利用地方统治者进行统治，地方统治者被称为"总督"（Satraps，即掌权者）。亚历山大大帝也采用了这一制度，他麾下的军人均来自亚洲各地。对于奥斯曼帝国而言，尽管从来没出现过来自非奥斯曼王朝创始人家族的苏丹，但是奥斯曼帝国极其依赖非土耳其民族，有时甚至依靠那些不是穆斯林的民族。尽管根据伊斯兰教法，所有拒绝皈依伊斯兰教的民族都必须缴纳特种税并身着特定服饰，但是根据所谓的米勒特制度（Millet System），这些民族一般可以自由生活，根据自己的法律实行自治，并可以保留自己的宗教信仰。

这些帝国或有望成为帝国的国家并不愿意将其臣民纳入某种规模更大的政治社会之中，它们的存续时间不可能长久。希特勒建立的第三帝国（可能是历史上最短命的帝国）就是一个例子。如果希特勒选择让欧洲的"内奸"（这一群体人数众多）担任高级职务，通过利用被征服的民族进行统治而不是直接统治被征服的民族，那么第二次世界大战的结果可能截然不同。

实际上，与普通人心目中的印象正好相反，大多数帝国的组织架构在其存续的大部分历史时期都极为脆弱，它们的存续始终依靠帝国的臣民。普遍公民权并非是因为统治者慷慨而赋予人民的，它是为了满足统治需求而被创设出来的。当罗马元老院否决授予意大利境内高卢人的公民身份时，克劳狄（Claudius）皇帝向罗马元老院提出质询："尽管斯巴达和雅典拥有强大的武装力量，除了他们视被征服地区为异族的不友好政策之外,还有什么能证明对他们造成了致命的打击?"[19]1521年,埃尔南·科尔特斯(Hernán Cortés)率领一支由欧洲人组成的小股部队和一支人数众多的土著"盟军"——主要是特拉斯卡拉人(Tlaxcalans)——围攻阿兹特克首都特诺奇提特兰(Tenochtitlan),如果没有特拉斯卡拉人的帮助,那么欧洲人根本不可能成功。如果没有前朝莫卧儿帝国臣民的积极协助,有时甚至是热情的帮助,在印度的英国人将无法获得对前莫卧儿帝国的控制权。如果没有印度的官僚体系、印度法官以及发挥重要作用的印度士兵,那么英属印度帝国仍会是一家私人贸易公司。1757年普拉西(Plassey)之战标志着东印度公司对莫卧儿王朝开始实施政治统治,当时英军中的印度人人数是欧洲人的两倍。

这并不是说任何形式的帝国在扩张过程中都会减少暴力活动,这也并不是要掩盖的一个事实。以英国人为例,尽管英国人任命一定数量的印度人担任重要的行政管理职务,甚至还授予一些人贵族头衔,如1919年授予萨蒂扬德拉·普拉桑诺·辛哈(Satyendra Prasanno Sinha)赖布尔·辛哈男爵(Baron Sinha of Raipur)尊号,并允许他继续担任比哈尔邦(Bihar)和奥迪萨邦(Odisha)总督,但这在很大程度上是例外情况而不是既定规则。印度人从来没有被任命担任掌握帝国政治权力的职务。1世纪到2世纪期间在位的罗马皇帝塞普蒂米乌斯·塞弗勒斯[Septimius Severus,他是被罗马化的布匿人,出生在大莱普提斯(Leptis Magna,今利比亚),操一口浓重的地方口音]、3世纪推行伟大改革的皇帝戴克里先［他是达尔马提亚（Dalmatia）一位自由平民的儿子］以及他的继任者伽列里乌斯（Galerius，他曾是喀尔巴阡山地区的放牛娃）没有这样做，也不可能这样做。欧洲殖民政府从未委任非洲人、美洲土著、波利尼西亚人或澳大利亚土著担任任何正式职务。

然而，这样的情形依旧存在，即人们曾普遍认为帝国是贪得无厌的欧洲掠夺者与毫无防备的土著之间复杂斗争的产物，尽管这种描述符合世界上某些地区的情况（例如澳大利亚和非洲的部分地区），但是即使根据简单的逻辑推理，这也是一种极为粗糙的过度简化。即便是殖民美洲的西班牙帝国，它往往也是一幅嗜血成性、企图消灭或奴役美洲印第安人的独裁者形象，实际上，如果没有当地统治者的积极参与，西班牙人也不会在征服美洲印第安人后的前30年内幸存下来。1664年，法国人效法卡拉卡拉，宣布所有皈依基督教的土著属于新法国人，他们都应"进行登记并被视为法国居民和法国人，从而享有继承权、财产权、法律权利和其他处置权"[20]（但是，从未有非欧洲人被擢升至法国贵族中的最低层级，他们中也没有人选择在法国国内定居）。

将被征服民族带入秩序井然的法治社会的主张必然涉及一系列具有普世价值的诉求，并且被征服民族往往希望享有普适规则的权利，这些是他们所缺少且应当争取的。这种情况也绝不是只存在于罗马或欧洲。普世主义和与之关系密切的君主制一样，很可能最早是由亚历山大大帝从亚洲带到欧洲的。然而，罗马人以及之后欧洲人的帝国概念并不是通常意义上的帝国概念，因为

"帝国"的法律表述在一开始就与斯多葛学派晚期提出的"人类种族一体论"观点糅合在一起,用伟大的罗马法学家西塞罗(Cicero)的话来说,就是"神与人构成的共同体"。因此,罗马帝国不仅仅是一个政治权力实体,它还体现了斯多葛学派"全人类普适性法律"(koinos nomous)的概念。

因此,有关帝国的观点与斯多葛主义以及其暗示建立大同世界的观点一直关系密切,但也存在很多相互冲突之处。斯多葛主义的创始人即公元前3世纪的基提翁的芝诺(Zeno of Citium)告诉他的追随者:"我们不应该全都居住在各大城邦和族群(部落)中,城邦与部落全都被各自的正义原则约束;相反,我们应该把所有人都视为同一部落的成员和公民同胞,而且……应该只有一种生活方式和秩序,就像羊群在同一块草地上一起吃草一样"。几个世纪以来,人们频繁引述该观点来作为人类追求"大同世界"的佐证。但是,极少有人提及这段话的背景。也许因为我们只是保留了芝诺的这段话,1世纪希腊罗马哲学家和传记作家普鲁塔克(Plutarch)记录下了这段话,而普鲁塔克之所以费尽心力复述这些话,是因为他认为亚历山大大帝的帝国体现了芝诺"一个秩序井然的哲学世界的梦想,或者朦胧的画面"。[21]对于普鲁塔克而言,大同世界主义并不意味着每个人都会变成世界公民,而是意味着使世界成为一个包含所有公民的整体。如果全人类要合为一体,那么人类应该属于同一个社会、同一个城市和同一个城邦。对于芝诺而言,这个城邦可能是指亚历山大大帝的帝国;而对于普鲁塔克而言,这个城邦就是指亚历山大大帝的帝国。对罗马人来说，它显然只能是指罗马帝国，或更确切地说，它是指罗马公民身份。就普遍适用于人类的法律而言，最初人们认为其全部内容就是一部希腊法，而不是通常人们所希望的多元化组合。与之相似，西塞罗和他的追随者对"人类共同法"的理解（我们会在第三章中看到）实质上就是将罗马市民法扩展适用于非罗马人。[22]

至少在后人看来，罗马作为一种全新大同世界秩序的建立者，在安东尼王朝统治时期——众所周知的"五贤帝"时期，从涅尔瓦（Nerva，96—98年在位）一直到马可·奥勒留（Marcus Aurelius，161—180年在位），其中马可·奥勒留自称奉行斯多葛世界主义——罗马的声誉得到极大提高。他们似乎已抹去了声名狼藉的前朝皇帝尼禄（Nero）、提比略（Tiberius）和卡利古拉（Caligula）留给人们的记忆；的确，可以说罗马为大多数公民所认同的"世界"带来了和平、繁荣、秩序和正义。几个世纪之后，爱德华·吉本在回望不久之前降临在这片"伊甸园"上的大灾难时指出："如果让一个人说出世界历史上哪个时代的人类过着最幸福、最富足的生活，他会毫不犹豫地说是从图密善（Domition）去世到康茂德（Commodus）继位的那段时期。"他补充道："罗马帝国雄踞在地球最肥美的土地之上，并且那是人类文明程度最高的一段时期。"[23]

罗马帝国内部信仰另一种世界主义的基督徒同样看到了自己渴望看到的愿景，他们认为上帝选择罗马来一统天下，由此基督降生就可以使希腊人所称的"世界"（oikoumene）蒙受神恩，即便不是"雨露均沾"，大多数地区也会蒙受恩典。对于异教徒普林尼来说，正是众神的守护才使罗马能够"将人性赋予全人类"。对于基督徒而言，这是上帝的旨意。

4世纪，基督教教义学家奥里利乌斯·普鲁登修斯（Aurelius Prudentius）写道："上帝教化普天万民，使其服从同一部法律并成为罗马人……同一部法律规定众生平等，使他们同负一名，尽管他们是被征服的对象，但是他们形成了血肉兄弟般的关系。我们在任何可以想象到的地方都可以安居乐业，这与生活在用一堵墙将所有同胞圈围起来的城邦和祖国的怀抱中几乎没有什么不同。"[24]

这样的一个国家必然是一个世界大国。早在公元前1世纪末，西塞罗就自信满满地指出，"我们的帝国统治着全世界"。[25]这并不意味着罗马人忽略了地球上还有其他的地方。事实上，他们对居住在帝国之外土地上的民族有一种极为明显而复杂的好奇心。正是因为世界上其他地区的人们不同于共同体的独立身份，更谈不上拥有政治权力，随着历史的发展，他们终究会被帝国（罗马人所谓的"世界"）所吞噬。这就是维吉尔认为朱庇特神使新罗马城成为一个不受时空限制的帝国的原因所在："对于这些人（罗马人），我使普天之下，皆为其土，千秋万代，永盛不衰，祈愿帝国永远繁荣昌盛。"[26]6世纪，当优士丁尼皇帝开始编纂罗马法典时，他所统治的世界（尽管当时罗马帝国仅仅占据着达达尼尔海峡以东的地区）被视为形成了一个共同体（universitas），这要求国王为这个共同体提供"保护和管辖"。[27]19世纪伟大的德国古典主义学者、法学家和历史学家特奥多尔·蒙森（Theodore Mommsen）撰写了一本关于罗马公法的历史巨著，他在书中指出，"罗马人普遍持一种观念，即罗马帝国不仅是地球上的第一大国，而且从某种意义上说，罗马帝国也是世界上唯一的帝国"。[28]

普世主义的意识形态和强大的政治想象力维系着罗马帝国的"公民权"概念，它不仅依赖帝国统治所有公民的市民法体系，还催生了一种国家间的法律体系，即"万民法"，这成为此后延续到19世纪围绕欧洲帝国的性质、合法性和未来可能性展开辩论的大背景。所谓的"万民法"最初只是管辖罗马公民与非罗马公民之间关系的法律，它实际上是一套国际私法体系。然而，6世纪，罗马法学家认为万民法属于次要自然法，也就是说，如果人们能够知晓这部法律的内容，那么所有具有理性的民族都将接受这部法律；由此，万民法成为各民族之间法律的基础。正是基于这一点，格老秀斯指出，对于罗马法学家来说，"万民法和自然理性就是一回事"。[29] 根据法学家、历史学家、早期人类学家以及曾任印度总督府法律委员会委员的亨利·萨姆纳·梅因（Henry Sumner Maine）在他极具影响力的研究专著《古代法》（Ancient Law, 1861）中的观点，为了能"提供调整国际贸易的法律体系"，实际上格老秀斯及其后继者［从17世纪中叶的塞缪尔·普芬道夫（Samuel Pufendorf）到18世纪后期的埃米尔·德·瓦特尔（Emer de Vattel）］误解了"古老万民法"的真实本义，并且他们的理解具有极大的局限性。[30] 正是这种对万民法的理解（尽管事实上格老秀斯并不是第一个提出这种观点的人）成为19世纪以及之后

"国际法"（international law）概念的理论基础。

二

随着1492年欧洲人"发现"了一个当时未知的世界，格老秀斯、他的后继者以及在他之前的许多知名学者（梅因的历史研究不包含这些人）所生活世界的面貌发生了翻天覆地的变化。发现美洲（对欧洲而言，这确实算作"发现"）的结果就是导致当时欧洲人头脑中原本不容置疑的假设出现了动摇，这些假设不仅涉及地理学，而且正如我们将在第三章中看到的那样，还涉及人类历史和人类学。发现美洲还给欧洲人提供了在海外占领新领地的可能性——20世纪德国法学家卡尔·施密特（Carl Schmitt）称其为"土地占取"（Landnahme）——除了十字军国家尚存争议的例外情形，这种可能性实际上在一千年前就已不复存在了。[31] 1494年，教皇亚历山大六世将"你们已发现或将要发现"的土地主权"赠与"西班牙国王费迪南德（Ferdinand）和王后伊莎贝拉（Isabel），但前提是这些土地尚未被另一位信仰基督教的国王占领。1519年，查理五世加冕为神圣罗马帝国皇帝，当时他不仅是西班牙的国王，而且是中欧大部分地区和意大利的国王，至少在名义上是整个西半球的君主，他关于罗马帝国是"世界之主"的主张似乎变成了现实。查理大帝担心其他欧洲统治者尤其是法国统治者和教皇会提出这种主张，因此他在1536年向教皇保罗三世提出抗议,"有人说我觊觎世界霸主之位,但是我的思想和行为证明事实恰恰相反"。然而,他的幕僚却并未保持沉默,在他臣民的政治想象中,查理五世是《但以理书》中所预言的"最后的世界之主",他将为整个世界带来和平与安定,并完成各基督教思想流派的大一统(在一幅同时代的画作中,但以理亲自向宝座上坐着的皇帝全面讲述了这一预言)。[32]1600年,那不勒斯术士托马索·康帕内拉(Tommaso Campanella)撰写了一份关于西班牙是基督教世界帝国统治者的救世书,向欧洲王公们宣告:"西班牙的君主将统治所有国家及整个世界,西班牙就是弥赛亚,由此可证明西班牙就是宇宙的继承者"(然而,康帕内拉从那不勒斯出逃至法国后,他在1635年改变了这个观点,认为法国才是未来的世界帝国)。[33]

正是在这种背景下,再加上西班牙占领安的列斯群岛之后的奴役和屠杀恐怖事件,以及西班牙于1519年至1521年间对墨西哥和1532年至1572年间征服秘鲁后犯下的暴行,萨拉曼卡大学的多位西班牙神学家(现在泛称"萨拉曼卡学派")开始提出质疑,正如他们中最早的成员弗朗西斯科·德·维托利亚(Francisco de Vitoria)所问:"西班牙人根据何种权利统治野蛮之人?"维托利亚称之为"印第安事务",并在随后尝试重塑人们对万民法的认知,这即本书第一章的内容。

占领美洲的事实以及随后开展的活动给欧洲人带来了全新的法律挑战。整个西半球被赠与西班牙国王,这种永久性"赠与"意味着罗马教皇不仅统治全人类,并且统辖精神和世俗领域,然而只有教廷的教会法学家认同这一点。除了葡萄牙早期入侵西非外，此前其他所有在基督教世界之外通过"土地占有"取得的所有权都是基于被占领的领土曾经属于"基督教共和国"的领土这一主张，与教皇赠与类似，侵略活动也以类似主张作为正当理由。根据以基督教为背景的自然法，统治权是自然权力，而不来自恩典，统治者的宗教信仰可能与其所享有的领土权利毫不相干（对主权基础的理解是西班牙人和英国人在理论层面的主要差异之一，相关内容参见第四章）。因此，苏丹就像神圣罗马的皇帝一样，享有对自己领土的合法主权。然而，他或任何其他统治者均不会主张拥有前罗马帝国领土的任何部分，因为罗马帝国被人们认为是基督教世界不可分割的一部分。维托利亚写道："除非（犹太人和撒拉逊人）征服的土地曾经被基督徒占有，否则我们就不享有对这些土地的所有权（统治权）。"[34] 因此，从法律上来讲，十字军东征和西班牙"收复失地"运动（Reconquista）都不是宗教战争。正如"收复失地"一词所明确指出的，这是为了收回被非法占有的土地。然而，如果要使上述任何一种说法能够适用美洲的情形，唯一的方法就是从字面上理解罗马皇帝关于普遍主权的主张，然而西班牙神学家或法学家都不会接受这种观点。法学家费尔南多·瓦斯克斯·德·门查卡（Fernando Vázquez de Menchaca, 1512—1569）指出，美洲幅员辽阔，与欧洲相距甚远，这证明"众多地区、民族和行省主权不可能集于一人之身"。[35] 此外，这个世界的广袤远超古人的想象，并且似乎还在不断扩张中，因为谁能知道在浩瀚的太平洋之中还有哪些等待人们去发现的土地呢？门查卡敏锐地指出，对于一个统治者而言，不论其权力来源于什么样的权威，如果认为这种权威"尊荣超越万物众生"，那么这种观点"就如同是儿童故事、老年人的忠告和为安然入睡而进行的安抚一样（不值得听信）"。[36] 颇具讽刺意味的是，正是在非洲、美洲和亚洲的"发现"以及麦哲伦在 1519—1522 年环球航行之后，人们才认识到可能有人居住在"对跖地"（Antipodes）*那一侧，这最终颠覆了人们一直以来的普遍观念，以及基于这一观念而认为可能存在放之四海而皆准的普适性文化的观点，而这正是罗马人以及其后中世纪大部分基督教世界观念的基础。

尤其是在 19 世纪，人们常常将维托利亚和他的后继者视为一群激进分子，认为他们是为了争取美洲人的正当权利而与殖民者和国王的代言人（在不是国王本人的情况下）斗争的战士。

密尔曾指出，西班牙政府听从了萨拉曼卡学派神学家们的意见，而不是"他们的基督徒亲朋好友"的意见，这导致他们站到了"异教徒"一边，并竭尽全力"保护土著"。[37] 如果没有萨拉曼卡神学家道义上的干预，那么西班牙征服美洲所导致的后果将比现在更血腥。然而，有人将萨拉曼卡神学家尤其是维托利亚视为最早为基督教帝国主义辩护的人，而不是英勇无畏的道德家。[38] 但这两种形象都不完全正确。正如我们从维托利亚的信件中所了解到的那样，对于那些"危险之人"的行为，他极为愤慨，"他们

---

* 古罗马地理学家曾经以今天的顿河为线，将地球上人类居住的世界分为两部分，欧洲和亚洲彼此对称，即被称为"对跖地"。严格意义上的"对跖地"是指从地球任意一点穿过地心后直线延伸而抵达地球另外一侧时，地球另外一侧的一点与该点即构成地理学的"对跖"。——译者注

让我不寒而栗"。[39] 然而，正如施密特所看到的，维托利亚以"令人惊讶的客观方式"讨论了征服合法性问题。然而，用施密特的话来说，维托利亚的论证是："西班牙人发动了一场正义战争，那么如果印第安人抵制自由商业活动（不仅仅是贸易）和基督教追求自由的使命，就会得出有权吞并印第安人土地的结论"。[40] 正如我们将要看到的，第一项主张并非完全正确，而第二项主张则是彻头彻尾的谬论。但事实是，尽管维托利亚表达了客观和愤慨的情绪，但他并不关心西班牙殖民者在西印度群岛行为是否符合道德或具有合法性，他也不关心印第安人的最终命运。他的目的是为既有的事实提供法律依据，并且认为（或至少声称相信）这种情况在道义上是可以接受的，因为基督教国王及其继任者在这方面显然无可置疑。

维托利亚认为，查理五世除非通过正义战争，否则他不能主张享有对美洲的主权，这实际上是从万民法角度提出的观点，维托利亚及后来认可其观点的学者都非常关注这一点。尽管最先是6世纪的罗马法学家和14世纪的巴托鲁斯（Bartolus）将古代那种纯粹调整私人关系的法律制度视为"次要"自然法，但却是维托利亚（而不是梅因认为的格老秀斯）迈出了第一步，将万民法转化为一种适用于他称为"作为一个联邦的全世界"的法律；正是通过这种方式确保之后关于帝国性质的所有讨论最终演变成对万民法的讨论。

维托利亚制定了一项计划，目的是为一直持续到18世纪后期关于帝国扩张合法性，以及涵盖范围更广的战争法漫长而激烈的辩论框定方向。但是，他所谓的新万民法的性质模糊不清。维托利亚坚持认为，这是一种"通过理性发现"的实在法，因此对世界上所有人都具有约束力，这意味着它必须优先于各国法律适用。但是，就像自然法中的"次要"法则一样，它也没有任何具体的法律条文。正如托马斯·霍布斯（Thomas Hobbes）后来不屑地指出的，导致出现这种情况的部分原因是"经院学者"甚至"最博学的学者"都未能对"法律"（lex）和"权利"（ius）进行明确区分。在霍布斯看来，所谓的万民法实际上只能是一种规则，即"由理性发现的规则或一般规则"（此外，它与"自然权利"就是一回事）。[41] 如果以上阐释是准确的，那么很难看出它为何被称为一种真正的实在法。对于霍布斯及后来的康德来说（正如我们将在第七章中看到的那样），尽管理由千差万别，但万民法并不必然会成为一种真正的实在法，如果仅仅因为国家之间不存在一致认可的法律，那么至少所有国家之间一直保持着一种关系，就像霍布斯入木三分地指出的那样，国家之间"处在一种无法消除的嫉妒之中，保持着一种角斗士的状态和姿势"。[42] 对于维托利亚和他的追随者而言，"万民法"需要形成某种国际法制秩序，要做到这一点，它必须成为一种包括权利和义务的实体法。

对于这个问题，有人给出了一个答案，这个人就是本书第二章的主人公——意大利法学家、牛津大学民法学教授阿尔贝里科·贞提利（Alberico Gentili）。贞提利也认为万民法具有普遍约束力，但是要使万民法成为一种真正的法律体系，就要将其从道德和神学戒律的范畴中脱离出来，这会减损其法律的成色，导致其

21

仍旧属于一种"次要法律"。贞提利着手证明的问题总是实际上是与罗马市民法完全相同的问题。尽管从历史角度而言,这是令人难以置信的,但是这可能解决了一个问题,正如梅因所说,对于罗马法学家来说,他们也曾多次指出,自然法是"一种完美的法律","会逐渐吸纳市民法的内容"。[43] 实际上,根据贞提利的观点,这种"吸纳过程"已经开始。[44] 然而,将万民法等同于罗马市民法的观点也具有影响力;但是,这将原先认为源自于世界上所有民族都认同的理性法律简化为其中某一个族群的特定法律实践,尽管贞提利指出这个族群应包括全世界(all the world)的民族(从地理学意义上来讲,这种提法并不准确)。在按照这种方式展开的讨论中,贞提利加上了"没有必要将'all'一词理解为绝对包含每一个国家"的前提条件。贞提利沿着一条研究路径迈出了一步,这是一条从格老秀斯到18世纪意大利的乔凡尼·文森佐·格拉维纳(Giovanni Vincenzo Gravino)和詹巴蒂斯塔·维科(Giambattista Vico),再到18世纪德国的克里斯蒂安·沃尔夫(Christian Wolff)以及19世纪最终形成的国际法实证法学派所采用的研究路径。据此,万民法实际上不再是"世界联邦"一致认同的法律,用沃尔夫的话来说,万民法只是"文明程度更高的国家认可的法律"。[45] 贞提利认为,万民法就是被罗马征服的民族渴望得到的法律,即使罗马帝国现在已经灭亡,这个世界仍然"渴望得到"罗马帝国的法律。可能有人会指出那只是以前的情况(毕竟,"帝国"是一个法律词汇)。但是,在贞提利以及之后罗马帝国几乎所有理论家的著述中(不论他们是否阅读过贞提利的著作),"帝国"基本上就是"文明"的同义词。

三

正如1859年密尔所说,"野蛮人"是"不遵守任何规则的人",他们在国内法中毫无地位可言,显然这就意味着他们尚未建立或尚不能建立真正的国家（我后续还将提到这一点）。[46] 按照密尔的说法,他们站在依靠"具备最优品质的人民与社会"走向"更高级、更幸福、更高尚、更明智"道路的起点上,这要靠运气而不是天赋,需要地球上的"文明"民族来推动他们完成这个进程。[47]

显然,美洲的印第安人就是"野蛮"民族。然而,他们还具备另一个会招致麻烦的特性,这些问题在16世纪和17世纪尤其会导致人们焦虑不安。因为他们居住在一块大陆上,而在1492年之前人们根本无法想象还存在这样一块大陆,并且在之后的很多年里,这对很多人来说仍是无法想象的,所以他们的存在超出了《圣经》关于人类历史传统叙事的范畴。最早尝试证明"他们存在的目的就是服从"的方法之一就是让亚里士多德的"天然奴隶学说"重见天日。正如我在第三章中讨论的那样,人们经常会将这一观点解读为——尽管亚里士多德本人似乎并没有这样理解——人分为两个不同的类别：根据亚里士多德的说法,"天然主人"这种人完全具备开展深思熟虑行动（prohairesis）的权利,因此他们能够以人类的身份追求实现自己的欲求;"天然奴隶"则是那些"具备一定"理性并且明显属于人这一物种或根本不具备理性的人。亚里士多德认为,对于他所称的"野蛮人"(充其量他们是一个尚未确定的人种)可能属于"天然奴隶"的事实,在某些人看来这一事实似乎提供了确凿的证据,证明他所描述的这一类别中包括所有非欧洲人,因此也包括美洲印第安人。如果没有其他理由,那么这必然将印第安人排除在国际法约束的范围之外,导致印第安人成为任何人类法律都无法约束的一类人。维托利亚和他的同事都不赞同这一观点,他们这样做纯粹基于经验;事实上,他们对印第安人一无所知,这说明他们没有经过深入思考。然而,他们反对这种观点最有说服力的说法是,如果存在一种生物,尽管其具备人类的某些属性但在本质上有缺陷,那么这会严重威胁人类物种的完整性,从而否定上帝造物的完美性。

然而,存在一块有人居住的陆地已经不属于原先创世神话和救赎传说所展示的地理空间,这事实上增加了一种可能性,即可能并不像教会坚持认为的那样仅存在单一的人类社会,印第安人根本不属于造物主造物的一部分,或者至少不是《创世记》中所记载的神所创造世界(其结果是诺亚的子孙遍及全球)的一部分。有人可能会认为,他们可能不是从自然中进化而来的,就像某些种类昆虫和其他"低等"动物一样;或者更显得慈悯的观点认为,他们可能是另一种神造之物的后裔,从历史角度来看,他们的始祖与繁衍出欧洲人、非洲人和亚洲人的始祖截然不同。毋庸多言，这与《圣经》中对神造万物和大洪水之后人类足迹遍及全世界的描述是背道而驰的，天主教会认为这些说法属于异端邪说。但是，这些内容的传播范围极广，人们就所谓的人类民族联合体展开了严肃且持久的辩论。到了19世纪，《圣经》中的说法越来越难找到佐证，而且随着现代生物学的出现，关于人类实际上被划分为具有先天性和遗传性不同种族的论点变得越来越难以自圆其说。然而，即便在当时"种族"在形成有关非欧洲（和一些欧洲）民族的公众舆论过程中发挥了重要作用，但是它充其量只是帝国统治下一种终极归化的论证和经验上薄弱的论证。[48] 与之前的罗马帝国一样，西班牙乃至后来的所有欧洲帝国至少在18世纪末之前都坚持认为，它们的社会旨在将所有民族纳入同一套实体法律体系之下，即便没有实现这一点，但至少存在这样的可能。要做到这一点，一个必要条件就是所有人类文化和信仰当中只存在一种理性和完美的人性。

四

当然，并不只有西班牙人必须面对因为新世界以及企图占领新世界而导致出现的知识、法律和道德挑战。16世纪末，英国人、法国人和荷兰人也开始大规模涌入大西洋。与西班牙人一样，他们也被迫需要说明其行动的合法性。但是，作为相对较晚的后来者，他们还面临另一个问题：如何界定和管控时常引发争

25

议的美洲新移民社会和宗主国之间的关系。在所有新崛起的欧洲殖民大国中，可能英国（这是第四章会讨论的内容）面临的这个问题最为棘手。欧洲大国之间的竞争使人们对"征服"的合法性和万民法的作用有了新的认识，因为这其中的利害关系与其说与土著权利有关——英国人极少关注这个问题，不如说与移民基于各种占领行为而可能获得或主张对"母国"的权利有关。与西班牙、法国、葡萄牙以及荷兰适用于其殖民地与宗主国之间关系的法律不同，从信奉清教的新英格兰到信奉天主教的阿瓦隆，适用于英国殖民地和王室之间的法律千差万别。但是，从理论上讲，在英格兰（以及后来的大不列颠）王室的眼中，所有美洲殖民地都属于"被征服之地"，尽管实际上只有很少一部分土地属于真正被"征服"的土地。这使它们在法律上成为王室领地的一部分，因而由国王直接统治。因此，为了摆脱这种假设导致的理论难题，殖民者开始寻找其他方法来支持他们对领土权利的主张。

虽然英国人不同于西班牙人，但是英国人大体上与葡萄牙人和法国人并无差别。关于取得美洲领土的问题，英国人一般认为所有权并非通过征服而是通过购买、占领、开发"空地"或无主土地这些更具争议性的方式取得的。"无主土地"（terra nullius）——无人之地——源于罗马法，允许最先占领此前未被占领的土地的人取得土地所有权。后来，该词的英语表述成为万民法的一部分，"占领"包含利用或者如殖民者所说的"改良"。反过来，这在很大程度上是以更早的假设为基础，即按照亚里士多德的说法，自然万物均具有潜在可能性，并且只能通过人类的才智——人类的技艺（techne）——成为现实。对希腊人来说，这种技艺是一种标识；对基督徒来说，这是神圣的义务。约翰·洛克（John Locke）认为，"上帝将世界赐予全人类共有时，他也命令人类必须参加劳动，而人类所处的恶劣环境也要求他们参加劳动。上帝和人的理性命令他们开垦土地，即为了满足生活需要必须这样做。"[49] 由于美洲印第安人（至少根据洛克的理解）完全未履行这项职责，因此他们无法主张对所居住土地享有合法所有权。也可以这样说（尽管洛克并未提出这个说法，且这一说法通常存在争议），他们在某种程度上还不能算作完整意义的人类。毫无疑问，如果没有农业和土地所有权，美洲印第安人就不可能成为"政治或公民社会"的一分子，因此在万民法中就不享有相应地位。[50] 尽管这一观点引发了激烈争论，就像很多人所指出的那样，这可能允许有土地诉求的贫苦农民占领英格兰皇家园林——尽管农民只在极少情形下才会被公认有理由合法占用皇家园林，直到20世纪初，欧洲各国和世界其他地区仍认可这一观点。[51] 美洲的英国殖民者认为通过这种方式驱逐印第安人之后，不仅实现了上帝将他们遣派至新世界的初衷，而且他们没有成为像西班牙人那样的一类人，人们认为西班牙人贪婪成性、自高自大。更为重要的是，他们大大减少了对王室的依赖。在北美殖民地独立战争之后，对于"无主土地"以及定居者从印第安人手中购买土地的观点，美国作为13个殖民地的继承者将其作为合理占有土著土地的主要依据。

"无主土地"的观点也不可避免地与一种类似的观点相关联，

该类似观点的历史与"无主土地"的历史相差不大,即基于所谓的最先发现而享有所有权。维托利亚否认"首次发现"是任何形式的"正当所有权"的充分要件,恰恰是因为它仅适用于无人居住的土地,对于美洲印第安人而言,"所提及的土地实际上已经存在所有权人"。[52] 然而,对于葡萄牙人来说,这一点是非常重要的,部分原因是 1454 年教皇尼古拉斯五世授予阿方索五世整个非洲地区主权的主要特征就是认为非洲属于无主土地,另一部分原因是葡萄牙人最看重无主土地的观点,尤其是在他们最早与西班牙人以及之后与荷兰人爆发冲突时,葡萄牙人认为他们(西班牙人和荷兰人)不享有对陆地的主权而是享有对海洋的主权。[53] 因为,"新"世界不仅对欧洲人提出了一个前所未有的法律问题,而且新世界与欧洲相隔万里之遥。正如我们所看到的,所有关于国家间关系的法律论述均源自罗马,但是罗马帝国是一个大陆帝国,因此罗马法学家仅关注陆地。然而,近代早期的欧洲帝国无法摆脱海洋的影响,这就导致各国就针对海洋享有何等程度的权力不断爆发战争或冲突。

17 世纪,围绕雨果·格老秀斯于 1609 年出版的篇幅极短的著作《论海洋自由》(*Free Sea*)展开争论,而荷兰人希望将此作为 1609 年 4 月 9 日举行的《阿姆斯特丹公约》(*The Treaty of Amsterdam*)谈判的利器。荷兰人希望通过谈判缔结一份对自己有利的协议,要求西班牙人不得将荷兰人在东印度群岛和西印度群岛的活动视为海盗活动。这些内容以及之后葡萄牙教会法学家基拉芬·德·弗莱塔(Serafim de Freitas)对格老秀斯的反驳是第五章的主题。关于"海洋自由"的讨论重点并不仅仅在于葡萄牙人根据自己是最先"发现"印度的国家是否有权限制其他欧洲国家进入印度洋,这一点存在巨大争议;更重要的问题在于,从理论上讲是否可以对世界任何角落行使管辖权,显然世界上的海洋是互相连通的,不存在能够针对海洋有效行使的管辖权。

并且,也正如格老秀斯所说,长期以来,传统观点(维托利亚也提出了这样的观点)认为,人们普遍认同自由获取世界上的商品是人类生存的必要条件。也就是说,世界上的商品只能属于人类共有。这种观点认为,万民法不只是为了调整国家之间的关系,而且也为了万民法适用于那些尚没有国家提出任何所有权主张的地区。

18

五

从1492年直至英国以及之后西班牙在美洲殖民地体系崩溃,所有欧洲帝国海外扩张初期的社会形态均属于移民社会。为证明其存在的正当性,殖民者不得不接纳大量的土著并与他们的宗主国就双方关系展开谈判。到18世纪末,人们对殖民地和宗主国的看法开始发生改变,并且改变的方式往往极为激进。随着移民人口增加,他们形成了一个日益稳定和具有黏着性的社会,即便不是在政治或法律层面,从文化层面讲,移民对宗主国的依赖开始降低。早在1758年,"重农学派"人物米拉博侯爵维克多·

29

德·里克提（Victor de Riqueti, Marquis de Mirabeau）就已经注意到,除非英国和西班牙掌权者（他轻蔑地称他们是"没长脑子的人"）奇迹般地同意将那些"一直承受沉重负担的臣民"变成"随时可以出手相助并且财大气粗的兄弟",否则迟早"新世界会抛弃旧世界这个老窝"。[54] 在1763年"七年战争"结束之后,北美洲和南美洲的殖民地与它们各自宗主国之间的关系变得更紧张。在1967年美国独立战争前夕,亚当·斯密（Adam Smith）写道,似乎美洲的大英帝国"只曾存在于想象之中"。他不无刻薄地补充道,"现在我们的统治者要么让自己美梦成真",要么因为美梦几乎不可能实现,而"从梦中醒来,努力唤醒人民。如果这项工作无法完成,那么就应该放弃它"。[55] 当然,殖民者最终"完成"了这一工作,但完成的方式与之前斯密所预想的方式并非完全一致。

正如我们将在第六章看到的,北美洲和南美洲面临同样的情况。但是与英国王室不同,西班牙王室早在18世纪初就面临严重的经济和政治危机。从古老的哈布斯堡王朝到新的波旁王朝统治者,西班牙处于向更为开明的新保守主义政府的痛苦转型中,这对西班牙原先所设想美洲定居点的运转方式带来了灾难性的影响。用佩德罗·罗德里格斯·坎波马内斯（Pedro Rodríguez Campomanes, 1762年至1783年任财政部长,1783年至1792年任卡斯蒂利亚王国议会议长）的话来说,最初对宗主国以及"印第安王国"政府体制的改革很快就变成了对"当下"君主制的改革。这意味着彻底重新界定海外移民定居点的地位及其与宗主国的关系。实际上这是将已被完全整合且依附于西班牙王国的殖民地重新糅合纳入到一个"复合君主体制"之中。⁵⁶ 这也意味着将从西班牙例外主义和追求国家荣誉的狭义角度描述的征服史改写成了一个更复杂的故事，它讲述了西班牙英勇无畏但动荡不定的创业初期以及随后土崩瓦解的故事。最重要的是，这意味着一种现代化，对于查理三世和查理六世王朝的开明改革者来说，西班牙及对依附于它的美洲殖民地实施现代化政策意味着要让西班牙更像法国和英国，这只能通过摒弃16世纪和17世纪征服者历史古老且典型的军事占领方式，转而采用18世纪"商业社会"的模式来实现。在实践中，这涉及对西班牙宗主国及其海外附属殖民地政府架构的彻底改革。

此前，西班牙克里奥尔人（Criollos）*曾享有广泛的自治权（尽管正如他们时常抱怨的那样，其自治权没有达到与北美殖民者同等的程度），却被逐渐且大范围地剥夺，同时以法国实践为蓝本的殖民政府新体制取代了僵化的哈布斯堡政府体制。所有这些不可避免地导致克里奥尔精英阶层产生了不满情绪，商业对这个群体并没有特殊的吸引力，他们仍然将征服活动视为取得辉煌成就的基础。随着不满情绪逐渐积累，这种情绪转化为追求文化和政治上的彻底独立。1801年，流亡伦敦的耶稣会士胡安·帕布罗·维斯卡尔多（Juan Pablo Viscardo）写道："新世界就是我们的祖国，它的历史就是我们的历史"。⁵⁷

因此，反对西班牙人的起义很快切断了之前与母国在意识形

---

* 指出生在美洲的西班牙人，这些人的父母均来自西班牙本土，但因其并非生于西班牙，西班牙政府规定他们在政治和经济上的地位要低于西班牙本土出生的人。——译者注

态层面的全部脐带。"南美洲解放者"西蒙·玻利瓦尔（Simón Bolívar）说，西班牙是一条"阴险狡诈的老蛇"，一位"没有人情味的继母"。[58] 对于托马斯·杰斐逊（Thomas Jefferson）所谓的"英裔美国人"而言，他们可以援引1688年光荣革命的条款，可以从容地援引《自由大宪章》（Magna Carta），将他们揭竿而起的革命视为推翻君主专制的革命，君主专制侵犯了《自由大宪章》赋予他们的权利。对于西班牙裔美洲人，正如西蒙·玻利瓦尔所说的那样，他们是"政治世界的门外汉"，被驱使着去建立纯粹理论层面的"自由国家"。就他的例子而言，这种理论是古代和现代共和制令人不安的融合。[59] 尽管玻利瓦尔最终联合南美洲各国建立了昙花一现的"大哥伦比亚共和国"（Gran Colombia），但是后来整个南美大陆还是分裂成了多个面积较小、相互敌对且局势动荡的国家。玻利瓦尔在他生命的最后阶段绝望地称"半个世界陷入癫狂"，他的遗产一直延续到今天。1830年玻利瓦尔去世以后，许多美洲西班牙裔改革家和有可能成为改革家的人有理由重复他说过的最著名的一句话：他们"为开天辟地的革命献出了生命"。[60]

六

大英帝国在北美殖民地体系的崩溃使人们对"帝国"整个概念的不满情绪高涨，正如大卫·休谟（David Hume）所说，"庞大的君主制政体很可能戕害了人类的本性；它们的发展、延续甚至解体与它们建立时的情形并没有太大差别。"[61] 从某种程度上讲，所有启蒙运动中的主要人物都赞同他的这个观点。[62] 其中观点最为尖锐且最具影响力的人物就是伊曼努尔·康德（Immanuel Kant），从很多方面来说，他也可能是思想最荒谬的人物之一。

正如我在第七章中所讨论的那样，康德对"普遍君主制"关注点广泛但提出的观点比较碎片化，康德主要关注尝试用一种全新的跨国权利系统，即"世界公民权利"（ius cosmopoliticum），来替代国际法或国际权利（Völkerrecht）。"世界公民权利"是"人类天性的摇篮"，这无疑是针对未来设定的一种情形，但是要使其最终在未来成为现实，世界上所有民族将最终加入一个人类种群的联合体，他称之为"（不断在成长壮大的）包含人类所有民族的国家（civitas gentium），最终地球上的所有国家都会被纳入进来"。[63]

对于康德而言，就像自霍布斯以来的所有前辈学者一样，他认为国家是相互联系在一起的，就像个体曾经生活在自然状态之中，通过以"原始契约"思想为基础的某种政治程序进入到公民社会一样，国家最终也必须摆脱没完没了的战争状态——在这种状态中，即使国家间实际上没有爆发战争，但"距离太近也会爆发冲突"——进入一种国家关系合法的状态。[64] 然而，迄今为止，康德认为对于调和国家之间关系而进行的唯一尝试是三位学者关于国际法的论述，这三个人被称为"人类糟糕的安慰者"，他们是格老秀斯、普鲁士哲学家塞缪尔·普芬道夫和瑞士外交官瓦特尔。康德指出，这些人提出的规则不仅"从哲学上或外交上没有丝毫法律效力，它们也不可能具备这种效力"；更糟糕的是，只有"在发动侵略战争的时候才会援引这些规则进行辩护"。[65] 更进一步而言，因为处于没有可遵守法律的自然状态下，所以"战争法"或"战争权利"的概念从本质上讲似乎没有任何意义，"在这种不存在法律的状态下，即使形成一个概念或法律思维，那么这种概念或法律思维也很难不会自相矛盾"。[66] 如果说任何类似万民法的观念是存在价值的，那么这种价值仅仅可作为人类拥有克制"内心邪恶想法"所必需的"道德"基础，即便当前大多数个人不会采取（邪恶）行动。

　　整个"万民法"概念的根本缺陷在于它假设"许多相邻国家相互之间没有往来"。从这种情形之下抽离出"万民法"的概念可能只意味"霸权将它们整合在一起，形成一个世界帝国"。对康德而言，这比充斥着战争的自然状态更恐怖。但是，出现这种情况并不是因为普遍君主制必然会侵害所有国家的公权力，而是因为帝国必定是过度对外扩张的政体，而过度扩张会导致"随着政府统治范围的扩大，法律将逐渐失去活力。无情的专制主义在摧毁善良的种子之后，最终会恶化成一种无政府状态"，这一点是无法避免的。然而，纵观所有可能成为全球性帝国的国家（尤其是罗马）令人慨叹的历史，人类（或至少是其统治者）似乎都渴望"通过统治全世界来实现持久和平"。然而，对人类来说，幸运的是，"大自然会反其道而行之"。康德认为，文化，尤其是语言和宗教，最终会阻碍人类身份的彼此融合。但是，正如康德的"非社会的社会性"(unsocial sociability)概念——人类成员因为无法容忍彼此但又无法彼此不相往来,所以人类被迫形成社会组织,这种看似无法抑制的"统治世界"的愿望似乎会导致积极的结果。因为随着"文化氛围日渐浓厚",竞逐统治权可能会让人们之间的关系更近,至少会强化人们对一些原则的认同。尽管他们仍处在各自独立的国家之中,他们仅因为个体的利益(如果没有其他原因的话)而"建立一种宪政体制,保护每一个人的……权利"。但是,这并不是形成了一个"全人类的国家"(一个帝国),而是形成了一个"国家联盟",这最终会形成"世界公民权利"。[67]

但是,"世界公民权利"仅限于康德所称的"友好权"(right to hospitality),即"访问权"(the right to visit),所有人根据"共同占有地球表面而享有的权利,人们居住在地球的球形表面上,这导致人们不能无限地分散开来,他们必须忍受彼此靠近"。[68]这与第一章中维托利亚关于"自然伙伴关系和交流权"以及第五章中格老秀斯关于自由通行权的观点有一定相似性,这两种观点都借鉴了一项在人类社会出现之前的古老权利,即所有人都可以自由地与某个人接触,并可以自由地获取世界资源的权利,尽管康德没有提到过这两种观点,并且几乎可以肯定他从未听说过维托利亚的观点。但是康德思想的局限性要远超维托利亚或格老秀斯。根据康德的解释,尽管不得对可能到来的"访客"抱有任何敌意,所有国家都应当为访客提供庇护之所,但是它们只是应当这样做,因为没有人享有随意进入他国领土的权利,除非这个人获得了邀请，更不要说在他国定居了。[69]此外，只有在没有欧洲帝国掠夺行为的世界中友好权才可以普遍适用。只要欧洲列强继续开展掠夺活动。只要欧洲国家仍进行掠夺，只要"文明国家特别是商业国家的卑鄙行为"一直让它们将"访问"别国视为"征服他国"，只要别国"允许这些访客一次这样的机会"，就会发现他们希望享有不受约束的权利、拒绝这些访客进入自己的国家领土之内。尽管每个国家都享有与其他国家建立某种政治联系的权利，但是没有一个国家有权将这种权利强加于任何其他国家。

康德（或至少是后来的康德）坚决驳斥了文明程度较高民族有权占领文明程度较低民族的土地的任何主张，即使他承认"这将是与他们建立公民联盟的手段，并使这些人（野蛮人）处于公正法治的环境之中（例如美洲印第安人、霍滕托特人和新荷兰的居民）"。[70]人们可以在海外建立定居点唯一可能的理由是定居点位于合法购买或真正闲置的土地上。尽管康德认为在"远离故土"的地方存在两种不同的定居点，但是这两种定居点都只能完全依赖母国。因为对于康德而言，他所谓的"法律的连续性"是所有国家的基本属性，因此任何殖民地在此后都不可能合法地成为一个独立国家，除非母国决意这样做。就像没有一个外国人有权干涉另一个国家的事务一样，即使是以维托利亚所说的"保护无辜者"为由反对本国统治者实施残暴行为，也概莫能外。因此，无论遭受何等压迫，他们都不会享有反抗其合法统治者的权利。对于康德来说，唯一"合法的人类政治体制"就是主权者必须"服从于他的法律，使主权者服从全体人民的统一意志"，并且这只能在他所谓的"代议制共和国"下才可以成为现实。但是,任何民族为争取"自决"而进行的斗争都是非法的,即便这种斗争的目的就是为了建立这样一个共和国(例如美国独立战争)。[71] 就像此前卢梭和洛克这些思想上具有潜在革命性的思想家一样,康德永远也无法认可这种民众起义。帝国——"不同民族组成的国家"——可能会出现人们无法忍受的暴政,但是只要受某种法律的约束,它们也属于具有合法性的政体。我们将会看到,这给康德带来了一个看上去很棘手的问题。因为如果建立"联邦制国家"或"世界共和国",仅此一个国家就可能满足形成世界帝国的条件,那么除非解决了当下关于法律连续性的问题,否则很难看出这种国家是通过何种方式建立的。[72]

康德似乎认为,在未来建立代议制共和国的唯一途径就是通过主权者的自愿行为(就像普鲁士腓特烈大帝一样)将自己从独裁者转变为国家的"仆人"。正是这种信念促使康德在1784年有些武断地指出,在"启蒙时代或腓特烈大帝时代","对于人类从自身不成熟状态中脱离出来的……障碍越来越少"。[73] 康德认为,除此之外唯一的合法手段就是采用类似法国大革命的方式,显然他完全站在法国大革命的一边,但是他并未将法国大革命描述为一场革命,而是将其描述成权力从路易十六到三级会议的一次自愿转移,"君主的主权彻底消亡(而不仅仅是暂时中止),并转移给了人民"。[74]

康德希望建立一种现代国家体制,形成"日益浓厚的文化",而这种文化最终将使它们从自然状态过渡至法治联邦。对此,康德借鉴了18世纪的一种流行观点,即商业活动不仅能够让人们可以经常交流接触,而且还像孟德斯鸠的名言那样,它会"使人们变得温和",此外它还能消弭战争,这一点只是因为任何一个商业国家都无法承受与其贸易伙伴开战的代价。尽管康德经常贬低"商业精神",但是他却像18世纪大多数政治经济学家一样,坚信商业"无法与战争共存,迟早它会掌控所有国家",商业将最终使世界上好战的国家更加紧密地联系在一起。[75] 商业当然不会使帝国灭亡,因为即使如狄德罗(Diderot)所说,"商业国家之间的战争是足以烧毁所有国家的冲天大火",显然商业只会消弭世界上最强大国家之间的战争。[76] 毕竟,正如康德尖锐指出的那样,恰恰是"商业国家"对那些欧洲之外的民族犯下了最严重的罪行。亚当·斯密指出(他对商业没有敌意),如果"东印度和西印度"的土著从克里斯托弗·哥伦布(Christopher Columbus)和瓦斯科·达·伽马(Vasco da Gama)的航海活动以来人们建立起的庞大贸易网络中获得了利益,那么这种利益肯定微不足道。[77]

但是,在人们常常用赞美诗大肆吹捧商业的同时,人们也对商业提出了质疑,在18世纪下半叶,人们——尤其是法国人,他们在1763年"七年战争"结束时将大部分帝国领土划归英国——重新审视了帝国的本质在于交流和互惠而不是征服和剥削的观点。最后,这种观点被证明是一种幻想。新的"自由"贸易帝国最终注定成为欧洲主要强国角力的另一个战场,并且太平洋、非洲和亚洲地区也将陷入与数个世纪之前发生在美洲地区同样的殖民剥削中。

启蒙运动关于未来在海外建立"自由帝国"的愿景已经破碎，其原因不仅仅在于没有一个欧洲海洋国家会将任何类似狄德罗对自由交流世界半具讽刺性的幻想变成现实，他幻想在这种世界中，欧洲的年轻人会到波利尼西亚了解当地居民的朴素感情和真挚诚意，波利尼西亚的年轻人则会被带到欧洲学习艺术和科学知识。[78] 在拿破仑简单粗暴且充满血腥的野心——将欧洲变成一个完全不同的帝国——成为现实之前，这种野心最终只是幻梦一场。对于经历过这些战争的任何人来说，拿破仑战争似乎导致所有的帝国构想（无论其最初的动机是什么）都已无法成为现实。瑞士政治理论家、小说家、政治家、投机者和文学家本杰明·贡斯当（Benjamin Constant，我们将在第八章中讨论他）就是其中之一。就像康德（1797年康德与贡斯当就谎言导致的社会后果进行了激烈讨论）一样，贡斯当接受所有帝国本质上都是不可持续的观点，并且无论它们对合法性提出什么样的主张，它们都注定崩溃并转变成一种暴政。然而，他认为所有形式的征服完全与之前的形式没有差别，这是备受争议的观点。当然，在这一点上，贡斯当与18世纪的反帝国主义者（特别是孟德斯鸠）有很多共同点，他们都对商业精神潜在的力量缺乏信心。对贡斯当而言，正如他所说，商业是"文明人的权衡"活动，与其说商业是使原本不守规矩的武士部落归顺的手段，不如说是通过其他手段发动的"战争"，"这是一种通过相互达成协议而不是通过暴力来获得财富的方式"。[79] 但是，因为商业的成本远远低于战争，并且因为在后拿破仑时代的国家中，战争主要依靠人的力量，所以人们希望将来商业最终会让战争变成一种过时的手段。贡斯当在1815年写道:"唯一能够抵制毫无用处或不公正战争的工具就是代议制机构,这种机构可以授权征兵和同意征税。"[80] 这里必须假定代议制机构将尽可能地选择和平贸易而不是诉诸战争。然而,现代自由主义政府的政治体制不仅最终将战争限制在那些实际属于防御性的战争中,并在此过程中将完全终止帝国的扩张步伐;这也是现代公民及个人的天性。在英雄主义和爱国主义自我否定的夸大之辞怂恿下,帝国不断扩张。但是,现代自由主义者的首要目标是"在稳定的状态中追求个人享乐",而不是追求公共利益,这导致他们成为英雄人物的概率微乎其微。[81]

早在1813年,贡斯当就已经认识到,另一种形式的现代性——民族主义——导致拿破仑希望在当时的欧洲建立帝国的野心最终走向幻灭。[82] 虽然古代帝国实际上"整个国家被摧毁",但是仍然完整地保留了"人们最强韧的依恋情感:他们的生活方式、习俗和信仰"。帝国可能剥夺了其臣民的政治自主权,但是它们并未去弱化所占领国家臣民的"祖国情怀"。相比之下,拿破仑希望重新统一欧洲(有时人们称之为组建"欧洲大家庭"的野心),他恰恰希望完全抹杀这一切,并以"相同的法典、措施和规章"取而代之。[83] 结果与拿破仑希望维持法兰西民族的新革命秩序并不契合。与之相反,拿破仑的所作所为强化了之前的联系,深化了对"祖国"的感情,而拿破仑试图抹杀这种感情——即便意味着这与他们在那不勒斯和西班牙所建立的君主制和天主教政治体制如出一辙。统一意大利运动的缔造者朱塞佩·马志尼

(Giuseppe Mazzini)在1849年指出，拿破仑"不是被各国国王用对付他的刀枪打倒的，而是被一种民众信念的力量打倒的，因为他的傲慢自大违背了民族观念"。[84] 在贡斯当看来，在拿破仑帝国的废墟上出现了一个由新国家组成的欧洲，这个欧洲需要一套截然不同的激励措施，才能说服它为谋求建立最终无法实现的帝国而发动战争。

这个已经面目全非的政治世界被"公众舆论"所裹挟而被动地运转，或者说在很大程度上其运转被视为取决于公民自认为属于他的（以及日渐属于她的）个人利益，那些新生代的帝国主义者将不得不诉诸使用一套与国家力量不断增长相对应的全新话语体系。贡斯当认识到，他们将必然会"讨论民族独立、民族荣誉、守卫边界、商业利益以及着眼长远采取的防卫措施"。[85] 如果要求现代人直接参与征服活动，他可能并不希望征服世界，但是他基本不会反对征服和帝国扩张可能带来的好处。

对于统治者建立帝国的野心，君主制国家的臣民并没有漠不关心，反而在1815年维也纳会议上毫不迟疑地极力拥护君主制，欧洲进入了君主制统治的时代。新近形成自我意识的欧洲国家以及后来新出现的欧洲国家——1831年建国的比利时、1861年建国的意大利、1876年建国的德意志帝国——都开始竞逐帝国的霸权地位和争夺帝国"应得"的经济利益。正是这一点说服了法国和德国，它们分别在1852年和1871年再次宣称自己是"帝国"，并且这也促使奥斯曼帝国苏丹恢复了"恺撒"（Kayser）的尊号，而这一尊号最初是穆罕默德二世在1453年第一次征服君士坦丁堡后自封的。也正是因为这一点导致日本在明治时期（从1850年代到1910年代）重新将自己塑造成了一个拥有半神化天皇（以前没有这种天皇）的欧式帝国。甚至美国也适时地在1890年代提出了建立海外帝国的想法。这个"新帝国俱乐部"的成员认为，它们属于一种新的世界"文明"，这种文明将决定地球上所有其他小国和社会的发展方向。显然，殖民也给欧洲带来了另一个意料之外的"礼物"：一段相对和平的时期。正如1888年梅因所观察到的那样，"战争似乎与人类的历史一样古老，而和平是当代的发明"[86]（上一次激烈冲突是1870—1871年爆发的普法战争）。但是，1891年极具影响力的政治经济学家保罗·勒鲁瓦-博利厄（Paul Leroy-Beaulieu）注意到，因为争夺帝国霸权，欧洲国家将大量竞争性、具有潜在破坏性的能量传导到了欧洲之外，所以欧洲才有可能出现和平。博利厄写道："十年来，殖民已成为实现欧洲内部和平的前提……它平复了人们的征服欲望和躁动情绪；他们的目光注视着遥远土地上丰厚的战利品，忘记了与邻国的惨烈厮杀。"[87]

用印度总督纳撒尼尔·寇松（Nathaniel Curzon）勋爵的话来说，到1898年，帝国主义的确已成为"越来越多国家的信仰"。[88] 1815年之后，在欧洲建立的民族国家新世界中，成为一名"爱国者"越来越意味着成为一名"帝国主义者"。新的帝国成为黑格尔关于国家作为一个有机整体神秘构想的正式表述，新的帝国有着"实质理性的精神和直接的现实性……所以它是地球上最实实在在的权力实体"。[89] 1900年，苏格兰历史学家和小说家J. A. 克兰布（J. A. Cramb）指出，现代"帝国主义"的理想状态就是"人类共同的渴望美化了爱国主义的情怀"。对克兰布来说，毫无疑问，至少英国会为完成"天命"而奋斗，为欧洲以外的世界带来稳定、统一和法治秩序。的确，克兰布的幻想如同天马行空，任意驰骋，他的言辞中充满了对大英帝国命运弥赛亚般的迷之自信。他认为，大英帝国不仅是罗马帝国的正统继承者，而且是"帝国精神新化身"的典范。[90] 但是，尽管克兰布进行了如诗般的虚构描述，并且不断暗示这种描述反映了康德、莱辛（Lessing）、席勒、歌德和柯勒律治（Coleridge）的观点，但是他对大英帝国命运的看法却反映出一种普遍甚至更原始的信念，即对爱国主义的信仰强化了（即使只是对新帝国主义者而言）新帝国主义的力量。即使是不太善言辞的博利厄，他是一名帝国的坚定拥护者，他也曾说，殖民是"使一个民族不断壮大的力量，它通过扩张空间，使人民生生不息。作为殖民最多的一个民族，英国人不在今天开展殖民活动，也会在明天开展殖民活动"。[91] 历史学家艾瑞克·霍布斯邦（Eric Hobsbawn）曾指出，帝国是由"优质的思想水泥"浇筑而成的。[92]

七

事实证明，关于帝国的数据分析是非常有用的。据估计，1500 年，此后成为帝国的欧洲大国——西班牙、葡萄牙、法国、英国和荷兰占据或控制着10%的地球表面面积。在接下来的两个世纪中，这个比例可能翻了一番。到1800年，西方主要大国——英国、法国、德国、奥地利、俄罗斯和美国以及西班牙和葡萄牙的海外附属地区仍然占据或控制着35%的地球表面面积。然而，到1878年，它们所占地球面积的比例达到67%，到1914年已超过84%。尽管我们知道所有这些数字都只是估算，并且"控制"包含多重含义，但是这种增长仍然令人震惊。[93]

但是，新的"第二代帝国"在许多重要方面与之前的帝国存在明显差异。早期帝国的命运给新的欧洲霸权国家留下的教训是建立大规模的海外定居点不符合它们的长远利益。同样，用18世纪盎格鲁-爱尔兰国会议员埃德蒙·伯克（Edmund Burke）的话说，新世界秩序的光明愿景赋予了帝国一种"神圣的信任"，其最终利益将由所有"同胞"共享。德·孔多塞侯爵（Marquis de Condorcet）鼓舞人心的未来愿景也包括非洲和亚洲各国人民（令人扼腕叹息的是，这对贫穷的美洲印第安人来说为时已晚），结果他们却只是成了新来的欧洲文明人的"朋友和学生"，并形成了一个将文明的欧洲世界与其他世界区分开来的更清晰的概念，以及一个关于一方如何治理另一方的更具工具性的观念。[94]

通常，"新"帝国并未将其臣民视为"同胞"，尽管它们至少在意识形态上对臣民进行教化和"提升"，但是它们通常不将臣民视为"朋友"。它们也没有重复之前帝国的种种行为，除了在非洲南部和澳大利亚等被认为是"无主之地"的地区，并不鼓励建立定居点。甚至在比非洲或亚洲任何定居点都拥有更广泛的行政管理权并与宗主国保持更紧密联系的英属印度,英国人曾到达过印度各地却未在此定居。1931年,法国散文家和艺术史学家艾利·福尔(Élie Faure)在提到铁路时曾指出,"英国人似乎是在露营度假,印度人只能透过钢丝网墙看到他们。"[95] 而在南非,到1936年,在经历了两次战争期间的连续迁徙之后,欧洲定居者仅占当地人口的21%。在南罗德西亚,这一比例不足5%。[96] 即使从某种程度上属于例外的阿尔及利亚地区,到1931年,欧洲定居者数量还不到人口总数的13%。正如亚历克西斯·德·托克维尔(Alexis de Tocqueville)早在1841年就对巴黎政府提出的警告那样,"如果没有一定数量的欧洲人,那么我们在阿尔及利亚就像是露营度假"。[97]

伯克谴责这种思想属于"印第安主义",这种观点可谓入木三分,他将其类比"雅各宾主义"(Jacobinism),后者是描述东印度公司帝国主义掠夺活动的术语;在他看来,这不仅仅威胁到了土著民族利益的威胁,而且威胁到了他所认为的"欧洲文明"。[98] 与英国人形成鲜明对比的是,印度莫卧儿王朝的征服者"把被征服的国家变成了自己的国家",而这"很快消除了他们身上的残酷本性。随着所居住土地的兴旺和落败,他们也经历了繁荣和衰败。在那里,父辈们寄托了对后代的希冀;子孙们则凝望着他们父辈们的墓碑缅怀先人"。然而,英国人像猛禽一样飞向印度,"一波又一波地俯冲而下……在土著眼中,只有无休无止且毫无希望的争斗……食物一直短缺,而他们食欲旺盛,需要不断吃东西"。[99]

但是，如果要避免导致早期帝国覆灭的革命，那么对于"猛禽"而不是固执的克里奥尔人而言，无论其多么凶猛，宗主国现在正需要这种"猛禽"。因此，为了确保其能够实施有效统治和存续下来，必须通过最少数量的欧洲中间人来控制新的领地。实际上，实践中一直采用这种方法，因为伯克不仅注意到了在印度的英国人的情况，而且注意到了荷兰和葡萄牙海外帝国的情况，并且事实上他们之中没有人曾亲历克里奥尔人起义，这样一来只会进一步增强上述观点的说服力。

因此，新帝国会在可能的情况下根据"间接规则"建立由宗主国官员监管下的庞大移民官僚机构来进行统治，1912年至1919年担任尼日利亚总督的F. D. 卢加德（F. D. Lugard）最先提出了这种方式，但是实际上自19世纪中期以来，非洲大部分地区一直如此。[100] 英国充当"文明的保护人"，但殖民地、保护国、托管地的日常管理等由殖民者负责。[101] 这项政策自出台以来，无论其更宏大的政治目的是什么，都是想尽可能少地干预土著民族的政府体制，并且新人类学家也赞同这一点，新人类学家在20世纪初就此与帝国政府展开了密切合作。采用"间接规则"统治的做法非常推崇"功能主义者"人类学家布罗尼斯拉夫·马林诺夫斯基（Bronislaw Malinowski）在1929年提出的"完全服从功能"的观点，因为非洲人当前的生活方式"在功能上"最符合非洲社会的需要，所以应尽可能少地改变其生活方式，这符合非洲人进化的需要。[102]

梅因也说服了自己，他认为传统的印度乡村地区能够自给自足,并在一定程度上可以自治,这是德国或斯堪的纳维亚地区曾经出现过的生动实例。如果他的观点是正确的,那么他所说的"乡村社区"就是这种社会的实例,现代欧洲国家的主流秩序正是从这种社会中演化而来的。对于那些读过他著作的人来说,这是保护并在一定程度上保留这些村庄的充分理由,如果它们也被证明属于适合统治的地区,那么这更符合上述情形。它们与古代盎格鲁-撒克逊政治体制的相似之处也可以作为实施更好治理的指南。[103]

法国在西非和部分北非地区以及荷兰在东南亚的统治也采用了类似政策,即"种族政策"。通过采取这种政策,殖民国家不直接控制殖民地,不仅减少了殖民定居者的数量,降低了非洲或亚洲未来出现美洲曾发生过的危险情形的可能性,而且还降低了土著起义的可能(人们也希望如此)。正如1908年荷属东印度群岛殖民政府顾问克里斯蒂安·斯诺克·洪格涅(Christiaan Snouck Hurgronje)所说,"东方民族"与爱尔兰人、芬兰人或波兰人没有什么不同,尽管他们有缺点,但是他们更喜欢由自己人而不是由外国人来统治。[104] "东方民族"的情况可能适用于处在殖民统治之下的所有民族。也许只有阿尔及利亚仍然属于早期帝国统治的情形。但是像许多例外一样,这一例外也是对这一规则的证明。在法国入侵之前,从任何意义上讲,阿尔及利亚都没有像撒哈拉以南非洲大多数地区那样实施自治。阿尔及利亚曾经是奥斯曼帝国的一部分,在托克维尔看来,这里的人民长期处于"暴政"之下,他们"完全丧失了统治自己的本能"——但是他们显然没有更希望让法国人取代土耳其人。[105]选择由其他帝国来统治不是一种自由，而是一种无政府状态。如果阿尔及利亚想要和平，那么就必须在该地区多元化的文化地理环境中建立某种秩序。托克维尔曾在1847年发出警告：我们不应该"提议在阿尔及利亚建立殖民地，但应将法国国土扩展到地中海的另一端"。但是，就连托克维尔也承认，"非洲的正义与法国的正义是存在差别的"。实际上，他所设想的是新旧结合，因为法国人唯一感兴趣的地区就是地中海沿岸的城市和周边乡村，所以他们希望法国官员根据法国法律统治这些地区。正因为这一点，阿尔及利亚的确成为法国在"地中海另一端"的组成部分。但是，处于交战和动荡中的贝都因部落占据了阿尔及利亚内陆地区，欧洲法律和管理机构无法接受该地区的宗教，因此应允许这个部落在一定范围内管理自己的内部事务。托克维尔将这一措施称为"部分殖民化和完全统治"，这反映了19世纪大多数殖民活动的情形。[107]

八

欧洲新控制地区的地位具有不确定性，而且经常发生变化，由此导致的问题长期未得到解决。确切地说，这个问题就是现代世界中帝国内部主权权威的本质是什么？自1648年以来，现代民族国家一直被视为主权不可分割的国家。欧洲的君主耗费了数个世纪才夺取了贵族、主教、城镇、行会、军事团体以及大量的其他准独立、准主权机构手中的权力。大革命前的欧洲迫切需要确立主权的不可分割性,正如我们将在第九章中看到的那样,法国大革命已经触及到了现代国家概念的核心。现代人是享有权利的个体,但是正如1791年《德意志人民宣言》(*Délaration des droits de l'homme et du citoyen*)所阐明的那样,他/她之所以享有权利,只是因为他/她是一个主权不可分割的国家的公民。

一个民族国家的领土由单一种族群体所占据,这里可能只讲一种语言、信仰一种宗教,最有可能的情况是一个民族国家由一个不可分割的权力机构统治。相比之下,帝国不仅在伦理、宗教和语言上是多元的,而且根据帝国的定义,在帝国的社会环境下,众多政治权力机构分享主权。如果帝国没有至少在某种程度上与本地定居者精英群体或当地居民分享主权,那么任何帝国都不可能长久繁荣。1887年,梅因指出,"不可分割的主权……不属于国际法范畴"。[108] 毕竟就是因为未能做到这一点而成为美国独立战争的主要导火索,并且在1810年之后,西班牙在南美洲的殖民地纷纷揭竿而起,几乎将圣多明各、瓜德罗普岛和马提尼克岛的法国移民变成了英国人一直所希望的战斗利器。

就"第二代帝国"而言,某种"间接统治"的做法使共享主权的必要性对整个政治体制的存续具有更加重要的意义。梅因认为,

> 主权者的权力是一束或一组可以相互分离的权力。因此,统治者可以统辖民事、刑事和司法,可以为其臣民和领土制

定法律，可以行使生杀予夺的权力，可以征缴赋税；尽管如此，他仍可能受到限制，不得发动战争、签订和约，以及与领土外的任何权力机关建立外交关系。[109]

从政治体制上来说，梅因的观点与弗吉尼亚人理查德·布兰德（Richard Bland）——托马斯·杰斐逊评价他"博学多才，在宪法学方面具有深厚造诣"——的观点存在明显的相似之处；1776年2月，本杰明·富兰克林在众议院长达三小时的著名作证演讲中重申了这一观点。富兰克林引用了布兰德的观点，指出美洲殖民地构成了"一个独立的国家，独立于它们原先所属王国的内部政府，但是它们在对外政策方面却保持着最密切、最亲密的联盟友好关系"。[110] 关于这个观点，梅因与布兰德的重要区别在于，尽管布兰德讨论的是"英裔美洲克里奥里人"主张享有与土生土长的英国人相同的权利和特权，而梅因讨论的是非欧洲统治者在欧洲人通过某种方式占领的领土上所享有的主权。他想到的例子就是

> 印度的土著国王；目前，世界上地处更野蛮地区的这类国家越来越多。对于德国、法国、意大利和西班牙在澳洲和非洲海岸建立的保护国中，没有国家愿意去占领土地并建立之前意义上的殖民地，但是除非宗主国允许，否则当地部落不得建立任何对外关系。[111]

只要土著统治者不与宗主国的利益发生冲突，宗主国就可以允许土著统治者管理自身（但范围模糊不清）的大量事务，这也是新海外领地名称的多样性和不准确性的原因。殖民地、保护国、托管地，更不用说事实上处于欧洲人统治之下且异于常态的制度，在这种制度之下，并未被承认有任何形式的直接权力。例如，尽管从1822年至1922年间埃及处于奥斯曼帝国的主权统治之下，但英国将埃及变成"蒙着面纱的保护国"并实际统治。[112] 不论所有这些地区属于何种情形，它们都不能被认为是（除孟买以外）像东格林尼治庄园那种农役保有性质的土地，就像北美13个殖民地中的一些殖民地或者西班牙的"印第安王国"那样，它们都曾是"复合君主王国"的组成部分。1878年，本杰明·迪斯雷利（Benjamin Disraeli）对大英帝国的所作所为暴怒不已，他愤然地写道："无论是在古代历史还是现代历史中，我都没有找到这方面的例子，恺撒大帝或查理大帝都没有统治过如此奇特的领土。"唯一能将大英帝国所有地区团结在一起的就是他们认同大英帝国所谓的"统治这些岛屿的精神"。[113] 并不只有英国人专于此道，法国人、德国人、比利时人、西班牙人和葡萄牙人亦是如此。

在所有这些主张背后，隐藏着第一代帝国与第二代帝国之间的另外一个区别，这揭示了它们最终灭亡的原因。在大革命之前，世界上的帝国从未设想过会出现这样一个时代：要么原住民（当时他们被认为是具备完全独立地位的民族）进行自治，要么是移民进行自治，或者认为自身享有地位与欧洲国家相同的国际地位。根据《1763年皇家宣言》(The Royal Proclamation of 1763) 的内容，英国王室认为生活在阿巴拉契亚山以西的民众是"受我们主权保护和统治的……数个印第安民族或部落"，但并不是后来的评论家所认为的那样，这些"民族"走上了追求实现双重独立的道路。这只是在试图限制殖民者的权力。[114]西班牙人最多只是会承认，随着时间的推移和经过足够充分的教化，美洲印第安人可能会与卡斯蒂利亚王国的居民享有同等权利。从广义上讲，所有早期的帝国都同意罗马人的观点，即一个人虽然从种族、文化和宗教层面可能仍属于犹太人或高卢人，但是他在政治层面是罗马人。虽然帝国可以由许多不同的民族行使主权，但是仍然受到普遍性法律规则的约束和限制，尽管该普遍性法律规则可以纳入许多当地的法律法规，然而这些规则最终还是从宗主国的法律中衍生而来的。

相比之下，因为对新帝国而言，至少征服者打算与"土著"分享他们的部分主权，即梅因所说的由"一束或一组权力"所构成的主权，因此也认为他们打算让土著在梅因所说的"文明国家大家庭"中占据一席之地。[115]对于大多数19世纪下半叶的实证主义国际法学家而言，新帝国主义思想为梅因所说的世界"文明国家"提供了可能为人所接受的定义：从自圆其说的角度而言，文明国家就是那些同意遵守国际法的国家；正如格老秀斯所说，国际法是"法律圣贤不断积累的经验和经证实的规则"。[116]因此，新的国际法将其适用范围内的所有法律整合为一个整体，这就是伟大的德国法学家弗里德里希·卡尔·冯·萨维尼（Friedrich Karl von

Savigny）所说的"国际法律共同体"（Völkerrechtliche Gemeinschaft）。[117] 但是，要加入这个共同体，首先就必须接受共同体的价值观，即使萨维尼并不认同这样的观点，但至少梅因认同这一点。这些价值观与"雅利安世界的旧秩序相同，后者虽然已经土崩瓦解，但是却通过大量化于无形的影响力对自身实施了永久性重构"。[118]

后来崛起的帝国将"教化"的目标与间接统治的政策糅合在一起（尽管这显然不是它们的初衷），这最终导致它们所统治的民族必然将追求自决权作为目标。早在 1861 年，密尔就公开支持这一观点，尽管他认同这一观点，但是态度不冷不热。虽然他认为英国及其殖民地之间"当前微弱的联系"是"朝着世界和平与国家间普遍友好合作迈出的一步"，而且将防止任何独立的前殖民地沦为不那么温和的帝国权力的牺牲品，但不能无视这样一个事实，即"在充分尝试进行最佳结合的形式后，殖民地仍希望独立出去，那么根据道德和正义原则，（英国）都应同意它们独立出去"。[119]

1902 年，加拿大自由主义者、第一位讲法语的加拿大总理威尔弗里德·劳里尔（Wilfrid Laurier）指出："大英帝国是由大量国家构成的'银河系'"，在这其中"似乎只有一条既定规则：为了最大限度地实现殖民地的利益，应尽快实施政府的计划，并最终将其从卑微的地位提升到共同体成员的地位"。大英帝国早期言辞最激烈犀利和影响力最大的评论家——英国经济学家约翰·阿特金森·霍布森（John Atkinson Hobson）直言不讳地评论道，实际上这"极有可能是现实中在阐述我们的殖民和帝国主义政策时犯下的最大错误。对于整个帝国内的绝大多数人而言,我们没有赋予他们任何真正的自治权力,也没有任何虔诚的信仰相信我们可能会这样做"。[120]

毫无疑问,霍布森的主张总体上是正确的。尽管他认为欧洲人统治的利益只是为了引导在其保护之下的人民通过可辨识"文明"的方式来获得自治的能力。实际上,即使从长远来看,殖民地统治者很少会为实现这一目标而付出努力。尽管1833年托马斯·巴宾顿·麦考雷(Thomas Babbington Macaulay)指出,英国东印度公司的目标始终未变,即"通过实施善政,我们能够教化我们的臣民,使其具备更好进行自治的能力;根据欧洲知识的指引,他们可能会在将来的某个时刻建立欧洲式的政治体制",他认为这一时刻遥遥无期,那一天将是"英国历史上最骄傲的一天"。[121] 甚至在1923年末,卢加德还表示,由于非洲尚未建立国家,非洲"完全独立的时代远远没有到来"。[122]

但是,用麦考雷的话来说,尽管人们对提升自治能力所耗费的时间没有精确认知或持彻底悲观的态度,"一个民族陷入了奴隶制和迷信的最深渊潭之中",导致他们"渴望获得并有能力获得公民享有的特权",[123] "文明"的逻辑实际上不可能无限期地推迟这个时刻的到来。按照鲁德亚德·吉卜林(Rudyard Kipling)臭名昭著的观点,那些"没有制定法律的次等民族"将在文明国家之中占据一席之地。[124] 帝国主义无法逃避的命运之一就是除非利用民族主义,否则帝国主义不可能全面达到文明状态,这一假设就是只能在国家完全独立的情况下实现所谓的"民族自决"。

1919 年，伍德罗·威尔逊（Woodrow Wilson）在巴黎和会上曾将这一想法堂而皇之地摆在世界各大帝国面前，他因此广受赞誉。他前往巴黎途中曾在热那亚停留，并在自由民族主义之父——马祖尼（Mazzini，如果确曾存在所谓的自由民族主义之父）纪念碑前表示，他参加会议的目的是实现这位孤独思想家的理想，马祖尼的思想"因为上帝的恩赐已超出了普通大众可以理解的水平"。[125] 如果今天用厄内斯特·盖尔纳（Ernest Gellner）的眼光来看，那么民族国家就不只是一种"偶然性事件"，而是一种"一般必需品"和某种接近天然存在的事物，19 世纪各大帝国采取的行动导致出现了这种情况。[126]

1919 年巴黎和会为 19 世纪伟大的帝国最终走向土崩瓦解制定了意识形态层面的日程。但是，欧洲需要爆发另外一次"内战"，从而确保欧洲帝国的实力被削弱至某种特定的程度，使处于它们殖民统治下的人民不再仅仅满足于同它们的征服者和篡夺主权者去分享主权，而是越来越多地主张自身享有不可分割的主权。然而，在 1945 年之后，尽管仍面临不确定性，但是这一天很快来临了。英国在印度和非洲，甚至在地中海东部，进行了短暂且徒劳的挣扎；1956 年，西班牙人被赶出摩洛哥；在遭遇了 20 世纪最残酷的殖民地独立战争之后，法国人在 1962 年被赶出了阿尔及利亚；葡萄牙人顽强地占领着莫桑比克并持续到 1974 年；英国人对香港的占领持续到 1997 年；葡萄牙人对其在亚洲最后一块土地澳门的占领持续到 1999 年。到 1960 年代中期，根据上述的观点，帝国都已经寿终正寝。如今，英国仍然统治着一些孤悬海外的土地［以及存在巨大争议的福克兰群岛（马尔维纳斯群岛）和直布罗陀］；西班牙在摩洛哥沿岸拥有军事基地；法国保留了几处海外"领地"，但是现在所有这些地方的居民都拥有法国国籍，并在法国国民议会中拥有自己的代表。

九

随着希特勒"千年帝国"灭亡和苏联解体，现在唯一能争夺帝国地位的国家似乎就是美国。在这种情况下，与苏联一样，对"帝国"一词的滥用更加频繁，但并没有对它展开描述性说明，更不用说进行分析性阐述。正如1959年法国自由派哲学家雷蒙·阿隆（Raymond Aron）所注意到的，"帝国"仅仅是"竞争对手或旁观者为大国外交赋予的名称"。[127] 正如艾瑞克·霍布斯邦所指出的，现在关于美国是否是一个帝国的大部分争论已经越来越归于沉寂，这些争论"真正关注的是帝国实实在在的历史。它们竭力顺应在旧称谓下的历史发展，而这与旧的历史事实并不必然吻合"。[128]

实际上，今天美国的战略目标、政策甚至意识形态与之前的帝国相比，除了表面相似之外，几乎完全不同。的确，早期的美利坚合众国还有一些远大的抱负，希望建立杰斐逊所说的美洲"自由帝国"，但是美国并非一直有这种抱负。像亚历山大·汉密尔顿（Alexander Hamilton）一样，杰斐逊坚信，新建立的美利坚合众国应该会在某一天"能够建立一个伟大的美洲政体,摆脱所有跨大西洋势力或影响力量的控制,并能够决定旧世界与新世界之间的关系"。[129] 在目睹"我们南美洲的兄弟"的遭遇后,杰斐逊"目光"中不时显露出焦虑之色。但是,杰斐逊关于"姐妹共和国"的言论所援引的"帝国"概念更接近康德所说的"民族联盟",因为对于所有其他国家而言,美国像一个"鸟巢",而不是想象中像欧式帝国那样被看作一个"卵黄"。[130]

的确,今天的美国就像 19 世纪奉行"自由主义"的帝国——英国和法国———样,不遗余力地推行一种理念,即认为对人类而言只存在一种有效的政府形式与"文明"模式——实行自由民主制,并将输出民主制视作一种责任。这是它们的"使命",也是义务。与早期英国人(和法国人)对这个问题的看法一样,这一"使命"也让人们认识到,对于那些已经建立"自由国家"的地区来说,自由国家的文明世界将是一个更安全、更能够获得利益的地方。人们基本认可,建立帝国(行使帝国权力)是实现这一目标的最佳方法,甚至是一种可行的方法。

从许多重要的方面来看,美国的确不像一个帝国,除了极少数例外情形,美国没有海外领地,也没有明显的占有土地的欲望,它不会将霸权视为其公民身份的一种形式。美国对本国领土以外的任何地方均未实施直接统治;而且美国一直试图尽快地使自己摆脱似乎即将发展成为甚至属于间接统治的任何形式(如美国占领伊拉克时的情形)。南北美洲最具洞察力的人士詹姆斯·布莱斯子爵(Viscount James Bryce)在 1888 年谈及美国人时说,"他们没有欧洲大国对占领土地的那种强烈欲望"。[131] 然而，这不仅是因为美国人没有"对土地的渴望"，布莱斯认为美国本土已充分满足了这一欲望，这使美国成了一个"不情不愿"的帝国。美国拒绝认可主权可分割的观点，而这一点恰恰是梅因认为对19世纪新帝国具有决定性的特征。的确，联邦政府与联邦各州都拥有主权。与之前帝国的所有惯常做法相比，这与各州共享主权的做法是无法想象的。

不同于（欧洲）历史上的任何帝国，美国在其国内地区的殖民遵循了一种精准合并模式。根据1787年《西北条例》（The Northwest Ordinance）的规定，在每片新领土定居或征服某片新领土后，定居人数在达到6万后，这片领土就会成为联邦内部的一个新州，而不是现有州进行扩张的地区。该条例当然不适用于海外领土。但是，这确实暗示着可能在海外（例如夏威夷）兼并的定居点必须要完整地并入美国或将其归还给当地统治者。[132] 美国政府不愿长期容忍任何形式的殖民主义。即使坚定的帝国主义者西奥多·罗斯福（Theodore Roosevelt）也无法想象将古巴或菲律宾变成真正的殖民地。[133] 事实上，美国确实拥有殖民地（海外领地）——关岛、维尔京群岛和萨摩亚，这些地方面积非常狭小，不会引发大的争议。美国殖民统治的主要例外情形是波多黎各；然而，美国人对波多黎各的地位一直争论不休，这一事实令所有人，甚至包括那些支持维持现状的人（大多数人持这种立场）感到震惊，这是一种反常的现象，这一事实在很大程度上支持实施这种殖民统治。[134]

就像从孟德斯鸠到伯克再到托克维尔等多位思想开明且信奉自由主义的评论家一样,许多美国人已经并且将会持续认识到,在海外以国家的名义开展活动可能极易对宗主国构成威胁。1900年,美国民主党总统候选人威廉·詹宁斯·布赖恩(William Jennings Bryan)指出:"我们认为宪法遵循这样一种价值观,并谴责这样的学说,即根据宪法设立并获得宪法规定权利的行政机构或国会可以行使超出其规定范围的合法权利,或者违反它……在海外奉行帝国主义将不可避免地导致在国内迅速形成专制体制。"[135]

布赖恩深知,要成为一个真正的帝国,美国就必须彻底改变其政治文化的特性。因为自由民主(西方大多数国家的设想)和自由帝国(托克维尔和密尔的设想)——甚至"仁慈的帝国"——最终都是无法相容的。伯克、斯密、密尔和托克维尔也明白这一点。"自由帝国"是这样一种帝国,它们的存在是为了在那些存在自由或自由政府的地方,通过国家行动展示其美德与先进性,否则用密尔的话来说,这些地方将永远是"野蛮之地"。如果运气好的话,那么这些地方最终在历经长期的(通常具有强迫性)教化后变得适合"被宗主国统治"。相比之下,美国认为,美国海外冒险活动通常是通过投票使那些处于悲惨状态的"外邦人"行使其与生俱来的自决权。尽管这不可避免地需要采取大量的强制措施,并且肯定涉及某种可能被称为非正式的霸权措施,但这种措施显然不属于帝国所采取措施的范围。无论采用哪种形式建立帝国,这种帝国都是由对人民及其领土行使直接或间接统治、独立或共同行使主权构成的。讨论"间接"、"非正式"或"文化"帝国可能会很有启发，也可能会对此有所帮助，但这些也仅是隐喻性的。霸权是一国对其政治独立和主权联盟施加一般不受限制影响力的能力，而帝国统治则是另一回事。

但是，即使帝国已经寿终正寝，但是它在其漫长历史中形成的诸多政治和法律思想遗产在很大程度上仍然一直存在。正如我们所看到的，国际法是基于阐释合法性和统治距离遥远的殖民帝国的需要而发展形成的。今天我们所谓的全球化是现代商业体系发展的产物，这与现代欧洲海外帝国一样，根据斯密的说法，它始于人类历史上"最伟大且最重要"的事件：哥伦布和达·伽马的航海活动。[136]

矛盾的是，帝国最具影响力的当代遗产之一涉及法律和主权政治的权威，即反对帝国主义的"人权"概念。"人权"指个人不是因为他/她在特定的政治秩序中占有一席之地而享有的权利，而只是因为他/她作为人而享有的权利，我在第九章中指出，人权继承了中世纪晚期的"自然"或"个人"权利概念。我在第一章中指出，在主张存在巨大争议的背景下，这一点首先在欧洲之外的地区体现出真正重要的作用，即存在一种普适性的法律对世界上的所有民族都具有约束力，而不会区分他们的宗教信仰或当地的政府形式；就权利而言，它优先于当地全部的实在法。今天，即使"人权"只是近代才出现的概念，但是也存在一种不容置疑且具有普遍性的"人权文化"。从阿亚图拉·霍梅尼（Ayatollah Khomeini）到新加坡的李光耀（Lee Kuan Yew），他们以神权或"亚洲"价值观的某种变体为名持续反对欧洲普世主义知识的传播，认为欧洲普世主义就是欧洲帝国主义的"奴仆"。但是，这并不会像霍梅尼、李光耀所认为的那样，这必然导致整个价值观变得空洞，只会成为更强大的军事或经济体干涉较弱小军事或经济体的一种鬼蜮伎俩。

这种观点认为，如果我们认为世界上所有民族都可以作为个体向他们的政府提出某些主张，尽管他们可主张的权利是有限的，并且至少在理论上他们可以向一个超国家层面的法院提出这种主张，那么我们还必须认识到，这取决于这样一个假设，即对整个人类来说，确实存在一种普适性的法律，无论该法律何等微不足道，而且还必然存在一个负责解释和维护这种法律的"国际社会"。这必然形成了一种特别的西方理念，认为存在一种单一的人性，而这些反过来又成为欧洲帝国永久性的遗产。但是，也不应该将它们的这种发展历程作为对其进行整体性否定的依据，因为如果国际法和大多数国际组织当前确实采用了"西方"模式，那么普世主义的思想和理想显然具有普适性。

注释

1. Jan Zielonka, *Europe as Empire: The Nature of the Enlarged European Union* (Oxford: Oxford University Press, 2006), 1-20. 另参见 the comments by Harold James, *The Roman Predicament: How the Rules of International Order Create the Politics of Empire* (Princeton: Princeton University Press, 2008) 119-40。

2. 不同的观点，参见 Charles Maier, *Among Empires: American Ascendancy and Its Predecessors* (Cambridge: Harvard University Press, 2006), 33。帝国是"一种特殊形式的国家组织，其国内的不同种族或民族的精英服从并默认该

国主导力量的政治领导"。

3. *Islands of History* (Chicago: Chicago University Press, 1985), 75-6.

4. Jane Burbank and Fredrick Cooper, *Empires in World History: Power and the Politics of Difference* (Princeton: Princeton University Press, 2010), 2-3, and see David Armitage, *Foundations of Modern Political Thought* (Cambridge: Cambridge University Press, 2013), 191-214.

5. 赫弗里德·明克勒（Herfried Münkler）对"世界"帝国和"伟大"帝国进行了区分但模糊不清；尽管他承认"无法统治重要地区的霸权国家不应被视为一个真正的帝国"，但是与帝国的存续时间相比，这一点与帝国实际规模关联性更小。"世界"帝国的重要特征似乎在于其具备超越"其缔造者贤明品性"的能力。*Empires*, Patrick Camiller trans. (Cambridge: Polity Press, 2007), 9-17.

6. *The Expansion of England: Two Courses of Lectures* (Macmillan: London, 1883), 239.

7. 转引自 Bernard Cohn, "The Command of Language and the Language of Command", in Ranajit Guha ed., *Subaltern Studies* (Delhi, 1985), IV, 295, 但是琼斯未完成这项工作，他于1794年4月去世。

8. Clifford Ando, *Imperial Ideology and Provincial Loyalty in the Roman Empire* (Berkeley, Los Angeles, London: University of California Press, 2000) 对此进行了描述。

9. *Ab urbe condita* 8. 13. 16.

10. 转引自 Peter Brown, *The World of Late Antiquity* (New York and London: W. W. Norton and Company, 1989), 123。

11. "A Few Words on Non-Intervention", in *Essays on Equality Law and Education*, in J. M. Robson ed., *Collected Works of John Stuart Mill* (Toronto: Uni-

versity of Toronto Press, 1984), XXI, 119.

12. *Discorsi sopra la prima decada di Tito Livio*, II. 2.

13. *The Rights of War and Peace* [*De Jure Belli ac Pacis*] Richard Tuck ed. 摘自 Jean Barbeyrac (Indianapolis: Liberty Fund, 2005), III, XV, 1500-1。

14. *Decline and Fall of the Roman Empire*, David Womersley ed. (London: Penguin, 1994), I, vi.

15. 转引自 A. N. Sherwin-White, *The Roman Citizenship* (Oxford: Oxford University Press, 1973), 435。

16. Claude Nicolet, *The World of the Citizen in Republican Rome*, P. S. Falla trans (Berkeley and Los Angeles: California University Press, 1980), 22.

17. *Aeneid* VIII, 319-23.

18. "The Roman Oration", in James H. Oliver, *The Ruling Power A Study of the Roman Empire in the Second Century after Christ through the Roman Oration of Aelius Aristides* (Transactions of the American Philosophical Society New Series, 23) (Philadelphia: American Philosophical Society, 1953), 59-60.

19. Tacitus *Annals* II, 23-4.

20. 参见我的著作 *Lords of All the World: Ideologies of Empire in Spain, Britain and France c. 1500-c. 1899* (New Haven and London: Yale University Press, 1995), 149-51。

21. *On the Fortune of Alexander*, 329.

22. *De Finibus* II, 24.

23. *Decline and Fall of the Roman Empire*, 103, chap. III.

24. 转引自 Ando, *Imperial Ideology and Provincial Loyalty in the Roman Empire*, 63。

25. *De Republica* 3. 15. 24.

26. *Aeneid* I, 277-9, "His ego nec metas rerum nec tempora pono; imperium sine fine dedi".

27. *Digest*, 6. 1. 1. 2.

28. *Le Droit publique romain* (*Romisches Staatsrecht*), P. F. Girard trans. (Paris, 1896) VI, 478-9.

29. *The Rights of War and Peace*, II VIII, 636n. 参见 Peter Stein, "The Development of the Notion of *naturalis ratio*", in A. Watson ed., *Daube Noster: Essays in Legal History for David Daube* (Edinburgh: Edinburgh University Press, 1974), 305-16, and Max Kaser, *Ius gentium* (Cologne, Weimar, Vienna: Böhlau Verlag, 1993), 59-70。

30. *Ancient Law* (London, 1861), 58.

31. "在局势安定的土地上，通过制定法律走向有序发展的过程"，这与积极开展殖民活动是有区别的。*The Nomos of the Earth in the International Law of the Jus Publicum Europaeum*, G. L. Umen trans and ed. (New York: Telos Press, 2003), 80-3.

32. 关于传说中"最后的世界之王"查理大帝的历史地位，参见 Marie Tanner, *The Last Descendant of Aeneas: The Habsburgs and the Mythic Image of the Emperor* (New Haven and London: Yale University Press, 1993), 119-30。

33. 关于康帕内拉的观点，参见 Jean-Louis Fournel, *La Cité du soleil et les territoires des hommes: Le savoir du monde chez Campanella* (Paris: Albin Michel, 2012)。

34. "On the American Indians", in *Vitoria: Political Writings*, Anthony Pagden and Jeremy Lawrance eds. (Cambridge: Cambridge University Press, 1991), 251.

35. *Controversiarum illustrium aliarumque usu frequentium*, *libri tres* [1563],

Fidel Rodriguez Alcalde ed. (Valladolid, N. P. , 1931-5), II, 25.

36. Ibid. , I, 17.

37. *Considerations on Representative Government*, [1861] in *Collected Works of John Stuart Mill*, XIX,

38. 例如见 Antony Anghie, *Imperialism*, *Sovereignty and the Making of International Law* (Cambridge: Cambridge University Press, 2005。

39. Letter to Miguel de Arcos, 8 November 1534, in *Vitoria: Political Writings*, 331.

40. *The Nomos of the Earth in the International Law of the Jus Publicum Europaeum*, 92.

41. *Leviathan*, I, XIV, and II, xxvi, Richard Tuck ed. (Cambridge: Cambridge University Press, 1991), 91-2 and 200. See Noel Malcolm, "Hobbes's Theory of International Relations", in *Aspects of Hobbes* (Oxford: Oxford University Press, 2002), 432-56.

42. *Leviathan*, I, XIII, 90.

43. *Ancient Law*, 45.

44. 参见 Benjamin Straumann, "The *Corpus iuris* as a Source of Law between Sovereigns in Alberico Gentili's Thought", in Benedict Kingsbury and Benjamin Straumann eds. , *The Roman Foundations of the Law of Nations* (Oxford: Oxford University Press, 2010), 101-23。

45. *Jus gentium methodo scientifica pertractatu* (Oxford: Clarendon Press, 1934). II, 17. 参见格老秀斯的观点,"万民法包含一项更广泛的权利,其权威性来自所有或至少众多国家的合意……现在,万民法通过与不成文的市民法相同的方式得到了验证,即经过法律圣贤们不断地实践并进行验证。" *The Rights of War and Peace*, I, I, xiv, 162-3. 显然,他认为"圣贤"只能来自世界的"文明"民族。

46. "A Few Words on Non-Intervention", in *Essays on Equality Law and Education*, in *Collected Works of John Stuart Mill*, XXI, 118.

47. "Civilization", in *Essays on Politics and Society*, in *Collected Works of John Stuart Mill*, XVIII, 119.

48. 参见 Thomas McCarthy, *Race, Empire and the Idea of Human Development* (Cambridge: Cambridge University Press, 2009), 171-7, 讨论了密尔关于种族的观点。

49. *Second Treatise on Government*, V, 26, in *Locke's Two Treatises of Government*, Peter Laslett ed. (Cambridge: Cambridge University Press, 1960), 304.

50. 对于洛克所谓的"公民社会",这个社会的首要目标是"保护财产",参见 *Second Treatise on Government*, VII, 85, p. 341。另参见 James Tully, "Aboriginal Property and Western Theory: Recovering a Middle Ground", *Social Philosophy and Policy* 11 (1994), 153-80, and *An Approach to Political Philosophy: Locke in Contexts* (Cambridge: Cambridge University Press, 1993)。

51. 参见 R. Y. Jennings, *The Acquisition of Territory in International Law* (Manchester: Manchester University Press, 1963), 16-20, and Gregory Claeys, *Imperial Sceptics: British Critics of Empire 1850-1920* (Cambridge: Cambridge University Press, 2010), 15-19。

52. "On the American Indians", *Vitoria: Political Writings*, 264.

53. See pp. 136-7.

54. *L'Ami des hommes, ou traité de la population* (The Hague, 1758), III, 241-2.

55. *An Inquiry into the Nature and Causes of the Wealth of Nations*, W. B. Todd ed. (Oxford: Clarendon Press, 1976), II, 946-7 (V. iii).

56. 关于该术语的使用情况，参见 H. G. Koenigsberger, "*Dominium regale or Dominium politicum et regale*", in *Politicians and Virtuosi: Essays in Early-Modern History* (London: Hambledon Press, 1986), 12。

57. *Carta derijida* [*sic*] *a los Españoles Americanos por uno de sus compatriotas* (London, 1801), 2.

58. "Carta de Jamaica", September, 1815, in *Obras completas*, Vicente Lecuna and Esther Barret de Nazaris eds. (Havana: Editorial Lex, 1950), I, 160.

59. Letter to the *Royal Gazette* of Kingston, Jamaica, 1815, in *Obras completas*, I, 176.

60. 参见我的著作 *Spanish Imperialism and the Political Imagination. Studies in European and Spanish-American Social and Political Theory 1513-1830* (New Haven and London: Yale University Press, 1990), 152-3。

61. "Of the Balance of Power", in *Essays, Moral, Political, and Literary* [1777], Eugene F. Miller ed. (Indianapolis: Liberty Fund, 1985), 340-1.

62. 关于概括性的内容，参见 Sankar Muthu, *Enlightenment against Empire* (Princeton and Oxford: Princeton University Press, 2003)。

63. See pp. 176-7.

"Toward Perpetual Peace. A Philosophical Project", in *Practical Philosophy*, Mary Gregor trans. and ed., *The Cambridge Edition of the Works of Immanuel Kant* (Cambridge: Cambridge University Press, 1999), 328 (AK 8: 357).

64. Ibid., 325-6 (AK 8: 354).

65. Ibid., 326 (AKA 8: 355).

66. "The Metaphysics of Morals", *Practical Philosophy*, 485 (AK 6: 347).

67. "Towards Perpetual Peace: A Philosophical Project", *Practical Philosophy*, 336 (AK 8: 367).

68. 关于这一点，参见第 178 页。

69. 参见 Pauline Kleingeld,"Kant's Second Thoughts on Colonialism", in Katrin Flikschuh and Lea Ypi eds., *Kant and Colonialsm: Historical and Critical Prespectives* (Oxford: Oxford University Press, 2014), 43-67。

70. See p. 181, and Muthu, *Enlightenment against Empire*, 88-9. 关于康德改变他此前种族主义立场的相关内容，参见 Pauline Kleingeld, *Kant and Cosmopolitanism: The Philosophical Ideal of World Citizenship* (Cambridge: Cambridge University Press, 2012), 111-117。

71. "On the Common Saying: That May Be Correct in Theory, But It Is of No Use in Practice", *Practical Philosophy*, 296 (AK 8: 297). 对康德而言，"共和主义"应理解为"行政权（政府）与立法权分离的政治原则"，不应与"民主政治体制"混淆（这种情况时常会出现）。"Towards Perpetual Peace: A Philosophical Project", *Practical Philosophy*, 324 (AK 8: 352).

72. "Idea for a Universal History with a Cosmopolitan Aim", in *Anthropology. History, and Education*, Günter Zöller and Robert B. Louden, eds., *The Cambridge Edition of the Works of Immanuel Kant* (Cambridge: Cambridge University Press, 2007), 118 (AK 8: 28).

73. "An Answer to the Question: What Is Enlightenment?", *Practical Philosophy*, 21 (AK 8: 40).

74. 参见我的著作 *The Englightenment and Why It Still Matters*, New York: Random House, 2013, 309-13。

75. 关于康德对商业复杂又模棱两可的观点，参见 Lea Ypi "Commerce and Colonialism in Kant's Philosophy of Nature and History", in Flikschuh and Ypi, *Kant and Colonialism*, 99-129。

76. "Histoire des Deux Indes", in *Œuvres*, Laurent Versini ed. (Paris: Rob-

ert Laffont, 1994), III, 689.

77. See p. 194.

78. 参见我的著作 *European Encounters with the New World from Renaissance to Romanticism* (New Haven and London: Yale University Press, 1993)。

79. See p. 199.

80. "Principles of Politics applicable to all Representative Governments", in *Constant: Political Writings*, Biancamaria Fontana ed. and trans. (Cambridge: Cambridge University Press, 1988), 256.

81. "The Liberty of the Ancients Compared with that of the Moderns", *Constant: Political Writings*, 317.

82. See pp. 201-2.

83. "The Spirit of Conquest and Usurpation and their Relation to European Civilization", *Constant: Political Writings*, 72-3.

84. "Towards a Holy Alliance of the Peoples", in Stefano Recchia and Nadia Urbinati eds., *A Cosmopolitanism of Nations. Giuseppe Mazzini's Writings on Democracy, Nation Building and International Relations* (Princeton: Princeton University Press, 2009), 118.

85. "The Spirit of Conquest and Usurpation and their Relation to European Civilization", *Constant: Political Writings*, 64.

86. *International Law: A Series of Lectures Delivered before the University of Cambridge 1887* (London: John Murray, 1888), 8.

87. *De la colonization chez les peuples modernes* (Paris: Guillaumin, 1902, 5th edition), I, viii. Preface to the 4th edition of 1891.

88. *Speeches by Lord Curzon of Kedleston, Viceroy and Governor General of India* (Calcutta, 1900), I, ii.

89. *Elements of the Philosophy of Right*, H. B. Nisbet trans. (Cambridge: Cambridge University Press, 1991), 367, 368 (331, 335).

90. *Reflections on the Origins and Destiny of Imperial Britain* (London: Macmillan, 1900), 16, 262, 参见 Mark Bradley ed., *Classics and Imperialism in the British Empire* (Oxford: Oxford University Press, 2010) 收录的文章, 以及 Richard Hingley, *Roman Officers and English Gentlemen: The Imperial Origins of Roman Archaeology* (London and New York: Routledge: 2007), 87–95。

91. *De la colonization chez les peuples modernes* (Paris, 1874), 605–6.

92. *The Age of Empire, 1875–1914* (London: Abacus, 1987), 70.

93. Paul Kennedy, *The Rise and Fall of the Great Powers* (New York: Random House 1987), 148–9.

94. "Speech on Nabob of Arcot's Debts, 28 February 1785", in *The Writings and Speeches of Edmund Burke*, P. J. Marshall ed. (Oxford: Clarendon Press, 1981), V, 519. 伯克还提到 "我们同胞和同类在这个世界上受压迫, 遭受痛苦"。关于孔多塞的相关内容, 参见我的著作 *The Enlightenment and Why It Still Matters*。

95. *Mon périple* (Paris: Seghers, 1987), 142.

96. 关于这些数据, 参见 Jacques Frémeaux, *Les empires coloniaux dans le processus de mondialisation* (Paris: Maisonneuve & Larose, 2002), 168–76。

97. "Travail sur l'Algérie", in *Tocqueville sur l'Algérie*, Seloua Luste Boulbina ed. (Paris: Flamarion, 2003), 126.

98. 转引自 David Bromwich ed., *On Empire, Liberty and Reform. Speeches and Letters of Edmund Burke* (New Haven and London: Yale University Press, 2000), 15–16。

99. 转引自 Uday Singh Mehta, *Liberalism and Empire: A Study in Nine-*

teenth-*Century British Liberal Thought* (Chicago: University of Chicago Press, 1999), 139-40。

100. 关于"间接统治"的思想渊源,参见 Karuna Mantena, *Alibis of Empire: Henry Maine and the Ends of Liberal Imperialism* (Princeton: Princeton University Press, 2010),他斩钉截铁地指出,新的政策和主张(尤其是梅因的观点)为它们提供了支持,这标志着它摆脱了"自由帝国主义"。

101. Frederick John Lugard, *The Dual Mandate in British Tropical Africa* (London: Blackwood, 1923), 61.

102. T. S. Smiley, "Social Advance in Non-Autonomous Territories", in *Principles and Methods of Colonial Administration, Colson Papers* (London: Butterworth Scientific Publications, 1950), 212.

103. 关于梅因提出的"传统社会"内容,参见 Mantena, *Alibis of Empire*, 56-88, and Clive Dewey, "The Influence of Sir Henry Maine on Agrarian Policy in India", in Alan Diamond ed., *The Victorian Achievement of Sir Henry Maine* (Cambridge: Cambridge University Press, 1991), 353-75。

104. J. S. Furnivall, *Netherlands India: A Study of Plural Economy* (Cambridge: Cambridge University Press, 1939), 291.

105. "Second lettre sur l'Algérie", *Tocqueville sur l'Algérie*, 57.

106. "Rapport fait par M. Tocqueville sur le projet de la loi relative aux crédits extraordinaires demandés pour l'Algérie", *Tocqueville sur l'Algérie*, 228.

107. "Travail sur l'Algérie", *Tocqueville sur l'Algérie*, 106.

108. *International Law*, 58. 关于主权分割问题的综述,参见 Edward Keene, *Beyond the Anarchical Society: Grotius, Colonialism and Order in World Politics* (Cambridge: Cambridge University Press, 2002)。

109. *International Law*, 57-8.

110. *An Enquiry into the Rights of the British Colonies*（London，1766），16，关于富兰克林的观点，参见 Bernard Bailyn，*The Ideological Origins of the American Revolution*（Cambridge，MA：Harvard University Press，1967），213.

111. *International Law*，58-9.

112. "蒙着面纱的保护国"是阿尔弗雷德·米尔纳（Alfred Milner）勋爵创造出来的一个词，他曾担任"财政部副部长"一职（政府未明确设置该职位）。

113. 转引自 R. Koebner and H. Schmidt eds.，*Imperialism：The Story and Significance of a Political Word，1840-1960*（Cambridge：Cambridge University Press，1964），136-7。

114. In W. P. M. Kennedy ed.，*Documents of the Canadian Constitution*（Toronto，New York：Oxford University Press，1918），20.

115. *International Law*，37-8. 梅因对弗朗西斯·沃顿（Francis Wharton）在《美国国际法摘要》（*A Digest of the International Law of the United States*）中提出的观点进行了评论，显然他也赞同这个观点。

116. See pp. 56 7.

117. Maine，*International Law*，38. On Savigny, see Jean-Louis Halperín，*Entre nationalisme juridique et communauté du droit*（Paris：Presses Universitaires de France，1999），46-66，and Martti Koskenniemi，"Ruling the World by Law(s)：The View from around 1850", in Martti Koskenniemi and Bo Strath eds.，*Europe 1815-1914：Creating Community and Ordering the World*（Helsinki：University of Helsinki，2014），16-32.

118. *The Effects of Observation of India in Modern European Thought*（London：John Murray，1875），30.

119. *Considerations on Representative Government* Cap，XVII. 参见 Duncan

Bell, "John Stuart Mill on Colonies", *Political Theory*, 38 (2010), 34–68, 以及 R. N. Ghosh, " John Stuart Mill on Colonies and Colonization", in *John Stuart Mill*, John Cunningham Wood ed. (London: Croom Helm, 1987), IV, 354–67。

120. *Imperialism: A Study* (London: James Nisbet, 1902), 120.

121. 转引自 Ronald Hyam, *Britain's Imperial Century 1815–1914: A Study of Empire and Expansion* (London: B. T. Batsford, 1976), 220。

122. *The Dual Mandate in British Tropical Africa*, 197–8. 尽管卢加德并没有将非洲统治者视作类似印度国王的主权者，而是将其视作合作伙伴，但是这两种关系都涉及梅因提到的主权分割问题。

123. 转引自 Ronald Hyam, *Britain's Imperial Century 1815–1914*, 220。

124. *The Recessional*, line 22.

125. 转引自 Denis Mack Smith, *Mazzini* (New Haven and London: Yale University Press, 1994), 221。

126. *Nations and Nationalism* (Oxford: Blackwell, 2006), 6–7.

127. 转引自 Tzvetan Todorov, *Le Nouveau désordre mondial: Réflexions d'un Européen* (Paris: Robert Laffont, 2003), 38。

128. *On Empire: America, War and Global Supremacy* (New York, London: New Press, 2008), 61.

129. "Federalist 11", in Alexander Hamilton, James Madison, and John Jay, *The Federalist Papers*, Isaac Kramnick ed. (Harmondsworth: Penguin Books, 1987), 133–4.

130. Letter to Lafayette May 14, 1817, in *Writings* (New York: Library of America, 1984), 1408, and see Robert W. Tucker and David C. Hendrickson, *Empire of Liberty: The Statecraft of Thomas Jefferson* (Oxford: Oxford University Press, 1990), 159–61 and 312–3.

131. *The American Commonwealth* ［1888］（New York：Cosmo Classics, 2007），II, 530.

132. 这方面也有例外。例如，1867 年美国从俄国手中购得阿拉斯加地区，最初美国将这里作为联邦区进行管理；之后在 1912 年美国将阿拉斯加视为"地区"进行管理，在经过长期讨论之后，直到 1959 年阿拉斯加才成为美国的一个州。

133. Frank Ninkovich, *The United States and Imperialism*（Malden：Blackwell Publishers, 2001），75.

134. 参见 Christina Duffy Burnett and Burke Marshall eds., *Foreign in a Domestic Sense：American Expansion and the Constitution*（Durham：Duke University Press, 2001）。

135. 转引自 Kal Raustiala, *Does the Constitution Follow the Flag? The Evolution of Territoriality in American Law*（Oxford：Oxford University Press, 2009），4。

136. *An Inquiry into the Nature and Causes of the Wealth of Nations*, 626（IV. vii）.

第一章

为帝国辩护：
萨拉曼卡学派和"印第安事务"

一

自罗马帝国灭亡之后，欧洲人第一波大规模殖民冒险活动就是征服、占领并殖民美洲。自从1492年10月12日哥伦布第一次在加勒比海上的一座小岛登陆以来［至于他究竟是在哪一座岛屿登陆的，至今众说纷纭，当地居民将他登陆的这座岛屿称为"瓜纳阿尼岛"（Guanahani）］，在这片没有清晰和明确权利归属的土地上，葡萄牙人、法国人、英国人、荷兰人、德国人甚至俄罗斯人、瑞典人和丹麦人都曾建立定居点。不久之后，根据这些早期定居点的情况，人们对这些国家就其占领的土地享有何种权利（如果享有权利的话）展开了激烈程度不等的讨论，这导致欧洲人产生了极大的焦虑。在这些海外领土中，有些是通过条约或购买而获得的。然而，单纯就规模和价值而言，在美洲影响最大的殖民者是西班牙人、法国人和英国人,他们通过强行占领获得了土地。战争也是他们获得土地的方式,而根据欧洲的法律传统,只有出于防御的目的,一群人对另一群人实施暴力才具有合法性。正如人们广泛引用西塞罗所说的那句话,"除了坚守信仰或捍卫自身的安全之外,从不发动战争的国家才是最好的国家"。[1]当然,西塞罗深知,罗马频繁征战,国民(clients)*和"盟友"(socii)数量增加,确保他们"坚守信仰"成为发动实际上是征服战争的理由。但是,这一理由显然不能轻易作为发动对千里之外地区民众合法战争的理由,在此之前欧洲人对这些有人生活的偏远之地一无所知,这是争议最大的问题。因此,关于广为人知的欧洲人"合法征服"美洲人的辩论不可避免地转向了一个问题,即如何将那些看上去无可争议的占领和掠夺战争视为防御战争。[2]这涉及从宏观层面重新审视早期现代欧洲的整个法律体系,有时甚至要改革这个法律体系,因为当质疑早期关于主权性质的假设时,这就会彻底改变国际关系,并最终演变出所谓的"国际法"。

最早且最具影响力的贡献者是一群神学家,后人称他们为萨拉曼卡学派,或许这是因为其中一些神学家与萨拉曼卡大学之间具有某种微弱的联系而得名,这个学派也被称为"第二经院派"。对于从多明戈·德·索托(Domingo de Soto,1494—1560)、梅尔乔·卡诺(Melchor Cano,1509—1560)到伟大的耶稣会形而上学理论家路易·德·莫利纳(Luís de Molina,1535—1600)和弗朗西斯科·苏亚雷斯(Francisco Suárez,1548—1600)这些神学家,莱布尼茨(Leibniz

---

* "clients"特指古罗马受贵族保护的平民群体。——译者注

第一章 为帝国辩护：萨拉曼卡学派和"印第安事务"

认为了解这些人就像在读小说一样令人心情愉悦（这一点似乎不太可信），他们中大多数人是萨拉曼卡大学首席神学教授维托利亚的学生或是其学生的学生，维托利亚在1526年担任萨拉曼卡大学首席神学教授，直至1546年去世。[3] 卡诺写道："在我们看来，人们应当谦虚谨慎、温文尔雅，我们之所以认可这种观点，是因为我们要向这位杰出的人物学习，他所做的每一项工作都被奉为典范，令人敬仰，我们要见贤思齐并以之为榜样。"[4] 尽管人们有时将他们笼统地称为"神学家和法学家"，但是他们本质上都是神学家。[5] 他们著作中的一项重要内容就是对罗马法展开的讨论。这一点对迭戈·科瓦鲁维亚斯·y. 莱瓦（Diego Covarrubias y Leyva, 1512-1567）和市民法法学家门查卡的影响尤为明显，格老秀斯将维托利亚称为"西班牙的骄傲"。[6] 但是，法学家这个群体具有鲜明的特征，并且在大多数神学家看来他们就是等级较低的教师。在现代世界来临前的拂晓时刻，神学被视为"科学之母"，因为神学直接涉及第一动因（first causes），所以人们认为神学比其他所有研究范式都要高级，地位高于今天的法理学（jurisprudence），并且比大多数的道德和政治哲学要高级。[7]

许多杰出的萨拉曼卡学派成员不仅担任大学教授，而且还担任（但不限于）许多公共和私人机构道德良知领域的顾问。政府就曾向维托利亚咨询关于葡萄牙奴隶贸易正当性、隐婚有效性以及粮食歉收时提高粮食价格合法性的问题。卡诺曾就菲利普二世与教皇保罗四世之间的纷争，甚至就如何采取最佳方式保护加那利群岛免受法国海盗侵扰，提供咨询意见。苏亚雷斯曾就圣母无原罪、教皇选举、教会教产、婚姻契约以及多明我会传教权的问题多次提供咨询意见。⁸ 维托利亚在给别人的信中表示，他的观点很少受到重视，因为国王必定是务实之人，考虑事情必须"全面，国王的顾问更应如此"。⁹ 他指出，在理想的情况下，神学和哲学应当限于研究专业思辨的范畴。他曾写道："我有时候会想，我们这些人对政府和公共事务的想法简直是愚蠢透顶，更不用说对它们进行讨论了。对我来说，这似乎比一位官员对我们的哲学思想评头论足更荒谬。"¹⁰ 但是，这些观点中有虚假的成分，提请萨拉曼卡学派神学家和法学家发表意见的大多数问题都具有明确的政策倾向性。在很长一段时间内，萨拉曼卡学派的许多主要人物——维托利亚、卡诺和索托都被调离学术机构，转而担任外交官（索托曾担任特兰特议会西班牙代表团成员）和议员，并经遴选担任精神与政治顾问（即皇家告解神父）。

但是，对于这些学者所提出的观点，后人最熟知的是他们关于西班牙的主权者征服美洲的合法性以及更广泛意义上关于后来被称为西班牙帝国政体性质的观点。萨拉曼卡学派关于"印第安事务"的观点引发了广泛而持久的共鸣，甚至在经过了很长一段时间后，这些观点仍足以让坚定的反帝国主义者塞缪尔·约翰逊（Samuel Johnson）在1763年表示："我热爱萨拉曼卡大学，因为当西班牙人对征服美洲的合法性发出质疑之声时，萨拉曼卡大学的学者们将征服视作非法的行为。"¹¹ 约翰逊有些言过其实，萨拉曼卡大学并未提出这样的观点。但是，学校的一些教员在某个时刻却极其危险地接近实施了约翰逊评价中所提到的事情。作为法治

第一章 为帝国辩护：萨拉曼卡学派和"印第安事务"

的捍卫者，他们在反对视规则为无物的君主以及野心勃勃的教皇方面声望颇高。1856年，接受利奥波德二世资助并支持利奥波德二世占领刚果的前英国总检察长特拉弗斯·特威斯（Travers Twiss）爵士写道：

> 今天，我们很难知道是何等的勇气和崇高的信念激励着这些高级修道士（维托利亚和索托）去证明被压迫人民反对教会的威权、王室的野心、同胞的贪婪和傲慢以及他们自己对所在修道会偏见方面所具备的正当性。这是黎明之前的曙光，预示着一天即将到来。[12]

特威斯本意是指一次著名的公开演讲，即维托利亚于1539年1月所作的《论印第安人》（On the Indies）或《论美洲印第安人》（On the American Indians）演讲。[13] 此后，该演讲文本被认为是将罗马万民法转变为后世所公认的国际法方面最早的尝试。

维托利亚指出，他的目的只不过是寻找一个问题的答案："西班牙人究竟依据什么样的权利来统治野蛮人？"然而，他刚开始的时候非常谨慎，他表示，"这个问题一提出来就可能会遭到抨击，"

> 不论这种行为是否合法，这种争论毫无用处且愚蠢至极，对于像我们这样无权置疑或无权谴责政府在西印度群岛所作所为的人是如此，甚至对于那些组建和管理政府的人亦是

如此。

费迪南德和伊莎贝拉("最虔诚的天主教君主")和被正式册封为"最公正和虔诚的基督教国王"的查理五世有没有可能对他们在安全和良心方面如此关切的问题"进行最深入和谨小慎微的探究"?维托利亚反驳说:"当然没有,再对这个问题吹毛求疵完全没有必要,甚至是无礼之举。"[14] 但是,他继续说,在对特定情况的合法性可能存在某些合理怀疑的情况下,"质疑和认真思考这个问题"并无不妥。也就是说,没有人对费迪南德、伊莎贝拉或查理五世行为的正当性提出质疑。因为如果"智者裁定"某一行为具有合法性,那么"即使该行为实际上是非法的,任何接受其观点的人内心也认为这种行为是合法的"(这一点需要强调)。根据维托利亚的谨慎推断,费迪南德、伊莎贝拉以及查理五世都可以自证其合法性。因此,此处争论的不是国王的良知,而是法律事实。尽管先前的"智者"可能是出于善意而认定该问题具备合法性,但是无论怎样,这种裁决是具有约束力的,除非"具有同等职权的权力机构公布与之相反的意见,对这件事进行重新审理或做出相反的裁决"。随着时间的推移,事实也会出现变化,因此法律和它们所维系的政体形式也会随之变化。门查卡写道:"因为约束这种事情的法律只在当下才有效力,过后则会丧失效力"。[15] 这恰恰是与"野蛮人打交道"过程中出现的情况。就目前而言,似乎"这件事本身并不存在明显的非正当性,以至于人们可能不会去质疑其正当性;其正当性也不是那样明显,以

第一章 为帝国辩护：萨拉曼卡学派和"印第安事务"

至于人们也不会去质疑它可能是非正当的"。在这种情况下，重新审视这件事情是完全合法的，因为尽管

> 我们可以很容易假设，既然这件事是那些学识渊博且心地善良之人的行为，因此这一切都是秉持正直和公义而实施的……当我们在之后听说发生血流成河的屠杀事件以及掳夺无辜之人的财产和土地时，我们就有理由怀疑这些所作所为是否具有正当性。[16]

此前大多数吹毛求疵的观点都是由法学家提出来的。然而，正如维托利亚所说，印第安人不是"人定法（实在法）语境下（西班牙王室）的臣民"，他接着指出，有一定学术地位的法学家们对这件事情"了解不够深入"，无法提出自己的见解。这显然是"一个关于良知的问题"，因此这应是由神学家解答的问题（尽管事实上，维托利亚的论证本质上属于法律论证而不是神学论证）。还有一种情况，与法律争议不同，"神学争论具有审慎性——其目的不是追求真理，而是解释真理"。[17]

然而，维托利亚从权利的角度提出这个问题，他清楚地意识到——正如他过于夸张的自我辩护所表明的——他提出的问题要宽泛得多，不仅仅对西班牙在美洲的君主政权，而且对所有帝国的性质和可能具备的合法性，提出了更多质疑，这对他所在王国的统治者而言可能更具破坏性。他还提出了一个问题，即一个国家如果有权对另外一个未给它造成任何直接伤害的国家发动战

争,那么这种权利是一种什么样的权利。他更概括地指出了那些尚未解决的问题,即一个民族是否有权将它认为所有人享有的自然权利强加给其他民族,或是干涉另一国事务以保护它所认为的受压迫的人。

1951年,德国法学家卡尔·施密特据此指出,"从16世纪到20世纪的四百年中,欧洲国际法的架构"是由"一系列重大事件所确定的,即征服新世界"。他指出,正是这种"具有传奇色彩、不可预见……以及不可复制的历史事件"形成了他所称的"传统的、以欧洲为中心的国际法秩序"。美洲的发现向信仰基督教的欧洲法学家和神学家提出了一个真正崭新的问题,这极大地改变了法律和道德论的性质,施密特称之为"欧洲人占领土地的整体正当性"。1780年,杰里米·边沁(Jeremy Bentham)将这种法律命名为"国际法"。

尽管他们试图通过巧妙的方式证明滞留美洲的迦太基水手曾征服美洲及美洲土地上的居民,但是毫无疑问,用维托利亚的话来说,"在我们的世界中,我们之前对他们一无所知"。[19]因此,不管美洲印第安人是什么样的人,他们明显不属于"人定法所规定的臣民"。[20]这意味着他们只有根据宗教法、自然法和万民法才可能成为法律主体,所有这些法律被认为通过不同的方式对全人类具有约束力。因此,对于任何可能授予西班牙人在美洲任何权利的观点都必须以某种普遍性的主张作为基础。

其中最早出现并且也是政治层面上争议最大的是教皇赠与问题。自9世纪以来,为教廷服务的教会法学家一直认为,教宗是

第一章 为帝国辩护:萨拉曼卡学派和"印第安事务"

"基督代理人";对于世界上的芸芸众生而言,不论其宗教信仰为何,教宗是其精神和世俗生活的引领者。如果这个说法属实,那么教皇可以将对非基督徒的主权授予信仰基督教的国王。基于这种理念,1454年教皇尼古拉斯五世将从博哈多尔角(Cape Bojador)和努恩角(Cape Nun)"向南直至海岸尽头"、所有"你们已经占领和将来你们可能占领的行省、岛屿、港口、陆地和海洋地区,而不论其数量面积或土地质量"殖民的权利授予葡萄牙国王阿方索五世。[21] 1493年,哥伦布第二次航海归来后,除哥伦布外,所有人都清楚,他发现的不是位于"中国"外侧的边缘地区,而是一个规模和潜在财富尚不为人知的新世界。卡斯蒂利亚王国从亚历山大六世手中匆忙地接过了五份诏书,根据这些诏书,"你们已经发现或将要发现的"并且其他基督徒国王尚未占领的所有土地的领土权利被授予了西班牙人。[22]

一年后,西班牙和葡萄牙在西班牙边境小镇托德西利亚斯(Tordesillas)签署了一项条约,根据条约规定,沿佛得角群岛以西370里格划定的子午线将整个地球分为两个单独的管辖区域。这条线大致相当于西经46°30′,但是当时还未发明航海用的天文钟表,尚无法精确确定经度数。1701年,英格兰银行首任行长威廉·帕特森(William Paterson)轻蔑地将这条线斥为"天地之间几条虚构的数学线段"。地球的西半部分属于卡斯蒂利亚王国,卡斯蒂利亚王国认为现在它控制了一条畅通无阻的航线,通过这条航线可以直达亚洲。[23] 东半部分属于葡萄牙,这样做主要是为了使其竞争对手卡斯蒂利亚王国远离南大西洋,从而使西班牙人无法占领巴西。

然而，英国天文学家约翰·迪伊（John Dee）兴奋地指出，该条约未确定地球最东部地区的归属。此外，地球是圆形的，那么这就与诏书的规定不符，诏书只规定了西方土地的归属。[24] 因为诏书和条约的内容都是对未来进行约束，所以它们还假定所有实际居住在这些土地上的居民都未提出合法的主张。这些人现在只不过是守门人，在等待土地真正的主人到来，因此，对任何企图进行的抵抗都可以合法地使用武力。

毋庸置疑，欧洲其他国家的大多数统治者通常不会承认任何这类主张。他们认为《托德西利亚斯条约》（The Treaty of Tordesillas）仅对两个签署国具有约束力，对其他国家而言就是一纸空文。至于诏书，正如迪伊形象地指出的，条约"如同废纸"。威廉·卡姆登（William Camden）指出，伊丽莎白女王"不会说服自己承认西班牙人对罗马主教的赠与享有任何正当权利；她认为西班牙人对此不享有任何特权，更不用说行使任何权力了"。[25] 英国人还认为，他们看清了教会与国家之间那种典型的罗马天主教徒式沆瀣一气的行径。正如英国地理学家理查德·哈克卢特（Richard Hakluyt）所指出的那样，亚历山大六世就是西班牙人，"因此，尽管他没有被偏激分子牵着鼻子走而偏袒西班牙人，但由此产生了其他偏袒和毁灭性的影响"。[26]

尽管赠与诏书充满荒谬和奸诈，西班牙学者对此进行了详细阐述，但是西班牙君主制政府对赠与诏书仍然深信不疑，并且西班牙人认为，直到19世纪印第安帝国最终灭亡之前，它对美洲

第一章 为帝国辩护：萨拉曼卡学派和"印第安事务"

的主权一直都是不容置疑的。1680 年的《印第安法律汇编》（*Recopilación de leyes de los reynos de Indias*）是一部关于美洲的特别法典，其中规定"根据至圣信徒罗马教皇的赠与以及其他正当和合法的权利，我们（西班牙国王）是西印度群岛、大洋之地的主人，不论相应土地是否已经被发现或未来将被发现，它们都已纳入卡斯蒂利亚王室的统治范围"。[27]

但是，毫无疑问，萨拉曼卡神学家们认为，无论美洲的地位如何，它们肯定不是上帝在地球上的使者——教皇的礼物。特威斯的表述颇为夸张，他指出，这是"罗马教廷恣意专权加上西班牙人无所不用其极地滥用赠与诏书而引发的一桩丑闻"，这是对"从神学家群体中挺身而出代表新发现国家原住民的利益的斗士"的挑衅。[28] 他关于有必要剥夺罗马教皇在世俗事务领域所拥有的强大权力的观点是正确的，这是他们最重要的关切事项。因为虽然可以从精神甚至道德的角度赋予教会某种高于世俗权威的优先权，但是罗马教皇可以将主权进行授受的观点与耶稣的神圣禁令是背道而驰的——"凯撒的物当归给凯撒；神的物当归给神（《马太福音》22：21）"（这句话经常被滥用）。这引发了人们对教皇和皇帝管辖范围重叠的质疑，这两方面不时会出现关于普遍主权水火不容的主张。

对于教会法学家而言，他们的主张以这样一个论据为基础，即 13 世纪教会法学家霍斯丁西斯（Hostiensis）极力主张的观点。如果按照他们的假设，罗马皇帝根据优士丁尼相关法令的规定取得了对"世界"排他性的权利，那么教皇作为其唯一的真正继承人同样也可以主张不仅拥有整个世界的主权——包括针对基督教徒和非基督教徒的主权,并且还拥有对世界万物的所有权。[29] 反过来,这又使罗马教皇有权按自己的意愿在其臣民之间分配财产。正是基于这一假设,罗马教廷将半个世界的管辖权和财产权授予阿方索五世,而另一半则授予费迪南德和伊莎贝拉。但是,显然只有"教皇至上"这一理念最坚定的拥护者才能找到认可这一主张无可辩驳的理由。索托直言不讳地指出,这不过是专制暴政。实际上,只有土耳其人曾行使过这些权利。相比之下,基督徒国王的统治权是一种绝对的统治权,而不是专制统治权,"除非在需要保护和治理社会的情况下",否则他不能随意处置其臣民的财产。[30]

维托利亚指出,教皇要行使最高统治权就必须通过以下三种法律形式中的任意一种来实现:神法、自然法或市民法。显然,根据教会法学家提出的证据,教皇的完全所有权不可能源于市民法或自然法。索托指出,"神法毫无权威可言",因此"信奉神法是徒劳无益的,并且是冥顽不化的"。[31]《圣经》中所有提及世俗权威的地方似乎确实表明基督和皇帝管辖范围之间存在明显的区别。正如英诺森三世所指出的,除非明确涉及道德层面的问题,否则教皇的权力仅限于精神而非世俗事务。[32] 维托利亚则直言不讳,他不容置疑地指出:"根据我所说的全部内容,可以明显看出,在西班牙人第一次航行来到野蛮人的土地时,西班牙人根本无权占领野蛮人的土地。"[33]

罗马教皇宣称拥有统治全世界的权力。就像所有普世主义者所说的那样,假定存在一个稳定且可被人们认知的宇宙。按照索托的观点,如果拉丁语"terra"(或"orbis terrarum")只是用来描述罗马行使管辖权的领土范围,并且如果"基督教帝国"能与帝国保持同步扩张,那么就有理由认为教皇有能力担任基督教徒统治者之间的裁判者,而这些统治者"必须接受他的裁断,以避免引起基督教徒之间的战争,因为战争会引发所有精神层面的邪恶"[34][在宗教改革之前,所有基督徒普遍接受这一观点,1648年《威斯特伐利亚和约》(*The Treaty of Westphalia*)则在事实上抛弃了这种观点[35]]。

"德意志民族神圣罗马帝国"(这一名称就是一个矛盾体)的统治者查理五世必然是提出类似主张的统治者之一;他主张,作为奥古斯都的继承者,他是世界之主,这与奥古斯都的主张一样存在类似的瑕疵。[36]索托在1534年撰写的《论所有权》(*De dominio*)一文中首先提出了这一问题。[37]对于第一个观点,他指出,罗马人实际上从来没有对整个世界行使过管辖权,因为"许多国家并没有像罗马史书中所说的那样曾被征服过;这一点在另一个半球和最近我国在大洋彼岸所发现的土地最为明显"。并且如果这种观点站得住脚,那么很明显的一点就是他们不可能对此前一无所知的地方天然就享有管辖权,也不能主张对整个世界行使主权。[38]此外,即使罗马人掌握了关于他们声称的"世界"(orbis terrarum)确切的地理知识,但是除了对其实际统治的地区行使主权之外,他们仍不能主张对它的任何部分都能行使主权。

索托认为,经常被援引的(基督徒)假设——"上帝因罗马人具有美德而将世界交给罗马人",这就必然暗示世界上所有国家"都因为追求正义而愿意将自己托付给罗马人"。然而,根据史实,"从他们自己的历史学家那里,我们知道他们的权利源自武力(ius erat in armis),他们只是凭借更强大的实力征服了很多不愿臣服的国家,并且人们也找不到上帝赋予他们这项权利的依据"。[39] 此外,纯粹的世俗和公民特征构成了罗马人的集体美德(假设确实存在这种美德),例如追求正义和意志坚韧,即使他们是根据错误的理由而追求这些美德,这些美德仍将保留罗马人原先就具备的优点。[40] 罗马人也许有能力在世俗美德方面教化能力较低下的人,但是这并没有让他们的帝国变成充满神化色彩的神圣国家。显而易见,基督教为信奉异教的帝国提供大量思想层面的基础支持的假设是荒谬的。与所有诸如此类的产物一样,它纯粹是由人类在一定时间和空间范围内创造的。因此,它的历史当然无法为未来的帝国提供任何可能的合法性,特别是那些被认为是为了传播福音而开展的活动。

但是,对于索托而言,从长远来看,还有另外一个更具说服力的理由,那就是世界上不存在享有普遍主权的统治者。所有的新托马斯主义者都坚持认为,公民权利只能由作为社会整体的组成部分进行转让。国家之所以被称为"有效权力",是因为它是"建立在自然法则基础上的",而自然法则最终源自上帝。但是,用维托利亚的话说,公民权利的"实质起源",即行政管理和选择谁来进行统治必须由国家组织实施,在没有任何神法或人类不具有选举权(投票)的情况下,没有令人信服的理由能认定一个人应该比另一个人拥有更多的权力。[41] 因此，正如索托所说，要建立一个真正意义上的普世帝国，必须"至少经大多数人同意进行选举"。但是，成立一个由全世界人民组成的议会简直是天方夜谭。即使认为史前时代的公民社会似乎曾召集过这样的会议，新的发现随后也会推翻这一结论，因为正如索托多次指出，"罗马恺撒大帝的威名或圣名都没有传播至对跖地或我们所发现的岛屿"。[42] 就像格老秀斯后来说，任何一种普世统治的说辞只不过是一个"愚蠢的想法"。[43]

尽管罗马帝国取得了辉煌成就，但是它实际上只是一个规模庞大的国家，当然这不是新托马斯主义者眼中的罗马帝国。索托认为"帝国统治……胜过所有其他统治形式，（并且）是最佳的统治形式"，但这仅是因为它统治了不止一个民族（国家）。然而，他继续指出，这并不意味着罗马帝国"因此成为统治世界的唯一形式"。[44]

二

毫无疑问，维托利亚和他的后继者证明"很明显……当西班牙人第一次航行来到野蛮人的土地时，他们根本没有权利去占领野蛮人的国家"。[45] 现在的问题在于是否还有其他观点主张西班牙人抵达美洲后就已经获得了这种权利？任何此类"权利"只能根据以下四种法律中的其中一种才具有效力：神法、市民法、自然法和万民法。正如我们已经看到的那样，没有任何欧洲统治者有权主张根据市民法享有上述权利，因为在法律制定国所属领土之外的地方，该国的市民法或实在法无法适用。而已制定的神法并未提及美洲。[46] 这样一来，剩下的就是自然法和万民法（也就是国际法），因为它们是对后来萨拉曼卡学派最为世人认可的观点进行重新修订后而形成的，它们为这种法律不仅作为一种简单国内法的形式而适用于更广袤的世界奠定了基础。

最初，万民法是罗马人用来规制他们与其他民族（非罗马人）之间关系的法律。正如西塞罗所注意到的，万民法是以祖祖辈辈形成的习俗或大多数人的习惯为基础，"这种习惯传播范围非常之广，为所有人所遵守"。[47] 然而，到了2世纪，它适用的范围得到极大拓展，并且已经融入自然法。法学家盖乌斯（Gaius）的观点得到普遍认同，即万民法已经被纳入一种普遍法之中，"所有人都具有自然理性，所有民族都将其称为万民法，就如同它是所有民族共同遵守的法律一样"。[48] 14世纪，萨索费拉托的巴托鲁斯（Bartolus of Sassoferato）和注释学家将万民法分为两种："首要万民法"和"次要万民法"。其中第一种似乎与自然法则没有差别。但是，第二种明显是由人类社会的组织机构制定的法律，它们通常被认为是由世界上所有民族的习俗构成的，是一种实在法或人定法。[49]

巴托鲁斯认为两种万民法之间的区别在于历史性。"首要万民法"属于自然法，它符合人类未受教化之前的理性，因此不论身在何处，所有人都知晓这种法律，甚至生活在那种假设的原始

第一章 为帝国辩护：萨拉曼卡学派和"印第安事务"

社会环境下的人也是如此，用维托利亚的话说就是"放之四海而皆准"。但是，"次要万民法"是一种实在法，维托利亚认为这种法律"并非适用于所有人，它是人类根据理性制定的人定法"。[50] 毫无疑问，万民法的某些部分显然源于自然法，这部分法律规则"显然足以使其（万民法）行使具有约束力的权利"。然而，他继续指出："即使在不是源于自然法的情况下，经世界上大部分地区同意，尤其是在为了所有人的共同利益而制定规则的情况下，也足以使这些规则具有约束力。"[51]

那么，我们可以说，万民法是经世界上所有民族同意而形成的法律，就如同一个民族可以通晓其他成员的集体理性一样。正如索托所说，"理性决定了万民法具有特殊的属性"。[52] 这就是万民法与个别国家纯粹的市民法之间的区别，市民法需要经由"国家议会或国王意志"而使其具有约束力。[53] 或者用苏亚雷斯的话说，"万民法不是根据证据而制定的（例如市民法），而是根据对人的可能性和一般性认知而制定的"。如果仅仅是从假设的角度来说，万民法是"在某种意义上作为'属于一个国家的整个世界'（respublica）"所确立的法律，这是维托利亚提出的著名观点。用西塞罗的话说，万民法是"人类社会"和"人类共同法"。[54] 索托的表述略有不同，他认为市民法必须以"国家议会或国王的权威"为基础，议会或国王的行为代表该国人民的集体意志。他总结指出，万民法显然并没有要求"各国共同遵守的法律必须要人们在一个大会上通过这种法律"。马蒂·科斯肯涅米（Martti Koskenniemi）认为："人类从伊甸园堕落之前的自然法……

在现实的人类世界之中,根据合意对历史上的万民法进行了调整。这使万民法具备了自然法的普适性,但是并不具备自然法的永恒性。"[55] 索托指出,"从事物的绝对必要性方面推导出的规则属于自然法,但是那些不是通过对事物的绝对必要性推断,而是由特定目的决定的规则属于万民法。"[56] 这意味着"尽管与万民法相关的某些规则属于管辖人际关系的范畴,但是规则之间并没有分门别类,实际上任何这种分门别类都应被视为是无效的",而另外一些规则显然与万民法并没有关联。万民法的成文法是以理性为基础的,但是它仍然会发生变化或被废止。它——至少暂时性地——受某一国王的控制,并且必须根据情况变化进行修改。"在某种意义上,整个世界是一个国家",尽管面临相似的情况,此时决定做的事情与彼时决定做的事情可能不尽相同。正如杰里米·沃尔德伦(Jeremy Waldron)所说,"像市民法一样,万民法也是历史的产物,并且具有偶然性,它是人类偶然制定出的法则。"阿奎那(Aquinas)也持几乎完全一致的观点,他认为,甚至自然法都可能会变化,但是自然法则只能通过增加规则或"纳入次级规则"的方式进行变更。[57]

根据维托利亚"世界共和国"的观点,他认为,世界共和国采取单一组织架构的形式,至少从法理上而言,全部立法权由世界共和国所有。用维托利亚的话说就是"万民法并不仅仅因为属于人与人之间的协定或协议而具有效力,而且具备像实在成文法的效力"。[58] 当然,至少从法理角度而言,这使"在某种意义上由整个世界构成的国家"是一个准法律实体,即便实际的立法权仍

第一章 为帝国辩护:萨拉曼卡学派和"印第安事务"

属于世界上掌握主权的国王。因为"如果国家享有这些针对本国臣民的(惩罚)权力,那么毫无疑问整个世界对任何危险之人和作奸犯科之人就享有同样的权力,而这些权力仅可由国家的国王行使"。[59]

尽管这种观点坚持认为万民法属于实在法,但是事实上万民法最终仍是基于对人类理性的表达,而不是以同意或制定法为基础的,这意味着在理解方式上它与自然法截然不同。这导致的结果就是萨拉曼卡学派(及后来的格老秀斯)也通过这种方式来解读万民法,由此万民法看上去不像是国家之间的法律,而更像是适用于全世界的人际法。[60]

正是基于这一点,维托利亚坚持认为,国王在其领土范围内享有不受限制的权力,据此才能主张全人类社会优先于某个国家。由此,这赋予万民法优先于个别国家的地方立法惯例适用的地位,因此"任何王国都不能无视万民法"。[61] 此外,维托利亚认为基于8种理由发动的战争可以使战争具备合法性,其中之一就是"为了整个世界的利益",因此得出的结论就是任何"为一个国家或王国带来益处,但事实证明对世界或基督徒王国有害的战争也会因为这一理由变成不义之战"。[62] 此外,因为可以反抗任何国家发动的非正义战争,所以这似乎暗示着今天对任何干预另外一个国家的事务而对该权利构成威胁的国家可以称为"流氓国家",任何国家显然具有避免受"进一步伤害"的权利。[63] 对于万民法和市民法存在冲突的任何情形,似乎前者的效力优先于后者。

但是，可能有人会指出，如果万民法确实是一种实在法，那么它只适用于那些已经处于某种司法环境中的民族。如果仅仅从"国家"的属性而言，维托利亚所说的"国家"显然不具备自然状态的属性。国家的全体臣民必然受市民法的约束，不论其处于何等原始的阶段。这些人也不太可能制定出这样的法律，即作为一种市民法具备合法性，而同时作为万民法的一部分都没有法律效力的法律。如果他们制定出了这样的法律，那么这也并不会必然意味着万民法将会优先适用。

三

正是基于这种对万民法不确定性和不稳定性的认识，维托利亚及后来的学者着手阐释西班牙王室如何在美洲行使"私人和公共领域统治权"的问题。正如施密特（和他之前的黑格尔）所指出的那样，对于西班牙占领1492年以前人们完全未知的土地的行为，尤其是在埃尔南·科尔特斯于1519—1521年征服蒙特祖玛"帝国"之后，这种占领就是明目张胆的征服行为。"征服"一词引发了西班牙王室（后来英国人也是一样）在法律层面的极大焦虑，1680年《印第安法律汇编》中规定，"不应使用'征服'一词，这样它就不应该或作为借口而对印第安人施以暴力或伤害"。[64] 根据对古罗马时期关于"胜者为王"的大量比较研究发现，只有在作为正义战争的战果时，"征服"才具有正当性。正

第一章 为帝国辩护：萨拉曼卡学派和"印第安事务"

义战争赋予侵略者发动战争——诉诸战争的权利（ius ad bellum），并且受到关于如何开战以及胜利者有权从战争中获得利益的一系列契约约束，即所谓的战时法（ius in bello）。[65] 罗马法学家坚持认为，战争只有在为防御而开战的情况下才具有正当性，战争仅可以被视作为了惩罚侵略者并补偿胜利方所遭受损失（胜利方是被侵害方）的一种手段。关于这个问题，人们最常引用圣奥古斯丁的一段话，即战争"具备正义性的条件是一个国家或城邦针对敌方所发动的战争是为遭受的损害复仇，该损害是因为敌方未对其成员的不法行为赔偿或未归还被侵害方的物品所导致的"。[66]

显然，如果只是为了个人利益或荣誉而发动战争，那么这种战争就不具有正义性。西塞罗曾坚持认为，相比于同真正的敌人厮杀，"当我们为帝国和追求荣耀而战时"，可能战争的"惨烈程度会低一些"，但是这并未改变这样一个事实，即在这种情况下也"应当完全存在"正义战争。[67] 如果战争是正义的战争，那么这场战争则必须出于防御的目的而发动。西塞罗写道："聪慧之人的理智理性，野蛮之人的本能欲求，原始人的风俗习惯，凶猛野兽的天然本性，这些要求其在任何场合都要穷尽一切方式反击对他们的伤害，保护他们的身体、头颅和生命。"[68] 西塞罗还提到，战争类似将盟友或受贵族保护的平民作为赌注而进行的赌博，这就是他所说的"为帝国而战"；还可以（我还会再次对这一点展开讨论）认为战争是为了反抗那些违反自然法的人，这些人不仅侵犯了个体或一个国家，而且侵犯了人类自身。

对于维托利亚而言，问题在于这些条件如何适用于针对一个遥远的民族发动的战争，显然这个民族在欧洲人到来之前并未伤害任何欧洲人，并且之后他们的行为明显属于自卫行为。一个可能的答案是，出于某种原因，在欧洲人到来之前，印第安人对自己占据的土地并不享有合法的"公共和私人统治权"，即财产权和主权。印第安人拒绝将土地拱手让给西班牙人，这一点成为西班牙人根据自然法发动正义战争的理由。

如果这种观点站得住脚，那么就必须证明印第安人并不属于完全意义上的人类（或属于尚未完全成熟的人类），在这种情况下，他们就不能被认为是其自身或其财产的真正主人，或者尽管他们是完整意义上的人类和完全成熟的人类，但是他们在某种程度上并未具备拥有土地所有权的必要条件。[69]对于第一种情形，他们要么是疯子，要么处于其他非理性的状态。在这种情形下，亚里士多德提出的自然奴隶论可能是关于剥夺印第安人自然权利方面最具争议性的观点，我将在第三章中再次对这一观点展开讨论。尽管在维托利亚看来，非常明确的一点在于，如果存在生来就是奴隶的情况，那么没有任何群体比印第安人更符合亚里士多德给出的定义；从"他们建立的公共秩序"看来，他们"和其他种族一样具备判断力"这一点也是"不证自明的"。[70]维托利亚从相关论点中得出了一项结论，即如果所有印第安人确实是癫疯之人，那么他们就像孩子一样无权主张自己可以管理自身事务，在这种情况下，西班牙国王将享有受到高度制约的权利，即将"印第安人纳入自身的统治范围之内"。然而，因为这是我们所有人对我们的邻人承担的义务，只有在"为了野蛮人的利益和好处而不是仅仅为了西班牙人的利益"的情况下才适用。[71]

后来这个观点的影响力延续了相当长的一段时间。尽管这只是一种尝试性和不尽准确的观点，事实上维托利亚提出这种观点"仅仅是为了便于讨论"，但是后世的法学家将其视为"托管"理论的雏形。1919年，国际联盟设立"委任统治制度"（Mandate System）之后，国际法学家们费尽心思去寻找一些历史论据来解释20世纪人们所谓的"主权悬置"（Suspension of Sovereignty）问题，他们发现可以用维托利亚的观点可以挑战19世纪实证法学派的观点，即"文明"民族可以合法剥夺"未开化"民族的权利，因为只有"文明"民族可以主张建立国家并由此行使主权。[72]

但是，具体到西班牙占领美洲，实际上这是采取殖民和定居的形式进行"托管"，这不能构成任何"主权悬置"的理由，更不用说西班牙人能够因此取得主权。正如神学家梅尔乔·卡诺在1546年所指出的那样，即使印第安人确实属于需要进行文明教化的"孩童"，那么基督徒也无权为了"使他们纳入自己的统治范围"而必须先征服他们。因为任何旨在维护他人利益的行为均属于慈善行为，而任何慈善活动都不能包含胁迫行为。卡诺总结指出，卡斯蒂利亚王国的主张损害了本国君主的形象，就如同乞丐可以得到施舍，但他却无法索要这些施舍一样。[73]维托利亚的观点似乎也暗指西班牙人从墨西哥和秘鲁矿山中开采的大量黄金和白银不能被合法地运回欧洲并支付因与其他信仰基督教的国王爆发战争而导致的巨额开销。

正如维托利亚在《论美洲印第安人》开始部分所总结的那

样,如果"从我所论述的全部内容来看,当西班牙人第一次航行来到野蛮人的土地时,显然西班牙人不享有占领他们国家的任何权利",那么唯一合法的理由就必然是主张西班牙人针对野蛮人发动的战争是正义的。[74] 因此,对于维托利亚在演讲中提到的第三个问题,他讨论了提出这种观点的理由,并提出 8 种可能性。然而,他似乎只打算承认第 1 种和第 5 种可能性的说服力。这两种理由的影响持续了很长时间,正是很大程度上基于这一点人们才轻率地认为维托利亚是"国际法之父"。我首先从第 5 种理由展开讨论。如果在今天,那么该条理由的大标题就会写成"保护责任"或维托利亚所说的"保护无辜者"。他写道,"要么是野蛮人的统治者对其臣民实施专制暴政,要么是他们针对无辜者实施专制统治和施行严苛的法律",这是西班牙可能并且仅可能享有一种干涉美洲的权利基础。维托利亚指出,"就像撒玛利亚寓言所说的那样,西班牙人是野蛮人的邻居(《路加福音》10:29—37);……野蛮人有义务像爱自己一样爱他们的邻居",反之亦然。面对 18 世纪动荡的局势,埃德蒙·伯克为了说服听众赞同法国大革命是一次欧洲内战的观点,他提出了"国家近邻法则",即在危机时期邻国有义务互相协助。[75] 现在,至少对于维托利亚而言,每个国家的统治者都享有无可置疑的权利,可以"处死或惩罚那些企图侵害国家的本国人"。因为万民法的效力总是优先于纯粹意义上的市民法,由此得出结论,"如果国家享有针对本国人的这些权力,那么毫无疑问,全世界都享有同等的权力惩罚任何作奸犯科和恶贯满盈之人"。但是,尽管正如我们所看到的那

第一章 为帝国辩护：萨拉曼卡学派和"印第安事务"

样，国际社会确实拥有"立法权"（potestas ferendi leges），但是显然国际社会并不存在可以将其变成现实的权威机构。[76] 由此就引申出一个问题：在不存在类似联合国这种机构的前提下，谁有权为"整个世界"来完成这项工作？维托利亚的回答是"国王"，显然他是指根据法律确立的统治者，他们享有为全世界立法的权力，因为"这些权力仅可由国王来行使"。[77] 他写道：

> 应当注意，国王不仅有权统治自己的臣民，而且也有权强制要求外国人不得伤害他人，这是他根据万民法和作为整个世界的统治者而享有的权力。实际上，他这种权力的依据似乎是自然法：除非某些人享有这种权力和权威，以之作为威慑，要求恶人不得侵害善良和无辜之人，否则世界将不复存在。

在适当的条件下，任何主权国家都可以通过万民法和自然法赋予的权力来保卫"世界共和国"。[78] 就美洲而言，西班牙只是代表一个假想的国际社会并根据其权威来行使这项权利。从历史上来看，他们偶然来到美洲，因此承担了保护无辜者的任务。但是，任何其他基督徒统治者也可以轻松地担负起这一责任，或者那些不信仰基督教的非基督徒统治者也可以同等地行使这项权利[79]（但是，这种观点非常吊诡，因为它暗示着代表某一法律实体——国际社会——行使的权力只能源于另外一个实体，从历史角度而言，它是在后来才被创设出来的实体）。

支持维托利亚主张的主要依据是美洲印第安人被迫生活在"专制统治和严苛的法律"之下,人们对活人献祭和食人的习俗已经有过大量的讨论。维托利亚赞同"神法或市民法"中并不存在关于禁止食人规则的观点。因此,"只要不违背对上帝或邻人承担的仁慈义务",那么这就不是不可饶恕的恶行(尽管对于如果不是"邻居",那么谁是害人之人的问题并没有清楚的答案)。但是,因为"所有文明且具有人道精神的国家都对食人行为深恶痛绝",因此,"食人显然违背了万民法"。[80] 活人献祭更是一个棘手的问题,如果仅根据《圣经》中亚伯拉罕和耶弗他的故事,似乎这个故事暗示着在某种情况下活人献祭可能不仅仅是一种很自然的事情,甚至是神所喜悦的事情。维托利亚的回应是,这种活人献祭不仅违背了自然法,而且违背了万民法,因为没有人可以"自我执行死刑"(除非因为犯下某种罪行而被公正地定罪);基于同一原因,他也不得自杀,因为他的身体不属于自己(dominium corporis suuis),而属于神。[81]

然而,重要的一点在于尽管活人献祭至少是违反自然法则的行为,但是维托利亚认为,这并不是基督徒可以进行干涉的正当理由,它远不是一位基督徒国王以另一位基督徒国王统治的臣民"是奸淫或私通之人、做伪证或鸡鸣狗盗之人,因其所作所为违背了自然法"而对其发动合法战争的理由。[82] 正如苏亚雷斯所言,为万能的上帝辩护不是人类的任务。如果上帝希望惩罚犯下罪孽的异教徒,苏亚雷斯严正地指出,"上帝可以亲自为之"。[83]

在基督教国家中,个人之间"触犯自然原则"的行为与美洲

第一章 为帝国辩护：萨拉曼卡学派和"印第安事务"

国家的食人行为和活人献祭之间真正明显的差别在于，前者为法律禁止，而后者则是国家认同的。也就是说，允许食人和活人献祭是法律的一部分，正是因为这一点而导致其国家演变成专制暴政的国家。野蛮人的统治者以这种方式侵害了他们的臣民，这显然违反了万民法，而不是自然法。而且，因为这一点而不是这些行为本身骇人的性质，才导致人类社会可以通过干涉行为来防止发生这种行为。

维托利亚也坚持认为，"所有野蛮人都同意遵守这些法律和活人献祭，这与他们拒绝将西班牙人视为自己的救星之间没有什么区别"。就像索托所说："自然将知识传授给所有人，并不是让所有人都能知晓其真义，只有那些具备沉静如水的理性并且不被任何晦涩内容蒙蔽的人才能知晓。"[84] 长期的习惯会通过暗示导致每个人对自然法和万民法产生曲解。"因为有时候人会染上不良习俗以及深陷邪恶之中无法自拔，对自然法则的认识可能会发生改变。"[85] 这样一来，非常明显的一点就是，如果"野蛮人"的统治者拒绝停止对他们的人民实施犯罪行为，那么"就需要推翻他们的统治者并再立新主"。[86]

维托利亚关于"保护无辜者"的观点存在一些明显缺陷。当然，与所有以为了他人的利益去证明武装干涉具备正当性的做法一样，他没有明确指出，在他引用的两个具体且极端的事例之外，"专制统治"和"严苛的法律"究竟是什么。这也是一种创新方法，因为根据"正义战争"的理论，交战方通常避免为第三方利益而战，除非第三方作为盟友参战。例如，在与其他印第安人展开的（合法）斗争中，一些印第安人可能向欧洲人寻求帮助，这是极合理的做法。正如维托利亚所指出的那样，特拉斯卡拉人就曾有过这样的行为，至少埃尔南·科尔特斯提到，他曾求助于西班牙人来帮助他们对抗阿兹特克人。[87] 但是，从格老秀斯到康德这些学者关于战争法的论述中可以看到，他们之中没有人认同统治者有权决定哪些要素可以构成另一个国家境内"侵害无辜者的行为"，也不能代表无辜者甚至违背他们的意愿进行干涉。只有在该国的行动也以某种方式对交战国构成明显和直接威胁的情况下，干涉才具有合法性；即使在这种情况下，对于所谓的"正义恐惧"也存在较大的分歧。

因此，国际社会（不论是何种定义的国际社会）明显认定不能做、但恰恰是维托利亚主张西班牙人可以做的事情就是对一个外国政权发动战争，希望按照自己的好恶拥立一位新的国王，并且认为这就是其臣民的期待。就像要求托管一样，"为了保护无辜者"而进行干预导致主权悬置，很少有人会愿意将惩罚作为诉诸战争权的先决条件，而是将其作为一场正义战争的合法（但并非不可避免的）结果，即战后法（ius post bellum）的一部分内容。维托利亚在1528年发表的《民权论》（*On Civil Power*）的早期版本中曾极力主张，即使整个国家共同决定推翻一个已经建立的政权，"他们的契约也无效的，这违背了不得推翻国家的自然法则"。[88] 当然，这恰恰是任何假定的"无辜者"代表在寻求帮助反对他们合法但残暴的统治者时实际上会做出的行为。换言之，没有任何个人或由个人组成的团体可以在不违背自然法的前提下阻断后来康德提出的"法律连续性"。[89]

这条论证方式还存在另一个问题,那就是征服的理由。因为尽管这条论证方式可能为最初进行的干涉提供了理由,但是它未授予实际殖民特许权。因为采取任何类似"人道主义"的干涉措施都只能给那些在承受痛苦煎熬的人们带来好处,所以一旦实现了"国家统一",从逻辑上而言,入侵的国家就应该撤出。胜利方仅有权扣押他认为必要的动产以补偿他遭受的损失。他也可能会扣押货物甚至人质,以此作为对不法行为的惩罚。然而,"不动产"——领土和城市则是另一回事,并且对于西班牙而言,地下矿藏更重要。维托利亚认为,

> 有时,占领一处要塞或城市是合法的,但是在这种情况下,必须采取适当的统治形式,而不应该诉诸战争。如果战争要求通过这种方式占领敌人的大部分领土或众多的城市,那么战争结束并在实现和平后应予以归还,并应尽可能保持原状;只有根据公平和人道标准且是为了赔偿损失和费用以及惩罚非正义的行为时,继续占领领土或城市才被认为是具有合理性的。[90]

所有这些最终都会证明,希望利用某种形式的"保护无辜者"的说辞来证明干涉主权国家事务的正当性时会遭遇巨大的困难。但是维托利亚将万民法理解为调整人与人之间关系的法律,而不是国际层面的法律,这种变动不拘的特性与自然法是类似

的，并且这赋予了国际社会及经其指定的代理人相应的权力，可以让他的继任者实质性地拓展同一法律所可能适用的范围。例如，苏亚雷斯就以此为由指出，为了惩罚英格兰国王亨利八世，可以根据万民法发动针对亨利八世的战争。因为尽管亨利八世与罗马教廷决裂除了伤害自己的国家外，未对任何国家构成伤害，但是他对自己的人民犯下了如此严重的罪行（或者就像苏亚雷斯所指出的那样），以至于为了避免遭受更进一步的伤害可以合法地对其发动攻击。[91] 正如苏亚雷斯所说，"战争"是"被允许的，这样国家就可以维护其权利的完整性"，即使外国针对本国主权者发动战争也是被允许的。[92] 此外，圣奥古斯丁赞同为"赢得和平"可以发动战争，在这种情况下，和平被定义为恢复"万物安定秩序"的"正义之举"。[93] 苏亚雷斯认为，在这种情况下，"人类共和国的自然权力和管辖权"可以转化为一种"可以征服全世界的理由"，[94] "人类共和国"可以在极广袤的范围内（至少从潜在的范围来说）行使管辖权。[95]

四

与之相似，维托利亚所谓的第 2 种"正当理由"（尽管事实上这是第 1 种）也基于这样一种假设，即万民法是某种形式的人际法并且效力高于市民法。它基于"区分"（divisio rerum）这样一种观点，即在人类脱离自然状态之后，将世界划分为不同的自治

第一章 为帝国辩护：萨拉曼卡学派和"印第安事务"

国家（并且拥有主权），这并没有使某些自然权利模糊化，国家仍然是整个人类的共同财产。[96] 根据维托利亚的解释，这些权利恰恰是从人类原始状态之中保留下来的，因此人类的立法不能废除这些权利，原因在于它们出现的时间早于国家主权。[97] 这些权利中就有维托利亚所称的"自然伙伴关系和交流权"（ius naturalis societas et communicationis）。[98] 它描述了一系列复杂的看法，可以分为五点。当然，核心是提到，友好对待陌生人是一项古老的义务。维托利亚引用《法律汇编》（*Digest*）的内容指出，"大自然确定了人与人之间的某种亲属关系（《法律汇编》I.i.3）……并不像喜剧作家普劳图斯（Plautus）所说的那样，人不是'对同胞紧追不舍的恶狼'，而是手足兄弟"。[99] 所有这些都会形成一种友好相处的义务，因为"人与人之间的友好相处是自然法则的内容"。他继续指出："在世界出现之初，一切皆为共有，每个人都可以随心所欲地四处游历和迁徙。人们对财产的分配显然并未剥夺这项权利；而各国也从未因为领土的划分而隔断人与人之间的自由往来。"这使维托利亚将古老的"友好"概念（他引用了维吉尔的权威说法）转变为万民法和自然法赋予的权利。[100] 他写道："在所有的国家中，在没有特殊原因的情况下粗暴地对待旅客被认为是不人道的行为，对陌生人表现出热情好客的态度被认为是人道和尽责。"显然，这意味着印第安人不能"在没有任何理由的情况下合法禁止他们（西班牙人）进入印第安人的家园"。[101] 如果印第安人打算阻止西班牙人，那么西班牙人就可以针对印第安人发动正义战争。

作为自然法和万民法的一项权利，这是一项与生俱来的权利，然而这也是一种存在巨大争议的主张。维托利亚在提出这个观点的时候，汲取了历史悠久的传统人文主义思想，就像自然法一样，这种观点源自斯多葛学派。显然，无论个人何等粗鲁和野蛮，他们都享有与其同胞交流的权利，这种权利是不可剥夺的。这是现代人言论自由的历史基础。这种交流也被视为教化野蛮人的一种手段，这一事实丝毫没有改变它是一种权利的地位。

然而，维托利亚将同样的观点扩展到了商业领域。根据万民法，交流的自然权利是所有迁徙者（外邦人）一项权利，即只要他们愿意，他们可以与他们途经之地的任何人交易，"前提是他们不得伤害生活在当地的民众"。因此，他补充道："他们（西班牙人）可以（从印第安人）进口自己所缺的东西，出口他们富余的金银和其他产品"。维托利亚在演讲结束时指出，葡萄牙人在未征服前"与类似族群"开展的合法贸易与西班牙通过非法占领开展的贸易具有同等效果。他试探性地建议，西班牙王室可以考虑效仿葡萄牙人。[102]

但是，从通行权到贸易权的过渡充其量只是一种说服力并不太强的观点，因为通行权作为一种自然权利只能被理解为一种"完全权利"（在所有情况下均具有约束力）和消极权利，因为每个人都享有不受妨碍的自然权利。与之相反，根据维托利亚的解释，自由贸易权看起来极像一种"不完整"的义务。正如18世纪瑞士外交官瓦特尔后来谈到的："与其他国家开展贸易本身就是一项不受法律约束的义务，仅赋予他们一项不完整的权利……

第一章　为帝国辩护：萨拉曼卡学派和"印第安事务"

当西班牙人面临美洲人拒绝与他们开展贸易时，西班牙人只想为自己欲壑难填的贪念蒙上一层色彩斑斓的面纱。"[103]

此外，与索托一样，对于大多数此类问题，维托利亚最后得出的推论通常比他之前的学者更激进，他指出这是将单纯的通行权甚至定居权与财产权相混淆。西班牙王室即使可以赤裸裸地主张对美洲的主权，也仍不能占有在美洲发现的金银或任何其他物产，因为

> 万民法划分了（地球上的）地域，因此即使这些地方的居民认为这些东西属于共有（财产），未经居住在此地居民的同意，外国人也不得占有。基于这一原因，未经同意，法国人不得进入西班牙；未经法国人同意，我们也不得进入法国。[104]

换言之，西班牙人实际上一直在非法采矿；从逻辑上讲，现在西班牙人应当将其占有的财产返还给财产的合法主人。

但是，根据维托利亚的解释，商人并不是唯一享有迁徙权的群体，传教士也享有这一权利，而且传教迁徙权的问题争议性更大。像所有人一样，"如果他们（在这种情况下指印第安人）愿意聆听，就向他们传布真理"，这是他们的自然权利。但是，这就是指尽管印第安人有义务让人们听得到基督徒的传道，但是他们自己没有义务听从基督徒的说教，当然更不用说相信他们所听到的说教。因为"无论他们是否接受基督教信仰，试图通过战争强加任何东西或通过其他方式占领他们的土地都是不合法的"。[105]

尽管维托利亚提到了圣徒马可的口号——"往普天下去,传福音给万民听"(这似乎是将"传教权"作为神法中规定的一项权利),但是事实上此处提及的唯一一项权利仍然是适用"近邻法则"和"保护无辜者"法则。因为"善意地责备他人与兄弟般友爱都是自然法的一部分",因此根据基督徒的说法,非基督教徒将会一直遭受谴责。此外,如果印第安人国王无所不用其极,"通过威胁或其他手段威慑臣民",阻止臣民皈依基督教,那么他们可能就会遭到武装抵抗,因为统治者对被统治者造成了伤害,所以"西班牙人可以代表其他遭受压迫和不公对待的臣民发动战争,在面临如此严重的情形之下更是如此"。[106] 换言之,可以将皈依后的印第安人或将要皈依的印第安人视为需要保护的"无辜者"群体。因此,如果皈依者人数足够多,那么"我们的国王完全放弃统治这些领土既不可取,也不合法"。[107]

与根据万民法提出的所有主张一样,蕴含在这些主张中的完整性规则应当适用于整个世界。这意味着应允许印第安传教士(如果确有印第安传教士)或更具争议的穆斯林传教士来到西班牙传教。然而,正如法学家和历史学家阿瑟·努斯鲍姆(Arthur Nussbaum)所指出的,现实的情况是,"允许非基督教传教士到西班牙传教显然是不可想象的"。当然,他是正确的。但维托利亚没有提出这种观点,按照他的论证逻辑,他也不会提出这种观点。[108]

不言自明,这种说法存在很多问题。1672年,塞缪尔·普芬道夫指出,维托利亚和格老秀斯混淆了"友好权"(我将在第五章中讨论）和财产权，索托也是如此。[109] 他尖锐地指出，这种"自然交流不能阻碍财产所有权人最终决定是否愿意与他人共享财产使用权"。普芬道夫也认为，主张人人——不论"他们来到这里的人数"或"他们来的目的"——都享有这一权利是非常野蛮的行为。1546 年，卡诺也提出了类似的观点。西班牙人作为迁徙而来的外来人甚至使节享有自然权利，但是他们并不是以上述两种身份来到美洲的，而是作为征服者来的身份来到美洲的。他一针见血地总结说："我们不会将亚历山大大帝视为一位外邦人。"[110]

然而，对普芬道夫而言，关键问题恰恰是万民法（如果它属于具有国际影响力的实在法）在何种程度上可以真正优先于各国的市民法适用。如果万民法是根据国家之间的合意而非自然状态下的个人之间的合意制定的法律，也就是说，如果它确实是"次要"自然法则而不是"首要"自然法则，那么对于普芬道夫而言，这一点是不言自明的，即万民法不能像维托利亚所坚持的那样优先于其他形式的实在法。正如卡诺指出的，认为可能存在一部法律将禁止国王管控外国人从其领土上通行的观点显然是荒谬的。毕竟，维托利亚已经认识到，如果"野蛮人"不能干涉欧洲人迁徙以及与自己开展贸易的权利，那么就必须遵循任何欧洲国家都不能阻止另一个国家做出同样行为的原则。他承认，从法律上而言，法国人不能"阻止西班牙人迁徙至法国甚至居住在法国，反之亦然"。[111] 当然，这也赋予了法国人一项可以向查理五世开战的充分权利，因为查理五世发动了针对印第安人的战争。

66   但是，任何这类权利实际上都与实践背道而驰，并且违反了卡斯蒂利亚王国的市民法。那么，这是否意味着卡斯蒂利亚王国的市民法在某种意义上违背了"世界属于人类共同财富"的常识？答案显然只能是否定的。根据维托利亚的解释，这似乎源自万民法的权利必须凌驾于任何纯粹属于市民法的规则，因为正如我们从维托利亚的观点中所看到的，"从某种意义上讲，整个世界是一个国家"，它凌驾于并且必然凌驾于任何单独的国家之上。然而，对于普芬道夫而言，显然根本不存在一种以某种方式避免分裂的权利，因为这个时刻恰恰是万民法出现的历史时刻。这就意味着万民法就像其名称中的含义一样：这是一种规范国家（和民族）之间关系的法律，而不是一种调整假设不存在国家的状态下个人行为的普适性法律。正如普芬道夫所理解的，维托利亚主张任何国王都拥有一项强制要求统治者"不得伤害他人"的权利，这可以归结为以下的事实：实际上这属于私人权利，例如迁徙权不仅凌驾于国家权利之上，而且适用于保卫国家的合法战争，而这些战争只能由国家在必要和正当的情况下发动。普芬道夫总结道："大多数学者认为最保险的答案是，每个国家都可以根据自身的情况做出决策，决定是否接纳因必要性和同情因素之外的其他原因而来到这个国家的外国人。"

显然，如果仅仅是从人道的角度考量，那么难民可以主张某种永久居留权。但是难民无权像征服者那样活动，当然他们对他们所居住的土地也不能主张任何优先权。普芬道夫总结道，"这些人必须承认认同他们的国家中已经建成的政府，并且要服从这

第一章 为帝国辩护：萨拉曼卡学派和"印第安事务"

个政府，这样他们不会成为制造阴谋和叛乱的祸根"。[112]西班牙人不能主张自己是"难民"，他们当然不会承认印第安人建立的政府。因此，显然西班牙人根本无权进入美洲。

所有这些似乎都表明，把可以完全适用万民法的国家与那些不适用万民法的国家区分开来是必要的。萨拉曼卡学派并没有对此作出任何明确区分。然而，近代的一些历史学家试图将"文明"民族与"野蛮"民族之间的区别等同于维托利亚以及其他学者认为的基督徒和异教徒民族之间的区别（这成为19世纪新国际法的主要内容）。但是即便维托利亚曾持这样的观点，根据他自己的解释，他也将成为从神恩而不是从法律推导而来的所有权异端邪说的牺牲者。[113]1896年法国法学家加斯顿·杰兹（Gaston Jèze）正确地看到，实际上所有萨拉曼卡学派神学家都坚持认为"文明大国并不比野蛮人拥有更多的权利去占领对方的领土。万民法对野蛮人和所谓的文明国家一视同仁"。[114]

对于维托利亚及其后继者而言，杰兹的观点显然是正确的。然而，他们是否至少已经为臭名昭著的区分野蛮人和文明人的观点铺平了道路，这一点完全是不明确的，而维托利亚反对这一观点。正如门查卡所指出的那样，巴托鲁斯认为国际法原本就必然是适用世界上不同国家的次要法则。此后，"随着时代的发展"，这些法律成为"大多数民族在实践中适用的习惯和法律"。最初，国际法是"纯粹的市民法"，随后演变成"世界上所有民族或大多数民族接受的法律"。[115]

从这一观点过渡到土著"市民法"实际上是特定民族的法律

的观点，这并不是质的飞越，在这一点上表现最明显的就是罗马人。正如我们将在第二章中看到的，这是后来意大利法学家贞提利的观点，他将罗马的市民法进行了扩展，将其视为世界所有民族法律的总和。[116] 但是，即使我们无视土著的市民法与罗马法提出了同样的主张，也很难避免这样一种假设，即它至少必须是一个非常优秀的（或使用另一种语言的）文明民族所制定的法律。格老秀斯和普芬道夫都得出了大致相同的结论，直到18世纪，沃尔夫和瓦特尔都反复提及这一结论，二者之间仅存在一些细微差别。

将民族区分为文明民族和未开化民族提出了一个合情合理但却更深层次的问题。1705年，持折中观点的德国法学家、哲学家克里斯蒂安·托马修斯（Christian Thomasius）提出了一个问题：

> 谁来决定一个民族是文明民族还是野蛮民族？因为所有民族一律平等，前一个词（文明）源自希腊人和罗马人的自高自大以及那些仿效他们的民族，他们鄙视所有其他国家的行为是极其愚蠢的。从一个天主教国王如何对待新教徒的方式就可以看出，所谓文明国家的习俗可能比野蛮人的习俗残忍得多。[117]

最后，唯一可能的答案就是将万民法进一步扩展为一种互相认可的国家之间的实体契约或条约体系。1795年，罗伯特·沃德（Robert Ward）发出警告，他对欧洲国际法基础和历史的研究是首

次系统性针对这一问题渊源展开的研究,他指出:

> 当我们为万民法法典所规定义务的普适性展开讨论时,我们赋予了它过高的期望……但是,可能需要这种普适性……所谓的国际法……不是所有国家的法律,而只是适用于国家特定阶层的法律;因此,全球不同地区可能会有不同的万民法。[118]

但这一观点正是特威斯和国际法学会(Institut de droit international)的众多其他成员极力避免提出的观点。他们想要的似乎是萨拉曼卡神学家提出的观点,即形成真正具有普遍性人类共识的可能性,由此可以形成一种具有普适性的国际法,其约束力强的规范性要求源自大量处在"文明和人道"状态之中的不同民族的实实在在的市民法,而不是从任何关于自然法的假设中推导出来的。对于许多人来说,这些民族包括穆斯林(或者至少包括奥斯曼人)和中国人。反过来,这将有可能为制定出适用于世界各地所有民族的法律奠定基础。正是基于这一原因,1927年美国国际法学会创始人、卡内基国际和平基金会秘书长詹姆斯·布朗·斯科特(James Brown Scott)指出,维托利亚对"现代国际法进行了总结性概述"。[119]

注释

1. *De Republica* 3. 34.
2. 我对这些问题进行了详细论述,参见 *Lords of All the World: Ideologies*

of Empire in Britain, *France and Spain*, *1400-1800* 和 "The Struggle for Legitimacy and the Image of Empire in the Atlantic to c. 1700", in Nicholas Canny ed., *The Oxford History of the British Empire*, I, *The Origins of Empire*(Oxford: Oxford University Press, 1998), 34-54。另参见 Richard Tuck, *The Rights of War and Peace. Political Thought and the International Order from Grotius to Kant*(Oxford: Oxford University Press, 1999), 51-78。

3. 关于莱布尼茨的评论, 参见"Vita Leibnitii a seipso", in Foucher de Careil, *Nouvelles lettres et opuscules inédits de Leibniz*(Paris, 1857), 382。

4. *De locis theologicis*(Salamanca, 1536), XII, *Proemium*.

5. 例如,安东尼·安吉(Antony Anghie)误将维托利亚称为"神学家和法学家",国际法学家詹姆斯·布朗·斯科特也是这样,他推动了20世纪初萨拉曼卡学派在英语世界中的复兴,并再版了多部萨拉曼卡学派学者的作品。Anghie, *Imperialism, Sovereignty and the Making of International Law*, 13.

6. "Vázquez decus illud Hispaniae", *The Free Sea* [*De Mare Libero*], Richard Hakluyt trans., David Armitage ed. (Indianapolis: Liberty Fund, 2004), 43. 另参见 Annabel Brett, *Liberty, Right and Nature*(Cambridge: Cambridge University Press, 1997), 245。"对门查卡的解读既不应将他独立于萨拉曼卡学派,也不应视他为萨拉曼卡学派衣钵的传承者,而应认为他对萨拉曼卡学派尤其是索托所取得的成就作出了积极回应。"

7. 参见 Francisco Suárez, *Tractatus de legibus ac Deo Legislatore* [1612], Luciano Pereña ed. (Madrid: CSIC, 1971), I, 2-8 中的讨论。

8. 关于这些内容,参见我撰写的文章 "The 'School of Salamanca' and the 'Affair of the Indies'", *History of Universities* 1 (1981), 71-112。

9. 在回应米格尔·德·阿尔科斯(Miguel de Arcos)关于政府机构为何如此不重视政府顾问的问题时,维托利亚说:"国王有时会有自己的想法,

第一章 为帝国辩护：萨拉曼卡学派和"印第安事务"

顾问更多时候是提出建议。"参见 Vicente Beltrán de Heredia,"Coleción de dictámenes inéditos", *Ciencia tomista* 43 (1931), 1743。

10. Letter to Pedro Fernández de Velasco, *Vitoria: Political Writings*, 337.

11. James Boswell, *Boswell's Life of Johnson*, G. B. Hill ed. (Oxford: Oxford University Press, 1934), 1, 45.

12. *Two Introductory Lectures on the Science of International Law* (London: Longmans, 1856), 8, 转引自 Marti Koskenniemi, *The Gentle Civilizer of Nations: The Rise and Fall of International Law 1870-1960* (Cambridge: Cambridge University Press, 2001), 78.

13. 从字面意思看, "relectio" 意为 "重述", 它并不像大多数演讲那样针对特定文本展开评述, 而是针对特定问题发表的演讲。

14. "On the American Indians", I, Introduction, *Vitoria: Political Writings*, 233-4.

15. *Controversiarum illustrium aliarumque usu frequentium, libri tres*, I, 18.

16. Ibid., 234-8.

17. Ibid., 238.

18. *The Nomos of the Earth in the International Law of the Jus Publicum Europaeum*, 39, 69.

19. "On the American Indians", I, Introduction, *Vitoria: Political Writings*, 233.

20. Ibid., 238.

21. "Romanus pontifex" in *Monumenta hericina* (Coimbra: Comissao Executiva das Comemorações do V Centenario da Morte do Infante D. Henrique, 1960-74), XII, 71-9. 关于这些对葡萄牙主张对非洲享有主权的重要意义, 参见 Giuseppe Marcoci, *L'invenzione di un imperio: Politica e cultura nel mondo portogh-*

ese（*1450-1600*）（Rome：Caroci editore，2011），69-88。

22. 共有五份诏书，收录在"Bulas Alejandrinas de 1493 texto y traducción" in Juan Gil and José Maria Maestre eds. , *Humanismo latino y descrubrimiento*（Seville：Universidad de Sevilla and Universidad de Cadiz，1992），16。另参见 Hans-Jürgen Prien，"Las Bulas Alejandrinas de 1493"，in Bernd Schröter and Karin Schüller eds. , *Tordesillas y sus consequencias：La política de las grandes potencias europeas respecto a América Latina*（*1494-1898*）（Frankfurt：Vervuet Iberoamericana，1995），12-28。

23. *The Writings of William Paterson，Founder of the Bank of England*，S. Bannister ed. ，2 vols.（London，1858），I，121.

24. *The Limits of the British Empire*，Ken MacMillan（with Jennifer Abeles）eds.（Westport，CT；London：Praeger，2004），92-3.

25. 转引自 Tuck，*The Rights of War and Peace*，111。

26. "A Discourse on Western Planting"，in *The Original Writings and Correspondence of the two Richard Hakluyts*，E. G. R. Taylor ed.（London：Hakluyt Society，1935），II，302. 关于英国拒绝承认这些诏书的更多讨论，参见 Ken MacMillan，*Sovereignty and Possession in the English New World：The Legal Foundations of Empire*，*1576-1640*（Cambridge：Cambridge University Press，2006），67-9。

27. 3. I. i. 转引自 Francisco A. Ortega Martínez，"Entre 'constitución' y 'colonia'，el estatuto ambiguo de las Indias en la monarquía hispánica" in *Conceptos fundamentales de la cultura política de la Independencia*（Bogotá：Universidad Nacional de Colombia，2012），61-91 at 64。在查阅大量关于西班牙征服美洲的官方历史文献后，皇家历史学家安东尼奥·德·埃雷拉（Antonio de Herrera）认为教皇诏书是西班牙占领美洲唯一的正当性理由，参见 *Historia gen-*

eral de los hechos de los Castellanos en las islas y tierra firme del Mar Océano of 1601–1615。另参见 David Brading,*The First America：The Spanish Monarchy,Creole Patriots and the Liberal State*,1492–1867（Cambridge：Cambridge University Press,1991）,205-10。

28. *Two Introductory Lectures on the Science of International Law*,9.

29. *Codex*,VII,37,3.

30. *De iustitia et iure*,*libri decem*,IV. IV. i.（Salamanca,1556）,301.

31. "On the American Indians",2.2.,*Vitoria：Political Writings*,260. 维托利亚在"On the Power of the Church",I. 5.1.,*Vitoria：Political Writings*,83-4 中也提到了同样的观点。

32. 参见 Brian Tierney,*The Crisis of Church and State 1050–1300*（Toronto：Toronto University Press,1988）,127-38。

33. "On the American Indians",2.2.,*Vitoria：Political Writings*,264.

34. *De iustitia et iure*,*libri decem*,III. IV. iii.（262）.

35. 参见 Anne Orford,*International Authority and the Responsibility to Protect*（Cambridge：Cambridge University Press,2011）,148-9。

36. 维托利亚也不认同这种主张,他指出查理五世自封"神圣的马克西米利安或万世永在的奥古斯都查理世界之主",参见"On the American Indians",2.1.,*Vitoria：Political Writings*,252。另参见 Juan Carlos D'Amico,*Charles Quint maître du monde：entre mythe et réalité*（Caen：Presses universitaires de Caen,2004）。

37. 参见 David A. Lupher,*Romans in a New World：Classical Models in Sixteenth–Century Spanish America*（Ann Arbor：University of Michigan Press,2003）,344-7,passim。

38. 转引自 Lupher,*Romans in a New World*,63。索托在 De Iustitia et iure,

IV. IV. II. (304) 中再次提及了这个观点。

39. 转引自 Lupher, *Romans in a New World*, 65。卢弗尔指出，不能将他所谓的"明显自相矛盾的表述"（ius erat in armis）理解为罗马帝国在制定其战争法的过程之中毫不顾忌神法。但是像西班牙人一样，罗马人将自身取得的成就仅仅归功于"强大的军事优势"。

40. *De Iustitia et iure*, IV. IV. Ii. (305). 有关索托这一观点更详尽的分析，参见 Lupher, *Romans in a New World*, 64-5。

41. 虽然这是维托利亚提出的，但是萨拉曼卡学派的其他成员普遍赞同该观点。实际上，这是托马斯主义者关于政治权力来源的传统解释以及权力和权威在学术上进行区分的基础，而霍布斯对此则是嗤之以鼻。"On Civil Power", I. 3, 4, *Vitoria*: *Political Writings*, 10-12.

42. *De Iustitia et iure*, IV. IV. ii. (304).

43. *The Rights of War and Peace*, II, xii, 13. 另参见 "'Elephant of India': Universal Sovereignty through Time and across Cultures" in Peter Fibiger Bang and Dariusz Kolodziejczyk eds., *Universal Empire. A Comparative Approach to Imperial Culture and Representation in Eurasian History*（Cambridge: Cambridge University Press, 2012), 7。

44. *De Iustitia et iure*, IV. IV. Ii. (305).

45. "On the American Indians", 2. 2. *Vitoria*: *Political Writings*, 264.

46. Ibid., I, Introduction, 238.

47. *De Officis*, III, 69.

48. "另一方面，应当遵守适用于所有人的自然理性命令，这种命令就是万民法；在这种情形下，基于这种权利，所有国家均应遵守这种规则。"在优士丁尼的《法学总论》（*Institutes*）——大部分内容引述了盖尤斯的观点——中，"万民法"被同样认为是"根据自然理性为所有人制定且所有民

第一章 为帝国辩护：萨拉曼卡学派和"印第安事务"

族均应遵守的那些规则"。

49. 参见 Annabel Brett, *Changes of State. Nature and the Limits of the City in Early-Modern Natural Law* (Princeton: Princeton University Press, 2011), 76。

50. *Comentarios a la Secunda Secundae de Santo Tomás*, Vicente Beltrán de Heredia ed. (Salamanca: Biblioteca de teólogos españoles, 1934), III, 89-90.

51. "On the American Indians", 3.1, *Vitoria: Political Writings*, 281.

52. "On Civil Power" 3.4, *Vitoria: Political Writings*, 40. Soto, *De iustitia et iure* III, II, iii (205).

53. *De iustitia et iure*, III. 1. iii. (197).

54. *De Republica* 2, 26 and *De Finibus* II 24.

55. "International Law and *raison d'état*: Rethinking the Prehistory of International Law", in Benedict Kingsbury and Benjamin Straumann eds., *The Roman Foundations of the Law of Nations*, 303.

56. *De iustitia et iure*, III. 1. iii. (198).

57. "*Ius gentium*: A Defence of Gentili's Equation of the Law of Nations and the Law of Nature", in Benedict Kingsbury and Benjamin Straumanni eds., *The Roman Foundations of the Law of Nations*, 283-96, and Aquinas, Ia IIae. q. 94 a. 5.

58. Suárez, *Tractatus de legibus ac Deo Legislatore* II. xix. 4, and "On Civil Power", 3.4, *Vitoria: Political Writings*, 40. 另参见 *Comentarios a la Secunda Secundae de Santo Tomás*, III, 89-90。更详细的阐述，参见 Daniel Deckers, *Gerechtigkeit und Recht. Eine historisch-kritische Untersuchung der Gerechtigkeitslehre des Francisco de Vitoria (1483-1546)* (Freiburg: Universitätsverlag Freiburg, 1991), 345-94。

59. "On the Law of War", 1.4, *Vitoria: Political Writings*, 305.

60. Martti Koskenniemi, *From Apology to Utopia*: *The Structure of International Legal Argument* (Cambridge: Cambridge University Press, 2005), 98 n. 95, and the authorities cited therein.

61. "On Civil Power", 3.4, *Vitoria*: *Political Writings*, 40.

62. Ibid., 1.10, p. 21.

63. "On the Law of War", 1.1, *Vitoria*: *Political Writings*, 298.

64. *Recopilación de leyes de los reynos de las Indias*, Bk. 4 Tit. I Ley 6 (Madrid, 1791), II, 4. 关于英国案例, 参见 105—112 页。

65. 概述参见 S. Albert, *Bellum Iustum* (Frankfurter Althistorische Studien 10)(Kallmunz, 1980); Frederick H. Russell, *The Just War in the Middle Ages* (Cambridge: Cambridge University Press, 1975) 1 和 Jonathan Barnes, "The Just War", in *Cambridge History of Later Medieval Philosophy*, Norman Kretzmann, Anthony Kenny, 以及 Jan Pinborg eds. (Cambridge: Cambridge University Press, 1982), 775-8。

66. *Quaestionum in Heptateuchem*, VI. X. and cf. "只有在万不得已的情况下才可以发动战争, 并且只有在上帝认为必要且为维持人类处于和平状态的情况下才会将战争降临人间。追求和平不必然要发动战争, 但发动战争是为了维护和平。……所以在战斗中消灭敌人的不一定是欲望。" *Epist.* 189.6 [to Bonifatius], *Patrologia latina*, XXXIII. Col. 856.

67. *De Officis*, 1, 35, 38. 另参见 *De Republica*, III, 34a-b, 和 Tuck, *The Rights of War and Peace*, 201。

68. *Pro Milone*, XI. 30.

69. 对于所有西班牙学者所使用的"所有权"一词, 索托将其描述为: "(某人)拥有全部能力和权利(facultas et ius), 可以通过法律允许的任何手段使其为自身的利益服务。" *De iustitia et iure*, III. II. Ii (280). 我在这里

第一章 为帝国辩护：萨拉曼卡学派和"印第安事务"

所使用的"主权"一词的含义比较宽泛，直到后来将"dominium iurisdictionis"翻译为英文之后，这个词才被纳入英语中来，意思为主权者进行管辖或治理的"能力和权利"。

70. "On the American Indians", 1.1 and 1.6, *Vitoria*：*Political Writings*, 239 and 250.

71. Ibid., 3.8, pp. 290-1.

72. 安东尼·安吉认为"几乎所有讨论特许状的著作中都提到了维托利亚的观点"，但是他没有举例进行说明。*Imperialism, Sovereignty and the Making of International Law*, 144-5.

73. *De Dominio indorum*, printed in Luciano Pereña, *Misión de España en América* (Madrid：Consejo Superior de Investigaciones Scientíficas, 1956), 107. 关于卡诺"思想"的深入解读，参见 Lupher, *Romans in a New World*, 85-93。

74. "On the American Indians", 2.2, *Vitoria*：*Political Writings*, 264.

75. "First Letter on a Regicide Peace", in *Selected Works of Edmund Burke*, E. J. Payne ed. (Indianapolis：Liberty Fund, 1990), III, 117.

76. "On Civil Power", 3.4, *Vitoria*：*Political Writings*, 40, 以及参见 Adolfo Miaja de la Muela, "El derecho *totius orbis* en el pensamiento de Francisco de Vitoria", *Revista española de derecho internacional* 18 (1965), 341, 348-52. 像大多数学者一样，维托利亚也接受传统意义上对"管辖权"（potestas）和"权力"（auctoritas）的区分（霍布斯对此嗤之以鼻）。关于这个问题，参见 Andreas Wagner, "Francisco de Vitoria and Alberico Gentili on the Legal Character of the Global Commonwealth", *Oxford Journal of Legal Studies* 31：3 (2011), 565-82, 其中将"管辖权"描述成一种"本能地嵌入到法律秩序的一种实际权力"。

121

77. "On the Law of War", 1.4.19, Vitoria: *Political Writings*, 305.

78. 但是，他这样做并没有行使格老秀斯后来发现的最有用、纯粹的私人权利，即"任何人，即便是普通公民，都可以宣战并发动防御性战争"，因为他自身并没有因野蛮人行为而受到伤害。"On the Law of War", 1.2, *Vitoria*: *Political Writings*, 299. 关于格老秀斯利用这种主张的情况，参见 Tuck, *The Rights of War and Peace*, 81-3。

79. D. J. B. 特里姆（D. J. B. Trim）指出，"西班牙评论家将（保护无辜者）这项权利的适用范围限制为'野蛮人'，即新世界的土著"。尽管事实如此，但维托利亚——维托利亚的著作是特里姆引注的唯一来源——仅关注"野蛮人"具有误导性，正如其随后提出的主张那样，"然而，在 16 世纪下半叶，对暴政和压迫可以进行自卫的权利扩展至基督教国王也享有该权利，并被视为一项义务"。对于维托利亚及其后继者而言，基督教国王享有与非基督教国王相同的自然权利，并且承担相同的职责；一直以来，"保护无辜者"既是一项权利，也是一项义务。"'If a Prince Use Tyrannie Towards His People': Interventions on Behalf of Foreign Populations in Early-Modern Europe" in Brendan Simms and D. J. B. Trim eds., *Humanitarian Intervention*: *A History* (Cambridge: Cambridge University Press, 2011), 25-66.

80. "On Dietary Laws", 1.3, Vitoria: *Political Writings*, 209.

81. Ibid., 1.4, p. 215.

82. Ibid., 1.5 p. 218.

83. *Disputatio xii. De Bello*, from *Opus de triplice virtute theologica*, *fide spe et charitate* [Paris, 1621], printed in Luciano Pereña Vicente, *Teoria de la guerra en Francisco Suárez*, II, 149-52.

84. *De iustitia et iure*, III I ii, (195).

85. *De legibus. Comentarios al tratado de la ley*, Francisco Puy and Luís Núñez

ed. and trans. (Granada: Universidad de Granada, 1965), 94.

86. "On the American Indians", 3.5.15, *Vitoria: Political Writings*, 287-8. 这是第 5 种"正义理由"。

87. "On the American Indians", 3.7, *Vitoria: Political Writings*, 289.

88. "On Civil Power", 1-7, *Vitoria: Political Writings*, 19. 但是这与他在《论美洲印第安人》中的观点截然不同,"真实和自愿的选举……才符合自然法"。但是,他并未说明自己是否相信美洲印第安人实际上已经"决定接受西班牙国王作为他们的国王"。*Vitoria: Political Writings*, 288-9. 关于对科尔特斯与特拉斯卡拉人结盟合法性的论述,参见 Richard Tuck, "Alliances with Infidels in the European Imperial Expansion", in Sankar Muthu ed., *Empire and Modern Political Thought* (Cambridge: Cambridge University Press, 2012), 61-83。

89. See pp. 171-89, passim.

90. "On the Law of War", 3.7, *Vitoria: Political Writings*, 324.

91. 参见我的著作 *Spanish Imperialism and the Political Imagination*, 31。

92. *Disputatio xii. De Bello*, 126-7.

93. *De Civitate Dei*, XIX. 13.

94. *Disputatio xii. De Bello*, 238.

95. Ibid., 158-61.

96. 参见我的文章 "Stoicism, Cosmopolitanism and the Legacy of European Imperialism", *Constellations* 7 (2000), 3-22。

97. 参见 Brett, *Liberty, Right and Nature*, 205-6, 其中提到了这种自然权利和现代"人权"。

98. "On the American Indians", 3.1, *Vitoria: Political Writings*, 278. 根据他的观点,这似乎是维托利亚自己创造出的术语。圣奥古斯丁曾表示,剥

夺通行权可能足以作为所发动战争具有正当性的理由。但是，这与维托利亚观点的架构完全不符。*Quaestiones in Heptateuchum*，IV. 44；*Decretum* C. 23. 2. 3.

99. "On the American Indians"，3. 1，*Vitoria：Political Writings*，280.

100. Ibid.，278，引用 Justinian，*Institutes* I. 2. 1，"What natural reason has established among all nations is called the law of nations"。参见 note 48。

101. "On the American Indians"，3. 1，*Vitoria：Political Writings*，279.

102. Ibid.，291-2.

103. *The Law of Nations or*，*Principles of the Law of Nature*［1797］，Béla Kapossy and Richard Whatmore ed.（Indianapolis：Liberty Fund，2008），275. 1758. 原著 *Ledroit des gens. Qu principes de la loi naturelle* 首次出版于 1758 年。

104. *De iustitia et iure*，V. III. iii.（423）.

105. "On the American Indians"，3. 1，*Vitoria：Political Writings*，285.

106. Ibid.，285.

107. Ibid.，292.

108. *A Concise History of the Law of Nations*（New York：Macmillan，1954），81.

109. See p. 135.

110. *De Dominio indorum*，142，"nisi vocetur Alexander peregrinus"．

111. Ibid.，280.

112. *De iure naturae et gentium libri octo*，C. H. Oldfather and W. A. Oldfather trans.（Oxford：Clarendon Press，1934），II，364-6. 感谢西奥多·克里斯托弗提醒我注意这一重要的段落。

113. 例如，安东尼·安吉认为，"维托利亚基于印第安人是异教徒这一简单的论断就得出了印第安人不享有主权的结论"。*Imperialism*，*Sovereignty*

and the Making of International Law, 29. Cf. 莎朗·科曼（Sharon Korman）从维托利亚的主张中得出推论，非基督徒统治者必须接纳根据迁徙权行走四方的基督教传教士，这意味着非基督教国家与基督教国家的法律地位是不同的。*The Right of Conquest: The Acquisition of Territory by Force in International Law and Practice* (Oxford: Clarendon Press, 1996), 53. 事实上，维托利亚关于居住权的讨论中并没有任何内容否定这样一个显而易见能得出的推论，即基督徒统治者有相应的义务接纳穆斯林传教士，尽管他显然无法过多展开阐述。昆西·赖特（Quincy Wright）认为，"维托利亚和其他国际法自然法学派学者……认为墨西哥的蒙特祖玛以及其他非基督教国家根据自然法享有（与基督教国家）平等的权利"。科曼否定了这一点，事实上，这是完全正确的。"The Goa Incident", *American Journal of International Law* 56 (1962), 629 n. 37.

114. *Étude théorique et pratique sur l'occupation* (Paris, 1896), 103.

115. 转引自 Brett, *Liberty, Right and Nature*, 78。

116. See pp. 70–1.

117. *Fundamenta juris naturae et gentium ex sensu communi deducta* (Halle, 1718), 161 (LXXII).

118. *An Enquiry into the Foundations of the Laws of Nations in Europe from the Time of the Greeks and Romans to the Age of Grotius* (London, 1795), 1 xiii–xiv and 169, 以及参与 Jennifer Pitts, "Empire and Legal Universalism in the Eighteenth Century", *American Historical Review* 117 (2012), 92–121。

119. *The Spanish Origin of International Law: Lectures on Francisco de Vitoria (1480–1546) and Francisco Suárez (1548–1617)* (Washington, DC: School of Foreign Service, Georgetown University [1928]), 21.

第二章
"从野蛮到文明":
阿尔贝里科·贞提利论帝国的合法性

一

围绕国际法(后来的称谓)的地位和性质展开的激烈辩论已经拉开序幕,正如我们所见,一些萨拉曼卡学派学者试图重塑万民法,目的是为西班牙占领美洲提供一种合法的正当性。当然,维托利亚认为万民法适用于全世界。但是,萨拉曼卡学派主要关注的特别事项仅限于西班牙人的"大发现"及其发现的民族。尤其是对于维托利亚关于世界帝国正当性这一更宏大的问题,意大利法学家阿尔贝里科·贞提利最先表达了相关观点。

1552年,贞提利出生于意大利中部马尔凯(Marche)地区的圣吉内西奥(San Ginesio)。在皈依新教后,他先是在1580年逃亡到局势相对安全的卢布尔雅那(Ljubljana),之后又逃亡到德国。1580年,当时已享有很高国际声誉的贞提利又逃亡到英格兰。

第二章 "从野蛮到文明":阿尔贝里科·贞提利论帝国的合法性

1587年,他担任牛津大学钦定民法讲席教授。1600年,他入职格雷律师学院(Gray's Inn)。1605年,他作为西班牙王室的代理人在英国海军法院(Admiralty Court)出庭辩护。贞提利撰写了大量文章,内容涉猎广泛,如极力捍卫传统的法律解释方法——支持意大利评论法学派、抨击法国新人文主义法学派的文集《论法学解释的六篇对话》(De iuris interpretibus dialogi sex)、关于使节问题的著作《外交官论》(De legationibus)、关于他担任西班牙王室辩护律师经历的文集《西班牙人的辩护律师》(Hispanicae advocationis libri duo)以及关于罗马帝国扩张正当性的对话集《罗马人的战争》(De armis Romanis)。

然而,贞提利最为著名且迄今影响最大的著作是1598年首次出版的《论战争》(De iure belli)。如书名所示,这是一部研究战争法的著作,但是就像维托利亚一样,贞提利认为法律和道德层面最令人惶恐的战争不是内战而是国家之间爆发的战争;因此这必然是一本关于万民法的著作,也必然是一本论证帝国合法性的著作。

显然,贞提利在很大程度上要感谢在他之前的西班牙学者,尤其要感谢维托利亚;但是他采用的方法和最终得出的结论与西班牙学者却截然不同,至少部分(正如我们将看到的那样)是通过扭曲维托利亚核心论点的主旨而得出的结论。《论战争》开宗明义,明确指出《优士丁尼法典》(即罗马法)没有关于战争法的内容。并且《优士丁尼法典》也并没有"阐明我们和敌人、外国人共同遵守某些法律是因为道德在发挥作用,还是因为政治哲学家在发挥作用"。之所以提出后一个论断，其原因是哲学家或道德学家总是"将自己局限在城邦国家之内，宁可将自己的注意力放在美德的基础上，而不去考虑隐藏在背后的宏大的组织结构"，而贞提利的观点是"这种战争哲学属于整个世界和由全体人类族群组成的伟大社会"。[1] 但是，如果哲学家和道德学家没有能力裁断事关"全人类"的事务，那么谁又具备这种能力呢？似乎只有两个可能的候选人——神学家和法学家，然而优士丁尼在这一问题上明显持沉默态度。贞提利尖锐地指出，神学家们不会做这种事情，尽管他们有着极高的声望，但是他们只关注"圣书"并且受"神的道"的禁锢。或者，至少神学家应该具有裁断的能力，尽管正如贞提利所知道的那样，他们——如贞提利所提及的一个著名论断———直在"掺和其他人的事情"，这是法学家的家常便饭。与之相反，法学家并不拘泥于法律文本，"不像医生只研究盖伦的著作，或像哲学家那样只研究亚里士多德的著作"。[2] 据此，贞提利得出结论认为，即使举世闻名的《优士丁尼法典》中也未包含任何有关战争法、任何与人类冲突的性质及其各种后果的内容，当然也没有任何内容涉及贞提利关注的战争规则，这项工作只能由法学家来完成。

一直以来，人们认为贞提利是"人文学家"，其假设就是从本质上将他视为神学家的敌人。的确，贞提利需要感谢马基雅维利和让·博丹（尽管他也不是全盘接受这二人的观点），他们二人均可以被视为广义上的"人文学家"。1599年出版的《罗马人的战争》主题是罗马帝国连年发动的战争，尽管这本书是用毫无

第二章 "从野蛮到文明":阿尔贝里科·贞提利论帝国的合法性

人文主义色彩的拉丁文写成并采用人文学家的对话体例,但是书中还大量引用了古典诗人和当时学者的著述。[3] 但是,或许还有其他更有力的证据可以证明贞提利显然不是一位人文学家。[4] 他一直对法国法律人文主义和大多数人文主义色彩的著述持批评态度,贞提利似乎并不知道,或者很可能像萨拉曼卡学派神学家所做的那样,完全忽视了洛伦佐·瓦拉(Lorenzo Valla)对"君士坦丁赠礼"著名骗局的揭穿,8世纪伪造的"君士坦丁赠礼"文件对教皇思想体系具有重要意义,文件内容表明君士坦丁大帝将罗马帝国的西部地区赠送给了罗马教廷。此外,人们越是希望区分人文学家与经院学者或人文学家与神学家,它们之间的差别就越变得模糊不清。例如,萨拉曼卡学派的成员在反对人文主义方面的立场并不完全一致。神学家梅尔乔·卡诺在他的主要著作《论神学》(*De locis theologicis*,1563)中使用了当时流行的"人文主义"文体,从历史学和语言学角度对所有神学材料进行了分析,该著作被认为是一部由人文学家撰写的著作。虽然维托利亚对伊拉斯谟(Erasmus)进行了抨击,但是他这样做并不是因为他是一名人文学家,而是因为他认为伊拉斯谟是一名狂妄自大的文法学家;维托利亚指出,"从文法角度而言,你(伊拉斯谟)是一名神学家"。维托利亚认为,伊拉斯谟之所以敢于谈论神学问题是因为他对神学一无所知。[5] 此外,尽管任何一位萨拉曼卡学派神学家的文风看上去确实与布吕尼(Bruni)、费奇诺(Ficino)、彼得罗·彭波那齐(Pietro Pomponazzi)的文风存在天壤之别,但是他们的文风似乎与贞提利的文风相差不大。他们大量借用了著名人文学家、

129

诗人、罗马道德学家和历史学家（尤其是西塞罗和李维）以及符合他们口味的罗马演说家的观点［维托利亚甚至引用了喜剧作家普拉乌图斯（Plautus）的作品，他基本上不能算作正统的神学评论家］。而且，必须指出的是，他们都没有完全领会到西塞罗式拉丁文体的精妙。诺埃尔·马尔科姆（Noel Malcolm）认为，贞提利提出了许多关于宗教宽容和非基督教政权尤其是奥斯曼帝国合法性的观点，这些观点似乎带有世俗化的色彩；正因为如此，他才被人们视为一位人文学家，"可以在神学传统中找到"这些观点。同样，还有一个显而易见的事实，尽管人文学家与经院学者之间的差别通常代表学术传统层面的差别，就好像这种差别至少算作西班牙新托马斯主义者一成不变的观点（必须指出，许多人道主义者也持这种观点）；马尔科姆指出，"这是一个灵活的系统，在该系统中规则必须通过不同的方式适用于不同的情况，由此人们会得出判断"。[6]

  贞提利对人文学家（贞提利称人文学家为"哲学家"）和神学家的不满并非源于方法论层面的实质性分歧，也不是源于对拉丁文风持不同的观点（更可能的原因是贞提利的拉丁语水平逊于维托利亚），甚至也不是源于一直以来对所引述文献存在的争议。至少从某种程度上说，这是关于早期现代学术领域的争论。特别是那些神学家，他们一直自称无所不知、无所不晓，并且坚持认为法学家无权就我们现在认为属于道德和政治哲学广泛领域内的问题评头论足。从人文主义哲学家的角度而言，他们极力抨击那种将所有知识（不论是神学抑或法学的）与经院学派纠缠在一起

第二章 "从野蛮到文明":阿尔贝里科·贞提利论帝国的合法性

的做法。然而,最终面临的问题远不止是一门学科的地位问题。贞提利坚持认为,如果能对争论作出全面且正确的解读,那么这属于法学而非神学的范畴,更不用说"哲学"范畴了,这可以使人们认识到"整个人类"的情况。他在早期(1583)出版的一本著作中有一段关于罗马法的表述备受争议,他自认为已经证明了对罗马法的正确解读优于"一千位哲学家"就"自由思想"作出的任何定义,因此他在《论战争》一书中坚持认为无须求助神学家就可以对战争法进行全面解读。[7] 从这一点上来看,贞提利同维托利亚、格老秀斯一样,他并不仅仅是常人眼中现代国际法的奠基人之一,他还是从19世纪法学家孟德斯鸠、维科、格雷维纳(Gravina)一直延续到萨维尼和梅因这一学派谱系的成员,他们使法律成为一门世人公认的人类科学。

二

贞提利最紧迫的工作是要找到一个令人满意的解释,"我们与敌人和外国人适用共同的法律",所适用的共同法律可以说超出了纯粹意义上的国内法,因为在适用法律时"不对国家进行任何区分",这意味着需要重构自然法以及它与万民法之间错综复杂的关系。[8] 法学家(尽管不是神学家或哲学家)所面临的问题是如何提出一种"万民法"中的概念,其中既要包含一种已经确定且看上去无可辩驳的首要法则,但是同时也包含一些实实在在的

131

法律条文。维托利亚及其之后的学者提供了一种关于自然法和万民法之间关系具有说服力的解释，使后者成为前者现实中具有假设性质的现实版本。如果人类社会是由一部适用于所有成员的法律来治理的，那么适用于不同国家的法律（不论这些国家之间距离何其遥远）必然是事先经各国认可的法律。实际上，萨拉曼卡学派神学家的道德观具有浓厚的本体论色彩，他们的主张与事实并不相符，他们认为，包括从芬兰人到火地人的任何民族在第一眼看到某部法律时就认可其具有合理的约束力。这种道德观唯一没有做到的是为万民法提供具有任何法律性质的内容（即一种法律体系），或者考查任何此类内容可能的渊源。只有对法律渊源有了透彻的理解，才能做到这一点。

制定一部国际法就是解决这一问题的尝试，这比国家简单地缔结一系列国际协定从而形成后来康德所称的"一种共同的外部约束"更具有吸引力。[9] 如果没有这种约束，那么任何万民法都将不可避免地沦为被克劳塞维茨（Clausewitz）嗤之以鼻的那种"难以察觉到的约束，几乎就是毫无价值的国际法和习惯"。[10] 外部约束需要有一个主权者，而只有在各个国家内部才会有主权者（无论主权者的定义是什么）。因此，唯一具有约束力的法律首先是私法或国内法，实际上几乎所有形式的国际法在最初都被认为是将一种形式的国内法转换至在国际层面实施的规则。当然，真正的问题是如何使最初由一群人制定并适用于该群体的法律成为对所有民族都具有约束力的法律。

那些与自身所处社会之外的民族进行任何重要且大量交流的

第二章 "从野蛮到文明":阿尔贝里科·贞提利论帝国的合法性

人都会面临这个问题。但是,如果这些关系充其量只是一种局限在一定范围内的关系,那么双边协定也可以通过国内法同等的方式构建这种关系。古代世界重视"友好义务"、通行权以及使节的豁免权(贞提利对所有这些问题都进行了大量的论述),确保好战成性的群体在一定程度上实现协同合作,尽管只能在一定程度上实现这一点。完全因为一方违反友好法则而爆发了(西方)历史上的第一次大规模战争——特洛伊战争,这一点绝非偶然。

当涉及大量不同民族之间的关系时,显然问题就会变得更加棘手;重要的是,这种关系不仅涉及贸易与互惠关系,而且还涉及一个群体对另一群体主动进行政治控制的问题;换句话说,就是这种关系涉及"帝国"。就像罗马人的情况,当帝国扩张至或者至少可能扩张至与整个人类社会时,这个问题就会变成最为棘手的问题。罗马人曾经与距离遥远的中国人往来频繁,尽管这种联系往往是间接的,他们深知"世界"比罗马帝国大得多。此外,显然(除了极少数例外情况)无论"帝国"的定义是什么,大多数帝国特别是罗马帝国都是通过战争成就了帝国伟业。因此,一部适用于所谓世界帝国的法律(罗马法希望做到这一点)必然要与战争法存在直接关联,这与贞提利的观点是一致的,并且这与维托利亚的观点是一致的,即这种法律是"人类社会的法律"(ius societatis humanae)。[11] 达成一种超国家法律的需求是关于帝国理论的问题。它不仅必然会涉及制定可以适用于所有民族(甚至适用于那些仍处于帝国范围之外的民族)的普适性法律,而且还包括消灭其他的主权者。这个问题最简单的形式就是维托利亚笔下的美洲印第安人:一个拥有主权的民族是如何被另外一个拥有主权的民族剥夺了"在公共和私人领域中真正意义上的统治权"?[12] 最早给出的答案要么是通过自愿投降(在实践中极少出现)来实现,要么通常通过至少在胜利者看来是"正义战争"的方式来实现。[13]

尽管贞提利提到了奥古斯丁抨击"统治欲望"的典故,但是总体而言,他仍然是一名"帝国扩张"的狂热拥护者。他说,"那些西班牙人"——塞涅卡(Seneca)和卢坎(Lucan)——谴责亚历山大大帝的强盗行为,"他们不仅贬低各大帝国(不只针对亚历山大帝国),而且对从原始阶段发展而来并随着战争而涌现出越来越多帝国的所有民族和时代都大加贬斥……他们是一群无能之辈并且缺少现代西班牙人的那种欲望"。[14] 至少从贞提利对这些人的认知来看,现代人[他似乎主要指维托利亚和他之后的神学家迭戈·德·柯瓦卢毕亚斯(Diego de Covarrubias)]极为赞同这种观点:通过发动正义战争可以合法地建立帝国,战胜方不仅有权占有被征服者的动产,而且还可以获得对其领土的所有权,从而拥有对其人民行使的主权(正如我们看到的那样,维托利亚实际上并没有提出这样的观点,但是贞提利对他的解读具有很强的倾向性)。[15]

但是,要使该帝国成为合法的帝国,那么这个帝国必然是一个根据战争法则建立的帝国。对于贞提利来说,他所谓的"充满晦涩内容的法学分支"变成了法理学的一个特殊领域。但是,这是与万民法存在密切关系的一个领域,因此"我们坚信,战争问

第二章 "从野蛮到文明":阿尔贝里科·贞提利论帝国的合法性

题应根据万民法来解决"。[16]然而,贞提利(他很少有时间研究神学家形而上学的著述)非常著名的一点是他并没有区分这种法律和自然法则。

> 对于我们正在研究的万民法,我们法律的制定者和创制者一致同意并给出的定义为我们开展研究提供了充分的便利。因为他们认为万民法适用于所有国家的人民,万民法是由所有人与生俱来的自然理性确立的,并且对全人类都一视同仁,全人类同等遵守。这种法律是自然法。所有国家就某一事项达成的一致意见必然被视为一种自然法。[17]

正如我们已看到的,贞提利当然不是最先提出这一观点的人。他注意到《法学总论》和《法律汇编》中将万民法当作一个整体来讨论的观点与巴托鲁斯的观点是一致的。但是,贞提利的观点远远超出了法学家的主张,对法学家而言,万民法源自习惯,将所谓的万民法/自然法糅合而成一种天然存在的思想体系,这是一种完美的自然法则。贞提利写道,

> 市民法是公民之间的协定和契约,但是适用于国家间的万民法和适用于人类的自然法亦是如此。即便并不存在这种法律,即人类和低等动物之间并不存在互动(communio),我们法律的制定者也并不会因为将自然法设定为自然对所有生灵的教化而受到谴责。更不用说我们与野蛮人共同适用的法

律，或是我们对他们进行统治，当然我们也不能否认所有人都具备人性。[18]

像神学家一样，贞提利广泛吸收了斯多葛学派的观点，他认为世界就是一个"国家"。世界让所有人联系在一起，共同承担义务。

> 正如你们所看到的，包含神灵和世俗之人的整个宇宙是一个整体，我们就是这个浩瀚宇宙的成员。实际上，世界是一个整体。此外，由于我们拥有同样的血统和居所，因此自然让我们所有人都形成了血缘关系。她将我们对彼此的爱融入我们的体内，并使我们产生了一种结盟的倾向。[19]

或许，贞提利学说主要内容包含在《罗马人的战争》中，并且这本书在很大程度上是贞提利的代表作，书中简单地认为"护教士的言论是万民法的最初渊源……这是人类共同体最原始的渊源"。[20]

起初贞提利的主张似乎大体上与维托利亚以及西塞罗的主张是一致的，西塞罗认为自然法乃至万民法是由"所有国家就某项事务所达成的一致意见"。但是，不应认为

> 现实中所有国家在特定的时间聚在一处制定了万民法。我所引述的学者（《法律汇编》《法学总论》的作者以及西塞罗）

第二章 "从野蛮到文明":阿尔贝里科·贞提利论帝国的合法性

并没有提出这种观点,也没有必要通过这样的方式来理解"omnes"(普遍性)一词,即当人们提到这个词是用来指所有国家时,这必然是指包括任何一个国家;因为在与我们相距遥远、习俗截然不同、语言存在差异的地区,仍然有数量庞大的国家不为我们所知。[21]

由此看来,与萨拉曼卡学派的神学家一样,贞提利愿意接受世界上大多数国家或至少其中一部分具有代表性国家的做法,以此作为存在他所谓的"庞大的人类共同体"的证据。如果他们实际上能够"在特定的时间聚在一处",那么在任何特定的情形下都可以合理地选择这种做法。

但是,贞提利的目标是建立一个"法律体系……这个体系被认为是一种自然法的体系和具有确定性的体系"。[22] 为了做到这一点并确保该体系确实是法律体系,而不仅仅是道德或认识论的工具,他必须确保这种法律体系的内容属于万民法的法则,而万民法的大部分法属于习惯法则且具备一致性。格老秀斯和其他一些学者通过对注释法学派和后注释法学派关于首要自然法则(ius naturale prius)和次要自然法则(ius naturale posterius)的区分提出了相似的观点。[23] 因此,尽管万民法并不具备"首要"自然法则的属性,但是可以被视为具有"次要"自然法则的属性。然而,贞提利并不认可这种站不住脚的区分。对他来说,万民法不仅仅是自然法的一部分,实际上,万民法可以用来定义自然法。这就是他所说的万民法"是神法的组成部分,是我们在犯下罪恶之后上帝

137

要求我们遵守的法律"。[24]

两个世纪后,维科(他并未提及贞提利)几乎采用同样的方式提出了所谓的"国家自然法"观点。[25] 与贞提利一样,尽管维科用详细的内容来支持自己的观点,但是他仍竭力尝试以法律研究为基础创建一门新的学科,并且这门学科将普遍适用于全人类。与贞提利一样,维科也将万民法转化为类似自然法具有实实在在内容的法律,他将其描述成"一种关于神(或自然)和人类事务的记录"。[26] 因此,可以将单个国家的大多数实在法视为纯粹意义上符合理性的国内安排,但其本质上具有偶然性,因此是可以进行修改的。但是,那些通过评估可以普遍适用于多个民族的国内法必然具有自然属性,因此这种法律是永恒不变的。这就是1887年梅因提出的"形成了实在且确定的自然法"(然而,令人惊讶的是,梅因完全忽视了贞提利的存在,并将"罗马法中最令人钦佩且最高贵的部分——自然法和万民法"作为由"格老秀斯及其后继者"构建的"现在规范国家间所关注事务规则的基本体系")。[27]

尽管对贞提利来说,这种自然法/万民法的渊源"历史悠久",但是人们仍可以知晓法律(lex)的内容,通过对"我们法律的制定者和奠基人"认为法律应具备何种宗旨进行追问可以了解法律的内容。[28] 为了证明这一观点,贞提利阐释了他作出这一假设背后悠久的历史,尽管世界上的民族千差万别,但是"我们的法学家(nostri iurisconsulti)可以恰当地评价所有民族,因为罗马帝国皇帝、亚历山大大帝以及帕提亚皇帝能够把这些民族展示给世

第二章 "从野蛮到文明": 阿尔贝里科·贞提利论帝国的合法性

人,并且他们确实做到了这一点"。根据贞提利对法律起源的历史认知,征服和贸易实际上将罗马人推向了整个世界,从而使"所有民族都能获取知识,从而可以确立万民法,由此许多其他问题都能迎刃而解"。他根据这一切得出了一个结论:"我们的法学家肯定可以汇编所有国家的法律(万民法);因为如果罗马人、希腊人、犹太人和野蛮人都适用某些法律,简言之,就是所有已知的民族都适用某些法律,那么就必须假定所有民族都适用同样的法则。"[29] 但是,我们的法学家又是什么样的人呢?为什么在优士丁尼时代编纂的罗马法典对战争法等重要问题都避而不谈?因为贞提利无法在被认为缺少战争法内容的《优士丁尼法典》中寻找到答案,对于这两个问题,唯一可能的答案就是"我们的法学家"所建立的法律体系不仅包括罗马法,而且还纳入了后来所有注释学派以及西塞罗的大量研究成果。因此,罗马的市民法不仅仅是罗马人自己的法律,而且是世界上所有民族法律的总和。贞提利认为"我们的法学家"可以"恰当地评判所有民族",但是他的观点似乎包含一个非常重要的例外情形,即美洲。如果美洲在15世纪之前是真正意义上的"未知之地",并且如果这里的民族似乎是遵守"法则"的,那么在某些重要的方面,该法则远远超出了假定已经存在的普遍人类法,对于根据我们的法学家汇编的法律中推导出自然法进而推导出万民法的任何假设,这种法则的存在是一种威胁。贞提利肯定知道,这在某种程度上是索托和门查卡因反对罗马皇帝自称"全世界主宰"而提出的观点。[30] 对于索托、门查卡和贞提利而言,不论是实在法还是自然法,都必然是一种事实存在。根据法律而不是依据事实宣布某些民族属于皇帝臣民的做法毫无意义。因此，根据法律规定整个大陆适用万民法，但是事实上却并非如此，这有力地驳斥了"我们的法学家可以恰当地评判所有民族"的观点。

或许这可以解释贞提利提出的另外一个令人费解的观点，即"现在没有人会质疑我们所说的新世界与我们是一体的，并且遥远的印度人也知道这一点"。[31] 对于贞提利的主张，其依据似乎是一位身在米兰的医生卢多维科·塞塔拉（Lodovico Settala）就希波克拉底的著作《论空气、水和地域》（Airs, Waters and Places）所发表的评论，塞塔拉认为秘鲁是柏拉图笔下的"亚特兰蒂斯"（Atlantis）* 和《圣经》中的"俄斐"（Ophir）**，即传说中所罗门国王财宝的所在地。[32] 然而，到了1590年代，尽管出现了这样的观点，而唯一荒诞程度略低的假设是遭遇沉船事故的迦太基水手之前已经在美洲定居，但是所有熟悉内情的人士都心知肚明，这一观点是站不住脚的。对古代人而言，新世界实际上是一片未知的世界，新世界并未"与我们连为一体"。事实上，维托利亚的《论美洲印第安人》中所有最基本的前提都是这种假设，并且也常常以此作为征服奥斯曼土耳其人所占领土地的一个正当理由，即他认为这些土地曾经是罗马帝国和基督教国家的领土，因此这些土地属于教皇和罗马皇帝的管辖范围，但是这一点无法完全适用于美洲，因为用维托利亚的话来说——"此前美洲在我们的头脑中

---

* 柏拉图在《对话录》中提到的古大西洋文明古国。——译者注
** 《圣经》中提到的出产金银宝石之地。——译者注

第二章 "从野蛮到文明":阿尔贝里科·贞提利论帝国的合法性

就是一片空白"。[33] 但是,如果按照贞提利的主张,古人确实已经知道美洲的存在,根据法学家的研究,那么就可以合理地假设美洲也适用同样的"法律规则"(对于中国人而言,除非他们也居住在"遥远的印度",否则贞提利似乎忽视了中国人的存在)。

因此,贞提利已将法学家根据对所有人类法律的研究而制定的法律变成了法典化自然法的内容。就像维科提出的观点一样,不出意外,这种法律与罗马法并无二致,因此贞提利将罗马法描述为"人类法律中最优秀的一种法律",并暗指《优士丁尼法典》包含"从自然法和万民法中吸收的大量内容"。[34] 然而,对维科而言,这并不是因为罗马法在某种程度上体现了世界上所有民族的习惯法,而是因为罗马帝国的历史是一部"理想状态中的永恒历史","串起了所有国家的历史"(犹太人认为自己是被上帝拣选的民族,犹太人的全部历史是一部受上帝法律治理的历史),因此可以用它来评判所有其他形式的人类行为。

当然,贞提利并未诉诸理想中的法律类型。在他看来,罗马的历史尤其是罗马法的历史就是通过万民法的形式来阐释自然法的。[35] 这是因为法学家耐心地整理了已知世界各地的所有市民法法典,形成了一部与自然在人类思想中留下的记忆相契合的法律。关于罗马扩张史及对其法律的研究可以证明这一事实。

但是,"自然万民法"不只是全世界所有民族流传下来的习俗;言下之意,它仅限于那些具备"自然理性"的民族习俗,而由罗马人——我们的法学家——负责确定哪些内容符合或违背自然理性。贞提利说,如果在他的时代还未出现这种情形,那么这种情况肯定很快就会变得司空见惯：罗马人发明了法律，就像希腊人发明了哲学和自然科学一样。正如阿尔多·斯契亚沃尼所言，正是因为罗马人在创立法律的同时也创立了法律的范畴和概念，所以我们才能够将神学机构的规定和指示说成是"法律的"（juridical）。而在古希腊人、波斯人、埃及人、夏威夷人、阿兹特克人等看来，这些规定和指示都或多或少与王权、宗亲、关系和政治机构有关。[36] 对于这种主张，贞提利的贡献就是指出罗马人已经完全意识到了这一事实。罗马人通过制定法律而在实际上完成了自然法的法典化。

此外，罗马人在制定了一部与所谓"人类共同体"的期待相呼应的法律之后，我们可以说罗马人着手将这部法律输送移植到所有未认真遵守该法律的地方。在《罗马人的战争》一书中，护教士一再指出，罗马人正是凭借军事实力使罗马法适用于所有民族，这使罗马帝国不仅具备了合法性，而且也为所有民族带来了福祉，当然最重要的是为他们征服的民众带来了福祉。我们被一遍又一遍地灌输这样一个观点，这个民族或那个民族"因为我们的法律而进入到一种文明程度更高的生活方式之中"。他在这本对话集中提醒对话者皮塞纳斯（Picenus，一位哥特人），"我们的帝国凭借正义战争而成就了丰功伟业，我们的帝国因为正义的法律而万世不朽"。[37]

即便帝国本身土崩瓦解，法律仍然会永世长存。虽然这个世界斩断了我们帝国的国运，但是帝国的罗马法根基依然

第二章 "从野蛮到文明":阿尔贝里科·贞提利论帝国的合法性

肖然不动,并且世界贪婪地吸收罗马法,以此重新唤起人们对处于罗马统治之下那些时代久远而幸福安乐的美好记忆,通过糅进些许愉悦情感来减轻这个时代留下的悲伤哀痛。罗马人正是因为这些技艺而强大;这些技艺让罗马人屹立不倒。[38]

当然,这意味着不仅仅是简单地推行法治,还意味着要融入政治社会,即成为一个自由国家。简而言之,这意味着成为一名罗马公民。护教士激动地指出:

> 罗马人也将公民身份赋予其他被他们打败的民族,这些民族接受我们热情的善意,却没有将获得公民身份归因于他们自身良好的品德,因此这些民族往往更容易臣服于我们的国家。这是罗马帝国的真正秘密,而且罗马帝国的确实至名归,因为帝国的基础是罗马人的卓越才能。

像西班牙帝国和奥斯曼帝国一样,罗马帝国是一个征服了其他国家的帝国,在贞提利看来,西班牙帝国和奥斯曼帝国是他生活年代的两大独裁帝国。与西班牙帝国和奥斯曼帝国相反,罗马帝国是一个公民社会,它并没有压榨被它征服的民族,而是对其加以"改造"。护教士激动地指出:

> 我们举国臣民是何等幸运,在我们的帝国之中,他们不

143

仅仅接受我们皇帝的统治,而且皇帝来自于臣民,即便非洲人、叙利亚人、色雷斯人和最偏远的不列颠人也毫不例外……整个罗马世界是开放的世界,这让罗马人勇气倍增,他们可以谦逊地接受失败。但是世界却被我们的失败中蕴藏的强大力量所征服,因此我们依靠这一权杖就能统治这个世界。[39]

之所以这一切都具有可能性,是因为罗马人能力卓著(换句话说,就是罗马人是有德性的民族),这并不是因为他们在军事实力上占据优势,而是在于他们对法律的深刻认知。就像普鲁塔克所说的那样,罗马人所取得的任何成就都不是靠运气。护教士认为,"我们赞颂罗马人的美德,我们不会因为赞颂我们国家的国运昌隆而感到羞涩,帝国抓住了良机,同时也为世界带来了最深厚的福祉"。[40] 但是,正是罗马人的美德"使罗马人可以统治寰宇",因此带来了"全世界的好运气"。[41]

罗马帝国是一个开放的社会:多民族(我们可以这样认为)、多语言、多文化和多宗教。正如护教士所指出的那样,甚至它的皇帝也不必然是罗马人。因此,护教士严厉地斥责那些令人厌恶的西班牙人,他们认为,

> 罗马希望所有人都变成罗马公民,希望野蛮的民族变得温顺。我只是提一下西班牙这个例子。对于野蛮而未开化的民族而言,与(文明的)人类相比,他们的思想更像动物;

第二章 "从野蛮到文明":阿尔贝里科·贞提利论帝国的合法性

在时间长河中,除了强盗恶贼的头领维里阿修斯(Viriathus)之外(西班牙人专于此道),他们之中未出现任何伟大的领袖人物。我们的法律为这个民族引入了一种更文明的生活方式,并且他们在我们的军队中接受训练,这些民族涌现出卓越的人物并成为世界的统治者,比如巴尔布斯(Balbus)、图拉真(Trajan)和狄奥多西(Theodosius)。[42]

对于这一点,皮塞纳斯的回答是,罗马人的不义之举之一就是他们愿意为各类作奸犯科之人和野蛮人提供庇护。他抱怨道,这些人所在的国家不具备任何形态或形式。在这种情况下,这仅仅是社会的原始形态,他们是一个强盗团伙,

如果柏拉图的观点是正确的,即认为野蛮人并不是因为共同的习俗和语言而聚集起来的一群人,那么他们全都是野蛮人。罗慕路斯(Romulus)曾经通过庇护所接纳了所有作奸犯科之人。他不会将奴隶交还给奴隶主,不会将债务人(nexus)交给债权人,也不会将有罪之人交给地方法官。卢坎(相比诗人的身份,他更像是一位历史学家)曾经写道:"罗慕路斯利用那些名声不佳的人构筑起防卫的城墙"。诗人尤维纳利斯(姑且将不打诳语的尤维纳利斯称为一位真正的诗人)曾经写道:"但是,对于这一切,如果你翻看并研究下你的家族历史,那么你就会发现自己的家族来自一个庇护所。你的祖先要么是牧羊人或是我不愿意透露姓名的人"。

145

他不想指出这些人就是"强盗"或是某些刑事罪犯和恶贯满盈之人。⁴³

皮塞纳斯的这些描述反映了罗马元老院成员的立场,公元40年,罗马皇帝克劳狄提议将公民身份授予人数众多的山北高卢人,该提议遭到元老院成员反对,他们反对是为了避免成为"有外国人的国家,由俘虏组成的军队……这些人会……胁迫我们"。克劳狄对此回应说:"尽管斯巴达和雅典都兵强马壮,但是斯巴达和雅典最致命的地方不就是他们将被征服的民众视为外邦人的政策吗?但是我们国家的开国之君罗慕路斯是位明君,他曾一天内经过数次战斗使一个民族归顺。"⁴⁴正如护教士所说,罗慕路斯欢迎"世界各地的人来到他的国家"。皮塞纳斯的反对意见不仅毫无依据,而且由于他对自己的民族被排斥在外而表现出的愤怒招致了激烈的反对。皮塞纳斯的反对意见揭示了一种对于建立帝国目的方面极深的误解。至少在罗马历史学家和法学家的政治想象中,罗马的包容性是帝国取得辉煌成就和得以长治久安的基础。不同于雅典人和斯巴达人对所有非土生土长的人关闭其社会的大门,罗马人不仅通过输出生活方式来征服野蛮人,而且通过生活在1世纪至2世纪的神学家特尔图良所称的"罗马身份"(Romanitas)来征服野蛮人;野蛮人从罗马人身上汲取了力量。康德后来指出,希腊人恰恰反其道而行之,将自身与其他人类群体隔绝开来,这是"导致他们的国家走向衰亡的真正原因",欧洲新兴国家应以之为戒。⁴⁵

第二章 "从野蛮到文明":阿尔贝里科·贞提利论帝国的合法性

罗马世界的开放性使它成为一个真正意义上的包容社会,正是这一点给世界带来了和平与繁荣的福祉。必须说明的是,这是贞提利援引最频繁著作中的一个共同关注点,这些著作包括普鲁塔克、波利比乌斯(Polybius),尤其是克劳迪安(Claudian)和普鲁登修斯的著作。希腊修辞学家阿里乌斯·阿里斯蒂德斯(他参考了上述作者所著的一些相同文献)在他143年或144年撰写了一首歌颂罗马"宏伟壮丽"的颂辞,其中写道,"远隔重洋或万里长路"都无法阻挡对"罗马帝国令人魂牵梦绕的公民身份"的向往。他接着说道:"虽然外邦人不配被纳入帝国的统治范围或得到帝国的信任,但是在已经建立自由共和国统治的世界市民社会之中,最贤明的统治者和秩序的控制者统治着共和国,所有这些构成一个共同的城邦,其目的是使人人各得其所。"[46] 他的结论是"您使'罗马人'变成了一个标签,罗马人不是指某一个城邦的成员,而是指一个共同的国籍"。[47] 护教士用同样的方式并引用克劳迪安和普鲁迪努斯著作中的内容回应皮塞纳斯:

> 我们希望我们的敌人成为朋友、盟友和我们的公民。看呐,所有生活在罗马世界中的人们正逐步被授予公民身份。罗马,共同的祖国。啊,罗马公民无上荣耀!⋯
>
> 这些话符合历史事实。这是受天命庇护的罗马帝国和罗马人品德的证明。

如果这些是确保帝国行为具备合理性的标准,那么西班牙帝国(甚至奥斯曼帝国)有可能会获得像罗马帝国获得的那种赞誉。西班牙人的确没有发明类似"公民身份"的概念,但是他们确实有一个统一的帝国法体系,并适用于所有的领土(贞提利并未提及这一点)。可能有人会指出,他们发动了针对美洲印第安人的战争,使印第安人变得文明开化或使其皈依基督教。对于贞提利而言,西班牙帝国之所以成为事实上的专制政权,是因为他们的行为不具备合法性,通过野蛮手段征服野蛮人却获得了让人眼红的收益。贞提利在这里采用皮塞纳斯之前评价罗马的同等标准来评价西班牙帝国。如果罗马人确实是为了传扬法治精神和使野蛮人摆脱野蛮状态而发动战争,并且如果他们的确将"令人梦寐以求的公民身份"授予了所有外邦人,那么罗马人的帝国就是名副其实的"帝国"。但是,他们并没有这样做。他们为了一己私利发动战争,而且他们并没有将公民身份授予所有人,他们甚至都未将公民身份授予像皮塞纳斯这样的人,而这些人为了获得这种身份为罗马人出生入死,征战四方。他愤懑不平地说道:"这违反了自然法和万民法,因为这是损人利己的行径。即使一个人承受了各种痛苦煎熬,包括财产损失、身体损伤甚至生命危险,而他又没有做错什么,即便是在这种情形下,他也不得去做损害其他人利益的事。"[48]

贞提利认为,西班牙人来到美洲也只是为了发横财,而不是为了维护被自己征服的民族的利益。他们和土耳其人犹如一丘之貉,他们都"费尽心机去获得普遍统治权"。的确,有人认为美洲印第安人是因为罪孽恶行、伤天害理,属于自取其祸。但是,

第二章 "从野蛮到文明":阿尔贝里科·贞提利论帝国的合法性

因为西班牙人的美洲帝国是建立在赤裸裸的贪欲之上,所以它永远不可能像罗马人那样获得合法性,就像护教士曾向皮塞纳斯保证的那样,这个帝国建立的基础是"我们所立下的功劳,但它是不人道的,人们不会引以为荣,它也不是我愿意去大力赞扬的那种友善和仁慈的国家"。

罗马统治带来的福祉主要取决于公民身份的概念,而公民身份的概念又取决于罗马法,这并不是什么新颖的观点。但是,对于阿里斯蒂德斯和克劳迪安来说,这只不过是一种不容置疑、更为高级的正义模式(一种能够为人类所居住的整个世界带来和平与繁荣的正义模式);对贞提利来说,这就是"万民法最初始的渊源",而这又源于全世界对"人类身份"的共识。[49]

三

从贞提利对维托利亚关于西班牙征服和占领美洲合法性观点的看上去自相矛盾的处理,可以更加清晰地看出,贞提利为确立帝国扩张的合法基础所做的努力。这其中杂糅了明智的曲解、故意的误读和彻底的错误内容。但是,假设贞提利实际上读过《论美洲印第安人》(这是他引用的唯一一本维托利亚的著作),我们还必须假设他的引用并不是简单随意引用。贞提利和维托利亚的观点是两种截然不同但又相互关联的主张。首先是所谓的印第安人犯有"危害自然罪"。

至少贞提利与萨拉曼卡神学家最开始就达成了广泛共识,

> 西班牙人发动针对印第安人的战争是正义之举,印第安人甚至对野兽都会做出令人作呕的猥亵行为,并且为了达到这个目的,印第安人会杀人吃肉。这些罪行违反人的本性,被所有人都视为犯罪的其他行为亦是如此,除非这些人也是野蛮和粗俗之人。[50]

但是,正如我们所看到的,维托利亚的观点实际上并不能作为仅因危害自然罪而发动战争的理由,因为即使基督教国家内部也存在大量此类罪行,如果能以此作为理由,那么就可以授予法国国王入侵西班牙的权利,因为西班牙国王的臣民在不断地违反自然法,这与西班牙入侵美洲的理由完全相同。维托利亚主张,在允许诸如活人献祭和自相残杀的行为时(维托利亚未提及"令人作呕的猥亵行为"),美洲印第安人的统治者认为可以"针对无辜者实施暴政和强压性的法律"。[51]

贞提利最初对维托利亚的误读让人颇为费解,因为在其他地方并且在未引用《论美洲印第安人》时,他也持相同观点。他写道:"保护人类的利益和安全是每个人的责任","这是因为一个人与其他人相比,所有人都是类似的生命;因为从人类的本性而言,所有人的共同祖先并无丝毫的差别"。并且,像维托利亚一样,他也认同"无辜者"甚至可以合法进行自我保护的观点。"即使是保护那些不关爱自己的人也是合法的行为;即使一个人

第二章 "从野蛮到文明":阿尔贝里科·贞提利论帝国的合法性

拒绝另一个人的保护,不论提供保护的人是他的亲属、外邦人,甚至是敌人,这种保护行为也是合法的行为。"[52]

对于贞提利而言,维托利亚的主张中存在的瑕疵似乎在于尽管"保护责任"明显是万民法的一部分,但是它显然也属于一种实在法。对维托利亚和苏亚雷斯来说,美洲的利害关系在于后者所提到的"世界秩序",而这一秩序的延续则取决于"世界共同体"。正如我们所看到的那样,维托利亚的观点在很大程度上强调了主权权力的合法性。他很清楚,即使主权国家的权力来自某种模糊的"作为共同体的整个世界",也只有主权国家才能行使主权权力。相比之下,贞提利认为西班牙的征服活动是惩罚违反自然法罪行的合法行为,他实际上是寻求通过私法来进行救济的,任何人(无论是主权者与否)都享有与生俱来的干预权,因为违反自然法的犯罪行为就像危害人类罪一样,是对全人类的威胁,所以也会对个人构成威胁。[53]

为了强调这一点,贞提利将美洲的例子与另一个经过大量讨论的例子联系在了一起,即海盗活动;这种行为在16世纪被认为是最不人道的行为,而贞提利曾经对此进行过深入研究。贞提利认为,海盗活动"违背了万民法和人类社会准则"。因为海盗活动也违反自然法,所以剿杀海盗是"所有人的责任,违反这种法律后,我们所有人都会受侵害,作为个体有权根据个人权利去剿杀海盗,难道不是这样吗?"因此,海盗行为显然是违反自然法的行为类别,与所谓印第安人的罪行属于同类行为,"如果我们因为爱我们的邻人,渴望和平的生活,那么就可以正当地号召

151

所有人拿起武器与海盗战斗,对于违反人类共同法和针对人类犯下的恶行也可如此"。[54] 基于这一原因,实施惩罚——因为违反自然法对全人类的自然权利构成威胁,所以有权进行惩罚——现在就成为个人和国家共同的责任。"因此,由于我们也可能受到那些违反自然法的人的侵害,个人也可以与其战斗。这些人违反了所有人法和神法,尽管他们因为具有类似的自然属性而与我们共同生活在这个世界上,但是因为他们的恶行玷污了人类共同体,所以他们不得享有权利。"[55] 由此看来,违反自然法将会使所有人有权对罪行的是非曲直作出裁断并且为捍卫自己的自然权利而拿起武器与之战斗的行为合法化。

因此,贞提利的结论非常接近后来格老秀斯和洛克得出的结论,洛克认为格老秀斯的结论阐述了一种"极为怪诞的学说","在国家拥有惩罚权之前,个人拥有惩罚权"[56](维托利亚的主张如出一辙,格老秀斯也认为这一观点最为有用,即"任何人,甚至没有一官半职的公民,都可以宣布发动一场防御战")。[57]

对于贞提利而言,更奇怪的一点在于这种观点似乎与他将战争定义为"公开对抗"自相矛盾,并且他坚称"交战双方发动的战争必须是公开和正式的,而且双方都必须在主权者的指挥下展开拼杀"。[58] 但是,贞提利的论证结构截然不同于格老秀斯或洛克。他显然也不像格老秀斯或洛克那样认为自然状态下每个人都享有惩罚权。对于贞提利而言,民事主体之间爆发的战争原本可以在最初阶段通过对话找到解决方案,现在违反自然法(因此也违反了万民法)似乎将战争转化为一场为生存而战的斗争。[59] 如

第二章 "从野蛮到文明":阿尔贝里科·贞提利论帝国的合法性

果这确实是贞提利的初衷,那么尽管他在任何地方都没有提出这一主张,这将授予英国人(实际上是任何英国的臣民)和美洲印第安人享有发动战争的同等权利,并且英国人和西班牙人一样享有统治美洲印第安人的同等主权权力。

实在法是由君主制定的法律,并且适用于作为特定国家成员的个人,而自然法适用于作为人类成员的个人。我们可以说,维托利亚所谓的"万民法"有点类似于我们今天所说的国际法,因为它是国家之间的法律,对国家具有约束力,但贞提利却将其转变为一种更接近于某些人所说的普世法(cosmopolitan law),即对个人具有普遍约束力的法律。[60]

贞提利关于维托利亚自然法观点的第二项讨论涉及维托利亚提出的"自然伙伴关系和交流权"。正如我们在上一章中所看到的,根据这种自然权利,人人可以在世界各地畅行无阻,从而所有人可以相互"交流"。因此,希望到访甚至定居在自己领土以外其他土地上的人们享有实施该行为的自然权利。而迁徙权(ius peregrinandi)仅要求"他们在所途经的土地上不得伤害当地的民众"。

贞提利对此的回应仍然是关于动机的问题。如果他对西班牙人意图的解读是正确的,那么他就认可维托利亚的论点足以为征服美洲的活动辩护。但情况并非如此,因为"西班牙人的目标不仅仅是开展商业活动,而且要行使统治权。并且,他们认为合法占有那些此前我们一无所知的土地是不容置疑的;就如同我们对同一件东西一无所知,它也不曾被人占有一样"。[61]

本杰明·斯特劳曼指出，这实际上是糅合了两种截然不同的观点。第一个观点涉及自由通行权。尽管维托利亚的论据比贞提利的观点要复杂得多，但实际上贞提利指出了维托利亚的许多同事和学生已经意识到的一个缺陷。[62] 然而，第二个观点是一个截然不同的主张，即备受争议的无主土地原则，也就是无人居住的土地（和动产）属于最先占领该土地的人的财产，尽管对于领土而言，其中涉及的问题存在巨大的争议（我们将在第五章中对此展开讨论）。[63]

贞提利似乎在其他地方已经接受"大自然厌恶真空"的观点，认为最先发现无主土地的人可以合法地占有并在土地上定居。然而，他的结论是，尽管这可能成为所有权的法律要件，但是其中并不包括将主权转移给移民群体。"从财产利用的角度而言，所有人共有之物不能成为任何人的财产；（但是）主权者有权对其进行管辖和保护"[64]（对于美洲英国殖民者的主张，也出现了类似的反对声音，因为英国殖民者主张通过合法购买或与印第安人缔结条约而获得土地，所以英国殖民者不再是英国王室治下的臣民）。

当然，如果美洲的西班牙人曾提出这样的主张，那么他们也必然面临同样的情况。但是，维托利亚捍卫向印第安人开战权利的全部观点实际上都是基于这样的假设，即印第安人的土地不论从何种可能的意义上而言都已处于被人们占据的状态，而且正如他在《论美洲印第安人》第一部分中所详细阐述的那样，在西班牙人到来之前，"无论从公共领域还是从私人领域来看，野蛮人

第二章 "从野蛮到文明":阿尔贝里科·贞提利论帝国的合法性

无疑享有与所有基督徒同等的统治权"。[65] 对于维托利亚而言,无主土地权构成了"发现权"(de iure inventionis)的一部分,他将"发现权"作为他所提出的(第三种)"不正当所有权",尽管"热那亚人哥伦布进行了首次航海",但是他轻蔑地驳斥了这一观点,"发现本身不能为占有这些土地提供任何支持,就像印第安人也发现了我们一样"。[66]

混淆这两个截然不同的问题就像之前歪曲维托利亚关于有权惩治危害自然罪的观点一样,似乎是希望否认西班牙人关于美洲主权的任何主张,这并不是因为他们关于统治权的观点是错误的,而是因为他们像土耳其人一样,"正费尽心机去谋求获得普遍统治权"。西班牙人不会构成对违反自然法的美国原住民的威胁,而原住民理应丧失自由和主权,但是对欧洲其他国家不会构成威胁。针对这些人发动先发制人的战争不仅是正义之战,而且是必须发动的战争。[67] 然而,与此同时,贞提利坚持他的观点——与维托利亚坚持的观点一致,即西班牙征服美洲的整个过程是对印第安人违反自然法的惩罚,从交往和交流的自然权利角度来说这个观点是正确的。

征服美洲以及针对伊斯兰世界发动战争的合法性是贞提利时代最受争议的道德和法律问题。诚然,贞提利受雇于王室并为王室服务,正如我们将在第三章中所看到的那样,他关于征服同一片大陆行为的前提条件的观点与西班牙人征服行为的前提条件是截然不同的。[68] 但是,至少在《论战争》中,他尝试去构建一个准道德的法律领域,该领域既包含一系列法律原则,也摆脱了他认为神学家对《圣经》经文的抽象解释。为了实现这一目标，他选择将维托利亚的观点作为具有代表性的观点，支持西班牙的征服活动是以具有普适性的自然法为基础的主张，这一自然法则与万民法是一致的，但是同时又否认萨拉曼卡神学家根据这一主张所得出观点的合法性（如果他们确实提出了这些观点）。

贞提利将万民法提升到了自然法的高度，使万民法成为罗马帝国的实在法准神学和准道德层面的基础。根据他的理解，他极为赞同他所引用经典文献中的观点，其中包括西塞罗的著作、《法学总论》、《法律汇编》以及注释法学派和后注释法学派的著作，尤其是鲍尔达斯（Baldus）的著作。不同之处在于，他提出的自然法概念在本质上就是神学家提出的概念。他坚持认为，违反这种法律将赋予任何国家或个人严厉惩罚违法者的权利，从而可以对违法者发动正义战争，并坚持认为在这种战争中可以取得对人和动产的控制权，这授予了欧洲霸权国家一项许可，即对于任何违反我们的法学家所制定的法律的国家，我们都可以征服它们。

神学家尤其是维托利亚认为万民法是一种实在法，因此他们认为这种法律是基于合意制定的，因此万民法是可以进行修改的。实际上，贞提利对万民法/自然法的理解恰恰是相反的。他认为，将万民法纳入自然法之后，就不再需要去寻求所谓的"道德辨别力"；通过使万民法全部重要内容与罗马法律保持一致就摒弃了进一步扩充这种法律的任何需求。至于万民法的基本原则，我们的法学家仅使其保留了一个特性，即这种法律是永恒不

第二章 "从野蛮到文明":阿尔贝里科·贞提利论帝国的合法性

变的。因此,这种法律几乎不可能根据任何现代国家之间达成的共识而使其脱离实在法的概念范畴。尽管贞提利断然否认他赞同希腊人的观点,即人类被自然界(根据理性而不是民族)划分为两个相互敌对的群体——希腊人和"野蛮人",他们之间的冲突将永远不会停止且永恒不变;但是,至少在这方面,很难不得出这样一个结论——贞提利和维托利亚(虽然他是身不由己)一样认同这一传统观点(在 19 世纪这一观点的影响力达到顶峰)——世界是由适用国际法的"文明民族"和不适用国际法的其他民族即"野蛮人"组成的。[69]

注释

1. *De iure belli*, John Rolfe trans. (Oxford: Clarendon Press, 1933), 1.1, 1. 总体上,我参考了约翰·罗尔夫(John Rolfe)的翻译版本,但我根据托马斯·厄斯金·霍兰(Thomas Erskine Holland)主编的《阿尔贝里科·贞提利——战争法》(*Alberici Gentilis, De Iure Belli*)(Oxford: Clarendon Press, 1877)一书进行了一些调整。

2. *De iure belli*, 1.3, 26.

3. 参见 Diego Panizza, "Political Theory and Jurisprudence in Gentili's *De Iure Belli*: The Great Debate between 'Theological' and 'Humanist' Perspectives from Vitoria to Grotius", *International Law and Justice Working Papers*, 15: 5 (2005), at http://www.iilj.org/publications/2005-15。理查德·塔克(Richard Tuck)认为,人们习惯将"人文学派"传统和"经院学派"传统的差别视为"雄辩术"传统和"神学"传统之间的差别,这种描述是最恰当的。*The Rights of War and Peace*, 17.

4. 参见 Benjamin Straumanni, "The *Corpus iuris* as a Source of Law between Sovereigns in Alberico Gentili's Thought", in Benedict Kingsbury and Benjamin Straumann eds., *The Roman Foundations of the Law of Nations*, 101–23, and Noel Malcolm "Alberico Gentili and the Ottomans", ibid., 127–45。

5. *De Justitia* （1534—1537 年的部分讲座内容，涵盖卷二下篇问题第 58—88）, Vincente Beltrán de Heredia ed. (Salamanca, 1932), I, xxxi.

6. "Alberico Gentili and the Ottomans", in Benedict Kingsbury and Benjamin Straumanni eds., *The Roman Foundations of the Law of Nations*, 127–45 at 136.

7. Annabel Brett, *Changes of State. Nature and the Limits of the City in Early-Modern Natural Law* (Princeton: Princeton University Press, 2011), 153–4, and see *Diego Panizza*, *Alberico Gentili, giurista ideologico nelL' Inghilterra elisabettiana* (Padua: la Garangola, 1981), 43.

8. "Of Commerce with the Turks", in *Hispanicae advocationis libri duo*, Frank Frost Abbott trans. (New York: Oceana Publications, 1964), 117.

9. "Toward Perpetual Peace: A Philosophical Project", *Practical Philosophy*, 326 (AK 8: 355).

10. 转引自 Michael Howard, "Temperamenta belli: Can War be Controlled?", in *Restraints on War* (Oxford: Oxford University Press, 1979), 1。

11. Diego Panizza, "Alberico Gentili's *De armis Romanis*: The Roman Model of the Just Empire", in Benedict Kingsbury and Benjamin Straumanni eds., *The Roman Foundations of the Law of Nations*, 85–100.

12. "On the American Indians", 1.1, *Vitoria: Political Writings*, 239.

13. 维托利亚认为，"真实和自愿的选举"可能是符合自然法关于职务合法性的要求。但是，他并不真正认为美洲印第安人事实上"决定将西班牙国王视为他们的国王"。"On the American Indians", 3.6, *Vitoria: Political*

第二章 "从野蛮到文明":阿尔贝里科·贞提利论帝国的合法性

Writings, 288-9.

14. *De iure belli*, 3.4, 496.

15. 参见"On the Law of War", 3.7, *Vitoria: Political Writings*, 324。

16. *De iure belli*, 1.1.5.

17. *De iure belli*, 1.1.10. The quotation is from Cicero, *Tusculan Disputations*, 1.13.30.

18. *De iure belli*, 1.25.202.

19. *De iure belli*, 1.15, 107f., citing, *inter alios*, Lactantius and Augustine.

20. *The Wars of the Romans*, A Critical Edition and Translation of *De armis Romanis*, Benedict Kingsbury and Benjamin Straumanni, eds. David Lupher trans. (Oxford: Oxford University Press, 2011), 147. 与贞提利对话的护教士皮塞纳斯和贞提利的关系非常复杂。参见David Lupher, "The *De Armis Romanis* and the Exemplum of Roman Imperialism", Benedict Kingsbury and Benjamin Straumanni eds., *The Roman Foundations of the Law of Nations*, 85-100。

21. *De iure belli*, 1.1.10f.

22. *De iure belli*, 1.1.4.

23. "存在一种混合模式的法律,这种法律糅合了万民法(占主导地位)和市民法,这一术语准确的名称是'次要自然法则'。"*De iure praedae commentarius* (*Commentary on the Law of Prize and Booty*), G. L. Williams trans. (Oxford: Oxford University Press, 1950), I, 10-11. 关于首要万民法和次要万民法区别,参见第45—47页。

24. *De iure belli*, 1.1, 10.

25. 对于这一点,维科根据罗马先例认为,优士丁尼的《法学总论》最初不是被称为"De iure naturali, gentium et civili",而是"De iure naturali gentium, et civili",即去掉"自然法、万民法和市民法(On the natural law,

159

the law of nations and the civil law)"表述中的逗号,变成"万民法和市民法的自然法则(On the natural law of nations and the civil law)"。参见我的文章"Ley y sociabilidad en Giambattista Vico: hacia una historia crítica de las ciencias humanas", *Agora Papeles de Filosofía* 16: 2 (1997), 59-80。

26. "De nostri temporis studiorum ratione", in G. B. Vico, *Opere*, F. Nicolini ed. (Bari: Laterza, 1911-41), I, 101.

27. *International Law*, 20-2.

28. *De iure belli*, 1.1, 10; 参见 Jeremy Waldron, "*Ius gentium*: A Defence of Gentili's Equation of the Law of Nations and the Natural Law", in Benedict Kingsbury and Benjamin Straumanni eds., *The Roman Foundations of the Law of Nations*, 283-96.

29. *De iure belli*, 1.1, 11-13.

30. See pp. 9-10。

31. *De iure belli*, I.19.144.

32. 感谢大卫·卢弗尔向我指出了这一点。

33. "On the American Indians", 1, Introduction, *Vitoria: Political Writings*, 233. 还有其他一些例证,他们主张美洲实际上是亚洲的一部分,但是这个观点在较晚的时候才提出来,显然对于每一项主张,人们在提出相应观点的时候都是经过深思熟虑的。

34. *De iure belli*, 1.3.26f. and 1.19, 147f.

35. 参见 *Benjamin Straumanni*, "因为对于贞提利而言,万民法不仅仅是习俗的简称,而是《民法大全》中规范和规则的简称"。"The *Corpus iuris civilis* as a Source of Law between Sovereigns in Alberico Gentili's Thought", Benedict Kingsbury and Benjamin Straumanni eds., *The Roman Foundations of the Law of Nations*, 101-26.

第二章 "从野蛮到文明":阿尔贝里科·贞提利论帝国的合法性

36. Aldo Schiavone, *Ius: L'invenzione del diritto in Occidente* (Turin: Einaudi, 2005), 5.

37. *The Wars of the Romans*, 355.

38. Ibid., 351.

39. Ibid., 349.

40. Ibid., 335.

41. Ibid., 349.

42. Ibid., 349.

43. Ibid., 19.

44. Tacitus *Annals* II, 23-4. 关于这些事件的详细描述,参见 Sherwin-White, *The Roman Citizenship*, 237-50。

45. "Kant on the Metaphysics of Morals: Vigilantius' Lecture Notes", in *Lectures on Ethics*, Peter Heath trans. and ed. (Cambridge: Cambridge University Press, 1997), 406 (AK 27: 674).

46. "The Roman Oration", *The Ruling Power*, 59-60.

47. "The Roman Oration", *The Ruling Power*, 63.

48. 关于概述内容,参见 Kaius Tuori, "Alberico Gentili and the Criticism of Expansion in the Roman Empire: The Invader's Remorse", *Journal of the History of International Law* 11 (2009), 205-19。

49. "The *Corpus iuris* as a Source of Law between Sovereigns in Alberico Gentili's Thought", in Benedict Kingsbury and Benjamin Straumanni eds., *The Roman Foundations of the Law of Nations*, 101-123.

50. *De iure belli*, 1.25, 198-9.

51. See pp. 50-1.

52. *De iure belli*, 1.15, 111-12.

53. 参见 Andreas Wagner, "Francisco de Vitoria and Alberico Gentili on the Legal Character of the Global Commonwealth", *Oxford Journal of Legal Studies* 31：3（2011），565-82。

54. *De iure belli*, 1.25, 202.

55. Ibid.

56. *De iure praedae commentarius*, I, 91-2, and Locke, *Second Treatise on Government*, II, 9, 272. 关于这一点，参见理查德·塔克的相关描述，他认为格老秀斯和洛克的观点是"知识融合方面最典型的例子"。*The Rights of War and Peace*, 82. 但是本杰明·斯特劳曼指出，洛克不可能读过《论捕获法》(*De jure praedae*)，格老秀斯在《战争与和平法》中提到了洛克可能并且确曾读过这本书。如果他确曾读过这本书，那么这种"融合"就是一种赤裸裸的剽窃。Benjamin Straumann, "The Right to Punish as a Just Use of War in Hugo Grotius' Natural Law", *Studies in the History of Ethics* 2（2006），1-20.

57. "On the Law of War", 1.2, *Vitoria：Political Writings*, 299.

58. *De iure belli*, 1.3, 22.

59. Ibid. "因为存在两种竞争模式，一种是言语争论，另一种是武力相争，但是如果在有可能采用前一种模式的情况下，那么就不应诉诸后一种模式。"

60. 参见 Seyla Benhabib et al., *Another Cosmopolitanism*（Oxford：Oxford University Press, 2004），15-16，"对于普适性的法律规范，无论其法律渊源是什么，都应归于全世界公民社会中具有道德感和法律感的个人……它们的特殊之处在于其赋予个人而不是国家及其代理人某些权利，使其可以提出相应主张"。

61. De iure belli, 1.19, 144f.

62. "The *Corpus iuris* as a Source of Law between Sovereigns in Alberico

第二章 "从野蛮到文明"：阿尔贝里科·贞提利论帝国的合法性

Gentili's Thought", in Benedict Kingsbury and Benjamin Straumanni eds., *The Roman Foundations of the Law of Nations*, 114.

63. 对争论中很多观点的评论，参见 Lauren Benton and Benjamin Straumanni, "Acquiring Empire by Law: From Roman Doctrine to Early-Modern European Practice", *Law and History Review* 28: 1 (2010), 1-38。

64. *De iure belli*, 1.19, 148. 参见 Benedict Kingsbury, "Confronting difference: the puzzling durability of Gentili's combination of pragmatic realism and normative judgment", *American Journal of International Law* 92: 4 (1998), 713-23。

65. "On the American Indians", 1. Conclusion, *Vitoria: Political Writings*, 250.

66. Ibid., 2.3, 264-5.

67. *De iure belli*, 1.14, 103.

68. For these, see pp. 105-12.

69. *De iure belli*, 1.12, 87f. 关于对19世纪国际法学家的研究，参见 Koskenniemi, *The Gentle Civilizer of Nations*, 98-166。但是，贞提利对将人类分为希腊和野蛮人的驳斥并没有改变这样一种观点，即尽管"野蛮人"可能制定了具有约束力的法律，但是按照自然法，这些法律已被吸纳到罗马法之中。

第三章
移居新世界：
早期现代世界的民族、种族和帝国

一

在讨论美洲印第安人的地位时，萨拉曼卡学派及其追随者习惯将印第安人称为"野蛮人"（barbari）。这个词源于希腊语中的拟声词"barbaros"，用来描述那些所有不会讲希腊语的人在讲他们自己语言时希腊人所听到的声音，就像是人用嘴发出"吧啦吧啦"的声音。因此，这说明说这种语言的人是外来人，也即外邦之人。从最极端的方面解释就是只有希腊人说话口齿清晰，暗示外邦人在社会和政治上低希腊人一等。但是，至少对于16世纪的欧洲人来讲，这个词并没有暗指存在种族差异的意思。如我们所见，欧洲人将美洲印第安人视为野蛮人。维托利亚认为，他们甚至可能"不适合经营自己的家庭；因此他们没有文字、艺术和手工艺品……缺乏许多其他对人类有益或不可或缺的东西"。但

第三章　移居新世界：早期现代世界的民族、种族和帝国

是，从生物学和心理层面而言，印第安人与世界上所有其他民族仍然属于同一种群。也就是说，尽管有人反复强调所有早期现代帝国都是多民族国家，但是印第安人并不是或人们一般不认为他们是某一区域的种族。

从某种程度上说，这是因为维托利亚和他同时代的人都未形成像"种族"这样一种成熟的概念。这并不是要否认所有文化都始终存在种族或族裔差异的观点。然而，作为最常用的词汇，"种族"被认为是指具有遗传特质的人群——一种生物学或模拟生物学意义上的群体，而不是一种文化实体。[2] 基于此，随着时间或空间的转换，人们认为种族中的个体所具备的特性不会出现太大变化。因此，显然可以将种族主义理解成 19 世纪实证主义思潮的产物，任何试图将该术语追溯至更早时期的做法似乎都是不恰当的。"种族"概念发展成为"人种"概念的过程也极具说服力，尽管这一点也存在争议；它与 19 世纪兴起的"民族"概念具有关联性，"民族"概念主张人具有独特的身份，这样做是为了保持某一独特的种族观念。[3]

当然，在未参考任何生理学、生物学甚至心理决定论知识的情况下，古代或近现代世界中种族的观念存在巨大争议。除了一些明显的例外（最明显的例外是那些非洲撒哈拉以南的民族），1700 年之前虚构出来的大多数分类都不能算作任何现代意义上的"种族"。的确，地球上的人类形成了族群、民族和部落等，并且都具备一些特征。但是，人们认为这些族群具备的所有特征实质上就是我们今天所说的"文化"。"race"（种族）一词在法语中

写作"race",在意大利语中写作"razza",在西班牙语中写作"raza",这个词的同义词也是在距今不久的一段时期创造出来的词汇。从先后顺序的角度来讲,"race"与"ratio"(比率)一词具有某些相似性;但是,从现代意义上讲,这个词起源于阿拉伯语"ras",其本义是"头"或"起源",而且它很可能通过西班牙传到了欧洲。同样重要的一点在于它早在 16 世纪就得到了广泛认同,当然那时的南欧、西班牙、葡萄牙和意大利文化正与大量的"新民族"(至少是他们并不熟悉的民族)展开越来越多的交流。

"种族"这个词最早被用于动物学领域,刚开始这个词是用来指代猎鹰和马的种群。从应用于动物转移到应用于划分人种,"种族"一词至少在最初似乎既没有引发争议,也不存在偏见。例如,埃德蒙·斯宾塞(Edmund Spenser)在 1589 年创作的《仙后》中就使用了这个词:

> 你,美丽,灵动,是英国人(English race)中的佼佼者。
> 但你现在陪伴着埃尔芬的儿子。
> 因为她的恩典,人们应服侍他,
> 却让一个处子走向孤凄和毁灭。[4]

显然,斯宾塞并没有特别重视这个词,并且可以用很多其他词汇完美地表达这个意思,尤其是"民族"一词。至少到 19 世纪初,"种族"就一直是以这种方式成为"人民"、"民族"、"物

第三章 移居新世界：早期现代世界的民族、种族和帝国

种"甚至"种类"的代名词。1823年，拜伦勋爵甚至将石雕像说成是"一个冒名顶替的物种（race）"。[5]

可能是法国医生伯尼尔·弗朗索瓦（Bernier François）在1648年撰写的一篇短文《居住在地球上的不同物种或种族的一种新分类》（*A New Division of the Earth by the Different Species or Races of which Inhabit It*）中将"种族"一词明确地等同于生物学中的"物种"，首次使用了这个词的现代含义。伯尼尔是法国经验主义哲学家皮埃尔·加森迪（Pierre Gassendi）的学生，也是与加森迪和洛克生活在同时代的学者。他酷爱旅行［曾担任莫卧儿皇帝奥朗则布（Aurangzeb）的御医长达12年］，狄德罗对旅行家普遍持怀疑态度，但是他认为伯尼尔是世所罕见的杰出人物之一，伯尼尔也是同时代的哲学家。[6] 伯尼尔曾指出，地理学家将世界划分为多个国家或地区，但是他经过"长时间且多次频繁的旅行"后提出了对人类进行分类的另一种方法。他注意到，就外表而言，即使在同一国家内，人与人之间也可能存在巨大差异。"尽管如此，我仍然通过观察认为存在四个或五个人类物种或种族，他们之间存在明显的区别，以至于可以此为基础对地球进行新的划分。"第一个人种包括欧洲人、北非的大多数民族、印度和远东地区的大部分民族；第二个人种是除非洲沿海民族以外的所有非洲人；第三个人种是居住在远东、俄罗斯中部和蒙古地区的人；第四个人种是拉普人（但他没有提到第五个人种）。尽管美洲印第安人皮肤呈橄榄色，并且"其长相与我们的长相不同"，但是"并不足以成为一个与我们完全不同的人种"。然而，实际上伯尼尔并没有提到他的分类

可以适用于分析这四个种族的心理特征。这篇论文的大部分内容是在讨论女性美,尽管他完全采用了一种欧洲人的审美标准。他认为,在任何一个种族中都可以找到这种女性美,"甚至在非洲黑人中亦是如此"。[7] 除了词汇本身以外,无法清楚地区分"种族"与"物种"或"种类"。康德在1770年代和1780年代撰写的赫赫有名(有人认为是臭名昭著)的著述中也没有相关内容,诸如《论人类的不同种族》(Of the Different Race of Human Beings,1775、1777)、《论人类种族概念的确定》(Determinations of the Concept of Human Race,1785)和《论哲学中的目的论法则之运用》(On the Uses of Teleological Principles in Philosophy,1788),这些著作都提到了种族的概念,鲍林·克莱因菲尔德(Pauline Kleingeld)认为这是为了解决"孟德尔前派关于身体特征遗传能力的生物学问题"而进行的一种尝试。他们还将智力和生理能力的不同等级归因于他们属于世界上的不同种族,当然这是之后所有生物种族分类的一个显著特征。[8]

在早期现代世界和启蒙运动出现之前,最接近现代种族分类的可能就是所谓不同欧洲民族的"民族特性",尽管这些特性在很大程度上并非完全符合事实,例如人们认为英国人不可信任、德国人粗鲁野蛮但英勇无畏、意大利人阴险狡猾等。尽管人们经常将不属于种族的特征与表面上属于种族的特征混为一谈,但是在早期的欧洲,多国雇佣军作战时通常按照这种方式排兵布阵。德国人被部署在前翼,这不仅是因为他们勇猛强悍,而且还因为他们是神枪手;英国人则被部署在离德国人稍微靠后的位置,这

第三章 移居新世界：早期现代世界的民族、种族和帝国

样做是为了避免他们在激烈的战斗中临阵脱逃，而且还因为他们是手法娴熟的弓箭手。但是这些假设的自然属性通过这种方式容易与后天习得的技能混为一谈。例如，难道不是因为德国人的勇猛才让他们变成了神枪手，英国人因为胆小懦弱且不适合肉搏战而让他们变成了手法娴熟的弓箭手？不管答案是什么，"民族特性"不是源自任何属于种族的东西，而是源于习俗和教育；这些特性源于文化，而不是天然禀赋。休谟写道："对于生理原因，我倾向于彻底怀疑它们在这方面所发挥的作用；我也不认为人们会因为空气、食物或气候而形成自己的脾气或天赋。"[9]

还有血统的问题。尽管古代医学典籍没有任何关于血统能够延续身份特征方面的记载，但是直到中世纪晚期（即使不是在更早的时期），通过这种方式来延续身份中某些特征的观念似乎已经得到人们的普遍认可。但是，这不是区分不同人种的方法，而是表示在同一种族内人与人之间存在差异的方法。霍林斯赫德（Holinshed）在1577年出版的《编年史》（*Chronicles*）中将绅士定义为"从种族和血统上看，至少是他们的美德使其成为贵族和名流"，这表明一个人展现出的特质可能使他成为根据血统关系形成的群体中的一员（我们应该认真思考"至少"这个字眼，尽管这是一个次要因素）。[10] 中世纪晚期，欧洲贵族已经丧失传统意义上的军事功能，因此他们越来越多地运用自称"出身高贵"的血统来捍卫自己的利益，抵御从新兴的商业和服务行业中新崛起的贵族带来的冲击。虽然西班牙颁布臭名昭著的"纯正血统"法律（*Limpieza de Sangre*）是为了防止皈依基督教的犹太血统基督徒在教

169

会或政府部门中任职——否认这些法律在某种意义上是种族主义的是荒谬的——制定这些法律就属于贵族们运用血统来捍卫自己的利益这类行为。[11] 实际上，它们将血统拓展到一个特定的族群，而从源头上来说，他们本来只是社会地位不同而已。

以教会法学家普吕姆的雷吉诺（Regino of Prüm）的分类为例（以此为例仅仅因为这是一种有效用的常规性分类法），他认为人类分为900个种族。他使用四种分类方法对他所认为的世界"各个民族"进行分类，即"血统、习俗、语言和法律"。[12] 如果我们将"宗教"加入到这个清单中，只需对此稍作修改，在18世纪之前这些标准都基本保持不变。[13] 在这些标准中，只有第一个标准"血统"才真正属于区分某一种族的标准。自从赫西俄德（Hesiod）对人类进行分类以来，或许自从人类社会形成以来，血统、世系、宗谱（大多数是人为的）被用来确定种族的差异，当然这种差异通常是地位差异。[14] 但是，即使在此处，这种用法也存在争议。可以肯定地说，德国人"血统"与诺曼人"血统"存在差别。然而，正是因为没有理论依据为血统的概念提供支撑，所以区分血统的唯一方法是采用雷吉诺清单中的其他标准。也就是说，如果我们提出一个问题——是什么导致德国人的血统与诺曼人的血统存在差异，那么我们的答案就只能是"习俗、语言和法律"。

最终，整个过程不可避免地变成一种循环论证。1539年，葡萄牙编年史学家若望·德·巴洛斯（显然他并未对此进行深入思考）写道，或是借达·伽马之口写道，印度人"全都源自同一个

第三章 移居新世界：早期现代世界的民族、种族和帝国

种族"，因为他们的"习俗非常相似"，并且他补充指出，因为他们认同三位一体的信仰，所以他们也是"基督徒天然的朋友"。这些足以使巴洛斯将所有生活在印度南部的人们归于某一个群体的后裔。[15] 显然，对于所谓假定欧洲人和印度人之间存在的生物学差异而言，无论差异是通过血统还是通过其他方式形成的都无关紧要。

如果种族最终牵扯到语言、习俗、法律甚至宗教，那么种族显然就具有极不稳定的特性。人们可以入乡随俗，可以接受和遵守法律，当然也可以学习语言。但是，掌握语言提出了一个极为复杂的问题，因为对于大多数语言理论家来说，从公元前5世纪的亚里士多德到18世纪的埃蒂耶纳·博诺·德·孔狄亚克（Étienne Bonnot de Condillac），他们都认为语言类似是认知思维方式的扬声器。我们知道"野蛮人"一词最初源于语言学，并且人们普遍认为，如果你无法用一个词去描述某件东西，那么你可能也对这件东西不甚了解。同样，举一个著名的例证，因纽特人能用数十个单词来描述"雪"（实际上并没有这么多），这不是因为他们具有丰富的想象力，而是因为他们不能用一般性分类对"雪"进行描述。

这种假设存在的瑕疵也许可以从广义上认为是属于一种种族特征。另一方面，它可能仅仅是历史演进的结果。尽管一些被认为属于原始居民的族群［例如法国航海家安托万·德·布干维尔（Antoine de Bougainville）在1769年将塔希提人"奥托若"（Aotourou）带到法国］无法掌握更"高级"的语言（对奥托若的例子而言，

171

这里是指法语），但是这不能归因于任何类似种族的因素。对于奥托若，布干维尔认为这是因为他生活在一个单一且简单的社会中。他对这位来自塔希提的客人说，首先"需要在他像身体一样简单的头脑中塑造一个思维世界，然后才能使思维形成我们所使用的语言与他们的语言之间的对应关系"。[16] 他无法做到这一点肯定不是他的种族或血统的原因，而是因为他的文化与法国文化之间不具有可比性以及他接触欧洲风俗的时间太过短暂。

最极端的文化变迁就是改变宗教信仰，显然，在这种情况下所有人都将会遭受严重影响。毕竟，如果相信圣保罗、皈依基督教就必然意味着加入一个群体，在这个群体之中，关于"希腊人或犹太人、受割礼的与未受割礼的、化外人与西古提人、为奴的与自主的"之间的区别将不复存在。[17] 血统可能不会改变。一个信仰基督教的西古提人仍然是西古提人，但是他的性格、精神面貌已与之前不同。耶稣会历史学家何塞·德·阿科斯塔（José de Acosta）是最先尝试对美洲诸民族进行系统分析的历史学家之一，他在1590年曾指出，他所谓的"埃塞俄比亚人"——非洲黑人，如果是在"宫殿里"长大的，那么他们除了肤色，从各个方面来看"就像其他人一样"。[18] 如果是这种情况，那么种族又有什么意义呢？

答案似乎是种族毫无意义。但是，是什么导致某些民族形成某种习俗、遵守某种法律、说某种语言甚至信仰某种宗教，而其他民族却没有这样呢？如果（在希腊人眼中）波斯人的法律选择和习惯使他们倾向采用奴隶制，而希腊人的法律和习惯倾向于选

第三章 移居新世界：早期现代世界的民族、种族和帝国

择自由，那么这是波斯人和希腊人与生俱来的倾向吗？或者，如果在其他情况下，希腊人是否会采用奴隶制？——后来人们看到他们在土耳其统治时期采用奴隶制，那么波斯人就是热爱自由吗？亚里士多德提供了一个明确的答案，波利比乌斯、阿奎那及其著述的西班牙评注学家修正了这个答案，16世纪时让·博丹提出了这样一个观点，并在18世纪由孟德斯鸠进行了详细阐述，形成了文化差异理论（而不是关于种族歧视的理论），即这种情况当然是由气候条件导致的，或者更确切地说，是除了气候条件以外还包含许多其他因素的"环境"所导致的。

从一种较为粗浅的角度来讲，这表明那些生活在炎热气候中的亚洲人对气候作出了反应，变得昏昏欲睡且性情懒惰。那些生活在北方寒冷气候中的人变得生龙活虎，积极主动但却粗俗无礼。因为希腊人以及后来的欧洲人处于两个极端之间，所以只有他们可以控制自己的情绪、思想和道德，从而达到能够保持自由状态的必要平衡。

但是，即使是气候条件也只能决定人的性情。对于亚里士多德所说的"昏昏欲睡的亚洲人"和"未开化的北欧人"，如果他们在地中海定居下来，或许需要经过不只一代人的时间，但肯定不会超过两代人的时间，他们很可能就会达到希腊人身上的那种完美平衡。同样，那些在距离欧洲遥远的地区出生的欧洲人担心可能会因为身处异乡的空气和极端的气候条件下而丧失某些特性。在美洲原住民昏昏沉沉和粗俗无礼的生活环境中，环境破坏力表现得淋漓尽致，（出生在西班牙的）方济各会士贝尔纳迪

诺·德·萨阿贡（Bernardino de Sahagún）非常了解这些情况，他是第一个尝试系统性描述中美洲人的欧洲人。他写道，那些在美洲出生的欧洲人"与印第安人非常相似，因为他们从外表上看是西班牙人，但却没有西班牙人的性格……我相信这是由于这片土地的气候和族群"。[19]基于同样的原因，1582年利马耶稣会省区会议规定，克里奥尔人新入教者必须等到20岁（在欧洲出生的人年龄为18岁）后才能被接纳为教徒并应接受更严格的训练。[20]

有一种更彻底的决定论，我认为这种观点是真正的种族主义，或者说它是"原始种族主义"，这种从上古流传下来的理论所产生的影响甚至比气候论的历史还要悠久：这就是亚里士多德在《政治学》中对"自然奴隶学说"的解释。[21]对这一学说的讨论可谓数不胜数，并且鉴于亚里士多德论证的碎片化性质，这些讨论不可能就亚里士多德对人种进行的分类达成共识。[22]从最简单的角度来看，这种学说认为，自然奴隶的出现不是偶然的，他们天生就是奴隶，在地位上低于他们的主人。亚里士多德对"自然奴隶"和他所谓的"规约奴隶"进行了区分，后者根据"在战争中，胜者为王、赢者通吃的惯例"，处于一种被合法奴役的状态。相比之下，因为"自然奴隶"违背规则，不具有独立自主性，所以他的地位不是取决于法律地位而是取决于心理认知。[23]而且，无论亚里士多德的论据何等充分，尤其是无论他在其伦理学著述的语境中进行何等详细的论述，显然他的罗马和基督徒读者——从西塞罗到阿奎那——都相信他认为存在这样一种人，虽然这种人精神层面没有缺陷，但是其推理能力甚至技能都存在严重的局限性。[24]

根据希腊心理学说理论，对这种非我族类定义的依据是所谓的"理性"灵魂和"非理性"灵魂之间的差别。因为"万物依其本性而实施行动并受其控制"，由于"这种双重性存在具有生命的生物体内，却不仅存于生物体之间；它源自宇宙的结构"。[25] 在人类群体中的成年男性（不包括儿童或女性）中，除非身患疾病，否则理性一直会战胜非理性。这就是具备思考或道德选择能力的意义。但是，自然奴隶缺乏这种能力。虽然自然奴隶在这方面与妇女和儿童类似，但是却逊于妇女和儿童，因为"奴隶根本不具备思考能力；妇女拥有这种能力但是她们没有权力，孩子拥有这种能力但他们却没有长大成人"。[26] 尽管自然奴隶明显是完全成熟的成年男性，但是正如亚里士多德所说，他只掌握了一小部分但尚未完全掌握理性官能。他没有意志力，不会三思而后行，因此这往往被误认为是种"幸运"，或者是被亚里士多德学派基督教评注学家所认为的"福祉"，又或是一些现代哲学家所称的"人类的福祉"。[27] 因此，就自然奴隶本质而言，自然奴隶无法将（真正意义上）人类追求的目标变成现实。此外，由于他缺少能够成为人类所需的那一部分要素，因而只要他保持自由之身，那么他就违背了自然原本的意旨，因为他的主人应该替他思考问题；而且他总体上只是"他主人身体中鲜活但独立的一部分"。[28]

自然界的特征之一就是存在奴隶，这也是一种真正意义上的政治形态，也是城邦正常运转的必要条件。不可能存在仅由奴隶组成的城邦一样，就像不可能存在仅由妇女和儿童组成的城邦一样。²⁹ 从另一方面来说,"城邦治理不能缺少奴隶"。³⁰ 奴隶也可以因为被奴役而得到好处,尽管他可能不会立刻意识到这一点,因为被奴役是他的本性。因此,他可以"靠沾他主人的光而生活",以至于他"只有成为奴隶,才能过上几天好日子"。³¹

这意味着奴隶可能是一种有用但没有脑筋的"机械人",这种生物可以执行命令,但不会发号施令。正如阿奎那稍晚时提到的,奴隶"基本上就是一种充满活力的服务工具"³²(然而,阿奎那绝不希望成为这样的人)。因此,这种主张并不包含种族主义的内容,因为任何族群或民族中都有"自然奴隶"。这只是一种居高临下的优越感。直到近代,大多数欧洲贵族仍会对他们的仆人作出类似评价。沦为种族主义者或"原始种族主义者"的原因在于亚里士多德将奴隶划为一种特定的人群,即他所说的"野蛮人"。他说:"在野蛮人中,妇女与奴隶没有区别,因为在他们之中没有天然的统治者,他们是由男女奴隶组成的群体。这就是诗人们认为'希腊人应该统治野蛮人'的原因所在。"³³

因此,可以将野蛮人仅仅看作是一个未受约束的奴隶群体。对他们发动战争不仅是正当的,而且可以将此比作狩猎活动。³⁴ 将野蛮人视为奴隶民族并无不妥,亚里士多德之后的评论家肯定也用这种方式来看待奴隶。但是亚里士多德的描述中缺少了构成种族的一个关键因素,即遗传因素。大自然可能确实希望天然奴隶生来就一直是天然奴隶。但是,对于亚里士多德而言,大自然并不总会让希望成真。

由此,确定野蛮人的准确身份还存在进一步的困难。亚里士

第三章　移居新世界：早期现代世界的民族、种族和帝国

多德仍然没有解决这个问题，但是因为一般用"野蛮人"这个词来表示希腊人和非希腊人之间的明显差别，所以它似乎还包括了传统上被认为"比欧洲人更具有奴性"的亚洲民族。尽管这些民族更具有奴性并不一定会导致他们成为自然奴隶，但这意味着一个民族更适合被专制统治，因此他们不适合自治。然而，从亚里士多德的角度来看，距离希腊越远，人们就越有可能遇到那些缺乏理性而只能凭借感性生活的人，他们就像动物一样。[35] 亚里士多德的整个观点具有很强的暗示性，但是自然奴隶和野蛮人之间明确的关联性使自然奴隶的子孙后代成为提供优质服务的群体。在古代，最著名的例子就是西塞罗在《论国家》（*De Republica*）中关于"正义"的讨论，他指出，"各行省"（也就是以盟友或平民身份并入罗马帝国的所有民族），尽管他们可能不再像之前那样被视为所谓的"财产"，但是由于这些民族天生具有奴性，因此他们必然臣服于罗马的统治。[36] 双方再次因为这种关系而实现共赢，这就是为什么西塞罗在其他地方坚持认为（这也是17世纪中叶以后英国人极为认同的观点），罗马共和国在其行省中行使的不是统治权（imperium）而是庇护权（patrocinium），尽管对于西塞罗而言，庇护是强者对弱者实施的保护。[37]

　　亚里士多德关于奴隶制的论述出现在关于家庭的讨论内容中。然而，众所周知，亚里士多德是亚历山大大帝的家庭教师，普鲁塔克（虽然普鲁塔克的信息来源并不可靠，但是在这种情况下并非完全不可信）告诉我们，亚里士多德在去往波斯之前就曾建议他的学生只将希腊人当人看待，而将其他可能会遇到的族群

视为动物或植物。正如后来的评论家所指出的那样（在某种程度上，这已成为对亚里士多德进行抹黑的一种论据），根据自然奴隶理论，亚里士多德实际上已经提供给他的学生一个理由去征服庞大的阿契美尼德帝国，这个理由要强于为报复薛西斯焚毁雅典卫城的行为而进行征服战争（然而，亚历山大的野心远不止统治动物和植物，他没有听从他老师的建议——正如普鲁塔克所言，这是明智之举，否则他将会"使他的王国到处都是流放之徒和密谋叛乱之人"[38]）。西塞罗当然为罗马是否有权按照其自身的想法去塑造全世界进行辩护。也就是说，无论亚里士多德还是西塞罗均认为亟须形成这样一种观念：世界唯有包罗各种差异巨大、禀赋不同的种族方能获得最长远的利益。但我还是要指出，这种观念将最终遇到一个无法克服的障碍——帝国。

二

1519年，在巴黎蒙塔古学院（Collègede Montaigu）任教的苏格兰神学家约翰·梅杰（John Major）（被称为"Mair"）发表了一篇关于彼得·伦巴德（Peter Lombard）《箴言四书》（Sentences）的书评，并引起轰动。在讨论基督教统治异教徒的正当性问题时，他就新发现的美洲印第安人作出了如下评论：

> 这些民族就如同生活在赤道两侧的野兽……当下的经验

第三章 移居新世界：早期现代世界的民族、种族和帝国

表明，最先征服他们的人可以名正言顺地统治他们，因为他们天生就是奴隶。哲学家（亚里士多德）在《政治学》第一卷第三章和第四章中指出，显然有些人天生就是奴隶，有些人天生就是自由人。基于这一点，哲学家认为……这是希腊人应该统治野蛮人的原因，因为野蛮人和奴隶并无区别。[39]

根据这种说法，因为安的列斯群岛的居民是野蛮人，所以他们是奴隶，因而最先征服他们的人（西班牙人）就有权利（或许也是一种责任）来统治他们。这篇简短的评论文章开启了将新世界的民众划为一种准人类（如果你愿意，也可以将其说成是种族）的先河，上帝命令这部分人至少要去做点事情，正如亚里士多德所注意到的那样，如果一点事情不做，真正的城邦将无法充分运转。

似乎自从希腊时代以来，这种分类方式就一直预留了空间的，因为希腊人（梅杰以及其他认同他建议的人都没有提及西塞罗）根据这种分类方式可以很容易地对之前尚不知晓的民族进行分类。

最初，似乎是一个权威机构（确实是一个专权机构）就自然奴隶提供了一项简洁的论据，证明西班牙对世界某些地区的占领具有正当性，正如我们所看到的那样，西班牙王室和任何其他欧洲民族都无法主张行使任何明确或无可争辩的、天然存在的主权，更不用说剥夺美洲人对美洲资源必然享有的财产权。如果印第安人是天生的奴隶，那么就可以认为他们既没有统治自己的主

权政府，也不拥有对他们所居住的那片土地的权利。因此，西班牙人可以合法地征服并统治他们，剥夺他们的财产和土地，掠夺他们的劳动成果，将其置于在自然世界中应处的位置。

然而，将印第安人视为自然奴隶引发了一些难题，而梅杰却对这些难题视而不见。亚里士多德认为，通过外貌就应该足以分辨天生的奴隶与天生的主人。他指出："大自然会从体格上区分自由人和奴隶，大自然使奴隶身体健壮，从而能够劳作；大自然使自由人身姿挺拔，尽管这样不是为了让他们劳作，但是这有利于他们参与政治生活、锻炼有关和平与战争的技能。"但是，正如我们所看到的，在亚里士多德的世界中，大自然常常无法将其期望转变为现实，而且他承认，"相反的情况经常发生"。[40] 尽管亚里士多德发出了警告，至少曾有一位西班牙印第安事务"专家"极其愚蠢地向菲利普三世进谏：

> 印第安人就是西班牙人的奴隶……根据亚里士多德的政治理论，可以将那些需要被他人统治和管制的人称为统治者的奴隶……基于这一原因，大自然塑造了他们（印第安人）的身体结构，以使他们拥有提供劳动服务的能力。另一方面，西班牙人身体构造精妙，他们既深谋远虑又聪明灵巧，因此他们能够参与到政治和公民生活中去。[41]

编年史学家贡萨洛·费尔南德斯·德·奥维耶多（Gonzalo Fernández de Oviedo）曾指出，印第安人的头骨比欧洲人的头骨厚3

第三章 移居新世界：早期现代世界的民族、种族和帝国

倍，"因为他们的头骨很厚，所以他们的理解力与野兽处在同一水平"，尽管他并未从中得出任何非常明确的结论。[42] 但是，很少有人会将这些观点当回事。正如许多西班牙观察家指出的那样，印第安人可能与西班牙人一样"有着精妙的身体构造"，甚至有时会胜过西班牙人。事实也是如此，尽管教会法学家迭戈·德·柯瓦卢毕亚斯曾指出，"女性奴隶的孩子天生就是奴隶"，但是亚里士多德否认这种情况是一成不变的，因此几乎没有人认同奴役会遗传的类似观点。[43] 而且，因为缺乏任何奴隶特有的外貌特征（直到18世纪，印第安人的肤色、体型和相貌才成为人们真正关注的问题），最终所有希望将印第安人认定为"自然奴隶"的人都回到了某种类似雷吉诺清单上所列的标准："习惯、语言和法律"。

胡安·洛佩兹·德·帕拉西欧斯·卢比欧斯（Juan López de Palacios Rubios）是最早关注印第安人的评论家之一，也是最早理解梅杰建议中全部真义的人。1512年，应费迪南德国王的要求，他就西班牙王室在美洲的法律地位提供了意见。他说，根据他所看到的证据，印第安人群体似乎是"理性、温顺以及平和的人，能理解我们的信仰"。他们没有财产，并且显然做到了与自然和谐共处。"他们喜欢飞鸟和动物，就像孩子一样，他们不会吃掉它们，因为那样就好像他们吃掉了自己的后代。"似乎这是一个理想的世界，充满着和平、光明与和谐，与某些人尝试描绘的现代美洲印第安人部落的形象相差不大。

但是，卢比欧斯并不是一个情绪化的人，美洲也不是伊甸

园。在人类因罪恶而从伊甸园堕落之后,现实世界中的这种行为并未表明人类与大自然形成了一个值得人们赞颂的和谐整体,而只是表明了人类的无能。在现实生活中,所有权是人类创设的一种标志,而动物的欲求是吃饭果腹而不是嬉戏玩耍。如果印第安人不了解这一点,那么他们不了解管理人类社会的高度复杂的法律和习俗也就不足为奇了。卢比欧斯指出,再仔细看一下,将会看到在这个表面上像伊甸园一般的世界中,每个人都是赤身裸体的,男人们不只要一个妻子,在这样的世界中,女人"已经认可自我否认并不是一件可耻之事的观点"。因此,毫不奇怪,他们也没有注意到血缘关系的局限性——姐妹与兄弟、女儿与父亲婚配,这里没有宗教,他们在日常生活中就是纯粹的享乐主义者。因此,他总结指出,他们"能力不足并且愚蠢到不知如何统治自己的地步"。而且,历史没有关于他们的记载。如果他们是一个具有更高价值的民族,难道上帝在此之前不会像把圣保罗派到哥林多人那里、把圣奥古斯丁派到英国人那里一样向他们传扬基督重新降世的消息吗?[44]他总结指出,因此这种民族"总体上可被称为奴隶,因为他们生来的目的几乎就是为了被人役使而不是为统治别人"。[45]

尽管存在明显的差别,但是人文学家胡安·希内斯·德·塞普尔韦达(Juan Ginés de Sepúlveda)仍大肆鼓吹自然奴隶论,以此支持西班牙占有西印度群岛的主张。对于维托利亚、索托和卡诺等人来说,花费更多的精力对此进行公开反驳无疑是至关重要的。[46]有些学者明确指出,如果这些印第安人属于这样的人种,他们肯

第三章 移居新世界：早期现代世界的民族、种族和帝国

定还没有永远不朽的灵魂，或者至少缺乏理解福音书的能力。罗马教廷对此大为震惊，保罗三世在 1537 年 5 月发布《崇高的天主》(*Sublimis Dous*) 诏令，谴责"将西方*和南方**的印第安人以及我们新近才知晓的其他民族视作为服务我们而被创造出来的愚蠢野蛮人"的观点，并指出这是一种只有恶魔才会有的想法，而这些民族是具有理性和人性的人，由此"他们可以并且应当自由、合法地享有他们的自由权利并占有他们的财产"。[47]

在这种情况下，似乎贞提利是唯一支持某种形式的自然奴隶论的法学家（我们在第二章中曾经提到过）。贞提利对维托利亚捍卫西班牙征服活动的观点极为赞同，他显然支持这样一种观点，即某些群体"违反了国家间的一般法"——尽管他所讨论的是海盗，但是这个观点肯定可以适用于美洲印第安人——可能远远超出了"人类社会联盟"的范围，仅凭这些理由就可以证明奴役是合理的，并且他认同"亚里士多德关于和谐状态是奴隶制的自然起源的观点"。然而，贞提利继续指出，"尽管哲学家讨论的是那些具有奴性的人种，但是他的论点仍然适用于那些因其邪恶和罪孽而天生就是奴隶的人。"[48] 的确，亚里士多德承认习惯（ethismos）会使人变得野蛮（指风俗习惯而不是教育感化），尽管这确实可能在一段时间内形成"第二天性"，但是再多的"邪恶和罪孽"也不可能导致生来的主人变成天然的奴隶。

实际上，在没有特别多限定条件的情况下，亚里士多德理论

---

* 指地理位置上位于欧洲西面的北美洲。——译者注
** 指地理位置上位于欧洲南面的南美洲。——译者注

的任何版本均未被采纳作为征服的正当理由,并在对印第安人的任何正式描述中均未出现这种理论的知言片语。那些最深信印第安人存在天生缺陷的人,甚至塞普尔韦达(他将印第安人描述成小矮人,并将其比作蠢猪和猴子)在最后都不再坚持认为这些奴隶属于完全不同于人类的亚种。[49]

两个直接且显而易见的原因导致出现这种怀疑。首先就是证据。对于泰诺人和安的列斯群岛的阿拉瓦克人而言,梅杰和卢比欧斯掌握一些关于他们的信息,尽管这些信息是零碎的,而且往往是一些想象中的信息,但是如果以同一时期欧洲人的期望为衡量标准,那么他们似乎符合某种不具备思考能力的生物的认知。但是,他们对阿兹特克人和印加人的野蛮行径很难符合上述标准。人种学理论并不认同这种观点,并由此得出结论,例如1561年萨拉曼卡维斯珀神学教授胡安·德·拉·佩尼亚(Juan de la Peña)认为,自然奴隶纯粹是一种假设性分类。世界上可能还存在这样的物种,如果真的存在,那么他们就可以正当地被奴役。"但是人们迄今并没有发现这样的人"(他接着说,"有人说亚里士多德用这些话来恭维亚历山大大帝",在这种情况下,对印第安人"不能按此进行理解")。[50]

但是,人们往往会忽略民族志学,事实也确实如此。一个说服力更强的反驳意见是劣等种族的存在成为对基督徒(相信存在一个唯一且无法触及的创世者)而言无法绕过去的问题。贝尔纳多·德·梅萨(Bernardo de Mesa)是1512年向费迪南德提供咨询意见的另一位专家,他后来曾担任古巴主教。他同意卢比欧斯对印第安人总体负面的看法，但是他得出了截然不同的结论。他写道："我们将其归因于印第安人缺乏能力，这与造物主的恩赐是背道而驰的，因为可以肯定的是，当一种原因引发的影响导致无法实现其目的时，那么上帝必然是有一定的过失。"[51] 因此，一个缺乏思考能力的人以及根据阿奎那评论亚里士多德理论时提到的无法蒙受任何"恩泽"的人，怎么可能会是按照其造物者的形象创造出来呢？如果那个造物者是基督教的上帝。存在不同的种族，存在互相分离且具有差异的不同人群，且他们之间是一种相近评价性的关系——这种看法对于只存在单一人类物种的观点而言，必然是一个威胁。的确，上帝创造的和谐而完美的自然世界会出现异象，例如疯子、侏儒等。但是，整片大陆——或者可能因为世界上仍有很多有待发现的大陆——到处都是缺失道德的人，他们只是理性地分享但不直接占有这片陆地，他们只是"活着的生物但属于其主人身体的组成部分"，他们是一种不完美的生物。同样，这意味着基督的工作存在瑕疵，基督的任务是拯救全人类，而不仅仅是拯救部分人类。当然，这两个方面都是不可想象的。正如苏亚雷斯所说，这些生物的存在将构成对人性的威胁。[52]

三

无论亚里士多德的自然奴隶论可能存在多少瑕疵，对于那些打算忽视其中重大自相矛盾之处的人而言,这种理论似乎都能提供一种解释,不仅解释了为什么欧洲人掠夺了美洲印第安人本应被视为他们的自然权利,这似乎也解释了他们的行为与所有被认为符合欧洲自然法则的行为之间存在的惊人差异。但是,这个理论还有另外的一面,它认为美洲印第安人不仅是人类的异类,并认为他们还犯下了滔天罪行,包括活人献祭、食人、乱伦和兽交等,而且在任何已知关于人类起源的历史记载中,显然没有只言片语提及美洲印第安人。迄今为止,世界上各"民族"的多样性可以根据《圣经》中的两个神话进行解释:巴别塔和大洪水后诺亚的儿子(闪、雅弗和含)分散迁徙至不同的地方。闪在亚洲重新定居,雅弗在欧洲定居,含则在非洲定居。诺亚诅咒含和含的儿子迦南以及他的所有后裔成为"他的弟兄们的奴仆",人们用这个故事来解释为什么非洲黑人的地位低于亚洲人和欧洲人,以及为什么上帝让非洲黑人世代为奴。

但是,显然这些至少不能适用于美洲印第安人和后来发现的南太平洋各民族。他们显然不是含的后代;并且也不知道他们是谁的后代。1534 年,雅克·卡蒂亚(Jacques Cartier)斩钉截铁地指出,当他到达拉布拉多(Labrador)荒凉的海岸时,他的船被死死地冻住,脆弱的木船船体就像坚果壳一样裂开,上帝一定是将该隐驱逐到了这里,这片荒凉的土地上永远都不会生长出任何作物。但是,没有人赞同他的观点,原因仅仅是(根据《圣经》记载)"挪得之地"位于伊甸园的东侧而不是西侧。

如果要确保《圣经》中关于世界各民族描述的完整性,那么

第三章　移居新世界：早期现代世界的民族、种族和帝国

印第安人就必须来自旧世界的某个地方。他们可能是在流传甚广但是伪造亚里士多德作为作者的一本著作《论非凡听觉》(*De mirabilibus ausculationibus*) 中提到的印第安人是遭遇海难的迦太基人后裔或维京人后裔，或者可能是亚特兰蒂斯文明最后的幸存者，或者还是像格老秀斯想象的那样，他们是一群过着游牧生活的鞑靼人，或者是（影响最久远的假想之一）以色列十个失散部落的后裔[53]［对于最后这个观点，除了它所提出的地理和年代方面不相符之外，最终在事实方面也站不住脚，正如 1724 年耶稣会比较学者约瑟夫·弗朗索瓦·拉菲托 (Joseph François Lafitau) 指出的那样，尽管历经数个世纪的颠沛流离和迫害，有两个以色列部落仍未舍弃犹太教传统，而其他十个部落在抵达美洲之后就将之前的所有历史和关于他们祖先的所有记忆均抛之脑后］。[54]

也许只能通过回答另一个问题来解决印第安人的血统起源的问题：他们是怎样到达美洲的？他们是否像某些人所认为的那样是乘坐木筏漂洋过海而来，或者甚至是被天使带到美洲的？如果确实如此，那么如何解释这里除了人类之外还有大量的其他生物，如水蟒和美洲狮，甚至还有狼蛛和上千种毒蛇？肯定不可能是精神正常的某个人或天使费尽心力把这些生物从旧世界带到新世界来的。

实际上，16 世纪后期许多学者已经解决了这个问题，其中最有影响力的是阿科斯塔，他得出结论认为，美洲大陆存在大量的生命形态无法用自然发生论解释，只能用存在一座北方陆桥的说法来进行解释。人们尚未发现北方陆桥的确切位置，这座桥将美

洲和亚洲连为一体，或者至少曾经将二者连为一体。[55] 实际上，生活在美洲的各民族从大约1.2万至1.3万年前的某个时期开始源源不断地迁移到今天的白令海峡地区，尽管人们对于这一点尚存在激烈的争论（这一点令人震惊，即根据完全错误的前提得出了正确的结论。同样重要的是，直到18世纪后期，随着真正意义上的生理学种族主义的出现，人们发现蒙古东部人种和美洲印第安人在人类生理层面具有相似性，这成为讨论的一个方面）。

但是，尽管人们逐渐接受了阿科斯塔的解释，并且这确实成为整个18世纪人们关于印第安人起源观点传播的基础，但是它并没有完全消除人们对美洲民族可能属于一个与人类完全不同种群的怀疑。如果《圣经》的说法是完全错误的或不完整的，那么该如何解释呢？西班牙人几乎没人敢考虑这个问题。但是，在氛围更宽松的意大利和北欧，这似乎越来越成为具有唯一可能性的答案。1537—1538年，德意志医生、占星术士德奥弗拉斯特·博姆巴斯茨［Theophrastus Bombast，即著名的帕拉切尔苏斯（Paracelsus）］对这个问题进行了研究。他写道："我们都是亚当的后裔，是那些被称为人类的生物，人类的祖先是由上帝创造的，在这一过程中日月星辰并未发挥作用。"但是，他继续说道：

> 我们一定不要忘记那些生活在偏远岛屿上的人类，那里许多人仍然处在隐匿状态，有待人们去发现……无法证明占领这些未知土地的人就是亚当的后裔，因为没有人会轻易地认为他们是亚当的后裔，亚当的子孙们不可能会到达如此偏

第三章 移居新世界：早期现代世界的民族、种族和帝国

远的地方。⁵⁶

因此，他得出结论认为必须接受"亚当的后裔并未占领全球"的观点。他在其他地方解释指出，接受该观点没有否认他们存在灵魂，只是否定了他们与其他物种有一个共同祖先。

所以，如果他们不是亚当的后裔，那么他们又会是谁呢？

关于这个问题的说法有两个版本。亚里士多德曾指出，某些低等生物可能来自土壤或腐烂的物质，诸如昆虫、爬行动物和鱼类。传统观念认为，这种说法不包含所有更高等动物，特别是人类（阿奎那持这一观点），因为人类显然是唯一拥有不朽灵魂的生物。但是，有些人则不这么认为，博洛尼亚亚里士多德学派的彼得罗·彭波那齐就是其中之一。他提出了一个问题：上帝自己不就是用"地上的尘土"造出了亚当吗？如果这是真的，那么人们为什么不像柏拉图主张的那样，认为人类是从腐烂的物质中产生的呢？柏拉图根本不可能读过《圣经》，他认为恒星才是创造万物的终极之手。但是，上帝创造亚当和他的后代这一事实并不必然排除以后出现不是由神所创造的人类的可能性。他对自己的学生说："人是完美的存在，因此人不是从腐烂的物质中产生的；这种论点可能是成立的，但这并不排除人源自腐烂物质的可能性。"⁵⁷

对于多元发生论的问题，医生们从自然发生论中找到了一种令人满意的简单解决方案，帕拉切尔苏斯（Paracelsus）、吉罗拉莫·卡尔达诺（Girolamo Cardano）、安德烈·切萨皮诺（Andrea Cesal-

112

pino）认为气候与此相关——帕拉切尔苏斯认为，"干旱地区会不断自发地涌现高等动物"——被称为"天才"的乔尔丹诺·布鲁诺（Giordano Bruno）被烧死在火刑柱上，部分原因是因为他坚持类似的观点。如果美洲人以及可能居住在其他地方的人原先就是存在的，这或许可以解释他们为什么会成为自然奴隶。因为这些学者中的任何一位都很难避免得出这样的结论：即使更高级的生物也可能源自腐烂的物质，基于这个原因，它们并不比那些从方舟中走出来的动物低一等。由此，美洲人不仅仅是一个种族，实际上是一个完全不同的物种。

但是，对于他们与其他一些距离遥远的民族（诸如中国人）的起源还有另外一个更中性的解释。

1655 年，一位名义上具有犹太血统的法国人——伊萨克·拉·佩莱尔（Isaac La Peyrère）在荷兰出版了《亚当之前人类说》（Prae-Adamitae）一书（在此 10 年之前，黎塞留当局拒绝颁发该书的出版许可）。[58] 在对《创世记》中关于上帝造物的内容以及圣保罗的《罗马书》的评注（V.13）进行详细分析之后，佩莱尔提出，《创世记》中关于上帝造物有两种而不是一种描述：第一种描述是《创世记》第 1.27 节，其中提到亚当和夏娃是被同时造出来的，"照着神的形像造男造女"；第二种描述是《创世记》第 2.7 节和第 21.2 节中讲述神造亚当以及之后用亚当的肋骨创造夏娃的过程（拉·佩莱尔不是第一个，也不是唯一一个注意到这一点的注释学家。此外，《圣经》创世神话中存在两个相似但经常相互矛盾的故事并不罕见。例如，《蒂迈欧篇》中也有两个不同

第三章 移居新世界:早期现代世界的民族、种族和帝国

的版本)。[59] 他指出,关于亚当是"天地间第一人"的观点是可以理解的,而认为基督是"第二个人"(或第二个亚当)的主张也可以从同等意义上进行理解:这不是从字面意义而是从象征意义上进行的理解。亚当和基督是原型(archetypes),每个原型中都纳入了整个人类。[60] 上帝还让亚当为地上的一切命名。但是,推理缜密的拉·佩莱尔认为,从严格字面意义上说,鉴于物种的多样性和距离太过遥远,能够做到这一点原本就是不可能的事情。因此,在两次造物之间必然存在极长的时间间隔。

显然,生活在欧洲和亚洲的民族是这两个"亚当"的后裔,对他们的记录也更翔实;地球上所有其他民族是更早的那个"亚当"的后裔。这一理论立即引起了轩然大波,同时也得到广泛认同。《亚当之前人类说》在出版之后一年内就被译成英文,这本书至少被批驳了十几次,巴黎议会对其大加鞭挞,该书被刽子手扔进了火堆烧毁。在拉·佩莱尔生活的年代,他成为当时名气最大的异端人物,尽管现在人们已经将他的作品抛之脑后,但是其引发的争议在18世纪初蔓延开来。[61] 对于那些没有注意到这一明显异端学说的人,我强烈推荐他们读一读这本书。这本书为所有已认识到不可能从单一物种中创造出任何物种的人提供了一个答案,并且不仅解决了"美洲问题",而且还解决了日益棘手的"中国问题"。传统的《圣经》年表将创世日期定为公元前5199年,这并没有为压缩整个人类史前时代跨度提供充足的时间。到了16世纪,耶稣会士发现中国典籍中记载了之前更早的历史(拉·佩莱尔似乎认为美洲印第安人也有类似的记载)。就像伏尔

191

泰曾过于乐观地认为的那样,这将彻底地终结教会根据推定得出的结论(事实上,它不是对这种推定的盖棺定论。但是,它确实极大冲破了教会对人类历史的掌控。根据莱布尼茨等人在18世纪对中国哲学的研究,他们认为生活在摩西之前的孔子是更早期神学道统的见证人)。

通过假设存在两次造物且二者之间可能间隔数千年之久,佩莱尔有效地解决了这一难题。任何传统的基督教神学家都不会认同这种理论。但这明显影响了后来的英国自然神论者[特别是威廉·佩蒂(William Petty)和托马斯·伯内特(Thomas Burnet)],他们在1681年首次将种族学说的理论与重新审视地球地质史联系在了一起。[62]

通过将全人类分为两个具有不同血统的群体,佩莱尔实际上已将人类分为两个种族。然而,从任何明显的现代意义上来讲,佩莱尔的观点并不属于种族主义。严格来说,这不属于评判性的观点,因为就精神和道德能力而言,两个亚当的后裔被视为完全平等的。如果情况的确如此,在古代可以建立威权政治体制时,由于美洲人和中国人拥有更悠久的历史,那么可以认为他们享有比生活在喜马拉雅山以西的欧洲和亚洲民族更高的地位。

尽管如此,将所谓的"白种人"划为一个血统族群,而将所有其他种族划为另一个血统族群,这明显带有种族的味道。此外,如果存在两个亚当,那么很明显只有第二个亚当犯下了原罪——或者至少犯下了《创世记》中所描述的罪行。这并不意味着第二个亚当的后裔没有犯下罪愆(因为如果他们没有犯下罪惩,那么他们只能被视为天使般的存在,没有任何人可以维持这种状态),而是因为他们无法从基督受难中获得恩典。为了解决这个问题,佩莱尔坚称上帝的恩典已"隐秘地"降给了亚当的后裔、中国人和美洲印第安人,尽管他们因为在地理上与巴勒斯坦相距遥远而不会马上感受到福音,但是他们可以被视为与基督诞生之前那些"贞洁的异教徒"一样,生活在同样的状态之中。然而,人们并没有过多地关注佩莱尔观点中的这部分内容以及以下这样一种观点,即认为所有不是起源于幼发拉底河以西的族群不仅有一个与其他族群不同的祖先,而且他们并未获得上帝的恩典,后来不得不面对基督教原教旨主义者和反达尔文主义者挑战的种族理论家们极为推崇这种观点。[114]

所有这三种观点(印第安人是自然奴隶,他们是自发出现的,以及他们是另一个亚当的后裔)都会无情地导致这样的结论:即便是印第安人最恶毒的诽谤者,也不太可能下决心接受这些观点。

因为这三个观点不仅威胁到人类是单一人种的观念,而且还导致出现将这些种族排除在人类历史进程之外的效果,用奥古斯丁的话来说,就是"神的作为"从单一的造物贯穿到人类时代的终结。尽管这可能有助于实现后来排外主义者(即真正的种族主义者)追求的目标,但对早期欧洲帝国主义理论家来说是极为不利的,因为欧洲人扩张的唯一伦理和神学理由恰恰是(将他们)融入。在颁发给哥伦布的特许状中已经明确提到了这一点。1493年《赠与诏书》(*The Laws of Burgos*)亦是如此。1513年《布尔戈斯

法》中也纳入了这一内容,其中规定:

> 随着时间的推移,可能会出现这种情况……印第安人将变得乐善好施并做准备皈依为基督徒,并且他们变得极为文明和有教养,以至于他们可以自我约束并过上上述基督徒的生活……应允许(他们)独立生活,并有义务为我们西班牙的封臣提供按照惯例封臣可享受的服务。[63]

这仅意味着印第安人有一天将享有与卡斯蒂利亚王国臣民同等的法律地位。甚至奴隶制也被认为是为了让被奴役之人变得更像其主人的一种手段,而不是像亚里士多德设想的那样,属于矫正自然秩序变异的一种方式。正如1536年尼德兰的西班牙人文学家塞瓦斯蒂安·福克斯·莫西罗(Sebastian Fox Morcillo)指出的那样,西班牙人征服美洲不是为了剥削或消灭美洲居民,而是为了"通过良好的习俗和教化使他们文明化,并过上一种更加人性化的生活"。[64]通过使美洲人变得更加文明,他们在人类(和神圣的)历史进程中占据一席之地亦是合理的。即使像巴托洛梅·德·拉斯·卡萨斯(Bartolomé de las Casas)这样坚定的美洲印第安人政治权利捍卫者,他也坚持认为,只有以哥伦布的航海活动打开了自大洪水以来一直牢牢锁死的海上闸口、西班牙海外帝国的整个进程已经将这些"不计其数的民族"纳入到历史进程之中为基础,西班牙的所作所为才能站得住脚。

这就是为什么最后甚至连塞普尔韦达都承认:"既然他们已

经接受了我们的法律、统治、习俗并受到基督教的熏陶",他们就和他们之前的样子是不一样的,"就像人类与野蛮人的差别一样,他们就像一群睁眼瞎,如同野蛮人之于有教养的人、恭敬虔诚之人之于不知礼仪之人,我再重复一遍,就像人之于野兽一样"。[65]

从广义上讲,直到20世纪欧洲帝国瓦解之前,这种情况一直未曾改变。甚至当一些关于文明进程的观念取代了基督教的使命时,任何暗示欧洲海外帝国征服的民族属于不同种族的理论(从心理学、血统或出身进行的定义)与殖民国家所宣示的思想目标是直接相左的。只要他们致力于传播福音或为让非基督徒和非欧洲的臣民作为文明人生活在一种"文明政体"之中,帝国的拥护者就会坚定地认为存在单一的、不可分割的人性。任何关于殖民地民族可能属于被隔绝的民族、次等种族的观点都必然是逆历史潮流而动,而不论这种历史潮流是神圣抑或世俗性质(从"文明"的历史角度而言)的。如果美洲印第安人是一个与世隔绝的民族,他们生来就是奴隶或是另一个亚当的后裔,那么他们的历史将与现在截然不同,欧洲人试图使其皈依基督教或使其文明化的这些尝试就是无稽之谈。因此,尽管看上去矛盾重重,但是对于早期现代帝国的意识形态而言,种族并不起最终决定性作用。当然,这并不是要否认有许多人的目的是维护欧洲海外帝国的利益,无论从何种角度来理解,这些人可以算作心地最狠毒的种族主义者;也不可否认,有许多人根据明显属于种族主义的理由(不管其从表面上看是何种理由)为欧洲人压榨非欧洲人进行辩护。但是，尽管声势浩大，这些主张却从未得到任何官方的认可。西班牙、英国、法国和葡萄牙的帝国意识形态是建立在单一人性假设的基础之上的，尽管可以对这种人性根据"习俗、语言和法律"的标准进行划分（最后一次回到普吕姆的雷吉诺提出的标准），但是不能按照"血统"进行划分，也就是说，不能用现代意义上的"种族"来进行划分。

注释

1. "On the American Indians", 3.8, Introduction, *Vitoria: Political Writings*, 290.

2. 然而，现代生物学家普遍认为，实际上并不存在种族的分类。关于当前科学讨论领域中具有极强说服力的解释，可参见 Colin Kidd, *The Forging of Races: Race and Scripture in the ProtestantAtlantic World*, 1600-2000 (Cambridge: Cambridge University Press 2006), 1-18。

3. 当前关于这一主张的经典阐释，参见 Ruth Benedict, *Race and Racism* (London: G. Routledge, 1942)，以及参见 Etienne Balibar, "Racism and Nationalism", in Etienne Balibar and Immanuel Wallerstein, *Race, Nation, Class: Ambiguous Identities* (London: Verso, 1991), 37-67。

4. 关于这个词最早在英语中的使用情况，参见苏格兰人威廉·邓巴（William Dunbar）在1508年所作的一首诗，他与斯宾塞一样，用这个词来指代"后裔"。参见 Michael Banton, *Racial Theories* (Cambridge: Cambridge University Press, 1987), 17。

5. "造像只不过是作伪无耻之物，
我曾见过更为妖娆美艳的女子，
成熟风韵又真真切切，

第三章 移居新世界：早期现代世界的民族、种族和帝国

胜过它们那毫无意义的石像。"

《唐璜》第二卷，第 942-944。

6. 总体情况参见 Siep Stuurman, "François Bernier and the Invention of Racial Classification", *History Workshop Journal* 50 (2000), 1-21。

7. "Nouvelle division de la Terre, par les différentes Espèces ou Races d'hommes qui l'habitent", *Journal des Scavans* 12 (April 1684), 148-55.

8. "Kant's Second Thoughts on Colonialism", *Kant and Colonialism: Historical and Critical*, 43-67 at p. 63, 并参见 Robert Bernasconi, "Who Invented the Concept of Race? Kant's Role in the Enlightenment Construction of Race", in *Race* (Oxford: Blackwell, 2001), 11-36.

9. "Of National Characters", *Essays, Moral, Political, and Literary*, 200. 但是，这篇文章的脚注可谓臭名昭著，"我很容易对黑人产生怀疑，并且一般来说我也会怀疑所有其他人种……天生不如白人"，人们据此认为休谟是种族主义者。但是，1753 年发表的文章中纳入了该脚注（写在该文章发表五年后），全盘否定了休谟人类学的基本前提，因为人类学假设人类具有同样且恒定不变的本性。关于均衡性分析——尽管从其标题上看并不"均衡"，参见 Andrew Valls, "A Lousy Empirical Scientist": Reconsidering Hume's Racism", in *Race and Racism in Modern Philosophy*, Andrew Valls ed. (Cornell: Cornell University Press, 2005), 127-49 and cf. Kidd, *The Forging of Races*: 93-4。

10. 转引自 Ivan Hannaford, *Race: The History of an Idea in the West* (Baltimore: Johns Hopkins University Press, 1996), 173。关于将种族视为一种血统的相关内容，参见 168-82 页。

11. Albert A. Sicroff, *Les Controverses des status de "pureté de sang" en Espagne du XIVe au XVIIe siècles* (Paris: Didier, 1960), 290-7, and Gil Anidjar,

"Lines of Blood: Limpieza de Sangre as Political Theology", in Mariacarla Gedebusch Bondia ed., *Blood in History and Blood Histories* (Florence: Edizioni del Gal-luzzo, 2005), 119-136, and María Elena Martínez, *Genealogical Fictions: Limpieza de Sangre, Religion, and Gender in Colonial Mexico* (Stanford: Stanford University Press, 2008) 探讨了这个概念对西班牙属墨西哥设立等级制度的影响。

12. 转引自 Robert Bartlett, *The Making of Europe* (Harmondsworth: Penguin Books, 1994), 197。

13. 当然，科林·基德（Colin Kidd）的观点是正确的，他指出"不奉行种族主义并不意味着没有种族主义偏见。但是，种族歧视观点的基础显然并不是种族差异理论。种族就像是民族甚至是民族意识一样（与之形成鲜明对比的是对君主的效忠），相对于教会和国家的最重要承诺而言，种族是居于次要地位的事项"。*The Forging of Races*, 54.

14. 相关评论参见 Judith Shklar in "Subversive Genealogies", in *Political Thought and Political Thinkers*, Stanley Hoffman ed. (Chicago: Chicago University Press, 1998), 132-60。

15. *Asia de Joam de Barros dos feitos que os Portugueses fizeram no descobrimento e conquista dos mares et terras do Oriente* (Lisbon, 1781), I, 154-5 (I. iv. 9).

16. Louis-Antoine de Bougainville, *Voyage autour du monde par la frégate la Boudeuse et la flûte l'Étoile; en 1766, 1767, 1768 et 1769* [1771], Michel Bideaux and Sonia Faessel eds. (Paris: Presses de l'Université de Paris-Sorbonne, 2001), 161-2, 参见我的著作 *The Enlightenment - and Why It Still Matters* 223-26。

17. *Colossians* 3: 11.

18. José de Acosta, *De promulgatione evangelii apud indos, sive De procuranda*

第三章 移居新世界：早期现代世界的民族、种族和帝国

indorum salute libri sex（Cologne, 1596），150 – 1. Also see Marcel Bataillon, "L'Unité du genre humain de P. Acosta à P. Clavigero", in *Mélanges ã la mémoire de Jean Sarrailh*（Paris：Institut d'Études Hispaniques, 1966），1，175–86.

19. *Historia de las cosas de la Nueva España*（Mexico City：Fondo de Cultura Económica, 1938），III, 82.

20. *Monumenta historica societatis Iesu*（Rome, 1954），III, 687. For more details see my "Identity Formation in Spanish America", in Nicholas Canny and Anthony Pagden eds., *Colonial Identity in the Atlantic World, 1500 – 1800*（Princeton：Princeton University Press, 1987），81–3.

21. 关于原种族主义的内容，参见 Benjamin Isaac, *The Invention of Racism in Classical Antiquity*（Princeton：Princeton University Press, 2004），15–23。

22. 参见 Malcolm Schofield, "Ideology and Philosophy in Aristotle's Theory of Slavery", in *Saving the City：Philosopher Kings and Other Classical Paradigms*（London：Routledge, 1999），115–40, and Malcolm Heath, "Aristotle on Natural Slavery", *Phronesis* 53（2008），243–70。

23. *Politics*, 1255a 5–6. 当代有关亚里士多德观点的含义最具吸引力的讨论，参见 Bernard Williams, *Shame and Necessity*（Berkeley, Los Angeles, Oxford：California University Press, 1993），110–16。

24. 但是，亚里士多德明确表示，自然奴隶可以成为一个熟练的手工工人。关于该内容，参见 Eugene Garver, "Aristotle's Natural Slaves：Incomplete praxeis and Incomplete Human Beings", *Journal of the History of Philosophy* 32（1994），175–96。

25. *Politics*, 1254a 28 f.

26. *Politics*, 1324b 21–2.

27. *Politics*, 1280a 31–4. 参见 Heath, "Aristotle on Natural Slavery"。

28. *Politics*, 1254a 8.

29. In *Politics* 1252b 5，但是，他们认为外族人（barbaroi）全是奴隶。然而，这不可能意味着所有非希腊人都是奴隶。亚里士多德知道埃及人发明了数学、巴比伦人发明了天文学。他也很清楚，波斯人几乎已经全面超过了雅典人的水平。关于这一点，参见 Heath, "Aristotle on Natural Slavery"。

30. *Politics*, 1283a 14-23.

31. *Politics*, 1260b 1, 并参见 Giulia Sissa, "La Génération automatique", in Barbara Cassin and Jean-Louis Labarrière eds., *L'Animal dans l'antiquité* (Paris: Vrin, 1997), 95-111.

32. *In decem libros ad Nicomachum expositio*, R. M. Spiazzi ed. (Rome-Turin, 1964), 1447 (lectio, 7. I. 9).

33. *Politics*, 1252b 5.

34. *Politics*, 1255b 34; cf. 1333b 38.

35. *Nichomachean Ethics*, 1149a 9-11, and Heath, "Aristotle on Natural Slavery".

36. 西塞罗在《论执政官的行省》中指出，犹太人和叙利亚人"天生就是奴隶"；伊萨克认为，如果"这是亚里士多德自然奴隶论的通俗说法，至少许多古代人对于奴隶制并没有共同的认知"，他的读者几乎无法理解这种理论。*The Invention of Racism in Classical Antiquity*, 225.

37. *De Officis*, II. 27. 另参见 Richard Koebner, *Empire* (Cambridge: Cambridge University Press, 1961), 4-11。

38. *On the Fortunes of Alexander*, 329b.

39. *In secundum librum Sententiarum* (Paris, 1519), f. clxxxvijr.

40. *Politics*, 1254b 27f.

41. 转引自 J. H. Elliott, *The Old Word and the New*, 1492-1650 (Cam-

第三章 移居新世界：早期现代世界的民族、种族和帝国

bridge: Cambridge University Press, 1970), 44。

42. *La Historia general de las Indias*, *primera parte* (Seville, 1535), f. xliiiiv.

43. *Opera omnia* (Geneva, 1697), I, f. 39v. 这也可能只不过是与罗马法相混淆了，认为女奴隶的子女属于该妇女的主人的财产。关于这一点，参见我的著作 *The Fall of Natural Man*: *The American Indian and the Origins of Comparative Ethnology* (Cambridge: Cambridge University Press, 1986, 2nd revised and enlarged edition), 46。

44. *Insularum mari Oceani tractatus*, in *De las islas del mar Océano por Juan López de Palacios Rubios*, Augustín Millares Carlo ed. (Mexico City: Fondo de Cultura Económica, 1954), 24.

45. Ibid., 127. "因此，他们全部沦为奴隶，就好像我们天生就是享福的人，而不是接受规则限制的人。"这些鞭辟入里的阐释具有重要意义。即便刚发现墨西哥和秘鲁时，在人们发现具有高度复杂性的美洲印第安人文化之后，仍有极少数人依然笃信亚里士多德的所有观点。

46. See pp. p. 49.

47. 全文参见 www. papalencyclicals. net/Paul03/p3subli. htm。

48. *De iure belli*, 35. 但是，正如此前一样，贞提利根据自己的消息来源迅速且十分随意地提出了自己的观点。实际上，亚里士多德清晰地区分了两种奴隶。当然，所有古代学者都不认为奴隶制是对"邪恶"或"罪孽"公正的惩罚。

49. 参见我的著作 *The Fall of Natural Man*。

50. "An sit iustum bellum adversus insulanos", in Luciano Pereña ed., *Misíon de España en América* (Madrid: Consejo Superior de Investigaciones Scientíficas, 1956), 301.

51. 转引自 Bartolomé de las Casas in *Historia de las Indias*, Augustín Millares

119　Carlo ed. (Mexico: Fondo de Cultura Económica, 1951), II, 461-2。可将其与 1968 年世界基督教会联合会发表的宣言进行比较,"种族主义公开否认基督教信仰:(1)否认耶稣基督调和矛盾的有效性;(2)否认在上帝造物中创造的普遍人性,也否认我们相信所有人都是按照上帝的形象造出来的。"转引自 Kidd, *The Forging of Races*, 274。

52. *Opus de triplici virtute theologica. Fide spe et charitate* (Paris, 1611), 630.

53. 关于格老秀斯认为印第安人种的各部族是来自于旧世界不同地区的观点,参见 Joan-Pau Rubies, "'Hugo Grotius' Dissertation on the Origins of the American Peoples, and the Use of Comparative Method", *Journal of the History of Ideas* 52 (1991), 221-44。

54. 关于这一点,参见我的著作 *The Fall of Natural Man*, 198-209。

55. *Historia natural y moral de las Indias* [1590], Edmundo O'Gorman ed. (Mexico: Fondo de Cultura Económica, 1962), 324-30. See Saul Jarcho, "Origin of the American Indian as Suggested by Fray Joseph de Acosta", *Isis* 59 (1959), 430-8. 琼-鲁比斯指出,尽管阿科斯塔认为其主张具有创新性,但是他的观点实际上是沿袭了皇室编年史学家胡安·洛佩兹·德·维拉斯科 1574 年编写的《印第安地理和一般性知识》。1550 年,威尼斯宇宙学家贾科莫·加斯塔尔迪(Giacomo Gastaldi)所绘制地图的北方方向上也有一座陆桥。("'Hugo Grotius' Dissertation on the Origins of the American Peoples, and the Use of Comparative Method", 224-5.)欧洲学者几乎都曾读过阿科斯塔的著作,但是读过维拉斯科著作的人却屈指可数,曾见到过加斯塔尔迪所绘制的地图的人更是少之又少。

56. 转引自 Giuliano Gliozzi, *Adamo e il nuovo mondo* (Florence: La Nuova Italia, 1977), 309-10。

第三章 移居新世界：早期现代世界的民族、种族和帝国

57. In Bruno Nardi, "Pietro Pompnazzi e la teoria di Avicenna intorno alla generazione spontanea del uomo", in *Studi su Pietro Pompanazzi* (Florence: F. Le Monnier, 1965), 319.

58. 该卷包括两本著作：*The Preadamitae, sive Exercitatio super Versibus duodecimo, decimotertio, et decimoquarto, capitis quinti, Epistolae D. Pauli ad Romanos, quibus inducuntur Primi Homines ante Adamum conditi* and the longer *Systema theologicum ex Praeadamitarum hypothesi*。

59. 关于对这一问题的评论以及关于我们对时间概念的理解，参见 Aldo Schiavone, *Storia e destino* (Turin: Einaudi, 2007), 14–19。

60. *Preadamitae*, cap. xxiii. 关于文本的详细讨论，参见 Giuliano Gliozzi, *Adamo e il nuovo mondo*, 535–66, and "Poligenismo e razzismo agli albori del secolo dei lumi", in *Differenze e uguaglianza nella cutura europea moderna* (Naples: Vivarium, 1993), 255–87。

61. 关于其生平和著作，参见 Richard Popkin, *Isaac La Peyrère (1596–1676): His Life, Work and Influence* (Leiden, New York: Brill, 1987)。

62. 关于这一点，参见 Kidd, *The Forging of Races*。

63. Article 4 of an appendix of July 28, 1513. Text in Charles Gibson, *The Spanish Tradition in America* (New York: Norton, 1968), 81.

64. *Brevis et perspicua totius ethicae, seu de moribus philosophiae descriptio* (Basle, 1566), 252.

65. *Democratus secundus, sive de justis causis belli apud Indos*, in *Democrates Segundo, o justas causas de la guerra contra los indios*, Angel Losada trans. and ed. (Madrid: Consejo Superior de Investigaciones Cientificas, 1951), 33, 120.

第四章
征服、殖民、购买、特许权：
英国人占领美洲的正当性理由

一

在美洲大陆拥有规模庞大的长期定居点的五个主要欧洲大国——西班牙、葡萄牙、荷兰、法国和英国——之中，英国人抵达美洲的时间相对晚一些。尽管英国与其他欧洲殖民强国的相似性比人们有时认为的更多一些，但是英国殖民地的法律性质和管理在许多方面具备一些独有的特征。尽管西班牙人占领的海外土地早已成为卡斯蒂利亚王国的财产，但是西班牙人根据（1680年建立的）独立立法体系对法律上属于独立王国的印第安王国进行统治，并且由类似皇家议会的机构进行管理，其职能类似治理欧洲君主制国家的议会，如意大利、法兰德斯和卡斯蒂利亚王国的议会。米兰法学家卡米洛·博雷洛（Camillo Borello）从独立程度最高的附属国角度来审视君主制，他指出"国王必须统治和治理他

第四章 征服、殖民、购买、特许权：英国人占领美洲的正当性理由

的每一个王国，国王是统治它们的唯一国王"。[1]因此，西班牙占领的土地是单一制帝国中享有独立地位但被合法兼并的组成部分，它也是君主制国家的组成部分，通常这样的国家被称为"复合君主国"。[2]除巴西外，葡萄牙的海外附属国就如同英国后来在亚洲设立并由英国政府直接管理的商馆一样。法国国王将新法兰西（即后来的加拿大）视作王室财产的一部分，但是法国人与他们的邻居英国人不同，法国殖民者是根据法国行政法《巴黎习惯法》(The Coutume de Paris) 进行统治，法国北部大部分地区都适用这部法律，这种情况一直持续到君主制瓦解，这主导了君主制国家的意识形态发展。对于荷兰共和国在美洲占领的土地，包括新尼德兰及其在占领这片土地期间荷兰西印度公司占领属于的新荷兰（即1630年至1654年荷兰人占领的属于葡萄牙巴西的部分地区），荷兰西印度公司垄断了全部土地的所有权和贸易特许权。荷兰共和国任命该公司的员工担任地区长官。他们需要遵守荷兰共和国的法律，而在美洲的荷兰殖民者除了自认为自己是居住在海外的荷兰人之外，他们从未想过自己的归属问题。

相比之下，从信仰新教的新英格兰到信仰天主教的阿瓦隆，在最终组成美国的13个殖民地中，这些殖民地的统治基础和行政管理形式各不相同，这反映了不列颠群岛人口构成和文化方面的差异。与西班牙、葡萄牙、法国或荷兰（甚至后来的瑞典、俄罗斯和德国）相比，英国殖民地的法律地位多元化程度也更高，而且难以准确界定；其中一些殖民地是英国王室专属的，例如马里兰；有些殖民地的自治权则是被授予了某个公司或殖民者团

体,例如马萨诸塞。弗吉尼亚和纽约(1648年后)由王室直接管理(从1689年至1715年,马里兰也属此类情形)。1757年,埃德蒙和威廉·伯克(William Burke)指出,"我们的种植园基本上无法被归类于任何一种已知的政府形式"。[3] 整个殖民地各式各样的法律制度亦是如此。18世纪初,一位匿名的弗吉尼亚定居者抱怨说:"没人能说明白在这个殖民地什么是法律、什么不是法律。"[4] 与16世纪西班牙和法国的法律不同,英国的普通法属于不成文法。人们普遍认为立法体系缺失导致英国难以解决议会、王室与各个殖民地及海外属地之间的矛盾。正是没有建立帝国单一宪制,1883年J. R. 西利(J. R. Seeley)就此发表了一番著名的评论,他认为英格兰似乎"在还没有思想准备的情况下就征服了半个世界"。[5] 直到20世纪大英帝国土崩瓦解,这一直是大英帝国具有标志性的特征。

英国和欧洲的竞争对手之间还存在其他差别。自开展殖民冒险活动以来,相比英国在欧洲大陆的邻国,英国人对于其宗主国与殖民地之间可能形成的关系方面将更为超脱的立场。显然,西班牙人自认为继承了罗马帝国的衣钵,法国人在这方面则显得犹豫踟蹰。至少在18世纪之前,英国人自身的"帝国"意识极为淡薄——正如约翰·亚当斯(John Adams)后来所说,"帝国"这个词"不是普通法的词汇,而是报纸和政治宣传单上的字眼"——一方面明确区分帝国与"殖民地",另一方面如果帝国与王国之间存在明显的差异,那么殖民地是"复合君主国"内部一块独立的区域。[6] 但是,实际上,在1878年迪斯雷利为维多利

第四章 征服、殖民、购买、特许权：英国人占领美洲的正当性理由

亚女王创设出"大英帝国"这种表述之前，世界上并不存在真正的"大英帝国"，如果英国的美洲殖民地没有像西班牙和法国那样，通过将其作为共同财产统一划归作为国家代表的宗主国国王，那么殖民地与母邦之间是什么样的关系呢？这个问题的答案取决于它们法律身份的整体特征。

为了理解美洲的英国殖民地如何形成了自身独特法律特征，我们必须从殖民者自身更具说服力的论据入手分析，即合法性问题。从16世纪初直到18世纪，西班牙、法国和英国人就从道德、神学和法律角度对征服美洲和解决征服美洲的合法性问题展开了讨论。从某种层面上说（正如我们所看到的那样），这个问题与土著的正当权益相关。但是，这只是问题的一个方面，英国人最不着急解决这个问题。尽管人们将清教徒约翰·艾略特（John Elliott）比作拉斯·卡萨斯，甚至他与拉斯·卡萨斯同被称为"印第安使徒"，但是用艾略特的话来说，他是"低调的拉斯·卡萨斯"。而且，他为了维护美洲原住民利益而诉诸的任何行动并没有影响拉斯·卡萨斯关于西班牙人对美洲未来影响的理智判断，也未对官方的道德良知（虽然官方没有多少道德良知可言）产生影响。[7]对于英国人来说，更令人不安的是（而且这种不安情绪持续时间更久），因为这直接影响到了宗主国采取的政治行动，涉及对于母国和其他欧洲列强竞争对手而言殖民定居点所应享有的司法地位问题。

像他们的欧洲竞争对手一样，英国人不可能主张针对美洲享有任何的优先权。弗吉尼亚公司早就承认："（我们）将捍卫我们

的所有权,我们不会与人公开争论,也不会像西班牙人那样心平气和,但是绝对会像与自然人打交道一样安静平和。"[8] 也就是说,针对美洲主权和财产提出的主张必须在两个方面站得住脚:首先是驳斥另一个欧洲强国(这里是指西班牙)之前提出的主张,其次是反对所有其他人即"自然人"的主张,即认为他们的权利似乎优先于任何欧洲人。因为英国的普通法无法适用于英国法院管辖范围之外的任何地区,所以英国人必须找到某种在自然法或万民法下具有效力的法律规则,这种法律被认为是适用于全人类的,而不论其国内是何种政治体制。直到19世纪,英国就此展开了复杂且范围更广的尝试,至今加拿大和澳大利亚仍对这一点争论不休。

西班牙人和法国人通过不同的方式在海外建立了附属领地,而不是殖民地,并试图将土著民族纳入新的多民族社会之中。《路加福音》第14章第23节是西班牙人所采取策略的基础,即"你出去到路上和篱笆那里,强迫人进来,坐满我的屋子"。不仅要让印第安人"进来",而且要将他们文明化,即欧洲化。他们将会变成农民和奴工,有时甚至会成为盟友。少数人甚至可能成为欧洲仆人服侍的地主,至少在西班牙人抵达美洲之初,他们可以在新的海外附属地担任半官半民性质的职务。法国人的情况与之类似。根据1664年颁布的一项法律规定,新法兰西境内所有皈依基督教的居民均被视为"法国居民和法国本土人,因此他们享有继承权、私人财产权和其他处分权,且无须任何入籍文书作为证明"。[9] 相比而言,对于英国人来说,土著的地位一直低人一

第四章 征服、殖民、购买、特许权：英国人占领美洲的正当性理由

等——要么流离失所，要么不被社会接纳。英国人极少采取具有连续性的措施接纳土著为英国人。正如约翰·科顿（John Cotton）在1630年所写的那样，"这取决于他们是否愿意接受基督教信仰"，这完全由他们自行决定。[10] 根据查理二世颁发的卡罗来纳殖民特许令，从很大程度上来说，土著被归入"野蛮人"之列，与"被视为敌人的海盗和强盗"属于同一大类。[11] 导致他们流离失所的原因至关重要，因为对于流离失所的人以及受益人的地位而言，这是关系重大的法律问题。

此外，英国人与西班牙人不同，从某种程度上说，他们倒与法国人有些相似，英国人在最初也没有获得任何跨国权力机构颁发的特许状。从某种程度上说，1496年亨利七世颁发给约翰·卡伯特（John Cabot）的特许状中照搬了教皇诏令中立法式的语言；1584年3月伊丽莎白一世颁发给沃尔特·罗利爵士的特许状亦是如此。但是，尽管亨利和伊丽莎白都是手握重权的国王，但他们都不是教皇，他们都不能主张自己拥有超出其国界之外的任何管辖权。最后，占领美洲或合法拥有美洲主权只能基于三点理由，即征服（正如我们将看到的那样，关键在于这片土地在被"发现"时未被占领）、购买或土著和合法所有权人/统治者自愿让与。

二

毫无疑问，在这些问题中，争议最大的就是征服，因为这对

英国人和西班牙人是一样的,除非是通过正义战争进行征服,否则征服就不具有合法性,并且不管从任何方面来说,欧洲人没有直接或明显的理由可以入侵美洲。总体而言,在欧洲海外帝国发展的整个历史进程之中,将征服作为主张财产权或主权的先决条件备受质疑。[12] 1689年,苏格兰政治理论家和军事冒险家安德鲁·弗莱彻(Andrew Fletcher)指出,"唯有海洋才是天然属于帝国的财产。征服不符合我们的利益。"[13] 葡萄牙人曾经提到"征服"海洋,但是极少提到征服陆地,甚至连西班牙人亦是如此。对于这一点,西班牙人建立的美洲帝国表现得尤为明显,并且他们在征服美洲初期,即1680年,他们禁止在所有官方渠道使用"征服"这个字眼,他们对这一点颇为自豪。[14] 此外,英格兰长期以来对征服的不信任感源于1066年之后的诺曼征服(后续我会再次提到这一点),并由此形成了宪制中的"连续性理论";根据这种理论,被征服地区的法律和政治制度应在被征服之后得以延续。

事实上,尽管英国在美洲的定居点只有极少数属于被"征服"的土地,但是"征服"仍然是英国王室在美洲殖民地独立之前主张权利的基础。在很多情况下,"占领"和"征服"被视作同义词。正如17世纪伟大的法学家爱德华·柯克爵士(Sir Edward Coke)所解释的那样,"占领标志着人们在战时被剥夺了永久地权……有时征服者享有先占权。"[15] 即使事实上并没有出现这种情况,也可以将其作为合法占领的理由(正如我们所看到的,西班牙法学家坚决否认这一点)。直到1744年,在兰开斯特与易洛魁

第四章 征服、殖民、购买、特许权：英国人占领美洲的正当性理由

人的条约谈判中，弗吉尼亚代表宣布："国王基于所享有的征服权占有弗吉尼亚，他有权占有一直延伸到浩瀚海洋的地区。"也就是说，这片区域从"弗吉尼亚"一直延伸到太平洋，从严格意义上讲，当时很多土地并未被人占领，甚至都还没有被绘制到地图上。[16] 英国坚持认为美洲是被征服之地，这是英国征服活动的组成部分，1858年英国吞并印度可能是英国自1536年吞并威尔士之后漫长"征服"过程中最后一次"征服活动"；完成征服或者至少控制海峡地区的群岛（尽管直到1953年才完成）；1406年征服马恩岛；1175年至1603年历时相当长时间的征服爱尔兰之战；最初，英格兰与苏格兰尝试合并，这成为1603年爆发内战的关键因素。在北美洲东海岸建立第一个殖民地之前的两个多世纪中，英格兰一直处在不断扩张之中。到第一次世界大战之前，英格兰一直保持着这种扩张状态。

  通过征服获得的土地由官方进行管辖。对于这一点，政治理由非常充分。占有无主土地或通过购买获得的土地可以且往往被视为通过私人协议取得的土地，这些私人协议授予发现者或购买者财产权，因此（也许会有人提出不同意见）它们接受议会管辖，而不是直接受王室管辖。当然，"征服"也是西班牙人在占领美洲时"掩人耳目"的手法，并且发挥了巨大作用。征服会赋予征服者一定的政治地位。1578年博学的英国天文学家约翰·迪伊向伊丽莎白进言，如果她要"收回西班牙人从她那里夺走的财产"，那么她就必须做好"攻打并征服异教徒的准备"。[17] 这句话暗示，如果仍然将"大英帝国"与西班牙人幻想成旗鼓相当的对

手,那么大英帝国应以征服活动作为立国之本。

就像西班牙在新世界最初建立的定居点一样,英国人的行动也与传福音相关。英国人已经完全认识到,罗马教皇的赠与诏书已经将土地的领土主权作为赠礼相送,以此换取对人们灵魂的管辖权,并要求信奉天主教的君主"通过神圣的宽容行动征服新世界的大陆和岛屿以及那里的定居者和居民,并使其皈依天主教"。[18] 如果英国人希望其征服活动具备合法性,那么他们也必须遵循或至少表示将遵照类似的方式开展征服活动。1606年《弗吉尼亚公司第一特许状》(First Charter of the Virginia Company)规定,弗吉尼亚公司的宗旨是"将基督教传播给那些仍生活在黑暗中、对上帝的真知和尊崇仍处于一无所知悲惨境遇中的人们,并尽快将生活在这些地区的异教徒和需要被拯救的人们引入充满人道关怀的文明社会,并建立一个安定祥和且没有纷争的政府"。[19] 在与沃尔特·雷利爵士(Sir Walter Ralegh)谈话时,哈克卢特洋洋得意地说了一番类似的话,"没有什么比征服野蛮人、将受难的人和异教徒重新带回文明、将无知者重新引回到理性正道以及使不敬虔和不信神的人重获神性更荣耀"。[20] 但是,弗吉尼亚公司和雷利都承担了西班牙人未承担的其他责任。因为西班牙人属于"教皇党人",英国人则是新教徒,所以他们君主承担的"基督徒职责"就变成了双重职责:不仅是为了使其皈依基督教,而且也为了夺回在宗教改革后被天主教徒夺走的主动权。哈克卢特用夸张的手法指出,"英格兰国王和王后现在有了卫道者的头衔;有了这种头衔,我认为他们不仅要维护和保护基督的信仰,而且要将信仰

第四章　征服、殖民、购买、特许权：英国人占领美洲的正当性理由

发扬光大并传播基督的信仰。"[21] 1521年教皇利奥十世最早是将这个头衔授予亨利八世，后来保罗三世废弃了这个头衔，随后议会又将其授予爱德华六世及其继任者。根据教皇的恩典，这一头衔变成了英国国王专门用来在新世界和旧世界捍卫新教徒、打击天主教徒的"专利"，成为英国人赶超西班牙人的又一推动力。哈克卢特问道："现在，如果他们深陷迷信思想，在这些如此狭小的地方上开拓发展并成就了如此辉煌的事业，那么我们对自身真正虔诚的宗教又抱着怎样的希望呢？"特别是因为或如他自称相信的那样，英国人与西班牙人是不一样的，英国人既"不会脏话连篇，也不贪慕虚荣"，英国人关心"数百万可怜之人的灵魂，将他们从黑暗的世界引至光明的世界，从虚假的世界引至真理的世界，从偶像崇拜引至仰慕永恒的上帝，从地狱的尽头引至最高的天堂"。[22] 因此，至少就土著而言，这完全是一种和平"征服"。对于这些人，雷利和哈克卢特提出了一个观点，英国人将一遍又一遍地重述这个观点：一旦印第安人了解到英国人的真实意图之后，他们就不会把这些新的欧洲闯入者视为入侵者，而视为把他们从西班牙人手中解救出来的救世主，同时也是将他们从野蛮无知的状态中解救出来的救世主。罗伯特·查普曼（Robert Chapman）在歌颂圭亚那的史诗中采用了最精妙的维吉尔诗歌风格，"财富，征服，我为名望引吭高歌"，其中描写了劳伦斯·基米斯（Lawrence Keymis）前往奥里诺科河的航海之旅，但是他继续写道"财富与荣耀如影随形，有征服但没有屠戮"。[23]

在哈克卢特的想象中，贸易、贵金属、永久定居和皈依都只

213

是征服过程的组成部分：那些在新发现的土地上祈求降福音的人将因为所遭受的痛苦而获得丰厚的回报。[24] 这就是上帝让印第安人拥有如此大规模财富的唯一原因。1635 年，《圣经》研究学者约瑟夫·麦德（Joseph Mede）曾告诉加尔文主义神学家威廉·特维斯（William Twisse）说，这是一个"野蛮国家集团"，它徘徊在白令海峡，闯入了新世界，他们在那里等待着英国人的到来，取走那些已经允诺给英国人的无尽财富，并告诉印第安人他们是基督世界中特定一员的真相。[25] 或正如普利茅斯总督爱德华·温斯洛（Edward Winslow）在 1624 年所发表的评论那样，美洲是"糅合了宗教和利益"。[26] 在提供这种贵重而虔诚的服务时，英国殖民者正在重复其罗马祖先对付古不列颠人的套路。1612 年，美洲移民者认为，他们像罗马将军一样，也"将我们征服的野蛮岛屿划分行省，并在那里建立了由老兵占据的殖民地，在各地修筑城堡和城镇，甚至教导我们了解那不容辩驳的神圣理性"。[27] 二者的差别就在于罗马人只带来了文明，而英国人带来了文明和基督教。

然而，对于立场更极端的加尔文主义者来说，大概和所有天主教徒一样，所有异教徒都离神的恩典相去甚远，以至于再多的教化也不足以拯救他们。因此，征服这些"野蛮"民众是合理的，爱德华·柯克用颇具戏剧性的措辞陈述了如下观点：

> 在这里，永恒的敌人（尽管他们之间并未爆发你死我活的战争）在这一领域之内无法继续实施行动或获得任何东西。从法律上而言，所有异教徒永远都是敌人（因为法律假

第四章 征服、殖民、购买、特许权：英国人占领美洲的正当性理由

设他们不会皈依，其皈依的可能性微乎其微），他们就像魔鬼一样，他们是魔鬼的臣民，他们和基督徒之间的敌意永远不会消弭，并且永远不会和解。

像所有加尔文主义者一样，柯克坚称美洲原住民是"异教徒"，他们无法获得上帝的恩典，而且因为权力和权利源自恩典而并非与生俱来，所以他们毫无法律地位可言。因此，他们的财产甚至他们的人身依附并归属第一个有能力征服他们的"敬畏上帝"之人。他写道："如果信奉基督教的国王有义务征服异教徒王国，并将其民众变成自己的臣属，事实上该异教徒王国的法律已被废除，因为他们不仅违背了基督教义，而且违反了摩西十诫所记载的上帝之法和自然之法。"[28] 不仅加尔文的著作，而且14世纪英国神学家约翰·威克里夫（John Wycliffe）的著作均以这种思想为基础的，早期殖民者非常支持这种观点。1775年，对这种观点持异议的格洛斯特大教堂副主教乔赛亚·塔克（Josiah Tucker）在写给伯克的信中愤慨地写道：

> 我们移居到北美洲的移民大多是被打上特定烙印的狂热追随者。他们是那些维护共和体制的人，他们相信或假装认为统治权是以神恩为基础的。因此，他们认为自己享有世界最高权利，既可以征税，也可以对不虔诚者施以暴力。而且，一旦他们掌握了权力，他们便会通过最猛烈、最残酷的方式付诸实践。[29]

尽管塔克认为正是这一点一步步地怂恿殖民者全面反抗王室，但是直到17世纪末，人们已经摒弃了这种论点中很多在本质上属于末世论的内容。如果说还存在一些关于末世论的相关内容，那么现在是"教皇党"（因为教会法学家与加尔文主义者就神圣恩典的约束力的看法很多是相同的）认为非基督徒不敬神而有权征服非基督徒。而殖民者本身，特别是当他们在18世纪下半叶突然拿出早期关于殖民地合法性的论述作为终结这种压迫的理由时，就是，他们不希望仅凭借他们在上帝面前的地位而定胜负。因此，1764年詹姆士·奥蒂斯（James Otis）指出，基于这个理由，如果没有其他理由，权利源自恩典就是一种"癫狂症"，至少在他那个时代，这种"癫狂症"已经"彻底发病并在一片嘘声中走向灭亡"。[30]

然而，奥蒂斯还有另一个更直接的理由可以驳斥这种主权来源的观点。因为如果美洲被"征服"，那么殖民地便像其他被征服的地区一样，殖民地不是国王的领土，而是王室私产的一部分。殖民地成为君主的私人领地，国王将根据其"意愿"进行统治，而不受英国法律和英国议会的约束。正是这种主张延续了这种假想，正如1766年1月本杰明·富兰克林在批判其"祖国"时所说，"新英格兰是英格兰的一部分"，这构成了王室与其所有殖民地之间的法律关系，并将一直延续到帝国走进坟墓。例如，直到1913年，澳大利亚高等法院大法官伊萨克·伊萨克斯（Issac Issacs）还坚持认为，1786年亚瑟·菲利普（Arthur Phillip）总督接受任命时就发现，无论正确与否，澳大利亚都是已被征服的土

第四章 征服、殖民、购买、特许权：英国人占领美洲的正当性理由

地，"从法律上讲，澳大利亚的全部土地已经成为英格兰国王的财产"，有关其合法性的任何争论都是属于市民法而非国际法的范畴，这已经是既定事实。[31]

正是因为所有被征服之地都属于王室财产，国王才能在最初向他人颁发殖民地特许状。尽管特许状内容宽泛，但无疑是王室做出的让步。托马斯·霍布斯写道，特许状是"主权者的恩赐；它们不是法律，而是法律的例外。法律语言是'我命令并享有'；特许状语言是'我给予并授予'"。[32] 如果确为这样的情况，那么霍布斯在这里阐释了一个法律常识，英国殖民地具备了一个非常特殊的封地制度基础。最初，从肯特郡东格林尼治的庄园到拉丁美洲的大部分土地都具有"农役保有"的性质。这种方式实际上允许存在所谓"自主保有"性质的土地，这种赠与源于王室和土地所有人的约定，但同时土地所有人不会承担封建领主的义务，诸如向王室提供军事协助。通过这样的方式，殖民地是自由且不受约束的，而同时又合法地作为王室财产的一部分被保留下来，陆地上的所有地区都成为英格兰王室庄园的组成部分。例如，爱尔兰的土地划归卡瑞格罗（Carregrotian）、特瑞姆（trim）或利默里克（Limerick）或都柏林城，而当查理二世将孟买交给东印度公司时，这也是一种东格林尼治庄园的"农役保有"形式。相比之下，在王室专有的殖民地，大片的土地被划归个人所有，然后他们随意将土地分为面积不等的地块。然而，即使在这些地方，王室仍然坚持拥有最终的所有权，因此王室可以按照自己的意愿处置这片土地。

128

尽管英国王室将其辖下土地依照特许状授予其他人，但是国王仍坚持将认为王室海外的土地是国王个人财产，这导致国王与议会之间的关系变得十分紧张。1660年，查理二世占领牙买加，同时还占领了敦刻尔克和丹吉尔，他立即宣布这些地方也是王室财产的一部分，由此他将依照他的意愿来处置这些土地。1660年9月11日，下议院先发制人，通过了一项关于"将敦刻尔克……和美洲的牙买加岛划归英格兰王室"的法案。1662年10月17日，查理二世否决了该法案，他以400万英镑的价格将敦刻尔克卖给了路易十四。国王出售议会认为属于王国领土组成部分的土地是一种极端行为，但是当时议会对此也束手无策。这里出现的问题是君主私权相对君主主权的地位问题。"七年战争"结束后，王室试图加强对殖民地财政和商业活动的控制，此时王室的主张遇到了明显的阻力。

这一规则的例外是马里兰和卡罗来纳地区，这两个地区在性质上是巴拉丁领地，"属于杜伦主教领区内主教的土地，或属于杜伦巴拉丁郡"。[33] 尽管自1535年以来主教的权力已被大大削弱，但直到1836年前，杜伦仍属于巴拉丁领地。实际上，主教的权力近似西班牙总督的权力。马里兰特许状还授予马里兰领主卡尔弗特勋爵（Lord Calvert）"农役保有"的权利。租金仅具有象征性，即每年上交两支印第安箭和向王室缴纳所开采金银矿石的五分之一，所有权人有权通过自由继承或限嗣继承的方式出让或租借领地。除享有其他特权之外，他还可以设立小领主法庭和采邑刑事法庭。

第四章　征服、殖民、购买、特许权：英国人占领美洲的正当性理由

然而，尽管两种方式之间相隔一代人的时间，但是这两种方式都准许王室有权继承土地；因此，这两种方式拒绝承认在土地上生活的居民享有向其领主提出所有权主张的权利。因为主教和领主实际上都是王室的代表，所以殖民者不得要求组建一个独立的主权机构。这导致对征服历史事实的解释变得非常牵强。1694年，巴巴多斯民众代表在下议院辩论时指出，巴巴多斯人有权根据英国法律享有"与生俱来的权利"，因为从字面上看，在英国人抵达巴巴多斯时，当地并没有人居住。英国人告诉巴巴多斯人，尽管这的确是事实，但是巴巴多斯仍是"被征服的领土"。因此，根据英国法律，定居者可能享有的任何保护权均凭君主一人裁断。柯克指出："如果国王征服了一个信奉基督教的王国，他拥有生杀予夺的权力，那么他可以按照其意愿修改被征服王国的法律"；当然，这个观点与征服的"连续性理论"是直接相悖的。[34] 如果柯克的观点是正确的，那么实际上此前不存在公认的立法体系，美洲的情形亦将是如此。的确，如果柯克的观点可以适用于"异教徒"国家（例如美洲），那么就需要更强大的推动力，因为这些民族的法律根本毫无法律基础可言。

基于此，长期以来英国因诺曼征服而对征服所持的质疑态度能够转化为对王室有利的方面。如果美洲被征服，那么只能根据王室法令来制定它的法律，其居民将受到这些法律的约束。此外，由于这些法律属于王室法令，因此特许状的内容或议会后续对王室成功设置的任何限制对它们不具有约束力。这对移民或议会都没有太大的吸引力，他们认为，尽管君主可能制定了这样的

法律，用罗马人的说法来说就是"不受法律约束"（legibus solutus），这种法律一旦颁布，实际上它们将成为由议会通过的法律。例如，在柯克看来，尽管国王约翰在未经议会同意的情况下将英格兰的法律适用于爱尔兰，但是"任何继任的国王在未经议会同意的情况下都不能改变爱尔兰的法律"。正是基于这个原因，威廉·布莱克斯通爵士（Sir William Blackstone）作出了可能是关于这一问题最著名的论断，他指出，

> 我们位于美洲的种植园是在上个世纪通过获得征服权、驱逐土著（是根据何种自然正义而为之，我此处不予查究）或通过条约而取得的。因此，英格兰的普通法在这里不具备任何适用性或权威性，这些种植园不是宗主国的组成部分，而是具有明显依附性质的领地。然而，它们受议会的管辖。[35]

他在同一处也提到了爱尔兰，尽管爱尔兰毫无疑问属于被征服的土地，但是爱尔兰往往被认为是"独立于英格兰之外并且分裂出去的自治领"。1698 年，威廉·莫利纽兹（William Molyneux）对于将爱尔兰划为殖民地并将其排除在议会法律管辖之外的各种行动大为恼火，他表示，

> 在所有针对我们的反对意见中，我认为这是最荒诞的，就理智或文字上而言，这似乎是最无依据或最令人难以置信的……爱尔兰地区作为英格兰王国的组成部分，难道英格兰

第四章 征服、殖民、购买、特许权：英国人占领美洲的正当性理由

国王没有权力吗？这符合殖民地的性质吗？他们会以弗吉尼亚王、新英格兰王或马里兰王自居吗？[36]

马恩岛的情况也是如此，尽管马恩岛根据自己的法律实施自治，但是它随时需要接受议会的命令并服从威斯敏斯特英国王室的管辖，因为它最初是亨利四世通过"征服"而取得的土地。

当然，布莱克斯通的观点暗示在征服和签署条约的情况下（因为只有主权国家才能订立条约），新英格兰不属于"英格兰"。就像经常提到的那样，英国法律（至少是英国普通法）也没能够紧随英国人的脚步。这种自相矛盾的观点导致的结果就是尽管殖民地只是皇家私产的延伸，但是根据建立殖民地的特许状，统治殖民地的法律是殖民者自己制定的。正是基于这一点，弗莱彻在1704年将英国的海外帝国与希腊城邦联盟进行了比较，城邦联盟是半联邦制的架构，其中每个城邦负责管理自身的内部事务，因此也需要负责维持其立法秩序，同时在外部监管方面则独立或半独立于中央权力机关。这种模式为安托万·巴纳夫（Antoine Barnave）提供了最强有力的证据，他认为这种模式可以维护法国在加勒比海地区殖民地的利益，这一论点迫使法国革命政府通过了相应放松限制性贸易的管制措施（虽然并未完全废除），根据这些法律，殖民地需要受到约束，最重要的是可以用来抵制任何破坏奴隶制的企图。1791年，他曾在法国国民议会上表示，英国人一直将他们的殖民地视为"国内法中的同盟国"，而就"外部政治体制"而言，殖民地人民属于"纯粹意义上的臣民"。他继续

指出，要是他们继续坚持这种区分，他们仍然会将殖民地控制在手中。法国旧制度的失误之处就是混同了"这两种永远不能混淆的法律"。[37] 但是，如果巴黎的新政府希望保留它在加勒比地区财产的控制权，那么它现在就必须承认殖民者要求在新成立的立法团（Corps législatif）中可以合法地拥有真正的代表。对于巴纳夫来说，这是迈出了通往断头台的第一步。

詹姆斯·麦迪逊（James Madison）和詹姆斯·威尔逊（James Wilson）在他们关于美国联邦架构的提案中也提到了外内之分。尽管美国历史学家一再尝试证明美国例外论的起源可以区分为美洲殖民地与大英帝国的其他殖民，但就母邦而言，这种政治和法律上的准独立地位并没有做到这一点。此后，印度、非洲和澳大利亚复制了类似的模式。但是，这确实将它们与其他欧洲大国在美洲的殖民地定居点区分开来。然而，它们所享有的自由权利是由王室直接授予或被授予特许权的人授予定居者的；而且，由于它们不是弗朗西斯·培根（Francis Bacon）所谓的"帝国王冠"的组成部分，因此它们无法享有英国普通法带来的利益。[38]

当然，这种地位存在极大的不连续性，1776年2月，众议院要求富兰克林就"关于这些肯特郡东格林尼治居民的所作所为，相比于其他肯特郡的居民，难道更应该限制他们从事生产和贸易"的问题进行答复时，他就准确地意识到了这个问题。[39] 因为殖民者如果确实属于东格林尼治统治下的居民，那么他们就应该享有英国人享有的全部权利，这就像在东格林尼治庄园工作的任何工人所享有的权利一样。许多人认为，由于殖民地属于国王个

第四章 征服、殖民、购买、特许权：英国人占领美洲的正当性理由

人财产，其居民可能被剥夺了在英国君主制之下其他地方人民享有的权利和自由，这种观点也被认为是建立享有不受约束立法权的殖民地的一条捷径，一直以来英国的政治体制力图避免出现这种分裂。这是伯克赞同美利坚革命者主张享有自决权的原因之一。他在1776年写道："为了证明美洲人民不享有自由的权利，我们每天都在费尽心力去颠覆寄托着我们全部精神的箴言。"[40]

不管英格兰认定殖民地具备何种法律地位，事实上对于大多数殖民地定居点而言，自治就意味着殖民地享有诸多自治立法权。这就不可避免地形成了一种政治氛围，用伯克的话说就是殖民主义者倾向于"在偏远之地施行暴政，并且在那污浊的空气中都能嗅出暴政的味道"。[41] 在1660年斯图亚特王朝复辟后的数年之内，王室与其海外臣民关系的冲突首次达到顶峰，王室当时试图将分散的美洲殖民地转化为类似于西班牙帝国中央集权之下的殖民地。在1651年至1696年之间，英国颁布了一系列航海条例，其目的是限制殖民地与宗主国之间开展贸易，实际上是将苏格兰人从英国的商业体系中剔除了出去。英国枢密院还增设了一个新的机构——"贸易和种植园领主委员会"（Lords of Trade and Plantations），通过该机构管理殖民地，这个机构与之前西班牙设立的印第安事务委员会（Spanish Council of the Indies）非常相似。更重要的是，王室法令废止了殖民地的皇家特许状。1624年，王室重新颁发了弗吉尼亚公司特许状，从那时起至1680年代，王室采取了多项不同措施，尽管这些措施常常存在龃龉之处，但其仍试图赋予王室享有对所有其余定居点的主权。

223

帝国的重负：公元 1539 年至今

　　从 17 世纪后期到大革命前夕，英国王室或具有更高法律素养的王室官员对西班牙人在其殖民地享有的行政和司法权羡慕不已。18 世纪初，尽管英国政治和经济理论家查尔斯·达维南特（Charles Davenant）目睹西班牙人的残酷暴行和推行罗马天主教后，他强烈抨击了这些行为，但是他仍然建议英国应该建立"一个类似我们所提到的'西班牙印第安事务委员会'的机构"。他继续指出："不管是谁，在对西班牙的法律和政治制度进行研究之后，他都会发现它们与世界上任何国家一样，已经形成并具备了同样的技能和智慧。"[42] 根据这一理念，1670 年代王室开始着手实施将 13 个殖民地分为四个独立总督辖区的计划。

　　最后的结果是英国仅建立了一个总督辖区。1686 年，之前建立的殖民地新英格兰、马萨诸塞、普利茅斯、缅因、新罕布什尔、罗得岛、康涅狄格、新泽西和纽约合并，组成了新英格兰自治领。像西班牙总督一样，自治领由王室任命的官员统治，该官员通过一个委员会统治殖民地，但是并没有一个经地方选举产生的议会，由该官员行使某些立法和行政权力。在 1688 年光荣革命和斯图亚特王朝灭亡之后，殖民地人民将总督埃德蒙·安德罗斯爵士（Sir Edmund Andros）和他的咨询委员会成员关进了监狱，自治领寿终正寝。然而，到 1776 年，在 13 个殖民地中，仅有马萨诸塞、罗得岛和康涅狄格 3 个殖民地仍受特许状的约束。另外 2 个殖民地——马里兰和宾夕法尼亚由领主进行统治。包括美洲大陆和加勒比海的殖民地在内的所有其他殖民地成为王室的领地。

第四章　征服、殖民、购买、特许权：英国人占领美洲的正当性理由

因此，在王室的眼中，无论根据何种法律，美洲殖民地都是被征服之地。之所以如此，并不是因为美洲殖民地实际上是被征服的土地，而是因为这种定义能够使王室可以主张享有授予优惠待遇的无限权利，或者如果王室愿意，就可以不经协商废除特许权，就像在时机成熟时，它可以主张享有无须征得同意就可以提高特殊税收的无限权利。美国革命者认为，英国王室未经征求意见就强行征税属于非法行为，这等于否认了国王最开始所赋予他们的地位。18世纪，殖民地开始形成法律制度基础，根据对这种基础的另外一种阐释，美国人否认英国王宣言有这种征税权，这种阐释将对大革命乃至还处在摇篮之中的美国的法律历史产生重大而持久的影响。

三

1804年，美国最高法院首席大法官约翰·马歇尔（John Marshall）在其具有误导性的《华盛顿传》（*Life of Washington*）第一卷中明确指出："从最早的伊丽莎白女王到最近的乔治三世，除了基于发现、征服或特许而享有所有权之外，英国王室授权的任何事项都不会影响到王室享有的所有权。"[43] 马歇尔认为，征服只有在18世纪才属于一项可以享有所有权的理由，当时新成立的美国由13个殖民地组成，国家日益强大并成功地剥夺了其余大多数土著的财产。这一说法似乎主要基于马歇尔对亨利七世1496年授予

约翰·卡伯特特许状的解读，这完全符合亚历山大六世教皇颁发给西班牙天主教国王费迪南德和伊莎贝拉诏书中的内容，即他们可以占有西半球所有尚未被其他基督教的国王占领的土地。按照马歇尔的理解，先占权并非源于对这些领土的征服（尽管人们明确指出卡伯将实施征服行为），而是源自英国人所认为的主权者通过行使权力而占据了未曾被占领地区的行为。

即使对亨利七世所授予的特许权进行如上解释可以说得通，但是根据随后的所有证据，很难理解像马歇尔这样博学的人会坚称"发现"仍然是英国王室坚守的唯一理由。然而，马歇尔并不是第一个提出这种主张的人。1754年，面对法国人可能的入侵，出席奥尔巴尼代表大会的代表们同意："国王陛下对北美大陆的所有权是以最先发现这一大陆为基础的，国王陛下最先占有这片大陆，1497年英格兰国王亨利七世委任塞巴斯蒂安·卡伯特（Sebastian Cabot）统治这片土地。"[44] 詹姆斯·阿伯克龙比（James Abercromby）是一位颇具影响力的法学家，地位与马歇尔不相上下；1774年，他指出："发现美洲而形成的优先权彻底颠覆了有关美洲领土权的观点"。[45] 这些说法似乎暗示从殖民者开始与王室保持距离直到独立后的很长一段时间内都存在一种倾向，通过消除美洲曾经在事实上或天然就是一片被征服土地的观念来重新定义合法性的问题。马歇尔在约翰逊诉麦金托什一案（Johnson v. M'Intosh, 1823）中作出的著名判决就是以马歇尔关于发现优先权的主张为历史基础，即公民个人不得从北美土著手中购买土地。[46] 此后，人们将这种主张视为盖棺定论。20年后，即1844年，田纳西州前

第四章 征服、殖民、购买、特许权：英国人占领美洲的正当性理由

州长阿伦·V. 布朗（Aaron V. Brown）在提交给国会关于俄勒冈领土的报告中自信地指出，该地区的印第安部落"享有的土地所有权仅以简单占有作为基础"，因此印第安部落"无权将土地所有权转让给任何其他权力实体，但以发现权为基础主张对这些土地享有领土管辖权的政府除外"。[47]

殖民者和新美利坚合众国的公民有充分的理由希望自身与基于征服而占有任何领土的主张保持距离。马歇尔向他同时代的约瑟夫·斯托利（Joseph Story）以及约翰·亚当斯表达了深深的忧虑，即美国可能是在原先占领者非法夺取的土地上建立的国家，因此美洲土著随时可能再次要求返还这些土地。[48]根据相关问题在加拿大的最新进展情况以及澳大利亚高等法院1992年对马博诉昆士兰州（Mabo v. The State of Queensland）一案所作出的裁决，认定生活在托雷斯海峡地区默里群岛上梅里亚姆人的土地是被不公正地从他们手中夺走的，马歇尔的担心是有理由的。[49]尽管马歇尔是维护土著权利最早期的代表人物之一，但是他与大多数同时代的人一样，将印第安人视为他所谓的"国内依附民族"，[50]印第安人享有"保留其（土地）所有权并根据自己的意愿自由利用土地的权利"，但是印第安人作为"独立民族所享有主权的权利"却被大大弱化。[51]如果那时英国移民——暗示美国是北美13个殖民地的继承人——要提出任何已合法取得印第安人土地权利的主张，那么他们必须要以武力之外的任何其他方式来获得这些土地。

阿伯克龙比、斯托利、亚当斯和马歇尔对这一点都非常了解，在马歇尔所处的时代，在欧洲大国对美洲所提出的所有有关

主权的主张中，最容易被人抹黑的主张就是认为"发现"成为当时"国际法"的规则。正如17世纪的英国法学家很快指出的那样，即便西班牙人也不愿将主权或占有的主张建立在如此站不住脚的基础之上。但是，无论是否站得住脚，"发现"不仅具有确保"天然"占领权的优势，而且还可以使美洲英国人定居点的历史与西班牙定居点的历史区分开来，西班牙人世世代代经营的这类定居点实际上不过是强取豪夺而已。正是基于这些原因，定居在巴巴多斯的移民辩称确实没有人居住的土地不能算作被征服的土地。马歇尔和阿伯克龙比均受益于启蒙运动（后者是更直接的受益者），他们试图将已西班牙帝国支离破碎的遗产与更强大繁荣的英法殖民地遗产区分开来。正如我们将在第6章中看到的那样，到18世纪中叶，整个欧洲甚至就连西班牙人也普遍认同这样的观点，用孟德斯鸠的话说就是，正因为西班牙人痴迷于征服，所以导致1740年代西班牙沦为依赖于自己殖民地的国家。[52]孟德斯鸠在对他头脑中的西班牙帝国进行抨击时，他已然接受了17世纪英国共和党人詹姆斯·哈灵顿（James Harrington）对"不列颠"的定义，即不列颠对各附属领地不是在行使统治权，而是保护附属领地。这也是马歇尔和阿伯克龙比希望看到的情况。但是，如果大英帝国（后来的称谓）现在属于伯克所称谓的"自由帝国"，那么它就很难继续坚持主张它与西班牙有着相同的法律基础。因此，"发现"具有两个明显的优势。它使英国移民能够与西班牙人、天主教徒以及他们奉行"专制"的邻居们保持距离；而且，移民们有理由（基于契约或购买）否认根据自然法或

第四章　征服、殖民、购买、特许权：英国人占领美洲的正当性理由

万民法提出的"侵占"指控。

但是，将"发现"作为"占有"权基础的麻烦不仅仅在于缺乏公信力。即使根据马歇尔的观点，将"发现"视为一种合法的主张，它发挥的作用也绝不会超过像优先购买权这样的权利。在马歇尔试图从"发现"中重构其论点说服力的背后是另外一场法律争论，该争论将证明，欧洲人对于从非洲到澳大利亚海外殖民地的所有权主张中争议最大和讨论最广泛的问题就是关于无主土地的争论，这种观点认为最先来到或发现无人居住的土地的人，无论是谁都可以主张对这一土地的权利或财产权。

尽管官方从未正式认可这种观点，但是这种说法的某些版本在16世纪和17世纪的英国人中流传甚广，这种观点直到1754年仍然有非常大的影响力，在法国人即将兵临城下之时召开的奥尔巴尼代表大会上，代表们十分笃信这种观点，他们指出："国王陛下对北美大陆的所有权是以最先发现这一大陆为基础的，国王陛下最先占有这片大陆，1497年英格兰国王亨利七世委任塞巴斯蒂安·卡伯特统治这片土地。"[53] 像西班牙人和法国人一样，英国人也用一些牵强附会的论据来论证对新世界享有主权，其论据的基础是假定根据一系列时代更久远且一般具有神话色彩的发现取得了主权。1578年，约翰·迪伊向伊丽莎白女王呈上了一篇简短的报告，标题为《大英帝国的边界》（*Limits of the British Empire*）。这是最早划定西班牙和英国在大西洋的边界并勾勒出在很大程度上仍属假想阶段的"大英帝国"角色的一次尝试（这也是首次出现"大英帝国"的称谓）。[54] 迪伊认为，伊丽莎白女王有权占领美洲，

这不仅是因为卡伯特"最先发现"了美洲，而且还因为事实上第一个登陆美洲的欧洲人不是哥伦布，而是威尔士亲王马多克勋爵（Lord Madoc）。大约在1170年，"欧文·格温内思（Owen Gwynedd）之子"马多克驾驶一艘小帆船抵达美洲，并在美洲建立了一个殖民地，该殖民地位于"当时名为'Iaquaza'的地区（即后来的佛罗里达），又或者是在附近的其他地区和土地上建立了一个殖民地"。[55] 随着都铎王朝的建立以及1536年和1543年通过的两部《英格兰和威尔士联合法案》，马多克成为伊丽莎白女王的直系先祖。可以将这个神话进行类比，尽管迪伊并未提及这一点，但是西班牙人认为，最早在美洲殖民的是遭遇沉船事故的迦太基人，后来迦太基人被罗马帝国征服，由此这里成为神圣罗马皇帝查理五世领土的组成部分。[56]

经过人们口口相传，马多克的故事变得越来越活灵活现。甚至乔治·佩克汉姆（George Peckham）在其1583年撰写的《新发现大陆的真实报告》（*True Report of the New Found Land*）中提出，根据埃尔南·科尔特斯在他的《关于相互之间关系的第二封信函》（*Second Letter of Relation*）中所记录的1520年征服墨西哥的故事中，"阿兹特克皇帝"蒙特祖玛（Moctezuma）将自己的土地交还给了科尔特斯，理由是（根据佩克汉姆的说法）"我们不是生来就居住在这个国家……我们的祖先来自一片荒凉之地，他们的国王……再次回到他之前的国家，他会委派人来治理和统治我们"，他所指的只可能是马多克，而不是科尔特斯所说的从未踏上美洲土地的查理五世。[57] 此后，这个假说得到了一些捏造的词法学证据的支

第四章 征服、殖民、购买、特许权：英国人占领美洲的正当性理由

持，有学者指出，"penguin"（企鹅）一词在威尔士语和纳瓦特语中意思相同，这意味着后一个词是前一个词的派生词汇。当然，马多克的故事还暗示，根据"帝国承继"的规则，英国人不仅可以主张对佛罗里达北部所有土地的主权，还可以主张对整个美洲大陆的主权。[58] 尽管这一说法模棱两可、证据不足，而且事实上对于英国王室正式承认属于西班牙主权领土的土地，英国人并未基于这个故事而提出任何严肃正式的主张，哈克卢特在《英国民族主要的航海、旅行、交往和发现》（*Principal Navigations*）一书"美洲卷"开篇章节中重申了这一观点，其中指出有证据表明"在距离哥伦布首次航行到达西印度群岛322年前，人们就发现了这片土地并在这里定居"，直到1730年代这片土地仍处在开发阶段，撇开其他方面不谈，就像阿米蒂奇所说，"坚持这一主张是为了驳斥西班牙的主张"。[59] 然而，对于西班牙人而言，他们似乎已经将这一切全然抛之脑后。

对于根据卡伯特和马多克神话传说提出的主张，除了其本身没有可信度之外，还引发了另一个麻烦。即便说卡伯特发现了整片北美大陆，以及像马多克亲王这种可能性不大的人物确曾航行到达过这片土地并主张这里是都铎王朝的领土，但依旧会存在这样的情况，人们一般认为，如果没有某种实际占领的措施，这种行为就不会产生法律效力。正如1608年格老秀斯在反对葡萄牙主张享有对印度洋的主权时指出的那样，"发现"不仅意味着最先看到，而且还意味着占有。他认为"发现"之于"统治是一个不充分条件，因为占有也是一个必要条件；对于占有某物而言，

发现某物是一回事,有权取得某物是另一回事"。[60] 西班牙人和英国人总体赞同他的观点。正如维托利亚基于这些理由总结自己关于主权的观点时所说:"发现本身并不能为取得这些土地提供任何支持,就如同印第安人也发现了我们一样。"[61] 在这两种情况下,前提与结论都一样荒谬。

一个多世纪之后,理查德·普莱斯(Richard Price)用完全相同的话来表达了同一个观点。他在1776年写道:"如果沿着海岸航行可以赋予一个国家相应的权利,那么只要日本人愿意,他们很快就会变成英国的主人。"[62] 普莱斯也曾指出,这是西班牙赠与诏书真正的理论瑕疵。因为"这不是通过赠与而是通过随后交付该物及在之后占有才授予统治权"。数年之前,阿瑟·扬(Arthur Young)写道:"除了占据殖民地、定居点或建立要塞之外,现在不能基于发现而授予人们对任何东西的权利。"[63] 显然,与法律上认可的占有权相比,世世代代的欧洲人所使用的摆放石头十字架、插旗帜、埋瓶子和建造其他类似设施的方法,既显得古怪又毫无根据。正如法国国王弗朗索瓦一世曾冷冰冰地告知西班牙大使,"途经某地并瞥上一眼不能享有土地的所有权"。[64]

在英国人主张"发现"美洲使他们成为美洲的合法主人之前,他们不仅必须首先到过美洲,而且还必须行使某种实际的主权。哈克卢特(他是《海洋自由论》一书的译者,他完全认识到格老秀斯的观点中蕴含的力量)起草了一份文件,其中列举了对西班牙和葡萄牙人"真正的限制",他竭力强调英国人对北美洲大陆的主张不仅基于"接受亨利七世资助的塞巴斯蒂安·卡伯特

第四章 征服、殖民、购买、特许权:英国人占领美洲的正当性理由

在航海过程中发现了美洲",而且基于"代表国王陛下并在其主权统治之下通过沃尔特·雷利爵士任命的数位代表而实际占有……如汉弗里·吉尔伯特爵士(Sir Humphrey Gilbert)、马丁·弗罗比舍爵士(Sir Martin Frobisher)和约翰·戴维斯(Mr. John Davies)等人",这就是对上述主张的默认。[65]

然而,事实上对于英国人主张享有主权的很多地区,英国人只是通过公告或在地图上提出主权主张。1609年,当时只是在圣詹姆士河沿岸疟疾病肆虐的沼泽地中生活着少量英国移民,弗吉尼亚的第一份皇家特许状就宣布对全部美洲土地行使管辖权,

> 这些土地包括我们已经占领的或是实际上尚未被任何信仰基督教的国王或信徒占有的土地,其地域范围为:自北纬34°至北纬45°的沿海地区,以及同一纬度范围从北纬34°至北纬45°的陆地区域,及其毗连的岛屿或是距离海岸100公里之内的岛屿。[66]

实际上,英国人对这些领土的实际范围及居民情况并不了解。这份特许状中显得怪诞的领土主张是国际外交辞令,其目的是打压该地区所有其他欧洲大国尤其是法国的优先地位。正如特许状的起草者所理解的那样,对于任何这片土地上之前的居住者而言,他们不可能拥有不容置疑的发现权。也就是说,主权不仅需要"发现",而且还要实实在在"存在"。它还要求被占领的领土确实无人居住或是无主土地。1625年,弗朗西斯·培根写道:

"我认为最好是在一片处女地上殖民;也就是说,在这里殖民不需要驱逐其他人。否则,这就是灭绝而不是殖民。"[67]

人们针对无主土地原则进行了大量讨论,直到今天它仍然是澳大利亚和加拿大关于土著权利争议的一个关键问题。[68]因此,需要进行一些澄清。虽然历史学家广泛地用这个术语来阐述近代早期提出的主张,但是实际上它并未出现在19世纪之前与美洲殖民地相关的法律文件中。[69]它源于优士丁尼《法律汇编》第41卷和经常被援引的《法学总论》(II.1.2)关于野生动物法律的内容,其中规定:"自然理性承认第一个占有无主物的人享有的所有权"。另外,同样重要的是自然法中"空白"的概念——"不属于任何人",这是一项自然法原则,与许多这类一般主张一样,优士丁尼时代的法学家已将其纳入罗马市民法中。但是,英国法律从未经历过这样的过程,而且更准确地说是因为它源于一项自然权利,这种权利只是在编纂优士丁尼法典时被纳入进来,成为篇幅很短的条目,通过多种不同且有时明显自相矛盾的方式来阐释土地或无主土地原则。这引发了一些现代历史学家的争论,作为对美洲财产的法律主张,无主土地原则是在之后被创设出来的,事实上这似乎正是马歇尔做的事情。但是,尽管马歇尔的政治意愿是好的,但是他显然高估了该原则发挥的作用。然而至少从17世纪初期开始,人们就提出某种形式的"无主土地"的观点(但并未使用该术语)。

从法律层面而言,无主土地的构成要件形成了巨大的法律困境,并产生了深远的政治和伦理影响。一块土地是"无主土地"

第四章 征服、殖民、购买、特许权：英国人占领美洲的正当性理由

意味着什么呢？根据罗马法，任何未以某种方式正式圈围起来、无法守护或是曾被占领但现已被遗弃的土地均被认为是"无主土地"。1622年，约翰·邓恩（John Donne）对弗吉尼亚公司的股东表示："根据自然法和万民法，人们占有以前未曾有人居住、此前居民完全遗弃或暂时抛荒的土地后，这些土地将归占有人所有。"[70] 然而，对于美洲而言，这种说法将为欧洲人占领土地留下极少的空间。不管弗吉尼亚公司有何打算，北美洲大部分（如果不是全部）东部沿海地区显然都不是无人居住的，也不属于"完全遗弃的"或"暂时抛荒的"土地。[71]

这个观点还引发了其他挑战。正如反对该观点的人经常指出的，即使在欧洲也存在大片这样的土地（其中最有争议的是皇家园林），这些土地本质上是"闲置"的，但却并没有因此成为任何选择定居此地的人们的财产。这个具有普遍性的观点也适用于奥斯曼帝国内部的领土，人们一般认为这些领土实际上"未被开发利用"，因此欧洲人将其称为"空地"。但是，即使贞提利坚定支持"上帝并没有将世界创造成虚空的世界"的观点，他曾普遍认可欧洲人因具备更高级的技术能力而放弃对非欧洲人所享有的广泛权利，但他确信尽管正式占领奥斯曼帝国管辖范围的土地是合法的行为，但是定居者有义务将苏丹作为他们的主权者。[72]

因此，必须找到一个更严苛的标准，这就是以"改良"为基础的标准。英法两国都认为从字面上讲对土地进行"改良"是"无主土地"占有人的义务。1648年，马萨诸塞州常设法院作出裁决指出，凡法院认定为无主土地的土地，当事人接受该土地赠

235

与但三年内未在该土地上修建建筑物或"改良",当事人则丧失对该土地的所有权。[73]"改良"概念也源于自然法。自古以来,人们一直认为人类的特征之一就是具备改造自然的独特能力,或者用传统亚里士多德学派的术语来说就是使"可能之物"变成"实在之物"。这就是"技术"的词源本义。因此,占有和主权是在人与人的外部世界和社会世界之间建立关系的行为。因为那些未能发挥出自然潜力的人不能算作真正意义上的人,所以他们不可能建立这种关系。洛克写下了英语世界中对这种假设最具影响力的表述:

> 上帝和人的理性命令一个人去垦殖土地,即为了维持生活而改良土地,在土地上劳作。谁服从上帝的命令在任意一片土地上拓荒、耕耘和播种,那么他就是将自己的财产放在土地上,其他人无权针对这种所有物提出主张,如果从这人那里掳夺,那么伤害就无法避免。[74]

实际上,洛克著名的"财产论"是"野兽"(Ferae bestiae)理论的延伸,并且显然是在光荣革命前几年有关美洲印第安人权利辩论的背景下形成的这种理论。然而,洛克所做的是将占有的主张与主权的主张关联起来,而此前所有研究该问题的学者均未进行这样的尝试,因为现在争论的是只有生活在公民社会中的人才具备行使财产权的可能性。对于美洲而言,这一点隐含着深远的意义。开展农耕和建立公认的市民社会必将成为合法政治统治的

第四章 征服、殖民、购买、特许权：英国人占领美洲的正当性理由

基础。当时人们都认为美洲原住民缺乏通过这种方式形成某种文化的能力，他们可能只是居住在这片土地上而已。用罗伯特·库什曼（Robert Cushman）的话来说，"不能因为他们像狐狸和野兽一样从草丛中奔掠而过"，就认为他们取得了草丛的所有权。[75] 而且因为他们并不拥有这片土地，所以他们企图阻止欧洲人合理地利用、不受妨碍地使用以及用洛克的话来说根据上帝的旨意利用这片土地的行为违背了自然法。正如洛克在他充满谴责口吻的著名阐述中所说，美洲原住民就"像狮子或老虎一样被猎杀，他们是蛮性十足的野兽，只要有他们存在，人类就无法形成社会或确保自身安全"。此外，根据《战争法》（规定了发动战争先决条件的法律）的相关条款，定居此地的人可以对这些美洲原住民发动战争，"要求对因这些人而遭受的伤害进行赔偿"。[76] 换句话说，从"那些野蛮的野兽"手里夺取土地可能确实涉及征服；但是，根据自然法，在这种情况下征服将是完全合法的行动，而不是根据英国民法赋予某种具备法律地位的行为。

尽管这里提出了难度极高的问题，并且它涉及对"占有"和"主权"之间必然存在的模糊性差别，但是某些形式的"改良"观点也许成为对占有海外土地持续时间最长的自然权利主张。在整个17世纪乃至18世纪，殖民者一直坚持认为，他们的权利取决于从合法的土地所有者——土著那里购买土地，他们逐渐开始转向后来将被称为"农学家"所论证的、实际上支持被占领土地在法律和政治层面独立于王室的主张。18世纪中叶新泽西州法官罗伯特·亨特·莫里斯（Robert Hunter Morris）指出："如果人民定

居下来……美洲的英国自治领可以从英国王室以外的任何地方获得土地或治理权力,而根据英国法律,英国王室享有权力和财产,那么这些人就与任何人一样均独立于英国王室和英国。"[77]

无主土地还有另外一个特点:罗马法中具有同样悠久的历史的概念"时效"也具有同等的法律属性。它允许长期的事实占有(praescriptio longi temporis)可以作为享有财产和管辖权的权利基础。换言之,它十分接近人类在土生土长的历史条件下而享有的权利,尽管它源自罗马法,但是它完整地保留了英国普通法的思维和英国普通法的程序。埃德蒙·伯克指出:

> 我们的宪法是一部具有时效性的宪法。这部宪法唯一的权威源自它存在的时间已经超出了人们记忆的极限……根据时效所授予的财产权是最稳固的,这不仅仅能保护财产权,而且更能保护政府占有的财产……对一个国家而言,这也是一个更好的选择,远胜于通过实际选举做出的任何突然或临时的安排。因为国家不仅是局部地区和个体在极短时间内形成的概念,而且是一个连续性的概念,它在时间、数量和空间上都处于不断扩展的状态。[78]

某种状态或前提的合法性取决于成功地实现其存在的连续性。至关重要的一点在于,因为"时效"的基础是客观存在的条件,所以时效能够将自然权利转化为合法权利。最后,对于美洲问题来说,人们一直在讨论其合法权利的问题。然而,特别是在

第四章 征服、殖民、购买、特许权：英国人占领美洲的正当性理由

美洲问题的背景下，"时效"也存在很棘手的解释难题。最明显的问题之一就是确立所有权所需的时间跨度。1609 年，罗伯特·约翰逊（Robert Johnson）指出，一直以来英国人在弗吉尼亚"定居了很长一段时间，并未侵扰或侵犯野蛮人（这个国家的原住民）或任何其他王室成员或平民"，由此詹姆斯一世享有"统治或管辖"所有英国人和印第安人的权利。[79] 事实上，"很长一段时间"仅仅持续了两年多的时间，而且对于任何法学家而言，不论其立场何等激进，都不太可能接受该时间段属于"充足的时间"。此外，正如格老秀斯对葡萄牙人的主张提出的反对意见那样，时效（如发现）使某种定居行为具有法律约束力。1580 年，代表英国政府利益的一位匿名代表回应了西班牙人的要求，西班牙人要求英国人离开美洲，并且认为他们在美洲建立一些定居点和为"河流和海角"命名的行为不构成占有，因为"有时效而无占有，则主张将归于无效"。[80]

尽管存在所有上述这些明显的法律瑕疵，但是许多英国法学家已普遍接受"时效"和"无主土地"的观点。像"无主土地"一样，在随后的国际法历史中，"时效"存续了很长一段时间。因为它也被视为万民法的组成部分，可以适用于分布在世界各地的所有民族。罗伯特·弗格森（Robert Ferguson）是 1699 年建设达里昂地峡苏格兰人定居点计划的支持者之一，但该计划后来被搁置；他承认西班牙人在美洲拥有的唯一权利完全源自他们的"主张，并且他们已经在此地居住、占领并继承长达 200 年之久，其中未遭受任何干扰、征收或剥夺"。[81] 这意味着弗格森试图取而代

239

之的做法在法律上是无效的,除非就像他所希望的那样,土著欢迎苏格兰人成为他们的救世主,可以将他们从西班牙的暴政统治中解救出来;土著并没有这样做,这或许也不足为奇。

四

另外一个主张就是"转让",约翰·马歇尔认为,直到18世纪,"英国王室纯粹意义上的赠与"中"从未暗含"这种观点。但是,实际上,英国殖民者和他们的"同行"——法国人、荷兰人以及后来的瑞典人和其他欧洲人一样,他们通过不同的方式购买了大量的土地,并通过缔结条约完成不同方式的土地赠与。的确,对于大多数殖民者而言,购买、赠与或签订条约是殖民者个人获得土地最常用的方式,并且从一开始即是如此。[82] 无论是在切萨皮克(Chesapeake)还是在马萨诸塞,最早期的殖民者都是在争议威胁到其定居时才去购买土地。与所有此类主张一样,政府将专有权授予最先发现的人也是无可辩驳的。但是,主权者并没有授予财产所有权。即使在美国独立之后,当王室授予印第安人在很多领域的半独立身份被掳夺之后,新建立的美利坚合众国也仅仅是主张有权阻止其他国家企图占有的行为。为了承认土著享有的所有权,尤其是英国和荷兰在1630年代爆发康涅狄格河谷冲突之后,就像在其他许多领域一样,英国人也沿袭了法国的做法,并且直接效仿了荷兰人的做法。荷兰西印度公司一直希望与

第四章 征服、殖民、购买、特许权：英国人占领美洲的正当性理由

西班牙人的行为保持距离，"不要在不义之初就招惹上帝的愤怒"，荷兰人坚持认为所有土地均应通过合法方式获取，而不得"通过阴谋诡计或欺诈方式获取"；因此，用1625年该殖民地总督威廉·弗赫斯特（Willem Verhulst）的话说，就是特拉华和哈德逊河阿冈昆的居民均不得"被武力或威胁驱逐，但是应说服他们搬迁或得到一些他们喜欢的东西"。根据这一基本原则，弗赫斯特的继任者彼得·米纽伊特（Pieter Minuit）在第二年以60荷兰盾的价格买下了曼哈顿岛。[83]

荷兰人可能更偏爱"转让"的观点，这是出于其在宗教上的考虑并且也因为他们一直以来只能勉强地维持自己在美洲的殖民地。英国人的动机与之类似，不承认自己是征服者。但是，他们也知道，为君主服务的征服者只能是臣民，根据封建契约他们至少属于封臣之列。相反，如果定居者购买了他们的土地，他们可能会要求王室准许其享有某种程度的独立性，或者要求殖民地特许所有人享有一定的独立性。1639年，马里兰领主正是基于这一点宣布没收所有从印第安人手中购得的土地。

此外，如果殖民者购买了他们的土地，或者通过条约取得了土地，那么土著之前必然就是土地的合法所有者，否则这些土地就不是他们的土地。英国人爱德华·罗森（Edward Rawson）在《新英格兰正当的革命》（*The Revolution in New England Justified*, 1689）中坚持认为，英国人"是从土著手中购买了世界上那一片土地的土地所有权，而他们根据英格兰国王的特许获得的任何权利都是一纸空文"。对于新英格兰自治领爆发的起义，罗森持支持态

度——他所撰写的小册子的题目就已经说明了这一点,在他看来,已故总督埃德蒙·安德罗斯爵士犯下的更令人发指的罪行之一就是以"冒充从印第安人那里购买土地"为由完全否认了针对土地提出的全部诉求,他这样做的理由就是"无法从印第安人那里获得所有权"。如果认可这些主张,那么一众波士顿名流就会提出抗议:"在整个殖民地的范围内,任何人都不是地主"。[84] 正如罗森在其他地方所强调的那样,英国人"通过海外冒险活动扩大国王统治范围",王室采取限制其自决权利的任何行动都是为了将其变成一个被征服的民族,"剥夺了他们作为英国人的自由以及将其置于像法国或土耳其国内的奴隶一样的境地"。1721年,新英格兰殖民地的代理人耶利米·达默(Jeremiah Dummer)重申了这一观点。"诚实本分的新英格兰种植园主们所仰赖的不是其他权利,而是用金钱购买来的土地。因此,尽管在这里贬抑和压制印第安人享有的所有权,但是所有权似乎是唯一公平和公正的权利。"[85]

但是,如果美洲是一片被征服的土地,因此成为王室财产的一部分,那么作为王室臣民而言,不论基于何种契约对该土地任何部分的处置行为均属无效。此外,即使这些购买行为仅被视为私人契约,正如后来的许多历史学家指出的那样,这些契约通常具有欺诈性质。至少从潜在的意义上来说,《1763年皇家宣言》(*The Royal Proclamation of 1763*)就体现了这种观点,其中阐述了"七年战争"结束时英国根据《巴黎条约》在取得土地方面坚持的原则,这些成为殖民者对王室的主要不满之一。

第四章　征服、殖民、购买、特许权：英国人占领美洲的正当性理由

《1763年皇家宣言》的目的是将前新法兰西与英国之间的约束关系提升至比英国与北美洲最早的英国定居点之间的关系还要紧密的程度。1722年，英国政府宣布设立贸易委员会，其目的是"保护殖民地，使其服从和依附于宗主国"。为了实现这一目标，国王被迫约束殖民者对殖民地的侵扰活动，减少对美洲原住民利益可能造成的伤害。因此，《宣言》赋予了所谓"美洲原住民"某种在定义上含混不清的独立民族地位，授予了"印第安人的多个民族或部落"很大程度的自治权。《宣言》承认印第安人曾利用但并不是真正占有"我们的管辖范围和领土之内尚未转让或购买的任何部分土地，并将其留作他们或他们中任何人的狩猎地"。[144]《宣言》还将阿巴拉契亚山脉以西的所有土地定义为"在我们的主权保护和统治之下，供上述所提及的印第安人使用"的土地，并且禁止以后在此地建立任何定居点。[86]1758年签署的《伊斯顿条约》(The Treaty of Easton) 强调了最后一条禁止性规定，该条约禁止在阿勒格尼山脉以西建立定居点。这些禁令实际上无法施行，尤其是易洛魁人、切诺基人和克里克人世世代代就占据着位于这条线以东地区的土地；1763年，西弗吉尼亚地区已经建立了定居点。

然而，《宣言》不仅仅是限制殖民者获得土地的一次尝试，这也不是个例。从许多方面来看，它可以被看作1690年代莫西干人与康涅狄格州政府法律纠纷的最终解决方案，约翰·巴尔克利 (John Bulkley) 的《美国原住民土地权调查》(An Inquiry into the Right of the Aboriginal Natives to Land in America) 在这一方面做出了贡献。

莫西干人认为自己建立了一个主权国家,因此不能以他们"没有建立公民政体,几乎没有任何情形可以证明(他们)建立了一个国家"为由剥夺他们的土地。[87]1705年8月24日,枢密院裁定支持莫西干人的主张。尽管殖民者积极游说,但是第二年枢密院仍坚持原裁定。然而,直到1763年,旨在废除上述裁定的正式皇家法令才使这一切尘埃落定。此后,在经历了漫长历史时期之后,它被纳入1867年《英属北美法案》(*The British North America Act*, 现更名为1867年《宪法法案》),并且仍构成处理加拿大联邦政府与加拿大原住民之间众多事务的基础。早在1982年,丹宁勋爵就指出该《宣言》具有约束力,"似乎该法案中已包含这样的表述:'加拿大土著将继续享有《1763年皇家宣言》所承认的所有权利和自由'"。[88]

后来有人解释认为,《宣言》显然是为了赋予美洲印第安人一定程度的法律自治权。但是文件中反复提到英国王室在整个美洲(新西班牙、佛罗里达和加利福尼亚以北地区)行使"主权",进行"保护"和"统治",这清楚地表明王室仍希望严格限制这种自治权。印第安"民族"可能属于自治群体,享有对其祖先土地的权利,但是他们当然不能主张从英国国王的统治之下独立出来,并且他们的权利中确实包含了需要向国王缴纳因依法占有而应缴纳的费用,因此他们实际上将永远是佃户。他们仅可行使马歇尔后来在约翰逊诉麦金托什案中所判定的"占用权",而不是完整的财产权,因为用马歇尔的话说,他们没有"最终统治权",这种权力授予"欧洲民族……在将土著置于被统治地位的同时,

第四章 征服、殖民、购买、特许权：英国人占领美洲的正当性理由

土著也可以转让土地所有权".[89]与之类似，他们的政治地位也受到"最终"管辖权的严格限制，它用罗马化的语言对这种区分进行了描述，自治管辖权也被认为是一种财产所有权形式。用布鲁斯·克拉克（Bruce Clark）的话来说，它们是"主权国家，就像殖民政府是主权国家一样——拥有一个划定的司法管辖区，独立于所有其他政府，不接受帝国政府的统治"。[90]正如约翰·波科克（John Pocock）所指出的那样，马歇尔只有以美国已获得之前王室享有的帝国权力作为前提，他才能够做出那份著名且依然具有权威性的裁决，即美洲原住民曾建立了国家。[91]

尽管《宣言》没有明确重申王室通过征服而享有的权力，但是它确实坚持认为，因为"在购买印第安人土地时做出了严重的欺诈和虐待行为，由此对我们的利益构成极大的威胁，也导致这些印第安人极为不满"，必须"以我们的名义在这些印第安人召开的公开会议或集会上"完成所有后续的购买行为。也就是说，它们必然是涉及公法的问题，而不是私人契约的问题。

然而，基于购买行为而推导出的论据具有很强的证明力，因而这个问题很难轻松解决。普莱斯在1776年指出，如果英国殖民者确实购买了定居者的土地并进行了开发，那么毫无疑问英国殖民者就占有了这些土地。"因此，现在他们的财产就具备了双重意义，地球上不存在任何权力可以对他们拥有土地的权利构成任何干扰，或未经他们同意而从他们手中掳夺任何土地上收成的权利。"[92]普莱斯是美洲殖民活动的坚定支持者，像在他之前的达默的观点一样，普莱斯的观点不仅仅摒除了对原始定居者关于以

征服为基础而进行非法占有的指控,许多英国学者还以此为由反对西班牙人的主张;这也就意味着他们更加倚重这样的假设,即殖民地原本就是存在的,因此殖民地独立性的基础确实是存在的,就这一点而言,用达默的话来说就是"英国国王能够授予的……只不过是一项优先购买权而已"。[93] 购买或特许权的主张,加上改良土地的主张也增强了殖民者反对政府的声音,因为政府拒绝了他们关于在议会设立代表的要求。

对于根据自由出售或特许权提出的任何主张,殖民者还有其他方面的优势。因为如果他们通过这种方式获得了土地,那么他们也可能会避开君主限制其臣民行动的权利,即禁止出境的权利;在普通法中,这是君主的一项权利(并且很多人可能会指出这是自然法赋予的一项权利)。后来,反对殖民统治的人,例如布兰德认为殖民地实际上是以洛克的理论作为基础,就像最早出现的人类社会一样,这个社会完全源于自然状态。他在1766年写道:

> 当臣民被剥夺了公民权利,或不满他们的社会地位时,他们拥有退出其所在的社会并重新加入另一个国家的自然权利。现在,当人们行使退出自己国家的权利时,他们就恢复了与生俱来的自由和独立。对于他们脱离的国家,国家的管辖权和主权不再约束他们;如果他们联合起来并建立了一个新国家,组成一个政治社会,那么他们便是建立了一个独立于他们所脱离国家的主权国家。[94]

第四章 征服、殖民、购买、特许权：英国人占领美洲的正当性理由

一旦建立了新国家，他们的权利（当然只能是自然权利）基础只能是土地所有权或购买权或两者兼而有之。只有到那时，定居者才能有权主张自己享有主权，即英国国王室主张代表他们行使的同等主权。

五

最后，关于占领美洲合法性的长期争论变成关于主权权威来源的争论。换言之，就是谁有权制定法律以及代表谁制定法律。
1776年，亚当·斯密对英国统治者颇有微词，他说道：

> 在过去的一个多世纪中，人们对在大西洋西岸建立了一个伟大的帝国而感到振奋。但是，迄今为止，这个帝国只存在于想象之中，它还不是一个现实中的帝国；这不是一座伸手可及的金矿，而是想象中的金矿；这项"工程"劳民伤财，并且成本将继续增加，如果按照以往相同的方式推进实施该项"工程"，那么可能产生巨额费用，而不会产生任何利润。[95]

在斯密看来，殖民地的实际情况是每个定居点自身都享有特权，可以制定地方法规，施行单独的宪法，甚至建立了独立的半封建等级制度（如卡罗来纳的加勒比酋长和汉诺威领主），根据当下所使用"帝国"术语的含义，很难将英国称为"帝国"。为

完成这一注定要失败的"工程",英国所得到的只是"工程"导致的巨额公共债务,以及因为不得不对其欧洲竞争对手发动耗费越来越多金钱的殖民战争而导致的沉重负担。与法国或西班牙人不同,之所以要建立这个想象中的大英帝国,主要是因为英国王室从来没有提出任何关于占领美洲的明确概念。正如我们所看到的那样,尽管实际上英国很少实施征服行动,但是王室通常坚持认为其海外殖民地属于被征服的土地。根据英国普通法,征服活动使殖民地成为王室领地的组成部分,直接服从王室命令,而不是服从议会的命令。从逻辑上来说,正如后来殖民者主张的那样,殖民者在议会中没有"虚拟"代表,实际上是由"议会中的国王"亲自代表殖民者,而不是由殖民者推选自己的代表。然而,王室通常会搁置自己关于管辖权的主张,不仅授予其臣民土地,而且还允许这些臣民制定自己的法律——其他所有欧洲君主制国家都没有这样做,他们的殖民地都受宗主国颁布的法律管辖。这意味着在实践中(即使不是从法律上讲)王室也与定居者共享主权。1766 年 3 月,一位匿名作者在《宾夕法尼亚杂志》(*Pennsylvania Journal*)和《广告周报》(*Weekly Advertiser*)上撰文表示:"在联邦国家中,各成员国之间彼此独立但又处于某个统治者的统治之下,例如我目前认为大英帝国可以确保在其每一块领土上全部立法权的整体性和完整性,并且各个立法机关保持绝对的相互独立性。"

1763 年之后,当美国殖民者发现自己面对政府在决定重新取得对不列颠群岛及海外所有领土的全部主权时,他们转而支持那

第四章　征服、殖民、购买、特许权：英国人占领美洲的正当性理由

些根据自然法而非市民法来协助他们确保享有实际上已享有的权利的主张。这就要求他们重新审视并从根本上实质性地重新撰写原始定居点的法律历史。对于如何及以何种权力剥夺了一般认为土著根据自然法所获得的土地所有权，最终不会在很大程度上决定其具有与未来的英国殖民地及其居民所享有的地位。托马斯·杰斐逊称英国殖民者为"英裔美洲人"，直到18世纪初，他们才开始考虑脱离"母国"这种令他们感到恐惧的可能性。但是，从1770年代的阿兰达伯爵（Count to Aranda）到1820年代的玻利瓦尔（我们在后文中会再次提到这些人），他们都认识到独立最终对南美西班牙定居点产生的重大影响，事实上英国殖民地建立的政府形式和制定的法律制度从一开始就具有独立性，其他欧洲君主制国家都未曾允许其移民做出这种行为。

注释

1. *De regis catholici praestantia, eius regalibus, iuribus et praerogatiuis commentari* (Milan, 1611), 332.

2. See p. 16.

3. Edmund and William Burke, *An Account of the European Settlements in America* (London, 1757), II, 288-9.

4. 转引自 Craig Yirush, *Settlers, Liberty and Empire: The Roots of Early American Political Theory 1675–1775* (Cambridge: Cambridge University Press, 2011), 79。

5. *The Expansion of England*, 12.

6. Works, Charles Francis Adams, ed. (Boston, 1850-6), IV, 37.

7. John Elliott, *Empires of the Atlantic World: Britain and Spain in America 1492-1830* (Yale: Yale University Press, 2006), 76.

8. 转引自 Stuart Banner, *How the Indians Lost Their Land: Law and Power on the Frontier* (Cambridge, MA: Belknap Press, 2005), 13。

9. "Etablissement de la Compagnie des Indes Occidentales", in *Edits, ordonnances royaux, déclarations et arrêts du conseil d'état du Roi concernant le Canada* (Quebec, 1854-6), I, 46.

10. 转引自 John Elliott, *Empires of the Atlantic World*, 75, 关于西班牙人和英国人对皈依态度的区别, 参见第 74—78 页。

11. "The Second Charter Granted by Charles II to the Proprietors of Carolina", in *Historical Collection of South Carolina; Embracing Many Rare and Valuable Pamphlets and Other Documents Relating to the State from Its First Discovery until Its Independence in the Year* 1776 (New York, 1836), II, 44.

12. *Locke*, Second Treatise on Government, 2. 175, 403.

13. "A Discourse on Government with Relation to Militias", in *The Political Works of Andrew Fletcher* (London, 1737), 66.

14. On the Portuguese, see pp. 136-7.

15. *First Institute of the Laws of England* (Philadelphia, 1826-7), 249b.

16. 转引自 John Thomas Juricek, "English Claims in North America to 1660: A Study in Legal and Constitutional History", unpublished Ph. D. thesis, University of Chicago, 1970, 512, 669-71。

17. "Unto your Majesties Tytle Royall to these Forene Regions and Ilandes do appertayne 4 poyntes", in *The Limits of the British Empire*, Ken MacMillan (with Jennifer Abeles) eds. (Westport, CT; London: Praeger 2004), 48.

18. 这种表述源自 *Inter caetera*, printed in *Bulas Alejandrinas de* 1493 *texto y*

第四章　征服、殖民、购买、特许权：英国人占领美洲的正当性理由

traducción, 19。

19. "The First Charter of Virginia; April 10, 1606", The Avalon Project http:// avalon. law. yale. edu/17th_ century/va01. asp.

20. "Epistle Dedicatory to Sir Walter Ralegh", in *The Original Writings and Correspondence of the Two Richard Hakluyts*, E. G. R. Taylor ed. (London: Hakluyt Society, 1935), II, 368.

21. "A Discourse on Western Planting", *The Original Writings and Correspondence of the two Richard Hakluyts*, II, 215.

22. Ibid., 216.

23. *A Relation of the Second Voyage to Guiana* (London, 1596), A1b.

24. 关于该内容参见 David Armitage, *The Ideological Origins of the British Empire*, (Cambridge: Cambridge University Press, 2000), 73–5。显然，理查德·塔克是正确的，他认为相比于西班牙，宗教在英国开展殖民活动的动机中发挥的作用更逊一筹。*The Rights of War and Peace*, 110.

25. *The Works of the Pious and Profoundly-Learned Joseph Mede*（根据作者的手稿进行了勘误并增补了内容）(London, 1672), 980–1.

26. 转引自 Karen Ordahl Kupperman, *Settling with the Indians: The Meeting of English and Indian Cultures in America, 1580–1640* (Totowa, NJ: Rowman and Littlefield, 1980), 166。

27. William Strachey, *The Historie of Travell into Virginia Britania*, Louis B. Wright and Virginia Freund eds. (London, 1953), 24. 感谢大卫·阿米蒂奇提醒我阅读这篇文章。

28. *The Reports of Sir Edward Coke*, Book VII (London, 1658), 601–2.

29. *A Letter to Edmund Burke, Esq., A Member of Parliament for the City of Bristol…in Answer to his Printed Speech* (Gloucester, 1775), 18–20.

30. "The Rights of the British Colonies Asserted and Proved" [Boston, 1764], in Bernard Bailyn ed., *Pamphlets of the American Revolution* I: 1750-1765 (Cambridge, MA: Harvard University Press, 1965), 422.

31. 转引自 Kent Mcneil, "A Question of Title: Has the Common Law Been Misapplied to Dispossess the Aboriginals?", *Monash University Law Review* 16 (1990), 91-110 at 100。

32. Leviathan, I, XXVI, 200.

33. "Fundamental Constitutions of Carolina", in *John Locke: Political Essays*, Mark Goldie ed. (Cambridge: Cambridge University Press, 1997), 161-2.

34. *The Reports of Sir Edward Coke*, Book VII, 601-2.

35. Sir William Blackstone, *Commentaries on the Laws of England*, Stanley Katz ed. (Chicago: University of Chicago Press, 1979), I, 105.

36. Howell, *State Trials*, II, 648; *The Case of Ireland's Being Bound by Acts of Parliament* (London, 1698), 148.

37. "Rapport fait à l'Assemblée Nationale, sur les colonies, au nom des Comitées de Constitution, de Marine, d'Agriculture, de Commerce et des Colonies, le 23 Septembre, 1791" [Paris], 6-7.

38. 议会承认英格兰和苏格兰这两个地区处于同一个帝国的统治之下。议会并没有表示自己接受一个君主或国王的统治，这可能是指在一个王国治下的臣民不能根据这一点而认为两个王国对军队享有的主权权利。"The case of the Pest-Nati of Scotland", in *The Works of Francis Bacon*, James Spedding ed. (London, 1857-74), VII, 670-1。

39. "On the Tenure of the Manor of East Greenwich" [January 11, 1766], in Benjamin Franklin, *The Papers of Benjamin Franklin*, William B. Wilcox ed. (New Haven and London: Yale University Press, 1959-1993), XIII, 21.

第四章 征服、殖民、购买、特许权:英国人占领美洲的正当性理由

40. 转引自 P. J. Marshall, *The Impeachment of Warren Hastings* (Oxford: Oxford University Press, 1965), 74。

41. 转引自 Gordon Wood, *The Creation of the American Republic* 1776-1787 (New York and London: W. W. Norton, 1972), 5。

42. "On the Plantation Trade", in *The Political and Commercial Works of that Celebrated Writer*, Charles D'Avenant LL. D. (London, 1771), II, 30-1.

43. *The Life of George Washington: Commander in Chief of the American Forces during the War Which Established the Independence of His Country, and First President of the United States* (引言开门见山描写了英国人在北美大陆开拓殖民地的壮观场景) (London, 1804-7), I, 106-7. (第二部分内容以《英国人在北美洲殖民地开拓史》为书名重新出版。)

44. "Representation of the Present State of the Colonies", *The Papers of Benjamin Franklin*, V, 368.

45. "An Examination of the Acts of Parliament Relative to the Trade and the Government of Our American Colonies" (1752) and "*De Jure et Gubernatione Coloniarum*, or An Inquiry in the Nature, and the Rights of Colonies, Ancient, and Modern" (1774), Jack P. Greene, Charles F. Mullett, and Edward C. Papenfuse, Jr., eds. (Philadelphia: American Philosophical Society, 1986), 200.

46. U. S. (8 Wheaton) 543.

47. 转引自 Steven T. Newcomb, "The Evidence of Christian Nationalism in Federal Indian Law: The Doctrine of Discovery, *Johnson v. McIntosh* and Plenary Power", *New York Review of Law and Social Change* 20 (1993), 303-41 at 319。

48. "最早发现这个地方并留下所有权痕迹的欧洲大国被认为取得了该项权利,即使该国尚未在那里建立一般意义上所说的殖民地。" *Commentaries on the Constitution of the United States* (Boston, 1891), vol. 1 [first published

1833], 106.

49. 即著名的马博案。*Commonwealth Law Reports*（Australia）175（1991-2）。但是，在本案中，高等法院不支持英国政府最初根据无主土地的原则针对澳大利亚土地提出的所有权主张，对马歇尔而言，这种取得领土的手段完全合法。

50. *Cherokee Nation v. Georgia*, U. S.（5 Peters）1（1831）.

51. 约翰逊诉麦金托什案（*Johnson v. M'Intosh*），U. S.（8 Wheaton）591-2。

52. See p. 153.

53. "Representation of the Present State of the Colonies", V, 368.

54. 然而，他的意思是英国是一个古老的帝国，不列颠王国被认为是由特洛伊的布鲁图斯（埃涅阿斯的后裔盎格鲁-撒克逊人）和神话传说中的亚瑟王建立的。英国人认为亚瑟王征服了北大西洋和斯堪的纳维亚半岛的30个王国，建立了"大英帝国"。Ken MacMillan, *Sovereignty and Possession in the English New World, Sovereignty and Possession in the English New World: The Legal Foundations of Empire, 1576 – 1640*（Cambridge: Cambridge University Press, 2006）, 59-60.

55. *The Limits of the British Empire*, 43-4.

56. David Lupher, *Romans in a New World*, 175-7.

57. 关于这个故事的最原始版本以及围绕它的争议所展开的讨论，参见 Hernán Cortés, *Letters from Mexico*, Anthony Pagden ed. and trans.（London and New Haven: Yale University Press, 1986）, 84-7 and 467-9。

58. 转引自 Andrew Fitzmaurice, *Humanism and America: An Intellectual History of English Colonization 1500-1625*（Cambridge: Cambridge University Press, 2003）, 151-2。关于这个神话的历史及其起源，参见 Gwyn A. Williams,

第四章　征服、殖民、购买、特许权：英国人占领美洲的正当性理由

Madoc: *The Legend of the Welsh Discovery of America* (London: Methuen, 1979)。哈克卢特在《英国民族主要的航海、旅行、交往和发现》一书的序言中也提到迦太基人是最早的美洲人 (*The Original Writings and Correspondence of the Two Richard Hakluyts*, II, 435)。在哥伦布发现美洲之前还有其他类似的奇幻传说。迪伊和哈克卢特都曾读过 16 世纪编年史学家贡萨洛·费尔南德斯·德·奥维耶多的文章，他认为西印度群岛实际上是神话传说中的黑斯佩底德群岛，传说这个群岛是以西哥特黑斯佩罗国王的名字命名的。同样，法国人文学家纪尧姆·波斯特尔 (Guillaume Postel) 为了证明美洲是法国人的财产，他认为诺亚的儿子雅弗的后裔在美洲或亚特兰蒂斯定居；波斯特尔认为，人类在大洪水之后流散到世界各地，雅弗的后裔离开高卢来到了美洲。参见 David Armitage, "The New World and British Historical Thought from Richard Hakluyt to William Robertson", in *America in European Consciousness 1493-1750*, Karen Ordahl Kupperman ed. (Chapel Hill and London: University of North Carolina Press, 1995), 58。

59. "The New World and British Historical Thought from Richard Hakluyt to William Robertson", 58.

60. *The Free Sea*, 13. On the circumstances of Hakluyt's translation, see pp. xxi-xxii.

61. "On the American Indians", 2.3, *Political Writings*, 264-5.

62. "Observations on the Nature of Civil Liberty, the Principles of Government, and the Justice and Policy of the War with America", *Political Writings*, D. O. Thomas ed. (Cambridge University Press: Cambridge, 1991), 40.

63. *Political Essays Concerning the Present State of the British Empire* (London, 1772), 472.

64. 转引自 Marcel Trudel, *The Beginnings of New France*, *1524-1663*, Pa-

tricia Claxton trans. (Toronto: Toronto University Press, 1973), 38。

65. "The True Limites of All the Countries and Provinces at This Present Actually Possessed by ye Spaniards and Portugales in the West Indies'", *The Original Writings and Correspondence of the Two Richard Hakluyts*, II, 423. 他们可能打算在 1600 年与西班牙的和平谈判中提到这一点。

66. *The Three Charters of the Virginia Company of London with Seven Related Documents*, with an introduction by Samuel M. Bemiss (Williamsburg: James-town 350th Anniversary Historical Booklets, 1957), 1.

67. "On Plantations", *The Works of Francis Bacon*, VI, 457.

68. See Andrew Fitzmaurice, "The Genealogy of Terra Nullius", *Australian Historical Studies* 38 (2007), 1–15 *and Humanism and America*, 140-4, and cf. Michael Connor, *The Invention of Terra Nullius. Historical and Legal Fictions in the Foundation of Australia* (Sydney: Macleay Press, 2005).

69. 感谢大卫·阿米蒂奇给我指出了这一点。

70. *A Sermon Preached to the Honourable Company of the Virginia Plantation* 13 *Nov.* 1622 (London, 1623), 26.

71. 关于不同的观点，参见耶利米·达默的观点，即"罗马法专家认为，发现优先权或先占"是无效的，因为"该权利仅赋予了对被抛荒土地所享有的权利，而这些土地并不是被抛荒的土地，而是被居住在这里的人占有的土地；毫无疑问，他们掌握着自己国家的所有权，与欧洲人享有的所有权一样"。转引自 Yirush, *Settlers, Liberty and Empire*, 100。

72. *De Iure belli*, 131.

73. *Records of the Governor and Company of the Massachusetts Bay*, Nathaniel Shurtleff ed. (Boston: William White, 1853-4), II, 245.

74. *Second Treatise*, 7, p. 309.

第四章　征服、殖民、购买、特许权：英国人占领美洲的正当性理由

75. *Reasons and Considerations Touching the Lawfullness of Removing out of England into Parts of America* (London, 1622), f. 2v.

76. *Second Treatise*, 7, p. 292.

77. 转引自 Brendan McConville, *These Daring Disturbers of the Public Peace: The Struggle for Property and Power in Early New Jersey* (Ithaca: Cornell University Press, 1999), 166。

78. "Speech on the State of Representation of Commons in Parliament", in *Writings and Speeches* (New York: J. F. Taylor, 1901), VII: 94–5.

79. *Nova Britannia, Offering Most Excellent Fruites by Planting in Virginia* (London, 1609), 47.

80. 转引自 (from Camden's Annales) Edward P. Cheyney, "International Law under Queen Elizabeth", *English Historical Review* 20 (1905), 659–72, at 660。

81. *A Just and Modest Vindication of the Scots Design, for Having Established a Colony at Darien* (n. p., 1699), 72-5，关于这种体制起源更一般性的阐述，参见 David Armitage, "The Scottish Vision of Empire: Intellectual Origins of the Darien Venture", in *A Union for Empire: Political Thought and the British Union of 1707*, John Robertson ed. (Cambridge: Cambridge University Press, 2006), 45–118.

82. Banner, *How the Indians Lost Their Land*, 10–48.

83. Benjamin Schmidt, *Innocence Abroad: The Dutch Imagination and the New World, 1570–1670* (Cambridge: Cambridge University Press, 2001), 247, 384 n. 9.

84. 转引自 Banner, *How the Indians Lost Their Land*, 41-2。

85. Jeremiah Dummer, *A Defence of the New-England Charters* (London, 1721), 14. On Dummer, see Yirush, Settlers, Liberty and Empire, 83–112.

257

86. The text of the Proclamation is printed in Kennedy, *Documents of the Canadian Constitution*, 20-1.

87. Joseph Henry Smith, *Appeals to the Privy Council from the American Plantations* (New York: Columbia University Press, 1950), 434.

88. R. v. *Secretary for Foreign and Commonwealth Affairs* [1982] Law Rep. Q. B. 892, 914.

89. *Johnson v. McIntosh*, U. S. (8 Wheaton) 574. 尽管罗马法中存在"先占权"的概念,但是斯图尔特·班纳认为,美国独立之后,美国人才开始使用这个概念,并且只有19世纪初期的美国法学家使用过这个概念。*How the Indians Lost Their Land*, 150-90.

90. *Native Liberty, Crown Sovereignty: The Existing Aboriginal Right of Self-Government in Canada* (Montreal: McGill-Queen's University Press, 1990), 41n.

91. "A Discourse on Sovereignty: Observations on the Work in Progress", in Nicholas Phillipson and Quentin Skinner eds., *Political Discourse in Early-Modern Britain* (Cambridge: Cambridge University Press, 1993), 377-428. 但是,应当指出的是,随后"印第安民族"的地位被重新定义为"属于我们宪法管辖的范围之内,不是独立国家或主权国家,而是印第安部落"。*Choctaw v. United States*, 119 U. S. 1 (1886) 27.

92. "Observations on the Nature of Civil Liberty, the Principles of Government, and the Justice and Policy of the War with America", *Political Writings*, 40.

93. *A Defence of the New-England Charters*, 13.

94. *An Enquiry into the Rights of the British Colonies*, 12.

95. *An Inquiry into the Nature and Causes of the Wealth of Nations*, II, 946-7 (V. iii). Also see the comments in Harold James, *The Roman Predicament*, 20-1.

第五章
占领海洋：
雨果·格老秀斯和塞拉芬·德·弗莱塔
论发现和先占权

一

亚当·斯密曾说，哥伦布和达·伽马的航海探险活动是人类历史上"最伟大且最重要的事件"。这与纪尧姆·托马斯·雷纳尔神父（Guillaume Thomas Raynal）的观点是一致的。[1] 尽管没有人提及这种颇为自负的说法源自西班牙历史学家弗朗西斯科·洛佩斯·德·戈马拉（Francisco López de Gómara），但是 19 世纪中叶黑格尔学派地理学家恩斯特·卡普（Ernst Kapp）以及 20 世纪卡尔·施密特仍反复提到这种观点的其他版本，只是形式不同。[2] 然而，尽管戈马拉将美洲的发现（他没有提及达·伽马）视为基督教传播历史上的重要事件，但卡普则将美洲的发现与环球航行一并视为人类文明发展进入最后阶段的标志。斯密和雷纳尔认为，发现美洲和开辟通往印度的海上航线标志着现代商业体系的建立；而雷纳尔最畅销的著作《东西印度群岛的哲学和政治史》(*Philosophical and Political History of the Two Indies*) 既是对历史的记录，也是对发现美洲和开辟通往印度海上航线的庆祝。此外，哥伦布和达·伽马不仅颠覆了人们的地理知识，而且极大地增加了世界可交易商品的数量；他们将当时世界尚处于相互隔绝状态的四块（主要）大陆连接在一起，由此将人类联系在了一起。

在这样的背景下，"地理大发现"的故事实际上并不是欧洲人与非欧洲人的"偶遇"——欧洲人首先发现的是非洲，其次是美洲、印度，最后是太平洋地区——这意味欧洲人将他们对自身环境的认知视作一种叙事（或者更确切地说是一系列叙事），这可以从古代世界地理学中找到源头。[3] 古代人传统上将宇宙（cosmos）、世界（mundus）或地球（orbis terrarum）视为一个被海洋——俄刻阿诺斯（Okeanos）——环绕的岛屿，俄刻阿诺斯是一条环绕世界的大河，全人类居住在被这条河围绕起来的区域之中。这块封闭的陆地被分为三个大洲：欧洲、非洲和亚洲。由此，希腊历史学家希罗多德（Herodotus）将"人类居住的地方"命名为"世界"（oikoumene），原本浩瀚的未知空间似乎具备了某种凝聚力。"世界"上不仅有人居住，而且在某种意义上说它是一个政治体，希罗多德对此颇有微词，他不明白"为什么要赋予事实上的同一个整体三个名字，并且还是女性的名字"。[4] 然而，似乎最困扰希罗多德和他所在的罗马帝国历代皇帝的问题在于，在他们殚精竭虑尽可能地从政治上控制这个世界的时候，"世界"的大多数居

第五章　占领海洋：雨果·格老秀斯和塞拉芬·德·弗莱塔论发现和先占权

民实际上住在相互孤立隔绝的地方。

西塞罗的著作《西庇阿之梦》（Somnium Scipionis）中流传最广的一段拉丁文段落是他耗费大量文字对人类关于空间极限某种焦虑的描述。罗马将军西庇阿·埃米利安努斯（Scipio Aemilianus）梦见已去世的祖父老西庇阿将军——"非洲的征服者西庇阿"（Scipio Africanus）——与他交谈并给他展示了一幅世界地图，地图上的地球不是被分为三块大陆，而是分为四块有人居住但彼此相互隔绝的大陆。老西庇阿说：

> 你看，人们只是生活在大地上为数不多的几个地方，这些地方极为狭小，其间分布着广袤的沙漠……人们相隔遥远，居住在不同地方，互不往来；一些人居住在大地的斜面和正对面，还有一些人居住在你们的正背面。你们根本不必奢望从他们那里赢得荣耀。[5]

对于西塞罗而言，从西庇阿之梦得到的教训就是世俗名望相对而言无足轻重。然而，当生活在5世纪的马克罗比乌斯（Macrobius）对西庇阿之梦作出新柏拉图学派式评论时，他关注的是分散居住在大地上不同地区的人类——随着欧洲人对世界的了解不断增加，这种关注会反复出现——在西庇阿的梦里，人们无法相互交流，而马克罗比乌斯认为，这是对人类的生存环境的破坏。[6]

1434年，亨利王子（Henry Prince）资助的第一批船队扬帆起航，此次航行的目标是绕过从西撒哈拉伸向大西洋深处的博哈多尔角,当时人们认为博哈多尔角是人们航行所能抵达的海洋最远处,他们对世界的认知与希罗多德并没有太大的差别。15世纪末,欧洲人首先从非洲开始探险活动,接下来就是亚洲;不久之后,欧洲人认为陆地被一片海洋环绕且零星分布在海洋上的地理学和人类学形象认知就发生了动摇。1508年,葡萄牙宇宙学家杜阿尔特·帕谢科·佩雷拉(Duarte Pacheco Pereira)写道:"因此,我们会注意到这样的观点——大地环绕着位于其空心地带和中心位置的海洋,这与哲学家认为海洋环绕大地的观点是不同的。"[7]人们后来发现了新大陆,这证实了全球陆地几乎是连接在一起的观点,而人类对所处环境空间形象的认识变化无情地改变了人类对空间概念的认知。现在,可以将人类历史视为一种人类在时空范围内迁徙的叙事。正如英国地理学家塞缪尔·帕切斯(Samuel Purchas)在1625年出版的探险旅行记《帕切斯朝圣旅行记》(Hakluytus Posthumus, or Purchas his Pilgrimes)中所解释的,这本记录"朝圣旅行"的行记不是关于"环游世界的游记,而是记录了世界航海和探险过程中世界历史的变迁"。[8]

对16、17世纪大航海时代的新一代历史学家而言,例如帕切斯以及他的前辈哈克卢特、美国早期的自然历史学家奥维耶多、戈梅斯·埃亚内斯·德祖拉拉(Gomes Eannes de Zurara)、巴洛斯、安东尼奥·德·埃雷拉、安德烈·特维(André Thevet)、皮埃尔·弗朗索瓦·夏利华(Pierre François Charlevoix),他们认为海洋不再是陆地的边界和国家之间的边界,而是宽阔的"大道",是最终将世界所有已知和未知国家的民众联系起来的通道。通过这种方

第五章　占领海洋：雨果·格老秀斯和塞拉芬·德·弗莱塔论发现和先占权

式，海洋将仅曾出现在西庇阿梦境中的、四处散居的人类聚集在了一起。正如意大利人文学家皮埃特罗·本博（Pietro Bembo）借哥伦布之口所说的，"地球天然就可以让人类到达地球上的各个角落"。[9]

在到达地球各个角落的过程中，人类不仅展示了自身的技能，而且还撕掉了贴在身上的野蛮人标志，恢复了因为在伊甸园犯下的罪恶而丧失的全知能力。人类为适应发现美洲的存在而进行的最早尝试之一就是改变对世界旧空间的认知。在 1532 年出版的《新世界和孤岛》（*Novus orbis regionum ac insularum veteribus incognitarum*）一书中，巴塞尔宗教改革家西门·谷利纽斯（Simon Grynaeus）对这些新时代探险家历经千辛万苦恢复亚当曾统治自然界状态的所作所为大为赞赏。[10] 谷利纽斯认为，航海家、地理学家、数学家和天文学家是上帝让自然界满足人类需求的"工具"。这些人尊贵崇高的使命和无知之人对他们深深的不信任感就像圣徒的处境一样，他们亦是抛家舍业、离开安乐窝去践行上帝的圣言。甚至可以认为新涌现的航海家与沙漠教父、基督及其门徒具有同样的身份。

在近一个世纪之后，笔耕不辍的帕切斯也将人类被驱逐出伊甸园的传说作为人类从静止状态转向迁徙状态的起点。他写道，人类"愿意自己是人而不是造物主，基于此，人类被赶出天堂四处流浪，成为朝圣者走遍世界"。帕切斯认为，上帝的报复行为将整部人类史——包括基督受难的故事（他称之为"从神到人并再次回到人"的"最伟大的历程"）——转化为一个人类迁徙的故事。至少就现代世界而言，这个故事是由基督和福音传道者讲述的，他们不仅是最早信仰基督教的一批探险者，而且也"建立了教会并以此为据点定居下来"，因此他们也是最早的一批殖民者，这种联系非常重要。[11]

总之，所有这些关于现代性的叙事以及它们出现和传播的年代都极其相似。现代人摆脱了自然（或神灵，甚至上帝）强加的限制，因为人类具有改造自然的能力，人类用木材建造船舶，用亚麻织造船帆。在3世纪成书的奇书《赫尔墨斯文集》（*Corpus Hermeticum*）中［据传作者是巫师赫尔墨斯·特里斯墨吉斯忒斯（Hermes Trismegistus）］，人们认为他甚至比摩西（Moses）更有智慧，书中提到希腊神赫尔墨斯将"德穆革"（demiurges，这种物质创造了宇宙）禁锢在人体内，以此作为对人类企图对抗众神创造能力的惩罚。就在他做这件事情时，诽谤之神墨莫斯却向他表示祝贺。墨莫斯不无嘲讽地说，"创造出人类来，你可真是勇气可嘉"。

> 人这种动物满眼好奇，巧舌如簧。因为他们会将自己制定的计划在地球的角角落落付诸实施，（这些人）甚至会将他们敢于冒险且忙碌不停的双手伸向大海的尽头。他们砍伐森林，越过重洋，将木头（例如建造成船舶）从此岸运送至彼岸，直至运送到最遥远的地方。[12]

到16世纪后期，人们将人类空间征服史、人类对"最遥远

第五章　占领海洋：雨果·格老秀斯和塞拉芬·德·弗莱塔论发现和先占权

土地"的终极大发现以及随后的占领以三个时间节点作为标志，即火药、指南针和印刷术的发明，人类在这三个时间节点利用发明的新技术发现了美洲和通往印度的新航线，随之改变了人类对世界的终极认知。而后两种技术导致人类的流动速度加快，并可以使他们能够更好地交流。指南针的发明使出现强大的欧洲海洋帝国具备了可能性。人们认为，15 和 16 世纪的大发现提升了人类利用科技获得权力的真正潜力，因为他们通过前所未有的方法发现了"新世界"——至少新发现的地区可以被称为"新世界"。然而，应该强调的是，尽管戈马拉将新世界称为"新"，是因为它与旧世界存在区别，并且因为两个"世界"在面积大小上有些不相称，但是"新"这个字眼通常也意味着发现者此前对新世界一无所知。1556 年，索托指出："我们在谈到有着大量岛屿和广袤土地的新世界或新大陆的时候"，我们使用这个词的方式与诗人卢坎所说的那句话是一样的，"阿拉伯人啊，你们来到了一个陌生的世界"。[13]没有人认为这些地方是真正的"新大陆"，只是对我们而言这是"新大陆"。尽管后来的历史学家抨击了他们的观点，但是大多数现代早期的欧洲人一直通过这种方式来了解他们现在发现的新世界原本就具有的古老特性。

然而，对我们而言，"新"不仅展示了一个截然不同的过往，一个古代人并非无所不知、无所不晓的过往，它还构想出了改变未来的愿景。1581 年西班牙人文学家胡安·德·马尔多纳多 (Juan de Maldonado) 在具有现代色彩的《西庇阿之梦》一书描述了关于天体的知识，其中提到西班牙人"占领了几处海滩"，就

"自认为已经发现了一个新世界"。那些海滩以及美洲以外的地方原本就一直存在。同样,在欧洲大国的话语体系中一直暗含着一种确立发现权的可能性,这些发现不仅适用于已知世界,而且适用于所有未来可能发现的世界。赫拉克勒斯之柱矗立在通往大西洋的海门处,这里是地中海的门户。但是,正如所谓"尽头"所蕴含的意思,它们不仅是自我设定的限制,而且还是对可能性的限制。1516年,查理五世在自己的王徽上绘上了赫拉克勒斯之柱(现已变成排列整齐有序的多立克柱样式),并通过将其写作"超越极限"(plus ultra)的字样而改变了立柱的线条,他这样做不仅仅是庆祝他的"帝国"已经超出了"奥古斯都皇帝"称号所确定的范围极限,他还就存在进一步扩张的可能性作出了声明。现在,这些柱子不在人们认知的范围之内,而是位于通往未知世界的大门处。[14] 的确,从罗马教皇最早允许葡萄牙王室在西非海岸殖民的那一刻起,就不可避免地面临葡萄牙人在未来提出享有所有"未发现土地"的主权主张。[15] 对于所有18世纪初之前绘制的美洲、亚洲和非洲地图,以及在19世纪之前绘制的非洲和太平洋地图上的地区,欧洲大国你争我夺,主张拥有领土主权,但实际上它们对这些地方一无所知。最早绘制有美洲大陆的两幅地图——拉·科萨(La Cosa)地图和坎提诺(Cantino)地图就说明了这一点。第一幅是绘制于1500年,并呈给卡斯蒂利亚王国的地图,王国国旗向南一直延伸至南部海岸,北部有一些地区插着英国国旗,但是并未说明巴西属于根据《托德西利亚斯条约》而属于葡萄牙管辖区域。为了纪念西班牙国王和他们雇用的意大利航

第五章　占领海洋：雨果·格老秀斯和塞拉芬·德·弗莱塔论发现和先占权

海家，这些地区大多数地名是以他们的名字来命名的。1502年呈给葡萄牙曼努埃尔一世的坎提诺地图反映的情况则恰恰相反。在这幅地图中，葡萄牙国旗不仅覆盖了整个西班牙占领的美洲大部分地区，而且还覆盖了非洲沿海及现在人们仍称为"海洋"（Mare Oceanus）中的各个岛屿。地图上绘制了一块南方大陆——"未知的南方土地"（Terra australis incognita），这进一步凸显了世界的不确定状态。直到18世纪，人们才发现了证明这一点的充分证据〔1642年，荷兰人阿贝尔·塔斯曼（Abel Tasman）在塔斯马尼亚岛和新西兰南岛登陆，并且环绕澳大利亚航行，但是由于他未能抵达澳大利亚东部海岸，因此他对澳洲仍未形成整体性认知〕。但是，1569年，南方大陆首次出现在墨卡托（Mercator）绘制的世界地图上，并且出现在随后的所有世界地图上。与之前的美洲一样，人们认为未来可能会从南方大陆获得丰富的矿产资源以及建立欧洲人的政权。1776年，维多利亚·里奇（Victoria Ricci）以让人叹服的推理说服了梵蒂冈教廷，教廷甚至在1681年设立了南方大陆圣区。[16] 然而，只要存在尚未被发现、人迹未至以及未被占领的地方，那么世界就将一直处在不确定的状态之中。

二

正如我们在第一章中所看到的，西班牙王国和葡萄牙王国的官方文献最先是通过法律虚构的方式提供了瓜分新发现的"新"

世界以及尚未发现的任何其他新世界的可能性,这种观点认为尽管世界上存在千千万万个不同的民族,从新地理学层面来说证据充分、无可辩驳,但世界却属于一个人(教皇)或两个人(教皇和皇帝)的财产。直到16世纪末,两个伊比利亚王国在很大程度上仍一直认同这种假说,而英法两国的活动——对他们来说英法的行为是荒诞的——仅限于对北美地区和加勒比海地区的西班牙船舶进行断断续续且通常毫无效果的袭击。正是在拥有数量庞大且实力强劲的海上舰队的荷兰人出现后,这种不稳定的局面才被打破。荷兰人与西班牙爆发战争——1580年伊比利亚王国与葡萄牙合并后进军大西洋,之后进入印度洋。总体而言,荷兰东印度公司与大多数早期贸易公司一样,它们会避免直接进行对抗。这些贸易公司一直主张,它们是追求和平的合法企业,其政治目的是使荷兰变得富有,并尽可能削弱西班牙-葡萄牙帝国的经济实力而非军事实力。然而,1603年2月25日上午,该公司的一名船长(后担任海军上将)雅各布·范·海姆斯克(Jakob van Heermskerk)在新加坡海峡入口处扣押了载重400吨的葡萄牙船舶圣卡塔琳娜号(Santa Catarina),并将其押解回荷兰。[17]葡萄牙人提出抗议并要求归还货物,理由是该扣押属于海盗行为。荷兰东印度公司多位董事(其中大多数属于门诺派教徒)均同意归还;有些董事拒绝归还任何财产;另一些人则通过出售股票表达抗议;还有一些人甚至探讨了在法国国王的保护下设立独立贸易公司的可能性。[18]最终,他们出于贪念在阿姆斯特丹出售了这批货物,共获利350万荷兰盾,在当时这笔款项仅略低于英国政府当年的总

第五章　占领海洋：雨果·格老秀斯和塞拉芬·德·弗莱塔论发现和先占权

收入。

1604年至1605年间，21岁的格老秀斯（他是海姆斯克的堂兄）应邀为东印度公司提出圣卡塔琳娜号属于正义战争战利品的主张进行辩护。[19]他后来写道，"我的作品是以最高尚的爱国精神构思出来的，但它是在我很年轻的时候（青年时代）完成的"。他认为这部作品呼应了1539年维托利亚《论印第安人》的观点，标题相似不是纯粹的偶然，尽管他在这里讨论的是东印度群岛而不是西印度群岛。这就是之后书名为《论战利品法》(*De iure pradeae*，英文名为 *On the Rright of Booty*) 的著作，但该著作并未出版。但是，1609年，他匿名出版了书中的第12章，书名为《论海洋自由》(*Mare liberum*，英文名为 *The Free sea*)。这样做是为了在1609年4月9日举行的《阿姆斯特丹公约》谈判中作为荷兰人的后手之一，西班牙人认为荷兰人在东西印度群岛开展海盗活动，他们希望荷兰人同意终止这种活动。如果情况属实，那么就证明这本书没有发挥任何作用。但是这引发了持续近一个世纪的争论。英格兰人和苏格兰人认为这本书可能会侵犯他们在北海的捕鱼权，西班牙人则认为这是对西班牙美洲帝国的基石发起的攻击，而威尼斯人认为这是在反对他们主张独占亚得里亚海的权利。

格老秀斯的目的是证明葡萄牙人（尽管因为西班牙和葡萄牙当时已经合并，但他未区分葡萄牙人与西班牙人）不得主张拥有对海洋的统治权，因此他们不能禁止荷兰或者任何国家在同一片海洋中开展贸易活动。[21]为了证明这一点，他以友好法则和人类在地球上自由迁徙法则作为切入点，这也是维托利亚《论印第安人》的核心观点，似乎这段内容是对维托利亚著作中第三个论题展开的延伸评论。像维托利亚一样，格老秀斯首先提出了一个问题："任何一个国家都有权阻止其他极其渴望互通有无、沟通交流的国家吗？"[22] 答案当然是否定的。格老秀斯的论证也以同样的维吉尔式语言作为切入点，其中包括人类的友好天性和互惠互利，以及所有人对开展交流和国际交往的需求，这些都是维托利亚曾提及的观点。[23] 格老秀斯指出："即使隔着这片海洋，上帝也可越过海洋在地球上的所有地区畅行"，"大自然让所有国家相互畅行无阻"，如果需要证明，那么可以用这样一个事实证明，塞涅卡"认为大自然带来的最大好处在于，即便它使各国分散在不同的地区，并将其所有物产分配给各国，芸芸众生必然需要互通有无"。基于此，他进而支持维托利亚的观点，认为葡萄牙禁止荷兰等国家在同一片海洋中开展贸易"违反最神圣的友好法则"。[24]

因此，任何企图这一过程的干预活动都必然构成危害人类罪。1世纪时，历史学家鲁齐乌斯·安奈乌斯·弗罗鲁斯（Lucius Annaeus Florus）曾警告说："切断了贸易，你们就会剪断将人类联系在一起的纽带"。格老秀斯在其最著名的著作《战争与和平法》中写道："任何人无权妨碍一个国家与另一个遥远的国家开展贸易，这是为了保护社会的整体利益。"[25] 直到18世纪晚期，人们普遍认同海洋在自然（或上帝）促进人与人之间交流方面具有特殊地位。甚至康德都将海洋视作实现未来"世界公民权利"的手段之一，称海洋是"大自然便利（世界各国）开展商业活动最便

第五章 占领海洋：雨果·格老秀斯和塞拉芬·德·弗莱塔论发现和先占权

捷的安排"。[26]

当时格老秀斯继续援引古典和人道主义领域的典型案例也就不足为奇，即由于雅典人一定程度上禁止麦加拉人在雅典帝国的任何地区开展贸易，从而导致爆发了伯罗奔尼撒战争，以及因为保加利亚国王试图对通往其王国的道路限制通行，所以阿伽门农发动针对保加利亚国王的战争。意大利人文学家安德烈·阿尔恰蒂（Andrea Alciati）甚至认为，十字军东征的主要原因是"撒拉肯人"禁止基督徒进入圣地，显然"这种权利……会影响所有国家，那些最著名的法学家扩大了这一权利的范围，他们并不认为任何国家或君主可以彻底禁止其他人与其臣民接触并开展贸易"。格老秀斯继续指出，即便葡萄牙人"作为这些国家的领主让荷兰人畏首畏尾、踯躅不前"（显然葡萄牙人并不是这些国家的领主），"但是，如果葡萄牙人禁止荷兰人通行和开展贸易，那么葡萄牙人就是错的"。[27] 在这个时期，对维托利亚而言，尽管背景有着天壤之别，但这就是一个关于通行权而不是先占的问题。

然而，正如格老秀斯所知，葡萄牙与其他欧洲帝国不同，葡萄牙人实际上不是在主张财产权——尽管他们采取了主张财产权的表达方式——而是主张使用权。虽然西班牙人主张通过征服享有对人身和土地的权利（维托利亚称其为"私人和公共统治权"），但是葡萄牙人主张享有商业权，并暗示享有对海洋的权利。1521 年《法规集》（*The Ordenacdes Manuelinas*，其中辑录了一些较早期法规的文本）禁止"葡萄牙"船只以外的任何船只搭载"本地人和外国人"在"（非洲）几内亚和印度的陆地和海洋"

通行,以及"未经我们的许可和授权在我们征服的其他任何陆地和海域,开展贸易、进行实物交易或发动战争"。当然,对于那些主张几乎毫无可能实现的地方,欧洲君主陶醉于自封头衔。但是,这些地区仅仅被称为领地,几乎没有国家主张享有"航海和商业"主权。"征服"一词通常仅限于占领土地及统治民众,葡萄牙人随后将其适用于商业领域,由此也将其适用于海洋。而历史学家巴洛斯尊称曼努埃尔(Manuel)为"征服埃塞俄比亚、阿拉伯、波斯和印度以及航海、商业之王",但这种尊号并不是承认曼努埃尔是亚洲和中东大部分地区的合法统治者。他认为,实际上这是曼努埃尔的主张——葡萄牙王室已经"征服"了海洋,因此可以控制海洋,从而欧洲可以与这些地方开展贸易。对于欧洲大国普遍认同的观点——他们为欧洲之外的"野蛮人"带去了真正的宗教和某种形式的公民社会,巴洛斯将其从行为方式转变成一种交流活动。他认为,葡萄牙人通过将他所谓的"审慎规则"(rules of prudence)强制适用于以前"由个体(即个人,而不是集体)贪婪的力量治理和统治"的地区,这已经在印度洋及其沿海地区占据了统治地位,但是他对由此可能造成的后果不甚了解。他继续说,"像所有科学学科一样,我们按照普遍和特殊规则,通过政治体制系统性地征服和统治'野蛮人'"。到1539年,人们将商业视为一种"科学",它变成了"征服"的工具——商业成为与"占领"同样属于战争语言的术语——人民变成文明的人,巴洛斯认为商业是一种"审慎规则"和"政治体制"。

第五章 占领海洋：雨果·格老秀斯和塞拉芬·德·弗莱塔论发现和先占权

格老秀斯认为如果葡萄牙人认为他们通过征服取得了在亚洲占领的土地，那么葡萄牙人的主张就是极大的谬论。抛开偶尔爆发的冲突不谈，除了巴西之外，葡萄牙人从未"征服"过任何地方，他们常常以此为荣，将自己有关和平贸易的做法与西班牙人、英国人的破坏活动进行对比。在格老秀斯看来，锡兰、爪哇和摩鹿加群岛都是合法建立的国家，拥有"它们自己的国王，公共财富以及法律和自由"——也就是说，它们是新亚里士多德学派所说的"完美社会"。[28]他不无轻蔑地写道，在这些土地上，葡萄牙人"向这些统治者缴纳贡品并获得开展自由贸易的权利"，这充分证明他们"对那些土地不享有统治权"，因此"他们只是提出恳求并获准居住在那里而已"。[29]

但是，更重要的是，任何国家不得主张"征服"或占领海洋，不仅因为海洋是人类的共同财产——格老秀斯在《战争与和平法》中对此进行了更详细地阐述，这也是他强调的重点，而且还因为海洋是浩瀚无际的。[30]"'统治'一词实际上表达了这样一种意思，即对于一方实施的统治行为，另一方不得实施同等的行为"，[31]因此，对于"尽管已被特定人占用，但是仍可供其他所有人共同使用的任何东西"，任何人均不得主张所有权。[32]

此外，海洋显然属于"不能被占领或从未被占领"的区域，因此海洋"不属于任何人，因为所有权的基础是先占"。[33]主张占领海洋就如同主张占领了空气一般，这种主张是荒诞的，"因为这两者是无法被占领的，属于人类公用之物"。[34]当然，这也同等适用于商业，因为根据商业的定义，商业是一种交换和交流手段,任何一方都不能独占或进行限制。由此可以得出结论,"对于土地而言,土地属于特定国家和特定个人的财产,任何国家的任何人都不能主张可以视若无人、和平且无害地穿越一个国家的领土。"[35] 他总结道,这种自由通行权不仅是自然法和国际法的一项权利,而且还是对卡斯蒂利亚王国国内法部分内容的重新阐释(这里指因为当时西班牙和葡萄牙组成联合王国,所以卡斯蒂利亚王国的法律也适用于葡萄牙,但实际并非如此,格老秀斯早已知晓这一点)。当然,卡斯蒂利亚王国的法律不适用于王国之外的地区。但是,葡萄牙人暗指这种通行权违反了自然法,并且违背了理性,这当然也会使它在卡斯蒂利亚王国内归于无效(正如我们所见,普芬道夫对维托利亚的"自然伙伴关系和交流权"也提出了类似的反对意见)。[36]

随后,格老秀斯针对他认为葡萄牙人用来主张"征服"了亚洲商业"所有权"的四个理由展开了评述。这四个理由是(1)教皇赠与;(2)发动正义战争;(3)最早发现权以及(4)"时效或习俗"。[37] 他驳斥了"教皇赠与"的观点,并根据与维托利亚相同的理由驳斥了将"教皇赠与"作为批准《托德西利亚斯条约》的依据,也就是说,即使天主教徒也普遍认为教皇的权力仅限于精神领域。此外,即便教皇是"整个世俗世界之主",他也不会成为"海洋之主",因为海洋是任何人都无法占有的,无论他的权力来自何处都概莫能外。格老秀斯写道,赠与"在没有出现商船罗盘的情况下是毫无效力的;因此,海洋或航行权不属于任何人,教皇不得以之相授受,葡萄牙人也不能接受这种权利"。他

第五章　占领海洋：雨果·格老秀斯和塞拉芬·德·弗莱塔论发现和先占权

引用维托利亚的观点进一步指出，即便教皇拥有对整个地球陆地及海洋的统治权，他也无法将其中任何部分转让给另一位国王，就像皇帝不能"为了一己之私，根据自身的喜好而吸纳或转让其帝国的行省"一样。[38] 教廷或其他方不得将主权与所有权相混淆。作为纯粹国家间的条约，显然《托德西利亚斯条约》对西班牙和葡萄牙具有约束力。然而，正如1764年詹姆士·奥蒂斯用略带挖苦的口吻指出，教皇无权将"大地上的王国按照赠送羊圈的那种简单仪式送与他人"，他的决定对于第三方不可能具有约束力。关于赠与是为了向野蛮人传播福音、实现文明开化（即普惠恩泽）的观点，拉斯·卡萨斯就是持这种观点的人士之一，他希望野蛮人能够坚持自己的道德能力而不至于受到更广泛领域中的政治影响，这个观点也是毫无说服力的，因为"强制各民族违背自身的意愿去达到一种更高程度的文明水平，这是希腊人和亚历山大大帝用过的借口，神学家，尤其是西班牙的神学家，认为这是不公正和不虔诚的"。[40] 在任何情况下，无论他们主张怎样做，"在大多数地区，葡萄牙人都不会进一步寻求扩大其信仰覆盖的范围，或者根本不会在意这件事情，因为他们只对获取财富感兴趣"。

得出葡萄牙人在亚洲发动了一次或多次正义战争这一推论的前提是错误的。他们发动的战争显然是非正义的，因为正如维托利亚在《论美洲印第安人》中得出的结论，这些"东方的印第安人"（如格老秀斯所说）"在公共和私人领域中享有实实在在的权力，非基于正当理由不得掳走他们手中的财产"。[41]

这就产生了"发现"和"时效"的争论,正如我们所看到的,二者之间存在密切联系。在"发现"方面,葡萄牙和西班牙人都下了大力气。尽管维托利亚以"'发现'并没有为占有土地提供任何支持,就像美洲印第安人也发现了我们一样"为由予以驳斥,但正如他所承认的,"发现"曾经是"最初唯一主张的'理由'",尽管维托利亚以及之后大多数"万民法"理论家都不赞同这一观点,但是直到19世纪的官方文件中还在援引这一观点。[42] 葡萄牙在1884年柏林会议上提到了这种理论的某种版本,主张相互竞争的欧洲各大帝国可以瓜分非洲,这些帝国认为它们有权获得的土地要远超过根据条约得到的非洲土地,因而极为不满,因为葡萄牙人最早发现了(非洲)西部沿海地区。[43] 即使人们认可葡萄牙人"发现"(根据格老秀斯对这个术语的理解)了非洲的某些地区,但他们也不能对亚洲的土地提出同样的主张。首先,只有在发现物属于真正意义上未被人所知且未被占有的情况下,即发现的是无主土地,"发现"才会形成所有权。然而,很明显,当达·伽马在1498年到达亚洲时,亚洲并非无人居住。此外,正如我们所看到的,格老秀斯强调了今天的人们已经很熟悉的一个观点,即"发现"不是"眼睛看见某一样东西,而是用双手去紧紧抓住它"。[44] 1613年3月15日,格老秀斯作为荷兰代表团的成员前往英国,该代表团出使英国是为了达成英荷关于东印度群岛的协议。根据荷兰人撰写的此次出访纪要,据说詹姆斯一世曾表示:"在双方都未占领的地方,不应妨碍对方自由开展贸易。"[45] 为了享有相关权利,必须同时拥有财产权和主权,格老

第五章 占领海洋：雨果·格老秀斯和塞拉芬·德·弗莱塔论发现和先占权

秀斯认可并宣扬了这种观点。"发现"即属于这种行为，通过这种方式，格老秀斯认为"有时共同所有，有时属于公众"的那些东西可以被视为（自己的）财产，就像是狩猎捕获的野兽和飞鸟一样。[46]

同样，葡萄牙人也不能像西班牙人主张发现了美洲一样主张自己发现了亚洲和非洲。[47]确实，葡萄牙人可能先于任何其他现代欧洲国家航行抵达过这些地方。然而，人们早已知道印度的存在，古代就有人曾到达印度。此外，如果根据所有这些观点的逻辑推理，那么结论就是所有欧洲航海家只是在自己国家的水域内转来转去。格老秀斯承认，如果葡萄牙人仅主张自己为欧洲人开辟了新航线，那么他们应该得到"让所有重大事件的发现者都会感到满足的、与其成就相称的感激、赞美和永恒的荣耀"。但是，这不允许他们根据自己的成就主张享有主权。此外，与所有其他欧洲大国一样，葡萄牙人的动机也是为了获利，与那些"不为一己之私，而为天下大众"的重大发现者是不同的，因此他们不能主张将专有权作为他们奋斗的奖赏。无论如何，在格老秀斯看来，他们是历史循环的受益者，与其说他们是善良的，不如说他们是幸运的。如果达·伽马不是第一个找到通往印度海上航线的人，那么迟早会有其他人找到这条航线。他总结道，"因为我们对海洋和其他国家情况了解与日俱增……时代已经来临"。如果葡萄牙人不是最先发现通往印度海上航线的人，那么其他国家也很快就会燃起对贸易和外国商品的欲望"，威尼斯人、布列塔尼人、英国人和荷兰人就是这样。[48]

"时效"的观点也讲不通。一直以来,罗马法中的"时效"是而且仍然是国际主义者"装备"中的"有力武器"。正如我们在第四章中所看到的那样,欧洲国家都曾认可这种观点,似乎涉及葡萄牙人需求最迫切的关于"先占"的最初主张。作为一种早已出现的法律观点,我们可以确定格老秀斯作为一名卓越的人文学家会赞同这种观点。从某种意义上说,他确实赞同这一观点。但是,他坚持认为,由于这是一种真正属于存在主义的观点,因此这只能是一个关于市民法的问题,不适用"国王或自由民族"之间的契约。结果就是它永远不可能成为万民法的组成部分。当然,也不能将其适用于获得财产方面,例如海洋,从本质上说海洋不能被视作一种财产。[49]

如果像格老秀斯所认为的那样,他用一种不容争辩的方式证明了"法律和公平都要求印度与我们以及其他任何国家自由开展贸易活动","不论我们与西班牙人处于和平、休战还是战争状态",显然荷兰人都可以捍卫这一权利。[50] 因为"如他们所言,即使不对任何公共权力的介入抱有希望,阻止商人通行和阻碍商品运输的人可能会遭到抵制"。[51] 当然,尽管格老秀斯从未直接提及这一点,但其言外之意是扣押圣卡塔琳娜号属于合法防卫,即使海姆斯克确实是在没有"公共权力"介入的情况下采取行动,而从法律意义上来讲,当时荷兰和西班牙-葡萄牙王国并没有处于战争状态。

第五章　占领海洋：雨果·格老秀斯和塞拉芬·德·弗莱塔论发现和先占权

三

格老秀斯的著作引发了一场"文字战"，葡萄牙人、法国人、英国人、西班牙人和威尼斯人都被牵扯了进来。毫无疑问，最早对该观点予以反驳的是葡萄牙人，并且葡萄牙人对该观点展开了最具体的反驳。格老秀斯说，他曾期望"一些西班牙人会针对我写的这本小册子写信反驳我，我听说他们在萨拉曼卡已经这样做了"。但是他提到的反驳不是由西班牙人撰写的，而是由瓦拉多利德大学教会法晚课讲席教授、葡萄牙人塞拉芬·德·弗莱塔（Serafim de Freitas）主笔的，尽管弗莱塔从未"碰巧读过那本书"。[52]1625年，弗莱塔出版了一部巨著《论唯一的葡萄牙亚洲帝国》（De Iusto Imperio Lusitanorum Asiatico），书中逐一反驳了海洋自由的观点。弗莱塔的著作在西班牙和葡萄牙之外受关注的程度远不及《论海洋自由》或英国法学家约翰·塞尔登（John Selden）1636年出版的《海洋闭锁论》（Mare Clausum），后者是一部捍卫英国人对北海权利的主张并抨击格老秀斯观点的著作，塞尔登的某些观点在某种程度上与弗莱塔的论点非常相近。[53]从某种程度上讲，这是写作风格问题。与《海洋自由论》或《海洋闭锁论》相比，《论唯一的葡萄牙亚洲帝国》则截然不同。这本书的出发点就是为教皇赠与辩护（作为教会法学家，弗莱塔相比格老秀斯或市民法学家和神学家必然更尊崇教皇主权），因为西班牙和葡萄牙以外的任何国家都无法对根据万民法主张主权的争议产生任何影响。此外,弗莱塔观点的精妙之处在于,教皇尼古拉斯五世和亚历山大六世颁布诏令任命葡萄牙和西班牙为东印度群岛反伊斯兰教十字军的东征统帅,这表明葡萄牙和西班牙针对亚洲穆斯林发动的战争是正义战争——与中东穆斯林不同,亚洲穆斯林并没有占领基督徒的任何领土——仅仅是因为信仰而发动战争,对于新托马斯主义者而言(尽管不包括格老秀斯),对亚洲穆斯林发动战争是站不住脚的。[54] 然而,弗莱塔论证中更为精妙的一部分与格老秀斯、瓦斯克斯以及维托利亚的观点类似,属于一种公认的现代话语,一种不愿接受任何形式的普世主义主张或军事征服作为统治理由的论述。从某种意义上说,弗莱塔正在做巴洛斯曾经尝试去做的工作,只是方向相反,即用商业语言来描述征服活动,而不是用征服语言来描述商业活动。

与格老秀斯一样,弗莱塔认为葡萄牙的主张是以这样的假设为基础的,即"发现"可以成为统治权的基础,并且可以主张对商业行为的权利,最终如果将商业视为一种不同民族之间的沟通方式,那么它也必然是而且应当被视为一种文明的工具。尽管他没有提及相应内容,但是他首先就不赞同维托利亚提出的"自然伙伴关系和交流权"观点。格老秀斯在论证所有民族都享有与其他民族接触的自然权利时,将两种不同形式的自然法——约束性自然法和非约束性自然法——混为一谈。他写道:

> 对于所有此类法则,不属于约束性(自然法)的法则可

第五章 占领海洋：雨果·格老秀斯和塞拉芬·德·弗莱塔论发现和先占权

能会随着情况的变化而变化，从而导致自由、奴役以及商品发生变化……因此，尽管在整个自然世界的最初阶段（在原始自然法中）就开展航海和商业活动，但是这并不是因为与其他民族交流属于自然法则。[55]

但是，为了证明这一观点，弗莱塔首先必须找到一个答案来驳斥格老秀斯提出的反对意见，即因为海洋的性质，所以不能对海洋主张所有权。此外，因为格老秀斯喜欢引用诗句作为证据，所以弗莱塔也引用诗句（弗莱塔不是人文学家，但是他完全有能力基于自己的学识与格老秀斯辩论）。[56] 弗莱塔指出，维吉尔认为朱庇特将包括海洋在内整个世界的主权授予了罗马人（《埃涅阿斯纪》第一卷，第286—287行）。尽管正如所有西班牙法学家坚持认为的那样，2世纪时安东尼·庇护（Antoninus Pius）被称作"世界之主"（Dominus mundi），这可能只是夸大其词，这是为了表明罗马帝国幅员辽阔，但是这也在暗示主张海洋是一种财产的观点在逻辑上可以自圆其说。[57] 事实上，安东尼在回应尼科米底亚（Nicomedia）的尤迪曼（Eudaemon）抱怨他在遭遇海难之后被基克拉泽斯人洗劫时说："我是世界之主，但是必须根据罗得法处理海上纠纷，除非那些法律与我们自己的法律存在冲突。"[58]

与之相同，佩雷拉曾主张，如果海洋确实被陆地包围，那么至少在逻辑上，海洋可以像湖泊和河流一样被占有。[59] 此外，格老秀斯赞同保护船只、惩罚海盗的观点。[60] 尽管弗莱塔坚持认为只能通过国家之间的正式协议来实现确立规则的目标，而那些非协议当事方则不能提出主张,但是弗莱塔指出,任何形式的协议都是在试图限制船只在公海上的活动,这预示着存在某种海洋统治规则。[61]这也为弗莱塔提供了一个最具说服力的论据反击格老秀斯,格老秀斯认为海洋"无边无际,无法成为任何人的财产"。的确,弗莱塔赞同这一观点。然而,事实上,葡萄牙人并没有主张将海洋视为可以享有统治权的一片水域。他们主张有权控制其他国家进入印度洋的某些特定区域,在这种情况下,这里的特定区域就是指印度洋,就如同他们(以及荷兰或任何其他国家)可能要求在其船只受到海盗威胁的那些水域中享有排他性权利是一样的。弗莱塔指出,海洋广袤浩瀚和取之不尽的说法也可以适用于陆地,尤其是亚洲和非洲大陆到处都是无边无际的沙漠,但是很难得出大地——世界(orbis terrarum)——同样是不可分割的结论。关于格老秀斯的假设,即海洋像水一样必定是自由流动的,它就像我们呼吸的空气一样,这是人类生存的必要条件,弗莱塔回应说,喝水的权利与"捕鱼或贸易的权利"是不同的。[62]如果荷兰人愿意,葡萄牙人不会反对荷兰人从印度洋中取水喝,葡萄牙人反对的是荷兰人在印度洋开展交易,如此一来,正如弗莱塔所说,荷兰人将从"他人的灾难、牺牲、鲜血和生命"中获得利益。[63]

因此,如果可以主张针对海洋某种形式的统治权,那么该主张只能以历史事实为依据。尽管我们"因海洋极其浩瀚广袤而无力占领所有海洋,但是我们仍可以保护我们的部分海洋区域,使自身免受敌人和海盗的侵害"。这样做是为了证明他们能够行使

第五章 占领海洋：雨果·格老秀斯和塞拉芬·德·弗莱塔论发现和先占权

"帝国"一词隐含的那种政治权力，葡萄牙人还从事实上确立了这种权力，因此根据弗莱塔的理解，葡萄牙人掌握着将其他欧洲强国排除在外的权利。

弗莱塔坚持认为，正是根据这些论据，人们必须承认葡萄牙关于发现了印度和非洲的主张。格老秀斯根据历史证据否定了这一主张，他认为葡萄牙人发现了古代世界中早已为众人知晓的某个地方，而且葡萄牙人仅仅最先抵达这些地区的事实也不足以构成完整意义上的"发现"，必然不涉及取得相应权利的问题。弗莱塔的回应是，尽管印度部分地区显然早已为人们所知，但人们只知道印度的一部分地区，除了亚历山大大帝曾在印度短暂停驻外，在葡萄牙人到来之前任何欧洲国家的人们未曾在这里长期生活。因此，他们确实"发现了其他的土地、海洋和世界，甚至还发现了其他一些恒星"——这里是指南十字星（Southern Cross），根据葡萄牙人的航海记录，南十字星是由葡萄牙人发现的。此外，与格老秀斯认为"发现"必须包含"占领"的主张不同，弗莱塔认为"发现"事实上就意味着"启封"和占领，这就是一直以来葡萄牙人使用"发现"一词时所包含的意义。[64]弗莱塔提到的这种优先权是一种法律主张，这赋予了葡萄牙国王获得财产的权利。[65]此外，统治权不需要完全占有，他认为，"占领某个地方，然后公开宣布占领就已经足够（享有统治权）"。[66]对于弗莱塔而言，这就是"纪念石碑"的重要性所在。纪念石碑是航海家随船携带的石柱，航海家会将它们竖立在航行途经海岸的战略要地上。竖立纪念石碑表示葡萄牙人最先到过该地，因此航道以及邻近的海岸就属于葡萄牙王国。当然,葡萄牙人不是唯一喜欢这样做的民族。哥伦布曾将十字架竖立在他到过的加勒比海岛上;甚至作为远征军领队的安托万·德·布干维尔(尽管他不是为了开展殖民)在1768年来到塔希提岛沙滩时也竖起了一块木牌并留下了一个瓶子,里面装着一份文件,上面写着他的三艘船上所有军官的名字,宣布这片土地和整个波利尼西亚均为法国领土。[67]

然而,弗莱塔并不认为达·伽马竖立了纪念石碑就意味着葡萄牙享有对印度的主权,相比任何其他欧洲大国,葡萄牙人仅仅是通过这些占领行为确保葡萄牙在贸易方面享有历史上取得的优先权。[68]他们还根据"时效"原则认为葡萄牙对大西洋和印度洋提出的主张是合法的,因为尽管时效确实是市民法的组成部分,但是它与格老秀斯的观点也是一致的,它已被所有国家"基于理性而形成的人类共识"所接受,因此它是万民法的组成部分。[69]

这些权利主张还有另一个层面。对于弗莱塔而言,就如同对于格老秀斯和索托一样,他提到的"发现"并不是指发现了字面意义上完全处于未知状态的东西。他非常清楚,在很早之前这里就已有人居住,并且在很大程度上他承认这些人已具备了先进的社会形式和技术水平(尽管他偶尔会使用"野蛮人"一词)。他与格老秀斯意见相左的地方只是在于古人是否已经知道这些地方。按照他坚持的观点,如果回答"(有所保留的)否",那么这并不意味着这些地方在葡萄牙"发现"它们之前是不存在的。

"发现"的真正意义在于别处。人们发现了生活在印度的各民族,弗莱塔认为,这将他们引入了接受救赎以及社会和技术进

第五章 占领海洋：雨果·格老秀斯和塞拉芬·德·弗莱塔论发现和先占权

步的进程之中，成为基督教世界历史的组成部分。因此，按照他的观点，航行来到亚洲的葡萄牙人是第一个"将这些（人民）从无尽的黑暗和古老的混乱状态中带到阳光之下的民族"，他指出意大利人文学者波利齐亚诺（Politian）赞同这一观点。[70] 对于弗莱塔，甚至对于格老秀斯来说，历史迟早都是一种奥古斯丁所说的上帝之作。因此，那些曾经（无论是否因为自己的过错）没有占领基督徒领土的人，也不会在不断拓展的生存空间中占有一席之地。拉斯·卡萨斯在提到美洲印第安人时也提出了几乎相同的观点，在哥伦布之前，被称为"背负基督之人"的克里斯·费雷诺（Christum Ferrens）已经到达美洲，将印第安人带入了历史进程之中，"多少个世纪以来，不计其数的民族被遗忘在角落里"。根据弗莱塔的观点，就像卡萨斯的观点一样，所有基督徒有义务将未开化者从他们的愚昧中解救出来。毕竟，这是教皇向西班牙和葡萄牙国王赠与土地时隐含的命令，一般来说这种命令应该是明示的。一些西班牙人认为这隐含的意思是西班牙人需要配备武装力量，当然这是为了让定居下来的欧洲人可以去使唤印第安人，其中暗含着特许他们开展殖民活动的意思。然而，对于弗莱塔而言，"航海和商业"是传播福音的工具，而不是建立殖民地的手段。[71] 格老秀斯可能会提出反对意见，认为输出文明并不能成为享有统治权的依据，但是正如他在其他地方所论证的，万民法作为次要自然法则，其基础是而且只能是"世界上最文明民族的习俗"。[72] 如果是这样的话，那么人们必然会接受需要确保世界上尽可能多的人能够知晓这些习俗的观点。

《论唯一的葡萄牙亚洲帝国》出版后，西班牙人和葡萄牙人对这个问题的看法开始发生转变。当荷兰人试图入侵名义上属于英格兰的北美洲领土时，他们发现捍卫海洋自由或限制通行权往往被证明是一把双刃剑。同样，尽管弗莱塔主张禁止荷兰船只在印度洋开展贸易，但是这种主张也很容易被用来禁止葡萄牙船只在中国海域和北大西洋海域航行。

但是，弗莱塔观点的重要性体现在别处。他试图将商业重新描述为可以占有的商品，或者至少会受到某种程度的政治控制，他坚持认为商业是实现文明的手段，尽管正如我们在关于国际交流价值冗长的讨论中所看到的，商业属于文明的范畴，这也将他直接带入了18世纪有关自由贸易权争议性更大且更激烈的讨论之中。弗莱塔与格老秀斯、塞尔登一样——与这三人公认的前辈维托利亚、索托、瓦斯克斯一样，他也在推动帝国观念转变、最终促成启蒙运动对各种各样的海外扩张形式的反对并希望以商业交易取代所有领土占领方式方面发挥了作用。的确，弗莱塔仍然用"征服"的语言来描述商业的特征，但是他关注的仍然是商业本身，在捍卫葡萄牙对印度洋所享有的权利方面，显然他不赞成任何其他通过常规方式开展的征服活动。他这样做是在呼应维托利亚《论美洲印第安人》中的最后一句话："看呐，葡萄牙人和未开化的民族开展了规模庞大且利润丰厚的贸易，但是却没有征服这些民族。"[73]

从更宏观的视角来说，《论唯一的葡萄牙亚洲帝国》为展开社会和政治观点根本性变革的讨论做出了贡献，至少这种对话在

第五章 占领海洋：雨果·格老秀斯和塞拉芬·德·弗莱塔论发现和先占权

随后的一个世纪中通过这种变革最终导致商人阶层的价值观取代了武士贵族阶层的价值观。正如 1776 年法国物理学家弗朗斯瓦·魁奈（Francois Quesnay）指出的那样，古代的腓尼基人、之后的葡萄牙人、现在的英国人终于明白了只有商业才能给人类带来永久的利益。[74] 也许当时斯密对魁奈如此（审慎地）尊崇，是因为在哥伦布和达·伽马如同史诗般波澜壮阔的航海中找寻到了现代世界的真正起源，所以这也许就不足为奇了。斯密认为，"由此导致了翻天覆地的变化。但是在这些发现经历了两到三个世纪的短暂时间后，变化就已经如烟云般散去，人们不可能看到由其导致的全部后果"。[75] 他对最终结果并不乐观。但是，可以肯定的是，在他们这些人中，哥伦布和达·伽马不仅改变了人们对海洋贸易性质的认识，而且改变了海洋在政治和道德层面发挥的重要作用。

注释

1. 雷纳尔认为，"总的来说，对于人类尤其是对欧洲人民来说，没有任何一件事情像发现新世界和绕过好望角抵达印度群岛那样激动人心。"Guillaume-Thomas Raynal, *Histoire philosophique et politique des établissements et du commerce des Européens dans les deux Indes*, Anthony Strugnell et al. eds. (Paris: Centre International d'Études du XVIIIe siècle, 2010), I, 23.

2. 戈马拉将发现美洲描述成"自创世以来，除了创世者的道成肉身和殉道之外最伟大的事件"。Ernst Kapp, *Philosophische oder Vergleichende allgeine Erdkunde* (Braunschweig, 1845), II, 24–45. Carl Schmitt, *Land und Meer: Eine weltgeschichtliche Bertracchtung* (Leipzig: Reclam, 1942), 4, and *The Nomos of*

the Earth in the International Law of the Jus Publicum Europaeum, 39, 69.

3. 更详尽的阐述,参见我的文章"La Découverte de l'Amérique et la transformation du temps et de l'espace en Europe", *Revue de synthèse*, 129 (2008), 1-16。

4. 但是希罗多德对世界区域划分的观点极为复杂,并且有些时候自相矛盾。参见 Rosalind Thomas, *Herodotus in Context: Ethnography, Science and the Art of Persuasion* (Cambridge: Cambridge University Press, 2002), 80-6。

5. 关于"西庇阿之梦",参见《论共和国》第六卷,VI 19-20。

6. 关于马克罗比乌斯的观点,参见 John M. Headley, "The Sixteenth-Century Venetian Celebration of the Earth's Total Habitability: The Issue of the Fully Habitable World for Renaissance Europe", in *Journal of World History* 8 (1997), 1-27, at 6。

7. *Esmeraldo de situ orbis*, 转引自 W. G. L. Randles, "Classical Models of World Geography and their Transformation Following the Discovery of America", in Wolfgang Haase and Meyer Rheinhold eds., *The Classical Tradition and the Americas* (Berlin; New York: W. de Gruyter, 1993), 5-76, at 63.

8. *Purchas His Pilgrimes* (London, 1625), IV, Dedicatory Letter.

9. 转引自 Headley, "The Sixteenth-Century Venetian Celebration of the Earth's Total Habitability", 16。

10. *Novus orbis regionum ac insularum veteribus incognitarum* (Basle, 1532), "Epis-tola nuncupatoria", ff. 92r.-93r.

11. *Purchas his Pilgrimes*, I, 49-50.

12. *Corpus Hermeticum*, A. J. Festugière and Arthur Darby Knock eds. (Paris: Société d'édition, "Les Belles Lettres, 1954), IV Fr. 23, 14-16.

13. 戈马拉在谈及美洲时指出:"美洲不能被称为'新大陆',很大程度

第五章　占领海洋：雨果·格老秀斯和塞拉芬·德·弗莱塔论发现和先占权

上不是因为美洲是被重新发现的，而是因为美洲幅员辽阔，美洲面积近似等于欧洲、非洲和亚洲的面积之和。"

14. 参见 Earl Rosenthal "*Plus ultra*, *non plus ultra*, and the Columnar Device of Emperor Charles V", *Journal of the Warburg and Courtauld Institutes* 34 (1971), 204-28。这些并不必然与美洲存在相关性，尽管它的确暗示在扩张领土，但这是意大利人和勃艮第人的做派，而不是卡斯蒂利亚王国的做派。

15. See pp. 41-2.

16. W. A. R. Richardson, "Mercator's Southern Continent: Its Origins, Influence and Gradual Decline", *Terrae Incognitae* 25 (1993), 67-98 at 95.

17. 关于该事件的详细情况，参见 Martine Julia van Ittersum, *Profit and Principle*: *Hugo Grotius*, *Natural Rights Theories and the Rise of Dutch Power in the East Indies* (*1595-1615*) (Leiden-Boston: Brill, 2006), 1-52, and Peter Borschberg, *Hugo Grotius*, *the Portuguese and Free Trade in the East Indies* (Singapore: National University of Singapore, 2011), 42-8。

18. Peter Borschberg, "The Seizure of the Sta. Catarina Revisited: The Portuguese Empire in Asia, VOC Politics and the Origins of the Dutch-Johor Alliance (1602-1616)", *Journal of Southeast Asia Studies* 33 (2002), 31-62.

19. David Armitage "Introduction" to Hugo Grotius, *The Free Sea*, xii. 后文中关于《论海洋自由》的引注均指此版本。

20. 转引自 C. H. Alexandrowicz, "Freitas *versus* Grotius", *British Yearbook of International Law* 35 (1959), 162-82, at 162。

21. 关于统治权的内容，参见 p. 60 n. 69。

22. 当然，亚历山德罗维兹坚定地认为格老秀斯和弗莱塔的著作中都提到了"16 和 17 世纪该国在南亚和印度洋地区活动引发的问题"，这种说法非常准确。尽管如此，他们观点的基础最终都落在对这两者最深层次的关注方面,即对海洋可能成为万民法的统治对象展开的论述。Alexandrowicz, "Freitas *versus* Grotius", 163.

23. See pp. 53-4.

24. *The Free Sea*, 11-12.

25. The Right of War and Peace, II, 439-44 (II. ii. xiii). 弗洛鲁斯提到的观点源自格老秀斯引述的内容。我未找到原始出处。

26. "The Metaphysics of Morals", *Practical Philosophy*, 451, AK 6:352。

27. *The Free Sea*, 11-12.

28. 维托利亚采用了类似甚至更宽泛的观点来证明这一点,在西班牙人到来之前,美洲印第安人"与任何基督徒一样,他们掌握着公共和私人事务方面的真正统治权",因为"他们已经修建了城市,建立了完备的婚姻制度,设置了治安官并有他们的统治者,制定了法律,并且开展工商业活动"。"On the American Indians", 1.6, *Vitoria:Political Writings*, 250. And see pp. 47-8.

29. *The Free Sea*, 13.

30. *The Rights of War and Peace* II, 459-74 (II, iii, vii-xv).

31. *The Free Sea*, 20.

32. Ibid.

33. Ibid., 24.

34. Ibid., 25.

35. Ibid., 37. And see Armitage, *Foundations of Modern International Thought*, 52-4.

36. See p. 55.

37. 其中前两个重复了维托利亚问题2的第2项和第3项;在两个单独的标题下讨论了第1项和第4项:第一个(标题6和标题7)涉及航海问题,

第五章　占领海洋：雨果·格老秀斯和塞拉芬·德·弗莱塔论发现和先占权

第二个（标题 10 和标题 11）涉及与"印第安人"的贸易权问题。

38. *The Free Sea*, 38.

39. "The Rights of the British Colonies Asserted and Proved" [Boston] in Bernard Bailyn ed., *Pamphlets of the American Revolution*, I: 1750 – 65 (Cambridge, MA: Harvard University Press, 1965), 438.

40. Citing Plutarch Life of Alexander the Great I, 5.

41. *The Free Sea*, 14.

42. "On the American Indians", 2. 3 – 2, *Vitoria: Political Writings*, 264 – 5.

43. Diogo de Sousa e Alvim, "A Disputa pelo Arquipélago do Pináculo (Senkaku/ Diaoyu) Uma Análise Jurídica" (February 27, 2011). Available at SSRN: http://ssrn.com/abstract = 1772223.

44. *The Free Sea*, 13 – 14. The Latin, which makes no mention of "hands", reads, *Invenire enim non illud est oculis ursupare, sed apprehendere.*

45. 转引自 G. N. Clark, "Grotius' East India Mission to England", *Transactions of the Grotius Society* XX (1935), 64。

46. *The Free Sea*, 26.

47. *The Free Sea*, 14, n6.《论战利品法》中增加了以下评论内容："对于印度而言是一种说辞，对美洲而言则是另一种说辞。"

48. Ibid.

49. *The Free Sea*, 38.

50. Ibid., 57.

51. Ibid., 60.

52. 参见《论海洋自由》中"海洋自由中的自卫权"（第 78 页）以及他在 1617 年 4 月初给自己的兄弟所写的一封信。1627 年 2 月，他提到了弗莱

帝国的重负：公元1539年至今

塔的名字,参见 Mónica Brito Vieira,"*Mare Liberum vs. Mare Clausum*: Grotius, Freitas, and Selden's Debate on Dominion over the Seas", Journal of the History of Ideas 63 (2003), 361-77, at 362。

53. 关于这一点,参见 Vieira,"*Mare Liberum vs. Mare Clausum*", 361-77。但是,没有证据表明塞尔登确曾读过弗莱塔的著作。西班牙法学家胡安·德·索洛尔扎诺·佩雷拉(Juan de Solorzano Pereira)在《印第安政治》(1647)中对西班牙人占领行为合法化的历史进行了长篇阐述,并严重质疑教皇诏书的效力,他认为弗莱塔彻底抛弃了所有"《论海洋自由》一书作者……轻率的观点",这一点值得肯定,参见 *Política Indiana*, Francisco Tomás y Valiente y Ana María Barrero eds. (Madrid: Biblioteca Castro, 1996), I, 115 (I, ix)。

54. Alexandrowicz, "Freitas *versus* Grotius", 168-9.

55. *Do Justo império asiático dos Portugueses* (*De iusto imperio lusitanorum asiatico*) Miguel Pinto de Meneses trans, 2 vols. (Lisbon: Instituto de Alta Cultura, 1959, 2 vol.). All references are to vol. I (the Latin text), 5-9.

56. Ibid., 120-1.

57. Ibid., 123-4. 这里是指《法律汇编》XIV, 2.9。

58. *Institutes*, II, 1.1.

59. Freitas, *De iusto imperio lusitanorum asiatico*, 130.

60. "Defense of Chapter V of the *Mare Liberum*" [ca. 1615] in *The Free Sea*, 128-9.

61. Freitas, *De iusto imperio lusitanorum asiatico*, 128.

62. Ibid., 147.

63. Ibid., 148.

64. Ibid., 127-8. 此处,弗莱塔似乎将其与后来出现的拉丁语词"disco-

第五章 占领海洋：雨果·格老秀斯和塞拉芬·德·弗莱塔论发现和先占权

perio"混为一谈，这个单词确实有"开放"或"裸露"的意思，与"发现"具有相关性。

65. See Alexandrowicz, "Freitas *versus* Grotius", 167.

66. Freitas, *De iusto imperio lusitanorum asiatico*, 227

67. See Friedrich August von der Heydte, "Discovery, Symbolic Annexation and Virtual Effectiveness in International Law", *American Journal of International Law* 29 (1935), 448–71, and Patricia Seed, *Ceremonies of Possession in Europe's Conquest of the New World, 1492–1640* (Cambridge University Press: Cambridge, 1995).

68. Freitas, *De iusto imperio Lusitanorum Asiatico*, 112–17.

69. Ibid., 182–3.

70. Ibid., 126, citing *Epistolae*, Bk. 10 *Epistola* 1a. 他继续引用《卢济塔尼亚人之歌》(*Os Lusiadas*)开篇的诗句，其中写道："分发武器，调兵遣将"，他们"从未航行至这片海洋，他们甚至驶过了锡兰岛"。

71. Ibid., 227. 他谈到了与印度有关的航海和商业活动。

72. See p. 211.

73. *Vitoria*: *Political Writings*, Conclusion 292.

74. "Remarques sur l'opinion de l'auteur de *l'Esprit des lois* concernant les colonies, Lib. IV. XXI. Chap. 17" in *François Quesnay et la physiocratie*, 2 vols. (Paris: Institut national d'études demographiques, 1958), II, 785, 以及参见我的著作 *Lords of All the World*, 184。

75. Smith, *An Inquiry into the Nature and Causes of the Wealth of Nations*, II, 626 (IV, vii).

第六章

自我革新：
伊比利亚美洲世界政治想象中的改革和革命

纪念路易斯·卡斯特罗·莱瓦（Luís Castro Leiva）

一

1830年，格奥尔格·弗里德里希·黑格尔（Georg Friedrich Hegel）写道：

> 将南美洲和北美洲进行对比，我们会发现一个惊人的差异。在北美洲，我们看到一派欣欣向荣的景象：工业发达，人口众多，国内秩序井然且人人享有自由；整个联邦是一个国家，并设立了若干政治中心。相反，在南美洲，各共和国相互割据，它们的整个历史是不断爆发革命的历史；联邦国家分崩离析；之前相互独立的国家又联合在一起；所有这些骚乱都源于军事革命。

第六章　自我革新：伊比利亚美洲世界政治想象中的改革和革命

黑格尔认为，所有这些都可以归因于两件事：信奉天主教的南美洲和信奉新教的北美洲之间的区别（在他看来，后者"激发了个体之间的信任感"）和政治层面上更重要的事实——"南美洲是被征服的，而北美洲是被殖民的"。殖民是指欧洲向美洲输出移民，由此在北美洲形成了稳定的政治基础。

> 移民很快就将全部精力用在了生产劳动上，他们能够生存下来的基础在于人与人之间结成了必要的联合体，满足了安居乐业的诉求，并确立了民事权利，从而获得了安全和自由，以及将单独的个体聚合成了社群。由此国家仅仅是一个为了保护财产而存在的外部机构。

这为后来建立的国家在面临外部侵害情况下，提供了保持独立所需的物质、军事和精神层面的凝聚力。这还要求殖民者开发他们所占领土地上的自然资源，而不是靠被打败的土著去做这种工作。相比之下，西班牙人则是通过"占领南美洲来统治该地区，并利用担任公职和强征税赋来攫取财富"。[1] 由此西班牙人就留下了军国主义的烙印，它本质上具有政治不稳定性且难以掌控，无法开展任何新兴国家所必需的那种联合开发活动。

黑格尔描写的是19世纪初期美洲社会的情形；像许多欧洲人一样，他认为这种社会是"明日的国土，在我们未来的时代中，世界历史将昭示它的使命"。[2] 但是，对于黑格尔认为征服之地与英国人在美洲建立的殖民地的区别（在美洲荒凉空旷的土地上建立定居点，这里没有人类生活的痕迹），在他写下这段话的时候，公众就已以此来解释难以控制、无益徒劳和尚未开化的南美洲与井然有序、繁荣富足且审慎明智的北美洲之间为何存在如此明显的区别。

正如我们所看到的，"征服"一词具有鲜明的政治意识形态色彩。从历史证据来看，人们几乎从一开始就为占领美洲高唱赞歌，至少人们无法否认占领墨西哥和秘鲁的事实。在整个16、17世纪的大部分时间内，这些征服活动导致大量土著处在"西班牙人"的控制之下，1580年至1648年间，伊比利亚半岛的王国由一位信奉天主教的国王统治。这是世界上有史以来规模最庞大、领土最辽阔的政治机构，从墨西哥拿到澳门都处在它的统治之下，正如西班牙诗人伯纳多·德·巴尔布埃纳（Bernardo de Balbuena）在1604年所说，"西班牙与中国，意大利与日本，它们已如邻居一般"。[3]

然而，西班牙从未形成政治凝聚力，也从来没有形成一个西班牙帝国。当然，历史上曾存在一个神圣罗马帝国，这个帝国的皇帝在一段时间内也曾是包括西班牙在内各个独立王国的统治者。卡斯蒂利亚国王和阿拉贡国王（有时还包括葡萄牙国王）摆出普救论者*姿态，自封（或至少允许称他们为"基督教世界的主宰"）或不那么谦虚地模仿罗马皇帝自封"全世界的领主"。

---

* 普救论指基督教神学救赎论，该理论认为人人皆可以因基督而获得救赎。——译者注

第六章　自我革新：伊比利亚美洲世界政治想象中的改革和革命

1563 年，威尼斯大使甚至散布谣言称，菲利普二世提议让自己担任"美洲印第安人的皇帝"，以此作为其父亲未让他继承神圣罗马帝国的补偿；菲利普三世和菲利普四世都同意在半官方文件中被称作"皇帝"。[4] 然而，他们都没有付诸实际行动，除查理五世外，西班牙君主从未加冕过"皇帝"尊号［拜占庭帝国最后一位皇帝君士坦丁九世帕拉约洛戈斯（Constantine IX Palaiologos）将代表皇帝的尊号"巴赛勒斯"（Basileus）卖给了阿拉贡国王费迪南德，但是后者没有胆量使用这个尊号，并于 1494 年将其转卖给了法国国王查理八世］。尽管奥利瓦雷斯伯爵公爵（Count Duke of Olivares）在 1624 年曾提出建立"军事联盟"等计划，但是在 18 世纪查理三世统治时期之前，西班牙国王从未采取连续行动统治君主制国家不同的多个文化主体，建立类似单一制国家的形式，例如路易十四脑洞大开的"大一统"形式。君主是分配和主持公义的化身，而不是无可置疑的政治权威，尽管历代卡斯蒂利亚王国的统治者——从菲利普二世到查理三世——均实施集权统治，但是通常其君主政治体制更像一个准独立的国家联盟，而不是法律意义上的单一制帝国。外交官迭戈·萨阿韦德拉·法哈尔多（Diego Saavedra Fajardo）在 1639 年指出，西班牙法学家喜欢称之为"行省"的地方实际上就是欧洲其他国家更恰当地称为"国家或王国"的地方。[5] 当然，欧洲符合这种情况。那不勒斯和西西里仍然是主权王国，阿拉贡王国也是主权王国，米兰是一个独立公国，荷兰是由县郡和公国组成的复合制国家。1539 年，维托利亚在一次以战争法为主题的演讲中希望向听众阐述亚里士多德学派所称

297

的"理想城邦"的例子,即"不从属于其他共和国,且拥有自己的法律、独立的政策以及地方执法官",他选择的例子包括"卡斯蒂利亚王国、阿拉贡王国以及其他类似的城邦"(其中一个是威尼斯)。[6] 从政治学和语言学的角度来说,1539 年的"西班牙"仍然属于——借用人们耳熟能详的梅特涅(Metternich)1814 年描述意大利时提及的类型——"一种地理学意义上的国家"。虽然1523 年美洲正式成为卡斯蒂利亚王国的组成部分,但是美洲拥有大量的独立政治权力,直到 18 世纪后期,美洲一直被称为"印第安王国",从 1680 年开始,美洲就根据独立的法律进行统治。[7] 查理五世甚至在他的许多头衔中逐一列举了处于其统治下的不同地区。

实际上,哈布斯堡王朝是一个名副其实的联邦国家。1700 年,波旁王朝建立之后,王朝的统治者实施了一些改革,希望以更接近部门架构的形式取代旧哈布斯堡王朝依附性质的政府政治体制。1721 年,路易一世(世人熟知的"自由主义者")组建海军部和印第安事务部,从很久之前设立但立场反动的印第安独立委员会和贸易部手中拿走大部分权力,垄断对美洲贸易。在 1754 年至 1755 年间,费迪南德四世组建了五个部门,即设立了五个秘书处,分别是对外关系部、司法和教会事务部、财政部、海军部和印第安事务部,他彻底裁撤了印第安独立委员会和贸易部。

然而,从许多方面来说,查理三世是典型的"开明专制主义者",他在建立覆盖从新西班牙到菲律宾的君主制国家方面发挥

第六章 自我革新：伊比利亚美洲世界政治想象中的改革和革命

了重要作用，使国家某种程度上形成了行政和政治凝聚力。正如1838年安德烈斯·穆里尔（Andrés Muriel）撰写的关于查理三世统治时期的历史专著中所指出的，他继承的君主制国家也许比欧洲其他任何君主制国家"拥有更强大的权力，实施专制统治且局势安定"。[8] 回望拿破仑战争之前的历史，这段统治时期可能并非那样"和平"，也不像穆里尔所说的那样卑躬屈从，但是肯定不像一个世纪前那么举步维艰。然而，这段时期显然仍旧缺乏凝聚力。从1735年至1759年，查理三世同时担任那不勒斯和西西里的国王，并与改革后担任"两个西西里王国"摄政的贝尔纳多·塔努奇（Bernardo Tanucci）结盟。查理三世清楚地知道制定和实施改革方案所需的条件，1787年他对非常接近当时欧洲君主制国家（尤其是与西班牙保持着密切政治关系和亲密联系的法国波旁王朝）认同的现代国家形式进行了研究。从最宽泛的意义上讲，担任当时国家新政府部门主要职务的人士大多数为"开明"之人。以基督教为主要内容的理论典籍，或伏尔泰、狄德罗甚至孟德斯鸠主笔的理论文献传播范围非常之广，至少在西班牙国内，这些看起来像信奉无神论的人热衷于要求限制教会在世俗生活中的作用，以及在世俗机构中强化国家发挥的作用和提升理性的地位。他们成为一个全新的贵族阶级。例如，佩德罗·罗德里格斯·坎波马内斯（Pedro Rodríguez Campomanes，希腊人，法学家、历史学家）就属于这个贵族阶级，他从1762年到1783年担任财政部部长，从1783年到1792年担任卡斯蒂利亚王国议会议长。亚当·斯密传记的作者杜格尔德·斯图尔特（Dugald Stewart）对他的描写十分准确,作为那些"最著名作品"的作者之一(其他包括斯密、魁奈、杜尔哥、贝卡里亚),他们"不是通过确定新政治体制的计划,而是通过引导现实中的立法者制定政策来改良社会"。[9]第一任国务卿佛罗里达布兰卡伯爵(Conde de Floridablanca)是文书员何塞·莫尼诺(José Moñino,是一名律师)的儿子,他没有要求戈雅(Goya)将自己画像绘成与其前任相同的骑马像;在他的画像中,他身边簇拥着一群艺术家和科学家。加斯帕·梅尔乔·德·约韦拉诺斯(Gaspar Melchor de Jovellanos)是一位受过训练的教会律师,他执笔撰写了多份分析最为鞭辟入里的帝国经济报告,他在1797年出任司法部部长,他也让戈雅为自己绘制了画像;在他的画像中,他的头靠在手上,画像的姿势不是代表实干家而是代表哲学家的传统姿势,他周围不是象征权力的图案,而是书籍。这些人是专家和知识分子,与以前的政府公务员不同,他们取得了卓越的成就,他们希望记录事实,从而让自己青史留名。查理还任命了由国务大臣管理的一大批职业公务员,这些人有固定的收入,而不是像以前的公职人员那样靠公职工资维持生计。对于这些人,我们仍知之甚少。但是,在这个世界上,对任何政府而言,最大的威胁在于如何让政府永存,因此政府创建了一个真正的公务员政治体制,该政治体制在很大程度上独立于国王,更重要的是它与大臣的私人家庭并无关系,这就为处于改革进程中的国家提供了所需的连续性。腓特烈大帝对此感触颇深,这也是狄德罗敦促凯瑟琳大帝推进的工作。随着这种转变的出现,即以血缘或亲属关系为基础的官僚体系转变为以业绩考评为

第六章 自我革新：伊比利亚美洲世界政治想象中的改革和革命

基础的官僚体系，王权的形象也发生了改变。显然，查理三世并没有什么雄心壮志效法托斯卡纳大公彼得·利奥波德（Peter Leopold）在1765年至1792年间实施的改革，即尝试将一个大公国转变为真正的德意志共和国，或通过制定宪法和独立的法典来限制其权力。但是，他在那不勒斯的改革（即使没有取得其他成就）已经让他意识到，某种程度上拥有绝对权力的统治者必须首先是国家行政元首，这是西班牙之前的君主从未意识到的情况。正是基于他的职务，而不是基于古老而琐碎的权力神授观念，他才被赋予了不容挑战的君主主权。

从其他方面也可以看到君主制的转变。众所周知，君主的义务从提供保护转向提供福利，而西班牙王室更关心前者而不是后者。然而，到了18世纪中叶，仅仅是在50年前还在很大程度上保留了希腊语语境中的"家庭管理"的经济学已被视为人类集体活动"自然理性"的工具。1741年至1743年间担任海军和印第安事务部秘书长的坎皮略推崇的"经济体制"直到近期才彻底退出历史舞台，现在应将其视为受"某些特定规则约束"的"政治学主要分支"，那些当权者如果无视这些就会铸成大错。[10] 随着这种新经济学理论逐渐在政治生活中占据主导地位，君主被迫需要更加兢兢业业地为自己的臣民谋福利。在1741年出版的名为《觉醒西班牙》（*Spain Awake*）的小册子中，坎皮略认为国王应履行六项义务，其中三项分别是"以身许国"、"论功行赏"和"夙夜在公"。[11] 查理三世认为自己或至少那些怀着满腔热情的大臣们应满足所有这些要求。1788年约韦拉诺斯在马德里皇家经济学会致辞时这样评价查理三世：

> 诸位勋爵，你们怀着满腔的热忱，为了实现父辈的理想而辛勤工作。诸位不会不知道这个国家缺少什么精神：这个国家需要具有实用性的科学、经济原理和大众启蒙精神，从这一点就能够看出查理三世给西班牙带来的新气象。如果仍怀疑这些决定了国家的繁荣，那么诸位可以想想西班牙处于迷信和愚昧的那段悲惨时期。那是一幅何等骇人且令人悲痛的景象！来自天堂的宗教照亮了人类世界并带来慰藉，但是宗教因受到私利驱使导致人们悲痛欲绝、上当受骗。无政府状态取代了秩序、国家的暴君或饱受折磨的阶层取代了贵族阶层……明目张胆、肆无忌惮地违反法律、藐视司法、践踏习俗，所有对美好和公共秩序的追求都陷入混乱和无序之中。那么，国家繁荣所仰赖的精神何在？[12]

西班牙想方设法复兴这种"精神"（espritu），觉醒的西班牙"开明"思想家多次提到这个词，伟大的威尼斯画家詹巴蒂斯塔·提埃坡罗（Giambattista Tiepolo）在细长的黑色金字塔雕饰上雕刻的诗句中也提到了这个词，象征王室荣耀的马德里皇宫王室天花板壁画被人称作"西班牙凯旋图"，上面刻着这样的诗句："查理国王陛下，您的品高德尚，您竖立的纪念碑高大宏伟，万古长存，使您声名远扬。"[13]

在古老而腐朽的政府中，当权者普遍缺乏公共责任意识以及

第六章 自我革新：伊比利亚美洲世界政治想象中的改革和革命

为共同利益献身的精神，约韦拉诺斯极为痛心所详细描述的所有其他弊病只是现实问题之一，或者说显然是西班牙王朝必须解决的问题。西班牙"帝国"是"西班牙问题"的核心，并且这个问题已经存在了数个世纪之久。

与大多数不断扩张的国家一样，西班牙王国自开始拓展海外领土的那一刻起就一直处于不断扩张之中。而且，正如许多同时代人所相信的那样，任何国家一旦开始实施扩张政策，它就必须通过持续不断地扩张才能生存下来。问题在于指数级扩张最终只会导致分崩离析和走向崩溃。法哈尔多写道："这就是君主制国家的风险，它们在寻求停止扩张时会变得惶恐不安。如果停下扩张的步伐，那么它们就会跌跟头。因为一旦停止扩张，它们就会一蹶不振。"[14] 到17世纪中叶，对于像法哈尔多这样的许多人而言，曾经如日中天的天主教君主立宪制似乎日薄西山的主要原因在于："它们存续时间越长，就越接近灭亡"。[15] 这是规模庞大且过度扩张帝国的必然宿命。达维南特警告说，"许多帝国已因过度扩张土地以及控制过多的领土而溃于一旦；因此，我们控制更多的行省和我们无法耕种或保卫的领土可能会导致我们在美洲的利益受损。"[16] 然而，对于许多局外人而言，西班牙君主制王国的真正弊病似乎不是西班牙政治分裂或无法继续占领新领土，而是西班牙一直以来所秉持的意识形态的约束，这种意识形态曾经推动了西班牙的统一，即信奉天主教（但它并未一直遵守天主教的教义）以及推崇军事实力。从1492年开始，这两个问题一直引发人们的关注，在这个如同神话般的年份中，西班牙人征服格拉纳达,驱逐犹太人,哥伦布开始第一次远航,此后许多历史学著作将1492年视为拉开未来"西班牙帝国"序幕的一年。

西方国家在发现和征服美洲的过程中偶然发现了巨大矿产财富,然而有些国家尤其是除西班牙之外的国家认为这是上帝的恩典,也是一种诅咒。1665年,英国东印度公司总裁乔赛亚·查尔德(Josiah Child)爵士注意到,西班牙人因"在印度拥有规模庞大且实力强劲的金银矿"而分散了精力,他们从未完全认识到"在土地上……耕作,为实现增长而生产商品"的价值。[17]查尔德认为,正是这种对大宗商品(特别是贵金属)的过度依赖而不是过度扩张才使他亲历了著名的"西班牙衰落"。西班牙君主制王国日益深陷经济和军事弊病之中,人们普遍认为这就是君主制衰弱的原因。1725年,孟德斯鸠指出,西班牙并没有得到真正的国家财富。后来的西班牙统治者并未在美洲土地上耕作(耕种土地意味着改善当地居民的生活条件和福利水平),而只是集中精力攫取贵金属,但这些贵金属仅仅是"一种虚构的商品或标志"。因此,他们这是舍弃了"自然财富之母,而是换取代表财富的标志"。正如他指出的,财富的"标志"或"虚构的商品"的麻烦之处在于随着其数量增加,它能够代表的物品(价值)却越来越少,因此贵金属价值会降低。换言之,它们会导致通货膨胀,而通货膨胀在18世纪还是新事物。[18]他写道,他之前时常"会对弗朗西斯一世的盲目行动而扼腕叹息,因为他让哥伦布吃了闭门羹,哥伦布转而求助法国,使法国成为印第安全部财富的主人"。然而,经过深思熟虑后,他得出的结论是,"有些人往往会歪打

第六章　自我革新：伊比利亚美洲世界政治想象中的改革和革命

正着",西班牙的现状"让我们所有人长舒一口气"。[19]现在的西班牙丢掉了之前在欧洲的所有领土,并且每个国家真正的财富所依赖的农业和工业却没有发展起来,西班牙只不过是其殖民地的附属品。他写道:"印第安和西班牙是同一主权者统治下的两个大国,但是印第安是主体,西班牙只是附庸。反客为主的政策毫无希望可言;印第安将会永远吸引西班牙向它靠近。"[20]

查尔德和孟德斯鸠通过不同方式提出了解决这一困境的方法,即西班牙王国要从开展征服活动转向开始商业活动,从一种意识形态"封闭"的社会转变为一种意识形态"开放"的社会。自由贸易和获得宗教信仰及其他经济方面的自由是现代社会繁荣发展的唯一途径。孟德斯鸠认为,通过这种形式"(西班牙)将拥有伟大的人民,而不是堆积如山的金银"。[21]实际上,这意味着效仿英国人和荷兰人的成功之路:帝国不是建立在征服的基础上,而是建立在和平解决争端的基础上;不是以攫取原材料为基础的,而是以贸易为基础的。大西洋世界和欧洲自身的现代性意味着以和平交往为基础的社会取代了古老的武士社会。根据亚当·斯密在《国富论》中的阐释,他认为哥伦布和达·伽马具有重大意义的航海活动开启了现代世界的大门,自此之后贸易取代了战争。[22]

至少到18世纪初,很多西班牙人才得出了类似的结论。颇具影响力的政治经济学家赫罗尼莫·德·乌兹塔里兹(Jerónimo de Uztaríz)就是其中之一。他在1724年写道,卡斯蒂利亚王国只能寄希望通过实施"新政"来效法敌人令世人赞叹的成功——路易十四的财务大臣让-巴普蒂斯特·柯尔贝尔（Jean-Baptiste Colbert）采取重商主义政策大获成功，将法国从武士之国变成商人之国。[23]当然，效法敌人的政策并非易事。[24] 据说1652年西班牙大使阿隆索·卡德纳斯（Alonso Cardenas）曾经与克拉伦登伯爵（Earl of Clarendon）进行交流，当时克拉伦登伯爵认为坚持推行一种宗教信仰和卡斯蒂利亚王国一直垄断所有海外贸易将会导致西班牙走向灭亡"，"从宗教裁判所获得自由并在西印度群岛自由航行需要经过主人的首肯"。[25]

到18世纪下半叶，许多权势阶层成员开始要求按照法国和英国评论家的建议重新评估西班牙君主政体的政治和文化前景。[26] 他们还认识到，对改革君主制的需求已远远超出了建立经济上具有强大的生产力、政治上顺从的自治领的简单诉求。实际上，它已演变成一场身份危机。其中最著名且最具影响力的人物是坎皮略，他从1741年至1743年担任海军部和印第安事务部秘书长，并在1740年代拟了一份名为《美洲新经济政府体制》的计划，提出要彻底改革海外帝国。[27]

坎皮略指出，西班牙美洲的基础是"征服精神"，并且这种精神符合西班牙的利益，18世纪所有西班牙改革派都赞同这一观点，但到了18世纪中叶，这种精神成为国家最严重的弊病。因为一味追求军功荣誉和矿产财富，西班牙从美洲殖民地获得的收入甚至低于英国和法国分别从巴巴多斯岛和马提尼克岛获得的收入。[28] 坎皮略将西班牙与英国和法国海外领土历史进行比较并不恰当，但他观察到的情况将会变成一种司空见惯的现象。

第六章　自我革新：伊比利亚美洲世界政治想象中的改革和革命

坎皮略认为，在整个16世纪，西班牙王室认为征服不仅是合法的，而且在一定程度上是有利可图的。它既符合当时的尚武精神，又满足了征服庞大数量的印第安人的迫切需要（英国人和法国人从未遇到过那种情形）。[29] 但是那段时期转瞬即逝，本应属于西班牙人黄金时代的下一个世纪反而成为"耻辱与失落的世纪"。因为他们不是加快强化对已占土地的控制权和推动殖民地经济的多元化，而只是继续开展征服活动。[30] 征服者及其继承人只关心如何让一个以军事力量为基础的古老社会永远延续下去，却未认识到一个社会的真正财富源自政治和社会秩序，而不是掠夺活动，开展掠夺活动会导致可怕的后果。坎皮略指出，蒙古大汗（当时的中国统治者）手下能臣的数量和统治的领土面积并不及西班牙国王，但是蒙古大汗的财富却超过了西班牙国王，他忧心忡忡地补充道，"蒙古大汗的附属国也没有遭受过如此悲惨的压迫"。[31] 欧洲的征服者将美洲变成了一片废弃之地。美洲最了不起且最宝贵的部分——人口——与原先数量相比所剩无几，由于遭受了残酷虐待，土著所剩无几，并完全丧失了生产能力。在欧洲基督教统治者的统治下，曾经"由土著统治且处于野蛮黑暗时代的完整且政治化的国家"，如今已变成"大量土地无人耕种、荒无人烟，几乎完全废弃的行省，之前这里可能是世界上最富饶的地方"。[32] 他认为，如果西班牙人效仿法国在加拿大的做法，只与那些原本可能会带来某些经济利益的土著开展贸易而不是屠杀土著，那么他们的处境就会好很多。但是，面对废弃的土地，西班牙人应该"实施完全不同的政策"，用这些政策改变腐败的西班牙王室和懒惰的臣民，让他们"开始从事商业活动，并（在土地上）种植高价值作物，建立一个公正的社会，并通过采取有效的经济管理措施，与印第安人友好和平相处，让印第安人过上普通人的生活，鼓励他们勤劳工作，使他们成为有用处的附属臣民，并将其变成西班牙人"。换句话说，这将使中世纪的臣民变成现代社会的公民，使仍未开化的印第安人变成文明人——实际上美洲生活着未经官方承认的西班牙人，这些人与他们的西班牙主人生活在一起，他们拥有自己的社会地位，而不是仅仅被他们的主人统治。然而，坎皮略满心悲痛地总结道："我们总是手持武器，做出准备战斗的架势"。[33]

坎皮略对西班牙推崇武力而产生的长期影响持极为悲观的看法，对此坎波马内斯给予了最强有力的回应。坎皮略《新体制》一书在马德里开明人士中间流传的同时，1762年坎波马内斯发表名为《关于西班牙与印第安地区贸易活动的反思》的文章，其中部分内容是回应乔赛亚·查尔德在他的《贸易新论》中对西班牙帝国的批评——坎波马内斯认为，关于这个问题，查尔德提供了比任何西班牙人更具"独创性"的观点——并且对孟德斯鸠《论法的精神》进行了评论。[34]他写道："所有国家都相信，通过发展商业、航海和工业获得的财富是公众福祉的唯一源泉。今天的战争更关注控制殖民地的对外贸易，而不是控制与殖民地的内部贸易。"[35]几个世纪以来，西班牙帝国不过是一个向所有欧洲国家输送黄金和白银的渠道，而西班牙自身从中获得的收益微乎其微。他也将这一点归咎于"征服精神"。[36]17世纪，政治和经济危机通

第六章　自我革新：伊比利亚美洲世界政治想象中的改革和革命

过某种方式摧毁了欧洲大部分地区。过度追求军事胜利根深蒂固且占绝对主导地位的前现代执念蒙蔽了西班牙的双眼，所以导致西班牙固执己见，西班牙从未认识到"其真正利益"所在。[37] 相比之下，英国人和法国人比西班牙人"更精明"（坎波马内斯并未提到葡萄牙人），他们在新世界中不是"修筑城池或建立新帝国"，而是在寻找"可以进行商业交易的物品，并由此将注意力转移到这些物品身上"。[38]

在这一点上，坎波马内斯与查尔德和孟德斯鸠的观点完全一致。像坎皮略一样，坎波马内斯也深信仅靠对现有的架构修修补补无法最终革除西班牙的弊病。西班牙君主制必须改变现状，用他经常说的一句话就是"自我革新"。[39] 为此，它必须以前所未有的方式追求"公众福祉"，18世纪整个欧洲不同语境下的政治理论中充斥着这个含混不清的词。[40] 为了给臣民谋取广泛的福祉，古老的西班牙君主体制必须被重新塑造成它有时声称已具备但实际上从未曾有过的样子，即西班牙不是一个单一的"复合制国家"，而是一个拥有大量殖民地的宗主国；换言之，西班牙是一个真正的帝国。然而，西班牙要想成为一个真正的帝国，首先必须将国家重新转换成类似当时英国正在北美洲打造的跨大西洋国家模式。当然，最终西班牙和英国遭遇了灾难性的后果，但是坎波马内斯在1762年还无法预见这一点。

考虑到这一目标，《关于西班牙与印第安地区贸易活动的反思》重新界定了印第安王国与欧洲内部各自治领之间的区别。坎波马内斯是主张对美洲"殖民地"展开讨论的第一人，尽管美洲是卡斯蒂利亚王国的一个附属地区,但他未将其视为一个特殊且独立于卡斯蒂利亚王国的区域,而是视为与英国甚至在某种程度上与法国在北美洲殖民地类似的社会,即具备准独立地位的社会,其利益和自身内部的发展取决于商业和农业。然而,英国殖民地和西班牙殖民地的区别在于,后者固守坎波马内斯所说的"军事至上"理念,与他们之前的罗马人、阿拉伯人和维京人没有区别。相比之下,英国人效仿古代希腊人和腓尼基人建立了"商业性和追求和平的"海外定居点。[41] 并且,"没有一个国家从军事殖民地获得任何看得见、摸得着的好处,因为军事殖民地一直是用来实施压迫和进行专制统治的工具"。的确,西班牙殖民地的作用就是"减少那些野蛮民族的数量,并使他们生活在一种文明和拥有宗教生活的环境中;否则,他们将仍处于野蛮和偶像崇拜的状态中,在他们的土地上不会进行任何农业耕作来抑制其残暴的本性",而英国人只是将土著晾在一旁,不予理会。[42] 然而,这可能是值得称道的,但是从长远来看,它对母国几乎没有任何价值,也没有给土著带来经济繁荣。土著现在可能已经成为基督徒,但是他们距离"文明"仍还有很长的路要走。

自从卡斯蒂利亚王国将罗马模式幻想成帝国扩张唯一可行的模式开始,它在征服美洲大部分地区后就犯了罗马人永远不会犯的"两个致命错误"。第一个错误是卡斯蒂利亚王国垄断了美洲贸易。西班牙帝国形成了庞大的内部市场,但菲利普二世在1596年甚至禁止葡萄牙人(当时葡萄牙人是卡斯蒂利亚王国的臣民)与美洲开展贸易;1634年,菲利普四世禁止葡萄牙人在菲律宾开

第六章　自我革新：伊比利亚美洲世界政治想象中的改革和革命

展贸易活动。[43] 同样的限制也适用于弗拉芒人和意大利人，在某些情况下也适用于阿拉贡人。第二个错误是强制所有与西印度群岛相关的贸易活动必须经塞维利亚港口进行转口贸易。1788年，坎波马内斯总结指出："长期以来，正是这种盲目和不符合经济原则的行为蒙蔽了我们的政治领导人。很长的一段时间以来，对他们来说弊病已经变成了他们的第二特性。"[44]

总体上，坎波马内斯的计划是将尊崇武力的西班牙君主制政府转变为更接近"腓尼基式"的大英帝国政府。根据这一计划，卡斯蒂利亚王国将向所有成员开放美洲市场，并且至关重要的是将放松对它们之间的贸易管制。根据该计划建立的自由贸易区域仍局限于原西班牙帝国的统治范围之内，并与重新调整后的教化政策挂钩。在坎波马内斯看来，西班牙人（所有西班牙人）必须经过训练才能成为现代意义上的经济人。这是他1775年发表的《大众教育论》中提出的主张，重申了《关于西班牙与印第安地区贸易活动的反思》中的许多观点；几年之后，曾与坎波马内斯有通信往来的政治经济学家约韦拉诺斯在其影响广泛的《土地法探究》(*Agrarian Law*, 1793) 一书中也提出了这一观点。由此，商业社会精神将逐渐取代旧的统治秩序。随着相距遥远的不同地区之间自由开展贸易活动，坎波马内斯对西班牙最终实现"自我革新"充满信心。

像坎皮略和约韦拉诺斯一样，坎波马内斯最初呼吁进行经济和结构性改革，而不是政治改革，从而确立西班牙君主制政府在现代商业中的新"定位"。然而，很快情况就变得非常明朗，唯一能将他所说的新商业秩序变成现实的政治秩序并不是古代君主制的翻版，国王思想中那种关于跨大西洋社会及公共组织的公法概念正在迅速消解。颇为吊诡的是，新的现代"帝国"只能被视作某种联邦。随着1770年代英国王室与其美洲殖民地之间的战争变得难以避免，这一点对西班牙和法国人来说已变得越来越明显。1774年，卡姆斯勋爵亨利·霍姆（Henry Home, Lord Kames）显然已经准确预见到了大英帝国必然会走向瓦解，他精准预见了即将与美洲殖民地爆发冲突的必然结局。他写道，美洲殖民者"具有自由民族的精气神，并且爱国主义热情高涨"。他们的"人口数量和富裕程度已迅速提高"，这将使他们在不到一个世纪的时间内达到"宗主国的水平"。如果宗主国极其愚蠢地卷入了一场战争之中，那么战争结果将是显而易见的。他接着说："因此，美洲殖民者摆脱了外部的枷锁，他们最先关注的是选择建立一个符合自身条件的政府；而且不难预见他们将会选择什么样的政府。一个满怀自由和独立梦想的民族不会情愿接受国王的统治。……我们可以肯定地说，每个殖民地都会争取为自己建立一个共和制政府。"如果是这样的结局，那么在"女儿国"从其"母亲国"独立之前，"母亲国"赋予满怀愤怒和不满的"女儿国"独立地位是更明智的选择。两年后，哲学家、政治经济学家、时任法国财政大臣安-罗伯特·杜尔哥（Anne-Robert Turgot）得出了几乎相同的结论，并指出了西班牙殖民地在美国独立战争之后的命运。他认为，殖民地实际上只对那些与它们开展自由且独立贸易的人们才具有真正的经济价值，而这些人通常并没有政治

第六章 自我革新：伊比利亚美洲世界政治想象中的改革和革命

发言权。他写道："因此，对于政治大国而言，政府从其殖民地所获得收入的价值是微乎其微的"。从美洲殖民地中受益最大的国家是位于欧洲北部和南部的低地国家；如奥地利和瑞士，这两个国家根本没有海外领地。他写道："有人会提出质疑，让他们在自己的土地上获得完全自由，而不是等待他们迫使我们采取这样的行动，是不是对我们（波旁王朝）来说并非更有利……"，他总结指出，"国家同意将其殖民地视为具有盟友性质的行省，而不是视为宗主国的附属单位，这才是明智和快慰人心之举"。46

1770年代，随着英国及其与美洲殖民地之间的冲突从无法避免的威胁成为现实，人们对解决美洲（包括北美和南美地区）殖民地危机而建立某种联邦国家的方案展开了广泛讨论。1778年2月，当美国独立战争仍然胜负未定的时候，亚当·斯密（大卫·休谟认为他"极为热衷美洲事务"）表示，如果英国人赢得了这场战争，唯一可能的结果是随后建立的任何政府都必须采用军政府形式，而这对于"美洲人溃烂不堪的心灵"而言无法接受，"他们将会在一个多世纪的时间里随时准备拿起武器去推翻它"。维持这样的政府将会付出巨大的代价，英国从中将"一无所获，而只会因为压迫一个民族而心生耻辱，长期以来我们曾对这个民族展开讨论，不仅仅将其视为我们的同胞，而且视为我们的弟兄，甚至我们的子女"。最佳的选择是建立一个联邦性质的联盟，该联盟是13个殖民地与英国的联合体，就像1707年英格兰与苏格兰组成的联合王国一样。他总结说："不幸的是，与我们的殖民地组成宪政联盟并选出美洲代表的计划似乎并没有得到大不列颠任何具有较大势力的政党的支持。"[47]

五年之后的1782年,当战争已经尘埃落定,谢尔伯恩伯爵威廉·佩蒂（William Petty, Earl of Shelburne,最终与美国签订和约的人）陷入绝望,他奋力最后一搏,试图保住殖民地,提议将13个殖民地重组为一个联合体,每个殖民地都拥有自己的立法机关,但最终都受英国王室管辖。尽管这是根据殖民者特别是富兰克林先前接受的"内部"和"外部"主权领域之间的划分提出的建议,但是为时已晚,这一建议不仅没有发挥任何实际作用,并且遭到了嘲讽。[48] 富兰克林说:"毫无疑问,英国大臣的脑子里再也没有比这更荒谬的痴心妄想了"（然而,1754年富兰克林似乎相信"殖民地非常愿意"建立这样的联盟）。[49]

采取某种形式的联邦制是西班牙君主制政府维持对美洲控制权的唯一方式,阿兰达伯爵佩德罗·帕布洛·阿瓦尔卡·德·博莱亚（Pedro Pablo Abarca de Bolea, Count of Aranda）清楚地认识到了这一点,他曾担任卡斯提尔市议会议长,并且是伏尔泰和雷纳尔神父的朋友,同时与坎波马内斯、佛罗里达布兰卡伯爵和约韦拉诺斯同属开明大臣阶层的精英人物。在英国与其殖民地可能爆发战争的背景下,在1770年代的大部分时间内,阿兰达对印第安王国的命运感到忧心忡忡。1775年4月,他写信给首相帕勃罗·杰罗尼莫·格里马尔迪（Pablo Jerónimo Grimaldi）,警告首相如果英国殖民地变成"联合行省",那么他认为必然会出现以下这种最终的结局:

第六章 自我革新:伊比利亚美洲世界政治想象中的改革和革命

他们很可能会协助西班牙裔美洲人抛弃欧洲这个"卵黄",并认为西班牙人和英裔美洲人都无法忍受这一点。考虑到以下原因,他们就更倾向采取这种行动,因为他们不得不忍受被不同的总督压榨血汗,他们的生活负担比英国殖民者更重,而且最终他们参与进来后,可能会享有比英国法律赋予的更大自由。[50]

1783 年英美在凡尔赛签署《巴黎条约》(*The Peace of Paris*),英国正式承认美国独立,阿兰达(时任西班牙驻法国大使)立即撰写了一份密件,即《阿兰达伯爵呈查理三世国王关于在美洲建立独立王国可行性的介绍性文件》(*Presentation of the Count of Aranda to King Charles Ⅲ on the Desirability of Creating Independent Kingdoms in America*),主张在可能的情况下推动解散美洲殖民体系。他最担心的事情现在已经出现。他对查理三世说,"当这个联邦共和国变成一个庞然大物时,它对所有那些地区来说都是梦魇,这样的一天将会到来。"[51] 阻止南美洲殖民地效仿北美洲殖民地的唯一方法是将印第安王国转变成半独立性质的主权国家。他写道:"陛下,您应舍弃您在北美洲和南美洲的全部财产",只保留古巴和波多黎各诸岛作为西班牙贸易的基地。他建议,所有其他地区应分为三个独立王国,在联邦制的分散架构之下由西班牙欧洲王室成员在墨西哥城、波哥大和利马进行统治,而不是由西班牙国王统治,而是像(人们认为的)神圣罗马帝国皇帝那样由一位西班牙国王统治。

阿兰达认为，相比现在殖民地带来的税收收入，这样的联邦会给西班牙国库带来更大的贸易利益。一旦实现联合，这三个王国不仅将失去进一步寻求完全脱离西班牙的动力，而且将变得更加强大并且政治依附性更高，从而应对新建立的美利坚联合众国导致的新外部威胁。他认为，从长远来看，他建议的那种联邦制国家可能胜过任何其他国家形式，并且能够推动经济更加繁荣。

阿兰达的设想考虑到了此前哈布斯堡王朝一直就有的联邦化倾向，这就使他的设想比谢尔伯恩伯爵的设想更具说服力。但是，当时统治者对于他建立一个全新的、独立的但关系密切的独立国家政治体制的观点充耳不闻，西班牙人不予理会，克里奥尔人则拒绝接受。1791年，维斯卡尔多以其同胞"西班牙裔美洲人"代表的身份写道："我们已经放弃，这种联合与平等的政治体制是荒谬的"。[52] 然而，30年后，墨西哥历史学家卢卡斯·阿拉曼（Lucas Alamán）再次提到了这个观点，他曾在1821年担任代表科尔特斯（Cortes）瓜纳华托人的议员，随后在墨西哥独立后担任墨西哥国务卿兼内政和外交部部长。阿拉曼认为阿兰达的表述具有"预言性质"，并认为因为"这些谨慎的议员没能及时认识"到自己观点的重要性，美洲殖民地的克里奥尔人才被无可挽回地逼上了寻求脱离西班牙而独立的轨道。[53]

阿拉曼事后才非常清楚地了解到，阿兰达的设想基于这样一种假设：殖民地不再是宗主国完整的组成部分，并且如果不采用激进方法，那么后果就只会是爆发叛乱，建立新国家——新国家可能不仅会从"母国"独立出去，而且会对"母国"利益构成极

第六章　自我革新：伊比利亚美洲世界政治想象中的改革和革命

大的威胁。

二

1810年墨西哥爆发第一次叛乱以及2年后在今天的委内瑞拉爆发战乱之后，西班牙人的处境与1776年英国人的处境愈发相似。两个国家的国王一直笃信"征服精神"，尽管其顾问甚至更开明的大臣们撰写并呈报了相关建议，但是两位国王都毫不犹豫地发动战争，而不是推进改革和谈判。1815年，讨伐法国檄文的执笔人、前拿破仑时代的大使、接受玻利瓦尔资金帮助并支持玻利瓦尔的多米尼克-乔治-弗雷德里克·杜福尔·德·普拉德特（Dominique-Georges-Frédéric Dufour De Pradt）认为，拿破仑战争的胜利方彻底抹除了欧洲及其海外附属国的"尚武精神"。欧洲各国君主在维也纳会议上放下了"真刀真枪"，现在也应该放下他所说的"那些我们可以称之为'道德'的武器——毒性比其他武器更高——经历战争厮杀之后应该用代表和平的语言交流"。[54]

两年后，普拉德特警告对这一信息置若罔闻的西班牙——它"应该扪心自问，当它无法再继续扮演征服者的角色，无法保全自己通过征服所获得的东西时，它应当采取什么措施；它应该扪心自问，与再也不会成为它臣民的那些人互称兄弟是好是坏"。[55]但是，众所周知，西班牙君主并没有这样扪心自问。查理三世和查理四世（如果不是费迪南德七世）已将自己视为现代商业帝国的统治者，他们甚至可以授予殖民地一定程度的地方自治权，并有可能（查理三世时期曾积极推动）赋予克里奥尔人和卡斯蒂利亚人在宗主国和殖民地中享有担任公职的平等权利。但是乔治三世统治时期在国王统治的领土范围内存在具有完全自治权的地区，这一点超出了他们的想象。

当然，他们没有这样做，这导致了内战的爆发和殖民地的最终独立，结局与英国如出一辙。而且，与北美洲的情况一样，这一剧变不仅导致前宗主国与殖民地之间出现权力割裂，而且最终导致形成了两种截然不同的政治体制。

但是，西班牙美洲殖民地比北美洲殖民地的形势更为凶险。尽管从宪制层面上而言，英属北美13个殖民地已独立，但是从文化（和宗教）角度而言，它们与英国同族同源。也许土著就是托马斯·杰斐逊所说具有"野蛮"勇气和独立特性的典型，但是他不希望新美国存在被"全盘接纳过来"的土著。富兰克林针对易洛魁联盟发表了言辞犀利的评论，他指出，如果"愚昧野蛮的6个民族有能力为联盟制定计划"，基于这一点，文明开化的英国人"对他们来说是更加必不可少的，而且也必然更有利于他们，但不能认为英国人能对这6个民族的利益感同身受"，当然英国人应该能够做到这一点。[56] 但是除此之外，美洲印第安人的存在只是为了被外来人取而代之。然而，印第安王国在形式上一直都是由克里奥尔人、印第安人以及后来到达美洲的非洲人所组成的。秘鲁和墨西哥在整个18世纪末期一直存在所谓的"克里奥尔爱国主义"，这仍然是现代墨西哥民族意识的重要组成部分，而人

第六章 自我革新：伊比利亚美洲世界政治想象中的改革和革命

们对想象中的"印加"和"阿兹特克人"的历史颇感兴趣，这在北美洲地区是不可想象的。

"南美解放者"玻利瓦尔在其影响最深远的政治学著作《1815年9月牙买加来信》（*The Jamaica Letter of September 1815*）中告诉采访他的英国记者（四年后，他在向新成立的国家委内瑞拉的立法会议员演讲时也反复提到这些内容），一方面，西班牙裔美洲人"几乎没有留下历史的痕迹；另一方面，我们既不是印第安人，也不是欧洲人，而是介于这片土地合法的主人和西班牙掠夺者之间的种族"。[57] 西班牙裔美洲人通过这种方式陷入两种文化之中，时间、种族和当下的政治诉求与欧洲的历史被割裂开来，西班牙裔在美洲是"政治世界的门外汉，疏远了所有可能在某种程度上发挥我们才智作用的人"。玻利瓦尔形象地指出，"在数个世纪之久的时间内，他们就像盲人一样徜徉在色彩绚烂的世界中"。[58]

或许玻利瓦尔的说法有些夸张。但他关于美国在许多重要方面不同于南美洲国家的观点无疑是正确的。[59] 正如他向委内瑞拉候任立法会议员演讲时所说的那样，英国殖民地不仅在大部分时间内基本维持自治的状态，而且还保留了它们自己的文化和纯正的种族血脉。相比之下，西班牙裔美洲人"既不是欧洲人，也不是美洲人……我们不能精确地识别自己属于哪个人类种群。大部分土著被屠杀殆尽，欧洲人与美洲人（即克里奥尔人）、非洲人混居在一起。而这些人已经和印第安人、欧洲人融为一体"。解决这种混杂的唯一方法就是将他们毁灭，他称之为"绝对的政治平等"。[60]自此以后,世界上将不再有克里奥尔人、非洲人或印第安人,也不再有广泛分布在古印第安王国中的混血人口和处于不同等级的人口。现在只有委内瑞拉人、智利人、墨西哥人或秘鲁人。也许正是基于这个原因,现代西班牙-美洲国家中没有真正的多民族或多文化国家。尽管人们赞颂阿塔瓦尔帕(Atahualpa)和蒙特祖玛,但与北美洲的"同行"相比,他们无疑并未给印第安人带来关于享有自决权方面的更多希望。除了古巴的非洲裔人群受到欢迎外,很少有人对非欧洲文化或政治前景非常感兴趣。例如,危地马拉玛雅人在1960年代和1970年代拒绝与危地马拉革命联盟(Union Revolucionaria Nacional de Guatemala, URNG)结盟,用其中一位成员的话来说,因为"URNG(拉丁裔统治者和玛雅后裔)在斗争内容(将阶级斗争排除在外,或者是认为应优先开展反殖民主义斗争)和目标(在中南美洲印第安人国家内,玛雅人不享有自决权)上始终具有殖民性质"。[61]1980年代,尼加拉瓜境内处于敌对状态的摩斯基多印第安人和桑地诺斯人就是这种情况。即便墨西哥(这个国家在政治上仍最大限度地利用土著的历史)也是通过神话传说来清除这些民族的历史痕迹。"阿兹特克人"是墨西哥人伟大的祖先(他们是在18世纪被虚构出来的族群),而现在恰帕斯州的人口成分中只有"印第安人"。

此外,独立时克里奥尔人的身份不一定与从政治上分离出来的族群存在联系。根据20世纪初德国自由主义派历史学家弗里德里希·梅内克(Friedrich Meinecke)进行的区分(这种区分仍是有用的),它们不是"国家民族"(Statsnationen),而是"文化民

第六章 自我革新：伊比利亚美洲世界政治想象中的改革和革命

族"（Kulturnationen）。[62] 只要这些"文化民族"仍处在一个君主制国家之内，即仍被一位统治者统治，那么显然就不会发出追求政治独立的呼声。墨西哥或秘鲁的情况同样适用于阿拉贡或纳瓦拉地区。它们都主张自己属于自治区域，自愿与一个更强大的政治实体结为联盟，这个政治实体当然不是一个国家，甚至也不能算作联邦政府，而是一种具有象征性的形式，即君主制。因此，当1808 年拿破仑强行废除这种君主制并驱逐了君主本人时，实际上人们就不再关注传统意义上的"效忠"。1812 年，召开加的斯议会的任务是制定一部后拿破仑时代全新的"自由主义"宪法——这是议会代表第一次使用现代意义上的"自由"这一术语。它希望通过宣布所有"西班牙人"属于新的西班牙，从而重新构建整个西班牙裔世界的完整性，"自由"最初是指大西洋两岸前王国的所有居民——非洲奴隶和"纯正"的印第安人除外——并赋予他们所有平等的权利和代表权。[63] 贡斯当认为，拿破仑入侵西班牙可能像他开展的所有征服活动一样，是一些陈腐且不公正的行为，但是这次征服"导致很多人从深陷的昏迷状态之中苏醒"。[64]

然而，事实上这种初次唤醒被证明是短暂的。1814 年，费迪南德七世重返西班牙，他解散议会，废止宪法的大部分条款，并且不顾忌 30 年前北美洲所发生的一切，发动旷日持久且充满血腥的战争，最终重新征服美洲的企图只能是徒劳无功。

但是，即使自由主义宪法能够保留下来，从长远来看，它是否适用于西班牙占领的所有地区仍然值得怀疑。对于美洲的克里奥尔人来说，他们与伊比利亚半岛的民众不同，他们最终无法根据传统的认知来阐释任何未来的政治秩序，这一传统可以追溯至卡斯蒂利亚王国的"古宪法"，经过人民的同意，国王与人民实行共治进行统治。对于他们来说，没有任何事件能够与《大宪章》相提并论，更不用说出现距离当时最近的1688年光荣革命，他们本可以根据这些事件提出某种形式的合法诉求。他们与美国大革命的领导人不一样，他们并没有主张维护宗主国自身已经背离的价值观和政治传统。正如玻利瓦尔一再指出的那样，克里奥尔人精英被排斥在政治之外，西班牙人不允许他们参与政治。最后，他们别无选择，只得完成从文化民族到国家民族的过渡，这需要建立一个从未有过的政治社会。相比之下，北美殖民地人民则选择了另外一条路。正如杰斐逊所言，领导革命的精英一直是"英裔美国人"。1776年，他们签署协定，成立一个新的民族国家。而这需要经历漫长的时间，甚至经历一场内战才能形成一个能够持久存在的"文化民族"。

然而，建立新国家充其量只是一项不稳定且需耗费很长时间的工作。1814年9月，玻利瓦尔警告说："颠覆旧制，变更习俗，扼杀异见"以及"在奴隶生活的土地上追求自由"，即使在人类能力所及的范围内，这些短期内也无法变成现实。[65] 如果没有某种明确的合法性来源，没有某种愿景、标识或意识形态强迫其未来公民形成特定的想象力，革命初期形成的、始终处于不稳定状态的联合体将走向灭亡，新国家注定会分崩离析。解决这个问题的一种方法是1580年荷兰联合行省曾尝试采用的方法，即通过王朝继承来寻求政治合法性。1825年阿根廷人曼努埃尔·贝尔格拉

第六章 自我革新:伊比利亚美洲世界政治想象中的改革和革命

诺(Manuel Belgrano)请求引入欧洲君主制,由查理四世的小儿子弗朗西斯科·德·保拉王子(Infante Francisco de Paula)担任里约热内卢的独立主权统治者(该请求被拒绝);后来,在墨西哥黑暗统治时期,马克西米利安(Maximilian)在1864—1867年引进欧洲君主制的尝试都以失败告终,因为君主制远不是一个君主的问题,因此它注定会失败。对于由来自外国王室的成员进行统治或者1822年弗朗索瓦·雷内(François-René, Viçote de Chateaubriand)在维罗纳大会上提出在南美洲建立新波旁君主制王朝的建议,它只能凭借想象中的贵族支持,在实践中不具有可行性,用玻利瓦尔的话来说,可悲之处在于他们受困于"贫穷和无知",没有任何可用的社会和文化手段使欧洲人保证臣民的忠诚。[66]正如独立运动时期大多数思想家所认同的,尽管一个重构的君主制具备自由主义的特性,但是这种情况在社会中不可能成为现实,对于整个社会而言,直到19世纪前几十年,其完整性在很大程度上取决于与君主制政体的脱钩程度。1817年普拉德特指出,"在能够吸引我注意力的美国宪法条款中,没有任何条款出现过'王室'这个字眼。相反,所有条款都有很强的共和主义倾向,我更倾向采用美国而不是欧洲的宪制结构。"[67]

美国独立战争通过建立共和国取代了君主制,在战争结束八年之后,汤姆·潘恩(Tom Paine)给普拉德特的信中赞同普拉德特的观点,"着手进行社会改革,(由此)将在整个宇宙中引发共振"。无论现在前西班牙殖民地是什么样的情况,它们都不得不进行"社会改革"。[68]或者,正如研究秘鲁解放史的一位历史学家卡洛斯·利桑（Carlos Lissón）在1867年直言不讳地指出的，秘鲁"是独立的国家，因为其'儿孙'已经成年，秘鲁是共和主义的国家，因为建立共和国才是正道"。[69] 摆脱西班牙的统治后，前殖民地的臣民提出希望转变成为西班牙公民，类似卢梭提出的"公民"的术语也得到了西班牙大多数独立运动政治思想家的支持，这在君主立宪制的条件下是无法实现的。

但是，殖民地与母国之间很早就出现了严重的文化和政治分歧，无法保证保殖民地之间实现任何程度的政治融合（高于北美殖民地融合的程度）。到1825年，《1810年占领地保有协定》(*Utipossidetis agreement of 1810*) 重新确定的旧总督统治范围实际上已经四分五裂，印第安王国迅速分裂为多个独立的共和国，每个共和国都有强烈的地域身份和领土边界意识。也就是说，一旦君主不再是殖民地表达忠诚的核心时，除了寻求独立的共同愿望，至少在最初对共和理想的共同承诺外，如普拉德特所指出的，几乎没有任何力量能将它们团结在一起。它们的设想是建立数个规模较大的国家，即弗朗西斯科·德·米兰达（Francisco de Miranda）关于建立新"印加帝国"（Inca Empire）的计划，该计划原本包括设立前秘鲁和新格拉纳达总督之职，并将他们置于一个基于类似罗马参议院和下议院奇特结合而成的国家之下——或者曼努埃尔·贝尔格拉诺（Manuel Belgrano）在1825年所提出的"河床联合王国"的印加君主制（这个说法极为恰当）——所有这些都成为梦幻泡影，而其中最重要的是玻利瓦尔关于建立"大哥伦比亚共和国"联盟计划，原计划这个联盟包括从委内瑞拉到智利的大片区

第六章 自我革新：伊比利亚美洲世界政治想象中的改革和革命

域，但这一计划在玻璃瓦尔去世之前就已化为泡影。[70]

尽管米兰达和贝尔格拉诺暗指前两个问题与印加人历史具有关联性，但是它们均被视为在本质上具有联邦制属性，玻利瓦尔坚持认为，联邦制无法像在北美洲那样在南美洲发挥效用。在北美洲，联邦以代表制为基础；在玻利瓦尔看来，"我们的道德宪法尚未具备能够获得真正的代表制政府所带来利益所必须具备的一致性，代表制政府是如此尊贵崇高以至于可以类比圣徒统治下的共和国"。[71] 建立"联邦制"需要"具有远超我们自身所具备的美德和政治才能"，而平民政府"绝不会对我们有益，我担心这将成为我们的葬身之地"。[72]

在此几年之前，那不勒斯总督库科（Cuoco）对1799年在那不勒斯建立但却很快灭亡的"帕特诺珀共和国"进行了同样的研究，这是将波旁君主制王国转变为代议制共和国的又一次尝试。他写道，真正的共和国只能建立在已经有共和国的地方，"具备像英国革命纲领性文件《大宪章》这样早期良好的治理记忆"。[73] 那不勒斯没有经历这种历史，西班牙的美洲殖民地也没有经历这种历史。在这种情况下，革命者没有采用"代表制"，而是转向采取施行"德治"，他们不希望建立现代商业社会，而是希望回到古代的共和国。

英属北美洲殖民地和西班牙属南美洲殖民地在文化渊源方面存在明显差异，这导致出现了两种截然不同的共和国设想，为了方便起见，这些构想通常被称为"古代"和"现代"共和主义。贡斯当在1819年撰写的一篇著名文章《古代人的自由与现代人

325

的自由之比较》(*The Liberty of the Ancients Compared with That of the Moderns*) 中对二者区别的阐述最为清晰。他指出，古代共和国必然是一种小型军事化社会，所有公民都参与有关政府治理与防卫的共同计划。"美德"是他们的动力（即孟德斯鸠所谓的"本能"）。根据卢梭对古代模式所提出的极有影响力的重新定义，这些社会不是由人而是由公民组成的，个人的私人生活完全服从社会的公共生活。贡斯当写道："古代人所称的自由"实际上是"个人完全服从集体的权威"。古代公民可以决定缔结和约和发动战争，但是"作为个人，他的所有行为都受到限制、审查和批判"。[74]

相比之下，现代共和国是大型商业社会，其公民通过代议制政府进行统治，公民的私人生活与公共社会截然不同。事实上，公共领域只是为了保护和强化私人利益。它们是宪制国家，而且从我们熟悉的意义上讲，它们也是自由国家。现代共和国以及随后的自由民主社会所提供的自由形成了卢梭所说近乎矛盾的东西，即"普通公民"。相比之下，在20世纪的"资产阶级自由共和国"中，人可以是"人"和"公民"。[75]他们没有必要保持崇高的道德情操，只需要遵守法律。他们只能以选民的身份参与政治生活，而在古代的君主政治体制之下，他们无法参与政治生活。因此，他们可以成为能够完全自治的社会人。尽管他们是国家的一员，但是他们并没有完全受国家的约束。换言之，自由国家所提供给公民的不仅仅是一种政治自由，而且还有公民自由。对于大多数现代人来说，共和主义的主要特征是以代表制为基础并且致力于发展商业。仅此一项就可以确保公民享有不受约束的自

第六章 自我革新：伊比利亚美洲世界政治想象中的改革和革命

由，特别是不受国家干预的自由，这是他们追求享受私人生活的必要条件。

当然，如果认为北美洲的文化和政治传统使杰斐逊所说的"英裔美国人"认同共和国的现代观念，而西班牙裔美洲人则完全沉迷于古代模式，那么这是一种过于简单化的说法。但是，从广义上讲，克里奥尔人追求自由贸易只是为了获得实实在在的直接经济利益。他们完全不了解欧洲文明政治体制中的商业理念——这种理念激发了孟德斯鸠、坎波马内斯和约韦拉诺斯的思想火花——并且没有足够的雄心将商业利益扩展到覆盖全人类。他们不了解"代表"的概念，也没有那种特有的怜悯之心。因为正如玻利瓦尔所主张的那样，新国家的道德宪法不可能不适合代表制，但是即使在18世纪末使用狭义上的这一术语，其中的确隐含着代表赋予大量特许权的意思，这必然会威胁到克里奥尔人精英阶层的权力。相比之下，某种"古老的共和主义"似乎提供了在一个联合起来的社会内实现经济和社会复兴的愿景，在这个社会中——因为古代共和国实行寡头统治，所以旧的精英阶层可以保留自己的权力和财富。用玻利瓦尔的话说，只有本质上是古代共和国的国家才能"实现那种通过暴政和战争而使我们的品性和习俗的涅槃重生"，只有这样的共和国才能在热带雨林地区铸成"道德力，它源自古老的渊源和那些被遗忘的法律，这些法律曾一度使古希腊人和罗马人维持了自己的美德"。即便是古代最重视的公共约束手段——罗马监察官——也将成为新美洲共和国的特点。玻利瓦尔曾对安哥图拉（Angostura）议员讲过一段话，至

少就其表达的情感而言,这段话可能是直接引用了卢梭的话:

> (我们应)借鉴雅典的亚略巴古(Areopagus)[*]以及习俗和法律的监护者制度;借鉴罗马的监察官和国内法庭制度,通过所有这些道德制度的神圣结合,我们将在世界上复兴一种思想,即一个民族不仅仅满足于实现自由和强大,而且还希望自身具有道德修养。我们将从斯巴达朴实的组织机构中汲取营养,并将这三大细流汇成美德的源泉,为共和国提供第四种力量,这种力量就是人们的童真和勇气,即公德之心、善习良俗和共和制道德。[76]

1822年6月,玻利瓦尔告诉智利将军贝尔纳多·奥希金斯(Bernardo O'Higgins),这个古老的民主共和国建立基础是"社会契约必然将这个世界变成一个共和制国家",这里间接提到了卢梭的《社会契约论》。[77]

1820年,一位持反对观点的匿名观察人士指出,所有这些似乎都不过是"一个可以通过某种方式为历史辩护并为未来世界带来希望"的梦想。[78]然而,这种愿景的空想性质(玻利瓦尔注意到了这一点但拒绝接受)并不是其唯一缺陷。正因为这是"美德之源",贡斯当在《法国快报》(*Courrier Français*)上发表文章进行抨击,"南美解放者"只不过是一个实力被削弱了的新"拿破

---

* 位于雅典卫城西北郊,这是一处山丘,在雅典时期这里是上诉法院所在地。——译者注

第六章 自我革新：伊比利亚美洲世界政治想象中的改革和革命

仑",而玻利瓦尔一直认为拿破仑是"自由主义者"。"自由"只能扩大适用于有能力推行"共和道德"的人,从定义上讲,这意味着只有那些有能力在政治生活中发挥某些作用的人才适用。显然,正如1826年玻利瓦尔对英国驻利马领事查尔斯·里克特（Charles Ricketts）所说,他的心"为自由而跳动",但他的脑袋却"靠向贵族一边"。[79]当然,贵族阶层仍然完全是由像亚里士多德这样最优秀的人组成,但是这仍然是一种寡头统治形式。同样,不像贡斯当、托克维尔和密尔（以及孟德斯鸠）等所有其他自由思想家认为的那样,他和很多独立运动的其他领导人不断提到的"公众舆论"不是用来限制当权者野心的力量；相反,这是对集体政治意愿的表达,是卢梭所提出的"共同意志"概念的代名词。从墨西哥到阿根廷,新的西班牙-美洲共和国都在通过不同的方式试图在新世界建立真正的新社会。唯一矛盾的是,他们最忠实的拥护者寻求灵感时所依赖仍是老掉牙的知识。

因此,印第安王国不仅实现了独立,而且形成了一种政体,并秉持一种政治意识形态,这完全不同于之前以及在更早之前的旧西班牙裔世界所能想象到的全部情形。因为西班牙裔美洲人解放运动思想家不像英裔美国人那样去追溯任何假想的历史作为他们未来的标杆,所以禁止他们移植原属于自由社会的制度。如果仅仅是因为这些人最终没有建立阿兰达所期望的那种泛西班牙社会,那么他们背后的支持者就是乌兹塔里兹、坎皮略和坎波马内斯。相反,他们开始推进波旁改革,并最终导致了灾难性后果,波旁改革希望按照涵盖广泛事项的法国路线对现有王国进行重

329

构，这成功地使西班牙克里奥尔人丧失了旧制度赋予他们的大部分权力，同时改革又没有为他们带来任何新的东西。因此，他们所有人都按照与自己截然不同的方式去创造一种政治文化，相比北美革命，这种文化至少在意识形态上与法国具有更多的共同点。作为一种具备现代性的制度形式，西班牙裔美洲人对共和主义的实验注定要像法国人所经历的那样遭遇失败，因为他们必然会采用某种专制政府的形式一样。

注释

1. *The Philosophy of History*, J. Sibree trans. (New York: Dover Publications, 1956), 83-4.

2. Ibid., 86.

3. Serge Gruzinski, *Les Quatres parties du monde: Histoire d'une mondialisation* (Paris: Editions de la Martinière, 2004), 49.

4. 参见我的著作 *Lords of All the World*, 32。

5. *Empresas políticas: Idea de un princípe político-cristiano*, A. Vaquero ed. (Madrid: Editorial nacional, 1976), 75-6.

6. "On the Law of War", 1. 2, *Political Writings*, 301.

7. The *Nueva Recopilación de leyes de los reynos de las Indias* compiled by the jurist Juan Solorzano y Pereira in the 1650s but only promulgated in 1680 after his death.

8. *Gobierno del señor rey Carlos* III [1838], Carlos Seco Serrano ed., *Biblioteca de autores españoles*, 115 (Madrid: Ediciones Atlas, 1959), 269.

9. "Account of the Life and Writings of Adam Smith" in Adam Smith, *Essays on Philosophical Subjects*, W. P. D. Wightman and J. C. Bryce eds. (Oxford:

第六章 自我革新：伊比利亚美洲世界政治想象中的改革和革命

Oxford University Press, 1980), 311.

10. "España despierta" in *Lo que hay de mas y menos en España para que sea lo que debe ser y no lo que es* [1741], Antonio Elorza ed. (Madrid: Seminario de Historia Social y Económica de la Facultad de Filosofía y Letras de la Universidad de Madrid, 1969), 121.

11. Ibid., 68-9.

12. "Elogio de Carlos III, leído en la Real Socieded Económica de Madrid el día 8 de noviembre de 1788" in Jovellanos Obras completas, 10, 669.

13. 关于对该壁画图像学的解读，参见我的文章 "La monarquía española en el siglo XVIII. A propósito de los frescos de Giambattista Tiepolo", *Reales Sitios. Revista del Patrimonio Nacional* 38 (2001), 2-9。

14. *Empresas políticas: Idea de un princípe político-cristiano*, 604.

15. Ibid., 822.

16. "On the Plantation Trade", *The Political and Commercial Works of that Celebrated Writer, Charles D'Avenant LL. D.*, II, 26. 相关评论也可参见 the observations in Peter Miller, *Defining the Common Good: Empire, Religion and Philosophy in Eighteenth-Century Britain* (Cambridge: Cambridge University Press, 1994), 155-9。

17. *A New Discourse on Trade* [1665] (Glasgow, 1751), 153.

18. *Considérations sur les richesses de l'Espagne*, in Oeuvres complètes, Roger Caillois ed. (Paris: Bibliothèque de la Pléiade, 1949-51), II, 10-11.

19. Ibid., 18.

20. Ibid., 14, and repeated in *De l'esprit des lois*, XXI, 22.

21. *De l'esprit des lois*, XXI, 22

22. *An Inquiry into the Nature and Causes of the Wealth of Nations*, II, 626-7.

23. *Theoríca y practica de comercio y de marina* (Madrid, 1724), 60-2. On Uztaríz, see Reyes Fernández Durán, *Gerónimo de Uztaríz (1670-1732). Una polítca económica para Felipe V* (Madrid: Minerva, 1999).

24. On the attractions and perils of emulation, see Gabriel B. Paquette, *Enlightenment, Governance and Reform in Spain and its Empire* (Houndsmills: Palgrave Macmillan, 2008), 29-55.

25. 转引自 David Armitage, "The Cromwellian Protectorate and the Languages of Empire", *Historical Journal* 35 (1992), 536。

26. 关于这一动向的背景知识, 参见 J. H. Elliott, "Learning from the Enemy: Early-Modern Britain and Spain", in *Spain, Europe and the Wider World 1500-1800* (New Haven and London: Yale University Press, 2009), 25-51。

27. 尽管1789年《美洲新经济政府体制》才出版, 但是在此之前, 该书在行政机构和宫廷内部已经广为流传。贝尔纳多·沃德的《维护西班牙经济利益举措的设想》(第一版于1799年在马德里出版) 第二部分原原本本地引用了《美洲新经济政府体制》某一版本的内容。沃德的贡献仅限于对西班牙宗主国的讨论, 该书于1762年完稿。有关这两个文本关系的讨论, 参见 the introduction by Antonio Elorza to Campillo y Cosío, *Lo que hay de mas y menos en España para que sea lo que debe ser y no lo que es*, *España despierta* 11-16, 并参见 J. Stein and Barbara H. Stein, *Silver Trade and War: Spain and America in the Making of Early-Modern Europe* (Baltimore: Johns Hopkins University Press, 2000), 204-15。

28. Campillo y Cosío, *Nuevo sistema de gobierno económico para la América*, (Madrid, 1789), 2-3.

29. Ibid., 14.

30. Ibid., 6-7.

第六章 自我革新：伊比利亚美洲世界政治想象中的改革和革命

31. Ibid., 2.

32. Ibid., 3.

33. *Nuevo sistema de gobierno económico para la América*, 15–16.

34. *Reflexiones sobre el comercio español a Indias* [1762], Vicente Llombart Roas ed. (Madrid: Ministerio de Economía y Hacienda, 1988), 233, and see Elliott, "Learning from the Enemy: Early-Modern Britain and Spain", 48–9.

35. *Nuevo sistema de gobierno económico para la América*, 11–12.

36. *Discurso sobre la educación popular de los artesanos y su fomento* (Madrid, 1775), 410.

37. Ibid., 412.

38. *De l'esprit des lois*, XXI, 21.

39. *Reflexiones sobre el comercio español a Indias*, 23.

40. On this see Paquette, *Enlightenment, Governance and Reform in Spain and its Empire*, 56–62.

41. 18 世纪，人们经常会比较大英帝国的"迦太基政治体制"与西班牙和法国的"罗马模式"。See pp. 195–6.

42. "需要注意，要找出成功解决在印第安地区开展商业活动过程中西班牙是否可以遵循旧制或享有不受限制自由重要问题的方法"，参见 *Inéditos políticos* (Oviedo: Junta General del Principado de Asturias, 1999), 20–1。

43. Ibid., 9, and *Reflexiones sobre el comercio español a Indias*, 62.

44. Ibid., 11.

45. *Sketches of the History of Man*, James A. Harris ed. (Indianapolis: Liberty Fund, 2007), II, 395.

46. *Mémoires sur les colonies américaines, sur leurs relations politiques avec leurs métropoles, et sur la maniéré dont la France et l'Espagne on dû envisager les suites de*

l'indépendance des Etats unis de l'Amérique [April 6, 1776] (Paris, 1791), 30-1. 1761年签定《家族盟约》之后,波旁王朝的两大分支(即法国的波旁王朝和西班牙的波旁王朝)承诺在一方被攻击时进行互保,并密切关注彼此的行动。因此,杜尔哥将法国和西班牙的波旁王朝君主视为一个整体,称其为"我们"。

47. "Smith's Thoughts on the State of the Contest with America", February 1778, in *The Correspondence of Adam Smith*, Ernest Campbell Mossner and Ian Simpson Ross eds. (Oxford: Oxford University Press, 1987), 381-4. 另参见 Duncan Bell, *The Idea of Greater Britain. Empire and the Future of World Order, 1860-1900* (Princeton: Princeton University Press, 2007), 68-70。

48. 关于"内部"和"外部"主权的内容,参见第110—111页。

49. 参见 Eliga H. Gould, *The Persistence of Empire: British Political Culture in the Age of the American Revolution* (Chapel Hill: University of North Carolina Press, 2000), 166, and Elliott, *Empires of the Atlantic World. Britain and Spain in America*, 367。

50. 转引自 Luís M. Farías, *La América de Aranda* (Mexico: Fondo de Cultura Económica, 2003), 195。

51. "Exposición del conde de Aranda al rey Carlos III sobre el conveniencia de crear reinos independientes en América", in Muriel, *Gobierno del señor rey Carlos III* [1838], 399-401. 参见 Farías, *La América de Aranda*, 244-57。

52. *Carta derijida* [sic] *a los Españoles Americanos por uno de sus compatriotas* (London, 1801), 2.

53. 转引自 Joshua Simon, *The Ideology of Creole Revolution: Ideas of American Independence in Comparative Perspective* (forthcoming),非常感谢西蒙教授允许我阅读他的手稿。

第六章 自我革新：伊比利亚美洲世界政治想象中的改革和革命

54. *Du Congrès de Vienne*（Paris, 1815），I, xvi, II, 238, and see Mark Mazower, *Governing the World. The History of an Idea*（New York：Penguin Press, 2012），22。玻利瓦尔曾经支付给普拉德特一笔退休金，并称赞他为"伟大的哲学家"，以此类比亚里士多德与亚历山大的师徒关系。Letter of 21 March 1826, *Obras completas*, Vicente Lecuna and Esther Barret de Nazaris eds.（Havana：Editorial Lex, 1950），II, 339.

55. *The Colonies and the Present American Revolutions*（London, 1817），384.

56. 转引自 *inter alia*, Francis Jennings, *Empire of Fortune：Crowns, Colonies, and Tribes in the Seven Years' War in America*（New York：W. W. Norton, 1988），89。本杰明的言论导致出现了一种荒谬的观点，即实际上美国采取联邦制的灵感源自易洛魁联盟。1987年，为了呼应这种历史幻想，美国参议院通过一项决议，承认易洛魁联盟在制定《美国宪法》及其对"开明的民主政府原则"方面所做出的贡献。

57.《南美人给岛上绅士的回信》（*Contestación de un Américano meridional a un caballero de esta isla*），即《1815年9月牙买加来信》（*Carta de Jamaica September 1815*），参见 *Obras completas*, I, 165 and cf. *the Discurso de angostura*, III, 676-7。关于对玻利瓦尔政治思想简要但具有启发性的重述，参见 Roberto Breña, *El Imperio de las circumstancias. La independencias hispanoamericanas y la revolución liberal española*（Mexico：El Colegio de México, 2012），61-94。

58. "Letter to the Royal Gazette of Kingston Jamaica", September [?] 1815, *Obras completas*, I, 176.

59. 关于玻利瓦尔对美国复杂且时常变化的观点，参见 David Bushnell, "The United States as Seen by Bolívar：Too Good a Neighbor" in David Bushnell and Lester D. Langley eds., *Simón Bolívar：Essays on the Life and Legacy of the Liberator*（Lanham：Rowman and Littlefield, 2008）.

60. "Discurso de angostura", *Obras completas*, III, 682.

61. Cojti Cuxil, Demetrio. *El movimiento maya* (Guatemala: CHOLSAMJ, 1997), 34-5.

62. *Weltbürgertum und Nationalstaat: Studien zur Genesis des deutschen Nationalstaates* (Munich: R. Oldenbourg, 1922), 3-22.

63. *Constitución política de la monarquia española, promulgada en Cádiz a 19 marzo, 1812* (Cádiz, 1812), 23. See the essays in Antonio Annino and François Xavier Guerra eds. , *Inventando la nación. Iberoamérica. Siglo XIX* (Mexico: Fondo de Cultura Económica, 2003). 为了限制美洲代表的人数和政治影响力，在起草最终文件之前，逐渐限制非洲裔和印度裔后裔的权利（等级制），并在事实上全部将他们排除在外。关于美洲在加的斯议会中的地位问题，参见 Roberto Breña, *El Primer liberalismo español y los procesos de emancipación de América* (Mexico: El Colegio de México, 2006), 119-74。

64. "Commentaire sur l'ouvrage de Filangieri", in Gaetano Filangieri, *Oeuvres* (Paris, 1822), VI, 71-2. 但是贡斯当的写作时间要晚于1820年自由革命。

65. 转引自 Breña, *El Imperio de las circumstancias*, 68。

66. Letter to General O'Leary, September 13, 1829, *Obras completas*, III, 315.

67. *The Colonies and the Present American Revolutions*, xii-xiii.

68. *Congrés du Panama* (Paris, 1825), 85.

69. *La República en el Perú y la cuestión peruana* (Lima, 1867), 16.

70. On Miranda's *Monarquia incasica*, see my *Spanish Imperialism and the Political Imagination*, 130-2, and more generally, Jeremy Adelman, *Sovereignty and Revolution in the Iberian Atlantic* (Princeton: Princeton University Press, 2006),

第六章 自我革新：伊比利亚美洲世界政治想象中的改革和革命

261-3.

71. "Discurso de angostura", in *Obras completas*, III, 681.

72. 转引自 Breña, *El Imperio de las circumstancias*, 70。

73. *Saggio storico sulla rivoluzione di Napoli* (Milan, 1806), 117.

74. "The Liberty of the Ancients Compared with That of the Moderns", *Constant: Political Writings*, 312-3. 对于"积极"和"消极"自由存在争议的区别问题，这可能是具有最重要意义的早期源头，这些概念与贡斯当提出的"古代自由"和"现代自由"概念相似，但它们之间肯定存在差异。关于最新且最引人入胜的解释，参见 Eric Nelson, "Liberty: One Concept Too Many?", *Political Theory* 33 (2005), 58-78; 并参见 Luís Castro Leiva and Anthony Pagden, "Civil Society and the Fate of the Republics of Latin America", in Sudipta Kaviraj and Sunil Khilnani eds., *Civil Society History and Possibilities* (Cambridge, Cambridge University Press, 2001), 179-203。

75. 这是中国领导人邓小平提出的观点，参见 John Dunn, "The Identity of the Bourgeois Liberal Republic", in Bianca Fontana ed., *The Invention of the Modern Republic* (Cambridge: Cambridge University Press, 1994), 206-25。

76. "Discurso de angostura", *Obras completas*, III, 692-3.

77. *Obras completas*, I, 619. In Cap VI of *Du Contrat Social*, 卢梭在《社会契约论》第六章中指出，分散的个人结合为"一个道德共同体"而形成了最初的"契约"。*Du Contrat Social*, in *Oeuvres complètes*, édition publiée sous la direction de Bernard Gagnebin et Marcel Raymond (Paris: Bib-liothèque de la Pléiade, 1964), III, 361. 玻利瓦尔有一本拿破仑时期重版的《社会契约论》，他对此感到极为自豪。关于玻利瓦尔推崇卢梭的相关内容，参见 Luís Castro Leiva, "Rousseau, acción y voluntad, los límites de la razón" in Obras, Carole Leal Curiel ed. (Caracas: Fundación Polar, 2005), I, 85-102。

78. *Reflexiones sobre el estado actual de la América, o cartas al Abate de Pradt* (Madrid, 1820), iv. 作者匿名，另参见 Luís Castro Leiva, *La Gran Colombia, una ilusión ilustrada* (Caracas: Monte Alva Editores, 1985)。

79. 转引自 John Lynch, *Simón Bolívar: A Life* (New Haven and London: Yale University Press, 2006), 203。

第七章
从"国际权利"到"世界公民权利":
伊曼努尔·康德论法的连续性和帝国的限度

一

对于从维托利亚到瑞士法学家、外交官埃米尔·德·瓦特尔——他在 1757 年出版的著作《万国公法》成为 18 世纪下半叶国际法教科书——为证明和规范帝国和殖民关系所作的全部阐述而言,罗马帝国后期法学家在对"万民法"的认知中早已进行了阐述。正如我们所看到的,万民法被认为是次要自然法则,18 世纪德国哲学家和数学家克里斯蒂安·沃尔夫认为万民法是所有国家"如果遵循自然天理,那么它们就是各国基于正确的理性而必然认可的法律",但实践中万民法只能是"文明程度更高的国家认可的法律"。[1] 但是,在对万民法详尽定义方面,沃尔夫的《万民法:一种科学的方法》(The Law of Nations, Treated According to a Scientific Method, 1750) 不仅是最冗繁的一次尝试,而且也是最后一次尝试。到 19 世纪最初几十年，人们基本上已经抛弃了这种定义以及"自然法则"的整个概念。² 边沁提出了一个全新的、具有建设性的概念——"国际法"取代了"万民法"，在1783年发出反对自然法和自然权利的最强音。康德是在这一转变过程中发挥关键作用的人物之一。

康德为世人所熟知的是他蔑视其所称的人类"糟糕的安慰者"——格老秀斯、普芬道夫、瓦特尔"以及持类似观点的学者"——实际上这是对他之前的"万民法"整个传统理论的蔑视。在康德看来，对于当时世界上处于自然状态中的所有国家而言，这些学者"从哲学或外交角度阐释这个问题的法则"永远不可能具有任何法律效力，因为国家没有"接受共同的外部约束"。正如康德准确意识到的，无论"万民法"是何种形式，一直以来，万民法是在为"侵略战争"辩护。此外，战争通常是征服和占领活动，而后建立帝国，康德反对所有帝国或他所谓的"世界帝国"（universal monarchy），他认为帝国只会导致国家走向"自由的坟墓"和"无灵魂的专制主义"³（ZeF 8：367）。⁴ 约翰·格特弗里德·冯·赫尔德（Johann Gottfried von Herder）是康德最聪明但脾气最暴躁的学生，二人在所有领域的观点都是相左的；康德认为，大自然总会有方法打破专制君主想"将全世界"塞入木马腹中的痴梦（这是赫尔德十分犀利的说法）。⁵ 总体而言，尽管康德的观点有所改变，但是这在很大程度上与他从1770年代至1790年代初期的"早期、前批判期"阶段以及从1790年代中期直到1804年去世这段时间关于种族看法的变化是吻合的，康德将帝国视为一种人造之物。⁶ 自然界将人类划分为不同的民族，语言和宗教信仰也可以将人类进行划分，对于康

第七章 从"国际权利"到"世界公民权利":伊曼努尔·康德论法的连续性和帝国的限度

德而言(赫尔德也是如此,尽管他们二人在其他问题上极少认同对方的观点),这是大自然"防止民族相互融合并使其隔绝开来"的方式(ZeF 8:367)。任何企图消除这一切的尝试以及"一切自由必将与道德、爱好和科学(紧随自由而来)一并消亡"。最终,法律将逐渐丧失作用,直到整个世界分崩离析,成为最初设想的面积狭小又好战的国家集合体。随后,这些"同样的游戏重新开始,战争(人类的祸害)"永不会结束(Rel 6:35)。

每个人都是通过这种方式掌握一门语言以及拥有更广泛意义上的文化和宗教身份。但是,他们居住在地球上的某个特定地区是一个"国家(国土)或其领土",由"只是在此出生"而不是因任何法律行为受同一政治体制约束的同胞组成。因此,尽管康德不喜欢父权制政府理念(MdS 6:337),但所有国家都必然成为康德所说的"祖国"(fatherland)。[7] "祖国"的公民是"组成一个民族的个体",他们因"有共同祖先(即便事实上并非如此)"而具备合法性并形成社会凝聚力。也就是说,他们拥有共同的血统,尽管这种血统是"法律和知识"血统而不是自然血统,他们共同的"母亲"是共和国,可以将其理解为一种政治体制,而不是特定的某一片土地。[8] 由此来看,民族是一种概念和法律层面的事物,而不是生物学上的氏族(gens)或民族(natio)(MdS 6:343)[9](康德提出的公民概念完全以"血统主义"为基础,尽管他承认所讨论的"血统"完全是隐喻层面的)。相比之下,外国被描述为一个不是由其公民组成的国家,因此它不是氏族或民族。但是,当这个外国"成为祖国更广袤领土的组成部分"时,它就成为康德所说的"行省"(即罗马人使用这个词的含义)。因为它不是"帝国不可分割的一部分",也不是"公民的居住地(Sitz)",而"仅仅是处于次要地位的财产",所以它必须"尊重统治自己的母国"(MdS 6:337)。尽管住在这些行省的人必须服从"统治他们国家的统治者",但是他们显然并不享有母国人民所享有的公民权。似乎可以从康德后来的主张中得出一个结论,即统治者可以将不服从管理的被统治者流放到"(母国)国家之外的行省",在那里他们"将不享有任何公民权利",或者也可以将其"彻底流放(ius exilii)至广袤的世界之中"(MdS 6:338)。从康德的角度来看,一个行省就是一个附属性质的国家或社会,虽然其居民是帝国的一部分,但是显然他们在帝国中并没有自己的代表。它们的地位似乎类似罗马统治下的"拉丁世界的殖民地",后者的居民是殖民地的公民,而不是罗马公民,尽管殖民地受罗马管辖,但是殖民地在很大程度上仍然实行自治。[10]

在所有这些论述中,康德从未使用过"殖民地"一词。但是,后来他谈到殖民地时,则是将殖民地视为一个行省,并将其定义为"一个的确拥有自己的政治体制、法律和土地的国家"(MdS 349)。[11] 这将导致殖民地在大多数方面与一个国家(a Land)没有区别。因此,殖民地也被称为"女儿国"或"母亲国"统治下的国家,"母亲国拥有对殖民地或行省的最高行政权(oberste ausübende Gewalt)"。但是,与行省不同,根据康德的解释,殖民地似乎可以享有更高程度的独立行政自主权,因为殖民地通过"自己的议会"或"可能由总督"进行统治。在这里,所有的外来者都是"外国人",即使他们也是同一"母国"的公民也概莫能外。为了说明这一点,康德

第七章　从"国际权利"到"世界公民权利":伊曼努尔·康德论法的连续性和帝国的限度

列举了"雅典与各个岛屿的关系"和"当时大不列颠与爱尔兰的关系"作为例证（MdS 6：348-9）。

因此,"海外定居点"似乎存在两种不同的定义。正如康德所用的拉丁语（如果不是一直以来罗马语言中的称谓）法律术语所隐含的意思,这两个定义与罗马帝国的实践并不能真正吻合,因为罗马的行省最初仅指治安官行使职权的领地,之后被用来指意大利境内外的领土,尽管后来主要局限于指代那些被征服的海外领土,它可能包括公民和非公民、自由城邦,甚至境内的殖民地。尽管每一个行省必须"服从统治它的国家"（MdS 6：337）,但是无论从罗马人还是从康德的角度来看,它显然都不属于一种财产。从另一方面来说,上文中康德所提到的两种地区与罗马殖民地都不太相像。与希腊殖民地（康德可能更熟悉）不同,关于罗马人地位最著名的表述是李维对恩波里亚（Emporiae）的描述,罗马人不同于他们之前的希腊人,希腊人在自己与西班牙土著之间筑起了一堵高墙,而对罗马人的描述是他们与土著共同生活,并将公民身份授予土著和其他的希腊人,从而将他们罗马化。[12] 也就是说,罗马殖民地曾经是并且显然被认为是试图将非罗马公民纳入"普遍君主制"统治范围的例子,罗马人以此为荣,而康德认为这只不过是一种暴政。[13] 然而,在很大程度上经过必要修改后,康德关于下议院的描述确实符合某些早期欧洲殖民统治的情况。西班牙在印第安地区建立的王国（有时克里奥尔人会怨声载道）与英国统治下的印度（尽管与爱尔兰的情况不同）也与这种描述相吻合。

对于行省/殖民地的第二种描述与古希腊人对"apoikia"（字面

意思是"从家而来")的理解有些相似,"apoikia"是指一个半独立的社会,由从宗主国或母国迁徙出来但仍依赖宗主国或母国生活的人们组成。然而,令人费解的是,康德用该定义来描述一个民族,他们因战败而"沦为殖民地,居民成为奴隶"(MdS 6:348),他给出的例子无疑符合这种描述。根据英国法律,爱尔兰和弗吉尼亚均属于"被征服之地";雅典帝国是源自雅典对德利安同盟的城邦滥用统治权力的结果。[14] 但是,万民法对行省/殖民地的解释均不能将权力关系与母女关系相类比。康德对行省/殖民地及其与母国关系的双重描述导致情况更加复杂。因为第一种情况显然是指克里奥尔人建立的国家,它与最初"祖国"之间的关系可以通过人们熟悉的母女关系隐喻来解释;但是第二种情况明显是指征服之地,而那些土著与爱尔兰人或梅里亚人一样"通过自己的议会"实行自治,土著在血统或民族方面与母国没有半点瓜葛。然而康德所说的母女关系能够准确类比的既不是爱尔兰也不是雅典,而是英属北美 13 个殖民地,1766 年理查德·布兰德认为英属北美殖民地是"一个截然不同的国家,独立于其原所属王国的国内政府;它们同样效忠王室,与王室保持互惠互利的关系;在对外政策上,它们与原所属王国建立了最密切、最亲密的联盟和友好关系"。[15]

在 17 和 18 世纪,"母亲/女儿"的比喻成为一种通说,人们用这种比喻来描述据称源于希腊的一种能够产生积极作用且有益的殖民统治,以此来区别据称源自罗马的贪婪和具有破坏性的殖民统治,这很可能就是康德的观点。正如弗莱彻希望区分英国的对手——西班牙和法国的做法一样,康德在 1704 年指出,西班牙和

第七章 从"国际权利"到"世界公民权利":伊曼努尔·康德论法的连续性和帝国的限度

法国是真正的帝国,它们给世人带来了恐惧,并且以自己是现代罗马人而自豪;英国的殖民地则更接近阿契亚联盟中的希腊城邦,当然,对于康德而言,这是他经常提到的未来"国际联盟"(Völkerbund)的模范样式。[16]

然而,"母亲"的比喻还有一个令人不安的问题,至少对殖民地而言是这样的,那就是"女儿"有一天会长大成人并完全独立。1776年,理查德·普赖斯(Richard Price)写道:"因此,假设建立父母与子女关系的自然秩序准则应当成为我们对殖民地的行为准则,那我们应该随着它们的成长逐渐降低我们的权威。"相反,在不计后果地追求本国利益的过程中,英国人表现得像"歇斯底里的父母",并反其道而行之,他们很快就失去了子女的爱戴和尊重。[17]显然,这也符合康德的观点,即父母的权利仅延伸到"当子女自立、他们(父母)放弃管教子女的权利之时"(MAM 6:281)。因此,似乎没有理由认为相比于实际生活在母亲国的居民,女儿国的公民不再是剥夺了母亲国作为其代理的权利。实际上,它们既不是像罗马人所理解的"殖民地",也不是像城邦那样"行省"。一些心怀不满的英裔美国人在1760年代指出,他们根本不应被视为殖民地居民,而应被视为类似汉诺威王国的公民。1765年冬天,《波士顿公报》(Boston Gazette)发表了一篇作者署名为"不列颠美洲人"(Britannus Americanus)的文章,其中写道:"英格兰人民与他们在政治上的联系以及对他们享有的权力和管辖权,都不超过现在英格兰人民与同一位国王统治下的汉诺威人民之间的政治联系或对其享有的权力和管辖权。"[18]

当然，这是美国独立战争的关键法律问题之一。英国在未经殖民地人民同意的前提下向他们征税，并声称他们"实际上"在国家中有自己的代表，与此同时英国坚持认为，在任何情况下都享有对他们所生活土地的"自由农役保有"权利，就如同肯特郡的东格林威治庄园一样，这实际上是试图否认其迄今实践中接受的情形（如果法律并非一直这样规定），北美 13 个殖民地确实是"女儿国"，它们享有"内部事务"方面的自治和自主权。[19]

用母女关系类比导致的真正问题在于它基于这样一个假设，即在"母亲国"和"女儿国"之间进行了主权划分："女儿"在自己的领土内拥有完全主权，而"母亲"则对国家所有涉外事务行使排他性的权力。尽管康德清楚地意识到未来的"国家联盟"需要对主权进行某种形式的划分，但是他也确信，正如亚瑟·里普斯坦（Arthur Ripstein）所指出的，那些对自身事务"不享有不容置疑决定权"的民众必然"不在乎自身的独立性"。

无论康德对海外定居点的描述存在何等明显的自相矛盾之处，有一点非常明确：最初只有通过征服才能占有第一种和第二种类型的行省/殖民地。至少在"罗马人使用这个词汇的意义"层面肯定暗含这个意思。因此，尽管仅第二种情况明显存在上述两种类型的行省/殖民地，但是它们必定都缺少成为合法国家的基本要件。两者实际上只能是"战利品"。因此，康德对于这二者的看法只有从他对战争合法性的视角来看才具有价值。

第七章 从"国际权利"到"世界公民权利":伊曼努尔·康德论法的连续性和帝国的限度

二

康德不是和平主义者。的确,他将战争视为在自己所生活时代中对人类最严重的伤害,而"普遍君主制"是唯一的例外(ZeF 8:363)。然而,在此之前,战争有时对人类是有益的。正是战争使人类遍及整个地球;没有战争,人类将像所有其他动物一样依然挤在他们最初的那小片土地上。除此之外,我们如何解释北冰洋、阿尔泰山脉或巴塔哥尼亚周围出现的人类居住区呢(ZeF 8:363)?正是"罪大恶极"的战争推动人类"从野蛮的自然状态过渡到公民社会状态"(ApH 7:330,ZeF 8:364-5)。在此之后,"经历了如此多的战争……不知道这是为了追求实现人类的目的,或是为了追求实现自然的目的",促使社会化程度更高的人类在国家之间建立联系并建立新的国家(IaG 8:24-5)。人是唯一在"不停戕害同类"的动物(KdU 5:430),因此人类对战争和未来战争的恐惧要求"即使是国家元首"也得在某种程度上"尊重人性"(MAM 8:363)。

对康德而言,战争是一种极端的强迫行为,只有在它是为了"清除对自由的妨碍"时,这种强迫才具有正当性,因为只有这样"才符合根据普遍法则即权利而享有的自由"(MdS 6:231)。[21] 就像自西塞罗以来所有关于战争正义性的论述一样,康德认为,只有当一个国家"认为自己被另一个国家不公正地对待时"才可以要求对其遭受的不公进行赔偿。在这种情形下,战争是唯一可用的手段,因为"无法在自然状态下通过诉讼"要求赔偿(MdS 6：346)。但是，正是基于康德对国家之间关系的理解，他认为不可能存在国际法院之类的机构，因为"国家在对外关系中（像没有规则约束的野蛮人一样）本质上处于无法主张权利的状态"(MdS 6：344)，并且所有战争都必然出现在"法律空白的状态"，因此关于战争的"法律"或"权利"的概念就毫无意义，因为"在法律空白的状态下，甚至很难形成一个这样的概念，或对法律的看法而不自相矛盾(MdS 6：347)"。[22] 人类依旧相信并继续遵守康德所称的"糟糕的安慰者"以及类似的"法则"，仅仅证明每个人都具备克服其"内心邪恶"所需的"道德"(ZeF 8：355)。尽管这可能会使人备受鼓舞，但是它并没有对国与国之间发动战争的条件设定限制。

然而，康德彻底否定国家间存在法律的观点只是一种善意的表达，颇令人好奇的是，他在对他之前的学者进行批驳后不久，他继续提出将"公共权利"分为三种的观点，即宪法权利、国际权利和世界公民权利(ZeF 8：365)。尽管他在《权利科学》(*Doctrine of Right*)中指出，在德国，人们将第二种权利"称为国际权利不尽准确，而应当称为国家权利"，但是无论哪一种称谓，都无法与"万民法"区分开来，并且康德在《永久和平论》(*Towards Perpetual Peace*)中对此进行了明确阐述(ZeF 8：349)。让情况变得更令人困惑的是，在《权利科学》中关于人类必然会走向"享有世界公民权利"，这种权利也被描述成是一种"国际权利"(MdS 6：311)。此外，尽管"国际权利"显然只存在于目前法律空白的状态中（即在建立"国家联盟"之前，而总有一天，这将是国际政治胜利所导

第七章 从"国际权利"到"世界公民权利":伊曼努尔·康德论法的连续性和帝国的限度

致的必然结果),康德在《永久和平论》中直截了当地指出,"只有在具备某种正当条件的前提下"主张这种权利才具有合理性(ZeF 8:383)。我们可以推测,由于已经明确地排除了设立任何形式国际法院的可能性,至少在1795年《永久和平论》成书之初,可能只有采取瓦特尔认同的那种通过外交解决争端的方式。显然,条约确实符合康德所理解的"正当条件"的要求,但前提是它们的当事方认为遵守条约符合其利益。因为根据康德的观点,在缺少任何能够强制执行承诺的上层权威机构的情况下,"约定必须遵守"这个神圣原则只能以对自身利益的权衡作为基础。

康德所谓的"国际权利"与"世界公民权利"之间的张力正是在这里才开始显现。因为除非我们将所有这些存在差异、看似自相矛盾的说法视作学者所称康德后来著作中所提到的"术语上优柔寡断",否则我们必须假设康德所理解的"国际权利"(正如我们所看到的)是所有传统自然法领域学者认为的"次要"自然法。[23] 实际上这是一种实在法,其框架符合所有人类都可以达成的共识(如果存在这样一种集体共识)。这就是康德所说的"原始契约",并称之为"只是一种理性概念"(GTP 8:297);从广义上讲,这就是所有"糟糕的安慰者"的假想。[24] 然而,他们能够将其广泛地适用于所有国家之间的关系,其原因在于,尤其是在沃尔夫和瓦特尔看来,它被赋予了明显的国际化和目的论特征,从而可能形成沃尔夫所称的"世界共同体"(civitas maxima)和瓦特尔所称的"世界共和国"。[25] 但是,康德希望严格区分"国际权利"和"世界公民权利",他认为它们不仅是两种不同的权利,而且是人类历史上两个不同阶段。"国际权利"或"国家间权利"只是一组最终将失去效力的权利，这可能是善意的尝试，试图规制某种根据其定义无法规制的情形。国际权利没有设定追求的终极目标和终极目的。国际权利是当下时代的事物，显然它会在某一天被抛弃而且确实必须被抛弃。相比之下，"世界公民权利"属于人类历史未来阶段出现的事物，所有国家在这个阶段都将成为"代议制共和国"，并且可以想象会出现一个世界性的"国家联盟"，只有它才能提供实现永久和平所需的条件。

　　康德对"普遍友好权"的理解在对这两种权利概念进行区分时表现得尤为明显（ZeF 8: 357-8）。这与维托利亚的"自然伙伴关系和交流权"具有共同之处。但是，就我们所知，维托利亚所说的友好权属于万民法范畴，尽管它取决于"探访和穿越任何地域"的自然权利，因此这是一种实在法；对康德而言，友好权基于一项不容辩驳的主张，即所有人类享有"共同占有地球表面的权利"（ZeF 8: 358），[26] 并且这是世界公民权利的基石。实际上康德在《永久和平论》中有一段著名的论述——"只有实现了普遍友好权"才会出现世界公民权利（ZeF 8: 357-8）。通过这种方式剥离了"糟糕的安慰者"提供了国际法"世界公民权利"的全部要件；实际上，康德的"国际权利"所能做的就是为战争的条件和行为设限。世界公民权利将会在未来的某一天取代普通友好权，带来和平或者形成今天海牙国际法学院定义为"关于和平权的一般规则"。[27]

　　康德的"国际权利"建立在一系列规则和程序之上，正像"糟糕的安慰者"所做的那样，"国际权利"对"战争权"（jus ad

第七章 从"国际权利"到"世界公民权利":伊曼努尔·康德论法的连续性和帝国的限度

bellum)、"战时法"(ius in bello,约束战争期间行为的法律)以及康德殖民主义观点中最重要的"战后法"(确定战争结束后国家的行为和权利的法律)进行了一般性区分。但是,康德与他之前的学者不同,他认为这些法律唯一的目的就是确保在任何战争结束后"它们也将一直为保持国家之间脱离自然状态(国家间的外部关系)并进入一种权利状态提供可能性"(MdS 6:347)。也就是说,任何国家都不应因为卷入战争而被阻止最终加入国家联盟,因为只有国家联盟才能带来永久和平的状态。换言之,尽管"国际权利"是一种临时性权利,但是非常明确地一点是,它将在未来实现"普遍公民权利状态"方面发挥关键性作用,即使这种作用只是一种防御性的作用。[28]

正如我们所看到的,只有战争被视为一种防御性手段的情况时,康德才会为战争辩护。但是,与之前从维托里亚到格老秀斯,再到沃尔夫和瓦特尔等大多数理论家的自然法传统不同,康德已做好充分准备接受将所谓的"正当的恐惧"作为发动正义战争的理由。[29] 因为在康德看来,在法律空白的情况下,一个国家提防任何其他国家的行动是完全合理的,尽管其他国家没有造成任何"实际伤害",但却构成了战争威胁。此类威胁首先体现在

> 备战是预防权(ius praeventionis)的基础,或者只是另一个国家(通过获得领土)实力的增长令人感到恐惧。只有在强国没有诉诸任何行动之前,弱国采取预防行动才是错误之举;在自然状态中,弱国发动这种攻击当然是合法的(MdS 6:346)。

此前大多数关于战争法的论述将正义战争视作一场比赛，胜利者通过获胜证明其正义性。这就是说，战争被认为是国内法院的一种初始的替代物，作为解决争端的一种手段，康德对此进行了阐述和批驳。因此，它也构成了对胜利者——定义为正义的一方——所受痛苦的一种补偿，胜利者有权就他遭受的苦难要求赔偿。[30] 即使对"糟糕的安慰者"而言，尽管他们对于根据战后法可以提出或不可以提出的诉求进行了明确限制，并且通常比他们的前辈们对战争正当性的理由要严格得多，但是他们普遍赞同这一观点。然而，康德认为不仅不能通过简单的武力方式来解决争端，而且双方极有可能都认为他们的行为具有正当性；因此，不论战争的实际结果如何，他们都是被侵害的一方。基于这一原因，"无法通过战争以及对一方有利的结局——胜利——来获得正义"（ZeF 8：355）。对于应当赔偿胜利者战争费用的任何主张都会使战争转变成一种"惩罚战（bellum punitivum），并对敌人构成侵害"。还有这样一种情形，"独立国家之间的战争不可能是惩罚战，因为惩罚仅仅出现在上级（imperantis）与下级（subditum）的关系中，而国家之间不会是这种关系"（MdS 6：347）。正如之前的假设，战后法不能赋予"他（胜利者）因敌人对他所谓的任何伤害而享有应有的权利；于是他将这个问题搁置一旁，转而靠自己的实力去取得这种权利"（MdS 6：348）。这种观点彻底背弃了罗马法学家的主张，即通过正义战争占领敌人的土地后，土地上的居民以及无论是动产还是不动产都成为占领者合法取得的战利品。被占领者因而丧失了此前享有的全部政治权利，而他们的国家并没有变成殖民地，按照罗马人（或希腊人）对于这

第七章 从"国际权利"到"世界公民权利":伊曼努尔·康德论法的连续性和帝国的限度

个词的理解,准确地说,他们的国家变成了行省。此后,根据公元前149年元老院决议通过的法案,他们享有根据法律对之后的掠夺要求赔偿的权利。[31]

与沃尔夫和瓦特尔一样,尽管康德将国家假设为"道德人",但是他仍明确区分了国家作为主权者和公民机构,因此他也区分了挑起战争的一方和参战方。与以往所有正义战争理论家的观点不同,他们将国家视为不可分割的"人",康德坚持认为战争的责任应完全由国家及其主权者承担,而不应由公民承担。因此,不应剥夺战败国公民的自由或个人财产,原因在于"发动战争的不是被征服的人民,而是他们所生活的国家以人民作为武器而发动的战争"。基于同样的原因,尽管胜利者可能"抢夺战败敌人的财物和金钱",但是他不能"掠夺人民的财产",并且必须出具"所征用任何物资的……收据"。当然,这也意味着战败国不会"沦为殖民地"(MdS 6:348)。但是,这不适用于共和制国家,因为在这种国家中,国家与公民无法割裂。因为"一般而言,不仅对于发动战争,而且对于任何特殊形式的宣战,都必须通过其代表自由同意",他们都必须承担集体责任(MdS 6:345-6)。然而,根据康德的普遍假设,这样的共和国将最终成为世界公民权利的真正载体,因为它们永远不会成为非正义战争的参战方。

像大多数正义战争理论学者一样,康德没有站在第三方立场上提出主张,但第三方以"盟友"身份参战的除外。[32] 对于任何干涉其他国家内部事务的行为,不管该国统治者何等残暴,这种干涉都构成"对一个民族权利的侵犯,这个民族不依赖任何其他方,而只

353

是因为自己内乱而处在水深火热之中",因此是非正义的(ZeF 8：346)。根据维托利亚"保护无辜者"的理论,任何征服甚至干涉都不可能是合法行为,更不要说以给野蛮人带来文明(无论以何种形式)作为理由。似乎有一类敌人的行为不仅构成了对另一个国家的威胁,而且在某种程度上是对全人类的威胁,康德称其为"国际权利概念中的不义之敌"。从"绝对命令"的角度而言,它被定义为"这样的敌人公开表达的意愿(无论通过言语还是行为)体现的规则如果变成了一项普遍规则,那么各民族间必然不可能和平相处,而必将永久地处于自然状态"(Mds 6：349)。如果出现了这样的敌人,那么"会呼吁所有自由受到威胁的国家团结起来,反对这种不义之举,剥夺这个国家实施该行为的权力"。与不义之敌作战,应当直至将其击溃,为此付出任何代价都在所不惜,除了使用那些手段——诸如刺客、狙击手、投毒者、间谍等(康德憎恶所有非光明正大的战争形式)——一旦战争结束,将使交战国的民众"不适宜成为公民",并使国家"根据国际权利无资格作为当事方与其他国家建立关系"(MdS 6：347),由此将导致"在未来和平时期无法建立互信"(ZeF 8：346)。

至少从潜在的意义上而言,这种观点非常接近贞提利的主张。大多数遵循自然法传统的学者都会引述这句话:"人类有义务保护自己的利益与安全,这是任何一个人对其他人应承担的责任,正是基于这一原因,他们才成为同类;相互赞美是人类的本性,也是所有人共同的天性。"[33] 但是,贞提利和康德都不打算接受这样的观点,即在这种情况下与敌人的战争可以让胜利者——国际社会或任

第七章 从"国际权利"到"世界公民权利":伊曼努尔·康德论法的连续性和帝国的限度

何代表国际社会采取行动的国家——获得传统的征服、占有和开展殖民活动的权利。康德关于战后法的阐述非常明确。他认为胜利方无权通过正义战争占领被征服的领土,也没有理由要求为战争期间遭受的损失提供最低限度的赔偿,甚至向作为一个民族的侵略方施加任何惩罚。相应地,战胜方无权"集体瓜分一个国家领土,就如同要让这个国家从地球上消失一般",因为这将剥夺这个国家的人民"作为共同体的初始权利"(MdS 6:349)。因此,一国吞并或殖民另一国的任何企图,就如同将"像树干一样"、有"自己根的国家移植到另外一个国家",抹杀了这个国家作为一个"道德人"的存在,并将"道德人"变成了"一件东西"。凡涉及对自然权利的任何侵犯也违反了最基本的"原始契约的理念,离开了这一点,一国人民的任何权利都是天方夜谭"(ZeF 8:344)。

根据康德的观点,打败"非正义之敌"的国家不仅不能享有索取赔偿权,而且有义务创造条件使被征服者"接受一个新的本质上不容易发动战争的政治体制"(MdS 6:349-50)。这看起来很像是殖民特许状的另一个称谓。但是,事实上,康德坚称,胜利不允许胜利方将自己的统治者,甚至他选择的本土统治者强加于战败方(英国在亚洲和非洲广泛采用这种方法),因为这同样也将侵犯所有民族建立属于自己的联邦的权利。康德认为,人民与非代议制下的统治者不同,这些统治者并不是"国家的成员",而是国家成员的主人,因为人民"不会彼此相互贬损",他们之间达成的所有和解不会使彼此产生任何损失,如果有机会,他们仅能选择一种"共和政治体制",这是"唯一一种可以实现永久和平的政治体制"(ZeF 8:

350)。

几乎基于相同的原因，尽管康德的说法不太准确，并且的确也存在很多问题，然而他似乎也打算接受某种"强迫"具有合理性的观点，因为他认定每个国家拥有摆脱自然状态并确立"更接近正当状态的条件"的"原始权利"（MdS 6：344）。只要国家仍然像孤立的个人一样处于自然状态中，由此"不受外部法律的约束"，它们的存在就对彼此构成长期威胁；因此，如果其中任何一个国家希望终结这种情况，那么它"可以而且应该要求与其他国家一道建立一种政治体制，类似于可以确保其权利得到保障的公民体制"（ZeF 8：355）。[34] 尚不清楚是否可以通过某种军事行动合理地支持这一要求，因为可能有人认为任何拒绝这一要求的国家都是"邪恶的敌人"，尽管康德并不持这样的观点。但是，即使这样做，显然也必须适用同等的战后法规则。战败国都会受到鼓舞、接受帮助甚至被迫创造出在理想状态下自己将会选择的制度：一种实行代表制的共和政治体制。无论战败国会变成什么样的国家，它肯定不会是战胜国的行省、"女儿国"或殖民地。

至少对后来的康德而言，无论战争是否是正义的，也不论战争是为谁发动的，似乎没有合法的理由以任何借口或形式在战败国领土的任何部分开展殖民。[35]

三

因此，一个国家无法通过战争合法地建立任何行省或殖民地，

第七章 从"国际权利"到"世界公民权利":伊曼努尔·康德论法的连续性和帝国的限度

从而也就无法建立任何帝国。但是,似乎至少还有两种"从母国"合法移民的方式,因为这两种方式不依赖战争,所以是合法的。第一种是康德所说的移民"新发现的土地"(accolatus)(MdS 6:353)。[36] 康德在这里并没有明确指"无主土地"。[37] 但是,从他坚持的观点中可以明显看出,任何这种占领行为都必须发生在相距足够遥远的地方,"居住的土地未被侵占或没有任何人使用这一土地"。真正的无主土地仍然属于他所谓的"原始共有关系"(communio primaeva)(MDS 6:258),根本不存在任何财产关系,因此获得这些财产不会对现状造成影响。[38] 移民唯一要做的就是定居下来。因为自格老秀斯以来,大多数自然法和万民法学者与康德各持己见,康德不赞同所谓农业主义者的论点,即主张"占领"必然意味着开发或剥削。在这种情况下,殖民需要做的就是"控制(占领)"(MdS 6:263)。"要获得土地,是否有必要开发土地(在土地上修建房屋、耕种、排水等)?"对于这个问题,康德给出了一个干脆利落的答案:毫无必要。他写道:"牧羊人或猎人占有广袤的空间",尽管他们对"空旷的地区"享有维持生计所需的、明确且不可侵犯的权利(MDS 6:353),即使这有助于实现"没有法律约束下的自由",却使他们无法履行摆脱自然状态的人类义务。即使"我们自己来到一个不会建立公民联盟的民族的社会",我们也可能并不会因此而合法地"为了与他们结成公民联盟而诉诸武力(如果需要的话)来建立殖民地,将这些人(野蛮人)带到公正的环境之中(例如美洲印第安人、霍滕托特人和新荷兰的居民)。康德在情感上并不同情这些"野蛮人",并且他充分认识到,如果不是因为他之前所说的非法占领,"现在在世界其他地区已经有大量人口居住的广袤土地上可能就不会有文明人居住,甚至可能永远都没有人居住,以至于神造万物这种说法就是谬论"。[39] 在康德早期的一些著作中,他认为,文明民族在未开化地区殖民,甚至将这些地区的人民作为他们的奴役对象,可能这样做完全是为了未开化地区的利益,"在这个世界上,在我们所处的地方可能会在某一天为世界所有其他的地区制定法律"(IaG 8:29)。然而,到1790年代中期,他似乎已对这种观点深信不疑,即任何主张文明进步本身就可以证明占领具备正当性的说法都蒙着"一层不公正的面纱(犹太教徒所戴的面纱),即为了实现美好的愿景目标而不择手段进行制裁"(Mds 6:266)。[40]

康德还认为,北美的英国殖民者所说的"改良"并不属于一种占有行为,而"不过是一种占有的外在标志,对此还有其他许多可以替代的标志,这一点可以很容易地做到"(MDS 6:265)。因此,"最先占有的合法基础是原始共有",它是"自然权利的基本原则"(MdS 6:251),因此任何人"将在不属于他的土地上劳动,就是把他的痛苦和辛劳奉献给了先占者(MdS 6:269)。人类"共同占有整个地球的土地(土地原始共有)"(MsS 6:258),这既包括地球本身,也包括地球上的万物,因此这同样适用于动产。即使是水上漂着的木头也不能算真正的无主之物(MdS 6:270),因为没有这些木头,居住在"北冰洋周围寒冷刺骨的荒原地区"的民族将难以生存(ZeF B:363)。[41]

在原始的自然状态下,地球属于全体人类,地球表面是球状的,所有地球上的地区能够连在一起;因为如果它的表面是一个没

第七章 从"国际权利"到"世界公民权利":伊曼努尔·康德论法的连续性和帝国的限度

有边界的平面,人们可能会分散在这个平面上,他们无法按照自然原本清晰计划好的那样使人类彼此融入社会之中(Gemeinschaft)(MdS 6:262)。但是,这并不意味着在这种情况下存在康德所说的原始"共联性"(communio),因为只能通过"确立外部权利的行为"才能形成这种共联性(MdS 6:258),而这反过来必须通过某种契约来实现,根据契约,"每个人都放弃了私人财产,并将其财产与其他所有人的财产归在一处转化为集体财产"。但是,历史没有留下任何关于此类契约的文献记录,"因为野蛮人没有服从法律的记录"(MdS 6:339)。[42] 虽然似乎需要建立一种关于个人财产的法律制度(即康德所说的法律分配正义),但是这种法律制度只存在于一国之内,我们有义务在国内条件满足之前,根据从外部获取该制度的原则实施行动,但这是为了实现这一目标而采取的暂时行动,因为人类全体成员都有义务竭尽全力尽快摆脱自然状态,获得个人财产是朝这个方向迈出的第一步(MdS6:267-8)。[43]

因此,我们似乎可以理解,尽管"牧羊人或猎人"有权占领其居住的土地并有权按照他们选择的任何方式生活,"只要他们在自己的界线之内即可",但是他们没有真正的土地所有权。因此,可以说他们在其占领的土地上仅拥有使用权或占有权(possessio),但是不享有真正的所有权。然而,这不可能构成任何更"开明"的民族没收"牧羊人或猎人"财产的充分理由。此外,"新发现"的土地必须是真正新发现的土地,在新移民到来之前,人们对"新发现"的土地确确实实一无所知。大概就是在这样的土地之上,那些在人类历史之初就已经处于"社会与公民安全状态"阶段的人们已经"从一个地方扩张至所有地区,殖民者就像是从蜂巢中飞出去的蜜蜂一般"(MAM 8:119-20)。在康德所处的时代,人们仍可能发现这样的土地。然而,在欧洲人已知的四大洲中,显然已经没有这样的土地。

第二种合法获得土地进行移民的方法是订立契约。然而,康德非常清楚,只有居住在某国的人和非本国人才可以订立契约,因为尽管居住在合法建立的国家中的人有权移民,但是允许他带走的只有他的动产。他不能出售他拥有的任何土地"并带走他从中获得的资财",因为尽管作为"有道德的人"并不属于他所生活的土地,但是离开了土地,国家就无法存续(MdS 6:338)。显然,不受任何公民政府约束的非本国人可以处置自己的土地,他们可以选择任何能与之交换的物品并离开这些土地。但是,康德坚持认为,即使其中一方实际生活在法律空白的环境之中,他仍必须受契约法的约束。因此,要确保任何契约具有效力,就必须在没有"利用我们的优势而不必考虑他们首先占有相关财产"的情况下拟定契约——康德似乎已经意识到这种情况在非洲和美洲非常常见(MdS 6:353)。但是,移民实际上购买的是何物尚不清楚,因为如果野蛮人仅占有他们的土地,那么他们似乎仅能够出售专用权。充其量只能归结为这样一种主张,即根据"国家权利",所有民族,甚至包括野蛮人也应遵守相应的法律程序。

康德维护游牧民族或牧民的权利和法律地位的行为不应被视为暗示康德特别尊崇或偏袒他们,或者实际上暗示他们从长远来看仍具备进入农业-商业文明国家的可能性。正如穆图所说,康德可能

第七章 从"国际权利"到"世界公民权利":伊曼努尔·康德论法的连续性和帝国的限度

并不欣赏他那个时代的欧洲国家非常渴望输出文明给世界上的"野蛮人"。[44] 他有时可能对现代城市的"金玉其外,败絮其中"感到痛惜(MAM 8: 120)。但是,他丝毫不怀疑历史进程必然会将野蛮人纳入进来,而这一进程适当的起点只能是建立公民体制。在《永久和平论》一书中,狩猎被描写成一种"无疑是最反对建立一种文明政治体制"的生活方式,因为"必须分散而居的家庭很快就会彼此变得陌生,随后散居在无边的森林中,相互之前充满敌意,因为每个家庭都需要从广阔的空间中获得食物和衣服"(ZeF 8: 364)。他写道,没有任何人比那些"处在所谓自然状态"中的人更悲惨。他对曾阅读过的相关材料感到震惊,"对于惨不忍睹的新西兰托福(Tofoa)和领航者群岛(萨摩亚)的杀人仪式,以及美洲西北部广袤的未开垦土地上一直存在的残暴行为,实际上没有人从中得到一丁点的好处"(Rel 6: 33)。像同时代的大多数人一样,康德还接受了这样一种观点,即全人类都在发展进步的过程之中,从"不受法律约束的自由狩猎、捕鱼和畜牧田园生活"到农业社会,再到存在商业活动的城邦(ZeF 8: 364),尽管人类身不由己。所有尚未发展到这一阶段的民族(包括非洲、汤加、新荷兰、美洲和最著名的塔希提岛人),他们选择完全脱离这种进化发展进程,这就是他们作为一个自然物种所处的自然条件。从某种意义上说,这些人作为人类是毫无价值可言的,因为人类具有"自我完善的倾向",可以说"即便塔希提被吞噬掉,世界也不会损失任何东西"(R 15: 785)。然而,幸运的是,对于塔希提人来说,可能就像世界上所有其他处于原始阶段的民族一样,越来越多的"文化民族"(gesittetern Nationen)

来探访他们，康德鄙视他们的贪婪，但他们可能具备大自然创造出他们来而让他们具备了让人意想不到的优点，从而让他们发挥自然所期望他们能够发挥的作用（RezH 8：65）。

然而，人类历史中必然会出现这种进步。当然，它没有赋予世界上文明程度较高的民族帮助文明程度较低的民族加快文明进步的任何权利。当然，它也没有授权文明人可以由此得到好处。关于欧洲殖民者不同程度地占领或定居在这些地区的任何观点——诸如"在世界上占有优势""这些原始民族将被文明化"的事实，或"自己所在的国家将会清除腐败蛀虫，这些人或他们的后代有望在世界的另一个地方变得更加优秀"——尽管这些可能"出于善意"，但是在康德看来，这绝不可能"洗刷掉在实现这些目标的手段方面存在的非正义的污点"（MdS 6：353）。

但是，在无主土地上或通过契约建立定居点的政治地位并不明确。因为定居者最初一定来自其他某个地方，而且必然是通过在某个历史时期开展的移民活动，所以这里的"某个地方"只能是指"祖国"（Vaterland）。这个词的字面意思是"从家而来"，但是如果这些移民后来建立的国家是合法的，那么这至少意味着他们肯定属于某个国家的"臣民"，"有权迁徙至一个国家，该国家不能将自己国家的土地视为自己的财产而阻止臣民迁徙"——他们不可能来自康德所说的行省或殖民地（MdS 6：337）。因此，这些国家必须是根据新的"原始契约"从无到有建立的真正独立的国家。随着时间的推移，它们将凭借实力独立成为真正的"祖国"，而它们的人民会成为真正的"后裔"。如果情况确实如此，那么康德似乎就是在

第七章 从"国际权利"到"世界公民权利":伊曼努尔·康德论法的连续性和帝国的限度

假设存在这样一种观点,它与托马斯·杰斐逊所说的 13 个殖民地地位的观点没有任何差异。用杰斐逊的话来说,"英裔美国人"的权利源于这样一个事实:

> 在移居美洲之前,我们的祖先是英国在欧洲领地上的自由民,享有大自然赋予所有人的权利,他们的迁徙是机缘巧合而不是自己选择迁徙,他们离开自己的国家去寻找新的居住地,并按照看上去最能够促进公众幸福的法律和规章在新的居住地建立了新社会。
>
> 与之相同,根据同一项普遍法则,他们的撒克逊祖先以类似的方式离开了他们位于欧洲北部故乡的原野和森林,占领了人烟稀少的不列颠岛,并且在那里建立了长期以来那个国家视为荣耀和具有保护性质的法律体系……人们认为,任何情况下,英国人与撒克逊人的移民在实质上都没有区别。[45]

如果这些臣民选择居住在无主土地或通过契约获得的土地上,他们将继续以各种方式接受其祖国的统治,这一假设是不合理的。用杰斐逊的类比来说,从法律上来说,这些在不列颠岛定居下来的"盎格鲁-撒克逊人"仍服从原撒克逊部落的统治。确实,正如杰斐逊所说,"他们迁徙地所在的祖国"从未提出任何"主张要求享有对它们(13 个殖民地)的辖权,或要求它们作为母亲国的附属",那么英国王室也就没有任何理由镇压 13 个殖民地的反抗,即它错误地认定发生了像法国人或易洛魁族人所爆发的那种叛乱(事实上,这显然不属实,并不会改变这种观点)。

但是,如果像北美洲那样的情况,最初实际上是在母亲国主导下开展的殖民活动,那么所有这些观点都将无法适用。因为对于康德而言,无论是克里奥尔人还是殖民地的人民,一旦被殖民,就不能要求享有任何形式的自决权,但他们比未被殖民的国家在不公正的主权者统治下痛苦呻吟的人们享有更多的权利。康德坚决反对任何试图削弱个人自决权的权力;然而,这可能只是以他提出的著名术语——"公共理性"——来进行抵制(WiA 8:37)。被殖民者甚至可以享有"写作自由",这种自由"只是局限在对政治体制表达崇高的敬意"(GTP 8:304)。但是,个人可能不会发动任何形式的抵抗,甚至公开的抵抗也可能只是批判性的,而不是约束性的,他们被禁止提出建立任何其他政治体制的主张,因为只有主权者才能做出具有真正效力的决定。[46] "所有针对最高立法机关的抵抗、煽动臣民表达不满的一切活动、引发叛乱的抗议都是英联邦内最严重和最应受到惩罚的犯罪行为,因为它动摇了联邦的根基"(GTP 8:299)。在康德看来,无论该政治体制是如何形成的,也不管是好是坏,任何针对"已经建立的政治体制"的暴力活动会"推翻所有合法的公民关系,因此会颠覆所有权利"。它是一种违反"连续性法则"的行为,而这恰恰是公民社会与无法律约束的自然状态的区别。因此,这不是公民政治体制的改变,而是"解体","向更佳政治体制的转变不是一种形式转变,而是一种陈腐病态需要通过订立新的社会契约来改变,而之前的契约(现在已废除)将不再有任何效力"(MdS 6:340)。尽管人们常说,任何人都必须服从当权者

第七章 从"国际权利"到"世界公民权利":伊曼努尔·康德论法的连续性和帝国的限度

在"任何未违背内在道德方面"提出的要求(KdS 6:371),但是康德所说的"公民"甚至不像霍布斯所说的"臣民"那样天然享有自我保护权。[47] 普芬道夫指出(康德非常关注普芬道夫在这个问题上的看法),所有臣民都有"服从王室的义务,而不论国王是谁……(因为)在没有政府的情况下,一个国家无法生存,而且在这种情况下,一个热爱国家的良民不应进一步招惹任何麻烦"。[48] 此外,对于康德而言,人民应将自己视作"主权者法律"统治下的人民;因此,凡是处死君主的人"都必须被视为彻底颠覆了主权者和其人民之间关系的法则",从某种程度上说,"这是国家的自杀行为"(MdS 6:322)。

甚至那些"通过起义推翻了政治体制的瑞士、美国、荷兰或英国,现在看来才是真正的幸运儿",它们不是由人民"构成的一个共同体,而是一群暴民"推翻了政治体制,由此导致的直接结果只能是"一种无政府状态,以及随之而来的全部恐怖后果"。最终,瑞士、荷兰联合王国和大不列颠帝国取得了成功。但是,如果它们没有成功,"那些在阅读有关起义历史的读者在读到将他们现在推崇的起义者处死时,除了认为犯有叛国罪的人罪有应得之外,别无其他感受"(GTP 8:301)。[49]

显然,已然建立的国家政治体制也可以适用于新建立的定居点。任何形式的殖民都必然涉及强行破坏另一方法律的连续性。因此,如果没有其他理由,那么这种破坏活动将永远不会具备合法性。当然,这一规则的唯一例外是真正意义上的无主土地(如果发现确实存在这种土地)以及通过契约获得的土地。在第一种情况下，获得的土地仍属于康德所说的"原始共有"（MsS 6：258），根本不存在财产关系。因此，他们的购买行为不会影响土地原先的情况。在第二种情况下，"根据所有权的连续性法则（契约连续性），以契约方式转让交易在一定时间内并不会导致占有权的中断"（MdS 6：274）。因此，可以说这两种情况都与原始契约相关的观点一致。

但是，无论国家最初成立时面临何种情况，一旦国家成为一种事实存在，甚至无视"国际权利"的存在，那么它就将接受"宪法权利"的约束，而"宪法权利"与国家权利是不同的，宪法权利"具有约束力，因此属于客观（实际的）现实"（GTP 8：306）。尽管康德从来没有直接援引这一点，但是它显然适用时效法则。

因为康德十分关注人类法律制度的连续性，所以他对所有被"奉为圭臬"的"国际权利"的观点只能通过警告的形式进行评论，以避免日后自己的观点被推翻。殖民地无法根据"国家权利"（临时的和虚幻的）建成，但是一旦出现这样的殖民地，那么殖民地也无法根据"国家权利"的具体规定而解体。尽管康德确实主张某种修复式正义的理论，但是他无法接受存在任何形式的自决权，无论是克里奥尔人的还是流离失所的当地居民的自决权，抑或是他所提出的行省/殖民地的自决权。[50] 宗主国和"女儿国"都必须服从它们实际的统治者，直到这些统治者自行离开。当然，当"国家权利"彻底令人失望并让位给"世界公民权利"形成"世界共同体"时，所有这些问题都将迎刃而解。当然，对于康德而言，这种存在不仅仅是解决问题的方法，而是人类的终极归宿，"大自然将其作为归宿……的终点"，以及"孕育人类所有原始天性的子宫"（IaG

第七章 从"国际权利"到"世界公民权利":伊曼努尔·康德论法的连续性和帝国的限度

8:28)。

康德有关殖民地的讨论似乎让任何人都有可能利用似乎是作为世界公民权利的终极解放力量,以此反对任何形式的、存在严重一致性问题的殖民政权。尽管康德坚持认为,没有任何形式的殖民地政权在一开始就具备合法性,除非这个政权是建立在"无主土地"之上。但是另外一点也很明确,建立政权的基础并不重要,他坚持认为需要不惜一切代价维护国家法律的连续性,毫不留情地镇压以任何形式争取独立的斗争活动。就像所有非正当但具备合法性的统治者所统治的臣民一样,殖民地仅仅只能提出抗议,寄希望于公众主张他们作为个体享有的自主权,最终推动形成"民族联盟",在这个联盟中,不可能存在任何非出于自愿的征服行为。显然,未来仍有很长的一段路要走。

注释

1. *Jus gentium methodo scientifica pertractatum* [*The Law of Nations, Treated According to a Scientific Method*], II, 17. On Wolff, see my The Enlightenment and Why It Still Matters. 当然,格老秀斯也采用了一种类似的形式。

2. 实际上,这是《按照科学规律来对待自然法》(*Jas naturae methodo scientifica pertratatum*) 第九卷(1740—1748),相关内容参见第八卷。

3. 关于康德批驳帝国主义的内容,参见 Muthu, Enlightenment against Empire, 172- 20。

4. 根据传统做法,本书中所引用的康德著作卷目和页码为科学院版本的《康德全集》卷目和页码。总体我以剑桥大学出版社《伊曼努尔·康德文集》译本(Cambridge: Cambridge University Press, 1992)作为参照。

缩写信息如下：

ApH: *Anthropologie in pragmatischer Hinsicht* (1798), *Anthropology from a Pragmatic Point of View*

GTP: *Über den Gemeinspruch: Das mag in der Theorie richlig sein, taugt aber nicht für die Praxis* (1793), 正如俗语所说："理论上千真万确，实践中寸步难行。"

IaG: *Idee zu einer allgemeinen Geschichte in weltbürgerlicher Absicht* (1784), *Idea for a Universal History with a Cosmopolitan Aim*

KdU: *Kritik der Urteilskraft* (1790), *Critique of the Power of Judgment*

MAM: *Mutmasschlicher Anfang der Menschengeschichte* (1786), *Conjectural Beginning of Human History*

MdS: *Metphysik der Sitten* (1797), *Metaphysics of Morals*

R: *Reflexionen aus dem Nachlass*

Rel: *Religion innerhalb der Grenzen der blossen Vernunft* (1793), *Religion within the Boundaries of Mere Reason*

RezH: *Rezensionen von J. G. Herders Ideen zur Philosophie der Geschichte der Menschheit* (1785), "*Reviews of J. G. Herder's Ideas for the Philosophy of the History of Humanity*"

WiA: *Beanwortung der Frage: Was ist Afklärung?* (1784), *An Answer to the Question: "What is Enlightenment?"*

ZeF: *Zum ewigen Frieden: Ein philosophischer Entwurf* (1795), *Toward Perpetual Peace, A Philosophical Project*

5. *Outlines of a Philosophy of the History of Man* [*Ideen zur Philosophie der Geschichte der Menscheit*], T. Churchill trans. (London, 1800), 224.

6. Pauline Kleingeld, "Kant's Second Thoughts on Race", *Philosophical*

第七章 从"国际权利"到"世界公民权利":伊曼努尔·康德论法的连续性和帝国的限度

Quarterly 57(2007),573-92; *Kant and Cosmopolitanism*,111-117; and "Kant's Second Thoughts on Colonialism",in Katrin Flikschuh and Lea Ypi eds. , *Kant and Colonialism*: *Historical and Critical Perspectives*,43-67.

7. 在康德身上众多的罗马法标签这中,这个标签具有误导性。《法律汇编》只是将"领土"简单定义为"城邦范围内的所有土地"。有人认为,它之所以被赋予这样的名称 [源自于"terror"(恐怖)] 是因为地方官在其管辖范围之内行使(驱逐人们的)权力会引发人恐惧,康德在使用这个词的时候似乎认为地方官并没有这项权力(*Digest* 50. I. 8)。

8. 关于康德将民族划分为"自然社会"和"国家"中民族的内容,参见 Otfried Höffe, *Kant's Cosmopolitan Theory of Law and Peace*, Alexandra Newton trans. (Cambridge: Cambridge University Press, 2006), 190-1。

9. 他坚持认为,"爱国主义"(patriotism)一词真正的起源是"patria(父爱)而不是 pater(父亲)……因为家长制政府……是最糟糕的政府形式"(R 19: 570)。

10. 关于这个比喻,我感谢本杰明·斯特劳曼的意见。

11. "Eine *Colonia* oder Provinz ist ein Volk, das zwar seine eigene Verfassung, Gesetzgebung, Boden hat."

12. Livy 34. 9. 1. 关于这一引注,感谢克利福德·安多(Clifford Ando)关于罗马和希腊殖民活动区分的论述。参见 "The Roman City in the Roman Period", in Stéphane Benoist ed. , *Rome, A City and Its Empire in Perspective*: *The Impact of the Roman World through*, *Fergus Millar's Research. Rome, une cité impériale en jeu*: *l'impact du monde romain selon Fergus Millar* (Leiden: Brill, 2012), 109-24。

13. 参见 Sankar Muthu, *Enlightenment against Empire*, 155-62。穆图将其称为"国家家长制",尽管康德将"家长制"视作"建立在对怜悯人民原则上的政府，就像是父亲教育子女一样，这种家长制政府……是所能想到的最强大的专制"（GTP 8：290）。从这个意义上讲，罗马政府，特别是在元首制下的罗马政府必然是"家长制政府"。但是，它并没有根据种族或出生地来区分罗马公民。

14. On Virginia, see p. 105.

15. *An Enquiry into the Rights of the British Colonies*, 16. On Bland, see pp. 00.

16. "An Account of a Conversation Concerning the Regulation of Governments for the Common Good of Mankind", *The Political Works of Andrew Fletcher*, 436.

17. "Observations on the Nature of Civil Liberty, the Principles of Government and the Justice and Policy of the War with America" in *Political Writings*, 39. On Price, see pp. 1116, 123.

18. 转引自 Jack P. Greene, *Peripheries and Center. Constitutional Development in the Extended Polities of the British Empire and the United States 1607-1788* (Athens and London：University of Georgia Press, 1986), 94-5。

19. See pp. 110-111.

20. "Kant's Juridical Theory of Colonialism", Katrin Flikschuh and Lea Ypi eds., *Kant and Colonialism：Historical and Critical Perspectives*, 145-69.

21. "最好的国家就是除了坚守信念或捍卫自身的安全之外没有其他诉求的国家。" *De Republica* 3. 34, and see Pierre Hassner, « Les concepts de guerre et de paix chez Kant », *Revue française de science politique* XI (1961), 642-70.

22. 尽管将"ius gentium"译为"国际法"是传统的译法，但是这种译法并不是无可置疑的。"Ius"既可以表示"权利"，也可以表示"法律"，而"gens"可以表示现代意义上的"民族"，也可以表示"人民"。康德通常会明确区分对法律（Gestez）和权利（Recht）。

第七章 从"国际权利"到"世界公民权利":伊曼努尔·康德论法的连续性和帝国的限度

23. Simone Goyard-Fabre, *Kant et le problème du droit* (Paris: Vrin, 1975), and Brian Tierney, *The Idea of Natural Rights Natural Law, and Church Law, 1150-1625* (Atlanta, GA: Scholars Press, 1997), 74.

24. 关于对"ius gentium"不同理解的详细分析,相关讨论参见 Brett, *Changes of State: Nature and the Limits of the City in Early Modern Natural Law*, 75-89。

25. 关于这一点,参见我的著作 *The Enlightenment and Why It Still Matters*。

26. Cf. MdS 6: 267. 关于维托利亚和康德之前的学者对"友好义务"概念的理解,参见第53—56页。

27. 转引自 Robert Kolb, *Réflexions de philosophie du droit international* (Brussell: Editions Bruylant, 2003), 24, 并参见 Alexis Philonenko, « Kant et le problème de la paix » in *Essais sur la philosophie de la guerre* (Paris: Vrin, 1976), 32-5。

28. 参见 Kleingeld, *Kant and Cosmopolitanism*, 76。

29. 参见 Peter Haggenmacher, "Mutations du concept de guerre juste de Grotius à Kant", *Cahiers de philosophie politique et juridique* 10 (1986), 117-22。

30. See p. 48.

31. 感谢本杰明·斯特劳曼关于这一问题的研究。

32. 参见 Barnes, "The Just War", *Cambridge History of Later Medieval Philosophy*, 775-8。

33. *De iure belli* 1. 15, 111-12.

34. 康德对追求终极法律世界秩序可能变成战争导火索这一点有着深刻的认识,参见 Sharon B. Byrd and Joachim Hruschka, "From the State of Nature to the Juridical State of States", *Law and Philosophy* 27 (2008), 599-641。

35. 然而,青年时期的康德认为征服和臣服不仅是合法的,而且某些人种

(最熟悉的就是非洲人和美洲印第安人)施行奴隶制也是合法的。参见 Pauline Kleingeld, "Kant's Second Thoughts on Colonialism", Katrin Flikschuh and Lea Ypi eds. , *Kant and Colonialism*: *Historical and Critical Perspectives*, 43-67。

36. 实际上,"新发现的土地"(accolatus)是《圣经》中的一个晦涩的词汇,源自教父耶柔米之前的《圣经》版本,这个词被隐晦地作为"incola"(居民)的代名词,用于指代既没有居住地又没有公民身份的人(感谢安德鲁·克利福德提供的这些信息)。在这种背景或在 6:353 所提到的居住权的背景下,康德指出"地球公民与任何其他人一起进入社会",然而这只是人们的猜测。

37. 关于"无主物"和"无主土地"的内容,参见第 77、117—118 页。康德关于"无主物"的讨论与 MdS 6:265-6 关于(罗马法中的)"无主土地"的讨论是一致的,并在 MdS 6:271 中对优士丁尼对于占有一条河流两岸土地的人也会占有这条河流的观点进行了解释。康德也接受土著可能会邀请殖民者前来殖民的观点。对一个国家的统治者而言,尽管这个国家显然不是他的财产,但是他也不能够与这个国家的任何组成部分割裂开来。"尽管如此,国家的统治者仍有权鼓励外国人(殖民者)移民和定居,虽然其臣民可能会颇有微词,但只要这不对他们土地的私有制构成限制就是可以接受的"(MDS 6:338)。但是,康德没有说明这些殖民者实际上是真正的殖民者或者只是移民而已,他们最终将获得公民身份并由此成为国家的正式成员。

38. 参见 Brian Tierney, "Kant on Property: The Problem of Permissive Law", *Journal of the History of Ideas* 62 (2001), 301-12。

39. 参见 Muthu, *Enlightenment against Empire*, 88-9。

40. 关于康德在《一种世界公民意图下的普遍历史的理念》(*Idea for a Universal History with a Cosmopolitan Aim*) 中提出的主张,参见 Pauline Kleingeld, "Kant's Second Thoughts on Colo-nialism", Katrin Flikschuh and Lea Ypi eds. ,

第七章 从"国际权利"到"世界公民权利":伊曼努尔·康德论法的连续性和帝国的限度

Kant and Colonialism: Historical and Critical Perspectives, 43-67, at 43-5。并参见 Muthu, *Enlightenment against Empire*, 188。

41. 关于康德"原始土地权利"的观点,参见 Leslie Arthur Mulholland, *Kant's System of Rights* (New York: Columbia University Press, 1989), 218-20。关于康德对因纽特人使用浮木制造木船、武器和帽子的论述,参见 ZeF 8: 363。

42. Arthur Ripstein, *Force and Freedom Kant's Legal and Political Philosophy* (Cambridge, MA: Harvard University Press, 2009), 89-90, 155-6.

43. 关于康德对法律的三种分类,参见 Sharon B. Byrd and Joachim Hruschka, "Lex iusti, lex iuridica und lex iustitiae in Kants *Rechtslehre*", *Archiv für Rechts und Sozialphilosophie 91* (2005), 484-500。

44. *Enlightenment against Empire*, 184-200.

45. *A Summary View of the Rights of British America*, 4. 撇开英国在北美洲建立13个殖民地的实际情况不谈,实际上英国王室一直将其视为合法"征服"的土地,因此这些殖民地是王室领地的组成部分。See pp. 105-112.

46. 参见 Jeremy Waldron, "Kant's Theory of the State" in Pauline Kleingeld ed., *Towards Perpetual Peace and Other Writings on Politics, Peace and History* (New Haven and London: Yale University Press, 2006), 194-7。沃尔德伦认为,康德提到的组织架构可能会自称"国家",但是实际上它们并未建立"一种法律体制,并且在统治过程中实际并不存在法律"。在这样的情况下,它们的臣民没有任何义务服从他们的统治者。但是,这将要求公民通过某种方式对他们的统治者进行初步评判,而康德恰恰认为公民无权这样做。

47. 关于康德对霍布斯观点认同或批判的情况,参见 Tuck, *The Rights of War and Peace*, 207-25。

48. *De iure naturae et gentium libri octo*, VII. 8. para. 10.

49. 法国大革命似乎是唯一的例外。康德对 1792 年法国宣布建立共和国的认知具有高度倾向性,他认为路易十六召集三级会议应对金融危机并自愿放弃(如果被视为无意的)法国内部对人民的"最高权力","其结果是导致君主的主权权利完全丧失(不仅是被取消)并移交给了人民"。一旦出现这种情况,就会引发另一种情况,其中"联合起来的人民不仅代表主权:它就是主权"(MDS 6: 341-2)。换句话说,这场革命根本不是一场革命,而只是权力的合法转移。关于这一点更深入的讨论,参见我的著作 *The Enlightement and Why It Still Matters*, 366-8。

50. 参见 Peter Niesen, "Restorative Justice in International and Cosmopolitan Law", Katrin Flikschuh and Lea Ypi eds., *Kant and Colonialism: Historical and Critical Perspective*。

第八章
"野蛮人的冲动——文明人的权衡":
征服、商业和帝国的批判启蒙

一

1918年,著名的奥地利经济学家约瑟夫·熊彼特(Joseph Schumpeter)写道,"帝国的扩张纯粹是源自基于本能发动的战争和征服倾向",当时不止一个欧洲帝国即将灰头土脸地走向灭亡。他充满自信地宣称,帝国"除了自身,没有其他远大的抱负……因此,这种扩张趋势冲破了所有束缚和有形的制约,直至帝国精疲力竭扩张才会止步"。[1] 从阿契美尼德帝国到大英帝国,对扩张、征服和占有的渴望一直是所有帝国的动力,就像熊彼特所说,帝国完全没有设定"外部目标"。除了扩张之外,帝国没有其他动力,只是不断地继续扩张,直至到达资源的自然极限或遭遇更强大的国家。但是,为什么要通过这种明显的盲目冲动去追求一个看似遥不可及的未来?熊彼特回答说:"原因在于帝国迫切需要将民众和各阶层转变成战士"。如果占统治地位的军人阶层希望"避免遭遇灭顶之灾",那么他们就必须维持其军人阶层的存在,因为他们无法转变成其他阶层。熊彼特认为,"帝国主义在本质上具有'返祖'特质,它保留了人类早期的特征……换言之,这些特征源于之前而不是现在的生存环境。"因此,帝国主义不是某种影响深远的、不可避免的人类侵略行为导致的必然结果,更不是阶层或追求经济利益的表现(马克思主义者认为这两种利益一直延续到现在,尽管是以其他的形式表现出来)。帝国只是人类历史的一个阶段,"因为随着人类的生活和思想逐步理性化,帝国将渐渐消失,成为人类情感的一部分而习以为常"。如果是这样的话,那么"帝国主义在一个民族和文化的历史发展中越晚出现,其强度就会越低"。熊彼特认为,能够证明确实存在过这种情形的最具说服力的证据是18世纪的君主专制政治体制,在他看来,君主制"明显比它们之前的政治体制具备'更高的文明程度'"。[2]

根据熊彼特的观点,最终使帝国主义退出世界历史舞台的现代武器是资本主义,因为资本主义的确有自身之外的具体追求目标:财富和幸福。当个体致力于实现这些目标时,他们可能对军国主义毫无兴趣,甚至无暇顾及。可以肯定的是,战争和征服的时代已经被资本主义和其主要力量——自由和自由贸易——逐渐地、断断续续地、但最终不可逆转地取代。熊彼特自信地总结道:"在自由贸易盛行的时代,没有阶层会对大规模扩张感兴趣,这一点可以说是不容置疑的。"[3]

在第一次世界大战结束的前几个月,熊彼特有充分的理由相

第八章 "野蛮人的冲动——文明人的权衡"——征服、商业和帝国的批判启蒙

信,最终人类毫无意义的侵略性会被对个人利益得失的精细权衡所遏制。但是,也许他应该更保守一些,因为他毕竟是传世名著《经济分析史》(*History of Economics Analysis*)的作者,他不可能没有意识到自己所提出理念的现代性。公平而论,他的论点极为微妙,就他的观点而言,他实际上是在重复一个古老的信念,一个在过去至少一度被证明是错误的判断。

显然,断言所有帝国都有战争和征服的倾向是错误的。根据熊彼特的判断,如果18世纪欧洲的君主制"明显比它们之前的政治体制具备'更高的文明程度'",这是因为对包括西班牙人在内的大多数人来说,建立一个基于熊彼特所提出的扩张模式的帝国的想法已被人们视为严重削弱国家实力的过时观点。1734年,孟德斯鸠指出,当时的欧洲内战已经导致无法出现熊彼特所设想的那种帝国,即罗马人曾经建立的帝国。他总结道,任何在18世纪中叶企图建立帝国的计划"在道德上都是死胡同"。新军事技术导致"所有人的力量,以及由此形成的所有国家的实力"不相上下,而现在欧洲大国之间爆发的那种大规模战争需要巨大的人力储备,以至于战争必然将耗尽国家资源。[4] 但是,在欧洲之外,另外一种完全不同的逻辑占据了上风。孟德斯鸠曾说,对于任何开展对外征服活动的君主制国家而言,其必然命运是"首都富丽堂皇,距离首都有一定距离的行省贫穷落后,而距首都最远的地方则是金银堆积成山"。[5] 显然,这种不平衡导致的结果就是前殖民地迟早会使宗主国破产。对孟德斯鸠来说,西班牙确实就是这种情况,西班牙的经济已经对其海外的资产形成依赖。1776年,亚当·斯密忧心忡忡地表示,

如果英国不放弃在美洲的殖民地，"当前惨烈的战争"可能会给英国带来类似的后果。[6]

到18世纪中叶，欧洲开明的精英阶层普遍认为，现在的欧洲海外帝国已变成贪得无厌的机器，目的就是为了攫取财富，对殖民者或仍然生活在当地的土著的福利或公共利益漠不关心。由此导致的结果就是他们只是成功地摧毁了土著，激起了殖民者的仇恨。斯密抱怨道，所有这些没有给宗主国带来真正的好处。如果帝国要存续下去，那么就必须将自己变成对所有人民都有利的全球性政治实体。实现这一目标的唯一方法是通过贸易征服商业。1758年，米拉博侯爵维克多·德·里克提在他抱有高度乐观态度（并且非常受欢迎）的政治经济学著作《人类的朋友》（*The Friend of Man*）中写道："目前欧洲对美洲的政策"构成了一个"全新且庞大的体系"，由三种各不同且不兼容的政治联合体组成，或如他所说的糅合了三种精神：统治、殖民和商业。他坚持认为，必须放弃现行的政治体制，转而采取鼓励殖民、开展特许商业活动和完全放弃征服活动的政策。[7]

米拉博侯爵并不是唯一持这种观点的人。几乎当时每一个冷静地研究过欧洲帝国现状的人都得出了大致相同的结论。狄德罗引用了雷纳尔神父《东西印度群岛欧洲人殖民与贸易的哲学和政治史》（*Philosophical and Political History of the Settlements and Commerce of the Europeans in the Two Indies*）中的一句抒情诗："帝国兴衰多少事，现已如往事烟云。"[8] 曾驱动古代国家发展的邪恶暴君和武力崇拜已不复存在。在这个现代世界中，不可能找到像亚历山大大帝这样的、在他面前可以说"大地一片沉寂"的人物了。

第八章 "野蛮人的冲动——文明人的权衡"——征服、商业和帝国的批判启蒙

宗教狂热和征服精神已今非昔比……商业国家之间的战争是一场足以烧毁所有国家的冲天大火。之后，统治者的制裁措施将扩展适用于不同国家主体之间的个人交易，破产（其影响力在万里之遥都可以感受得到）将成为国家大事……而且所有民族的史书都需要由商业哲学家来撰写，就像它们曾由历史演说家撰写那样。[9]

用荷兰经济理论家伊萨克·德·平托（Isaac de Pinto）的话来说，商业确实已经成为"19世纪的狂潮"。[10] 米拉博侯爵写道，"宇宙万物皆为商业而生，正是由于商业的作用，人们必须了解整个人类中间所有天然存在且不可或缺的关系，这些关系是且将永远是一个人与另一个人、一个家庭与另一个家庭、一个社会与另一个社会以及一个国家和另一个国家之间的关系。"[11] 正如孟德斯鸠所说，商业的历史就是一部"民族之间交流"的历史。[12] 而对维托利亚来说，商业与交流的关系使自由通行变成了一种自然权利，就像我们在第五章中所看到的，这种关系自古以来就是存在的。

对于孟德斯鸠、米拉博侯爵、狄德罗、平托和斯密这样的人来说，18世纪所谓的"商业社会"与其说是一种利己的交流机制，不如说是一种类似于我们称之为"政治文化"的东西。孟德斯鸠有一句著名的论断，商业"软化和改良了我们每天目睹的野蛮习俗"。商业——孟德斯鸠提出的一个著名称谓"和气的商业"——是大自然为人类走向文明提供的一种手段。[13] 这远不止是一种简单的交换

手段，它取决于合作和一定程度的信任，而它的主要媒介就是货币。根据洛克的解释，货币是基于"人们的合意"而出现的。早期的人类发现为了让自己的财产"增值"，"他们同意一小块能够保存、不会损耗或腐烂的黄色金属可以等同于一大块肉或一整堆谷物"。[14] 货币是一种"符号"，因此也是一种语言形式，就像人们使用的语言或数学符号一样，货币只能由群体创造出来并且影响人们的协作协调和一定程度的社会和谐。公元前5世纪，苏格拉底学派哲学家阿里斯蒂普斯（Aristippus）在罗得岛海岸遭遇海难。当他上岸时，他看到了沙滩上绘制的几何图形——这是另一种语言形式，他向同伴们喊道："我们有希望啦，因为我真实地看到了人类的痕迹。"[15] 几个世纪后，孟德斯鸠提到了这个故事，但是他把几何图形换成了货币。他写道："如果你独自一人碰巧来到一个陌生民族的土地上，当你看到货币时，你就知道你来到的是一个文明的国家。"[16]

商业不仅具有改变人性、教化人类的力量；它还是将各国通过相互依赖的纽带团结起来的一种手段，因此人们希望商业能最终给战争画上句号。正如17世纪詹森教派信徒法国人皮埃尔·尼古拉（Pierre Nicole）所说（根据洛克的翻译），"那时我们的城邦就是整个世界：作为世界上的居民，我们与所有人类成员都有交往，他们会给我们好处或让我们遭遇挫折……一方面，（所有国家）与我们都有联系；另一方面，所有人都被纳入这条纽带之中，根据他们的共同需要将整个人类联系在一起。"[17] 用孟德斯鸠的话说，这种联系"唤醒了人类某种程度的正义感，一方面反对强盗行为，另一方面

第八章　"野蛮人的冲动——文明人的权衡"——征服、商业和帝国的批判启蒙

推崇美德善行；由此，人们不会总是一味地追求自己的利益，而可以为他人的利益而牺牲自己的利益"。

换言之，商业推动形成了一种特殊的社会，这个社会与古代的武士社会。在这种社会中，成员受到行为准则的强力约束，其主要目标是追求个人荣誉，而首要利益是社会中每个成员的福利。而且"所有联合体都是建立在共同需求的基础之上"，因此每个人都可以在某种程度上受益，而不必积极地追求实现他人的利益。[18] 正是商业改变了欧洲，从一众争斗不休的君主制国家转变为孟德斯鸠认为的实际上是"一个由许多成员国组成的国家"。孟德斯鸠指出，法国和英国依赖"富裕的波兰和莫斯科"，就像任何一个国家中的任何独立省份可能会依赖所有其他省份一样。[19]

也许有一天，欧洲发生的事情会影响整个世界。威廉·琼斯爵士认为，"利益"——他指的是经济利益——"是使他们（东方和西方）抱成一团的魔杖"。[20] 即使是康德，他极不认同商业可以对本质上相互矛盾的人性产生任何颠覆性的影响，但是他也认为，

> 商业精神与战争水火不容，它迟早会控制所有民族。换句话说，国家权力（手段）中金钱的力量可能是最可靠的，因此国家发现自身（诚然不是出于道德动机）被迫去追求实现充满荣耀的和平状态时，并且无论世界任何地方受到战争威胁，国家都会通过调停的方式来避免战争。[21]

总体而言，现代经济学家倾向于认同这一点。[22] 商业似乎也成

了一种复兴"帝国"这一古老普世形象的手段。因为至少从理论上讲,商业使民族之间形成了一种关系,这种关系不具有任何形式的依赖性,最重要的是他使国家不再使用武力。在新的商业社会中,世界各国人民将像交换食物一样方便地交换新技术、基础科学知识和文化技能。这些国家既不是开展征服活动的帝国,也不是像西班牙人在美洲开展压迫和破坏性活动的帝国。相反,这些国家将变成贸易帝国,在这一过程中,还可能成为"自由帝国"。发现美洲和通往印度的新航线这些"重大事件"给人类带来的终极影响是开启了现代商业世界的大门,并伴随着现代商业帝国的诞生,正如斯密所说,这是"任何人类智慧都无法预见到的"。但是,"通过在某种程度上将世界上最遥远的地区联系在一起,使他们能够满足彼此的需求,增加彼此享用物品的数量并促进彼此产业的发展,由此导致的总体趋势似乎产生了正面的影响"。诚然,"东印度和西印度的土著"与欧洲人接触的必然结果只会是"陷入巨大的灾难并走向灭亡"。但是,斯密在一篇非常著名的文章中提到,欧洲人和"全球不同地区的居民"之间力量平衡发生变化的时刻尚未来临,在力量平衡的情况下,整个世界将"具有同等的勇气和实力,这样才会引发各国相互忌惮,从而抑制独立国家的专横行为,使它们相互尊重彼此的权利"。[23] 国际贸易不仅能"软化"海洋民族,并极大地拓展海洋民族的最终利益,而且还可以最终为整个世界带来某种程度的国际正义。

并非所有开展征服活动的古老帝国在目标或结果上均具有相似性。在某些情况下,某些征服活动可能是建立持久商业关系的必要

第八章 "野蛮人的冲动——文明人的权衡"——征服、商业和帝国的批判启蒙

条件。受普鲁塔克将亚历山大大帝描述为斯多葛普世主义工具的影响,对于亚历山大大帝的帝国,孟德斯鸠的观点与狄德罗截然不同。狄德罗认为所有的帝国都不具备可持续性;根据孟德斯鸠充满激情的阐释,亚历山大大帝改造了他途经的国家,但是保留了这些国家的习俗,因此他"消弭了征服者与被征服者之间的所有差异"。在这个过程中,他不是帝国的领袖,而是"每个国家的君主和每个城市的第一公民"。但是,至少在普鲁塔克的想象中,后来亚历山大大帝的终极抱负梦想成真,即统一东西方,这样一来,人们就不会从本质上将其视为征服者,而是"众神派遣来的全宇宙的调解人和仲裁人",正是他"使用武力对付那些出于理性而未能团结起来的人……将那些在起源和秩序方面千差万别的民族联合起来……所有人都将整个世界视为他们的祖国"。[24] 在普鲁塔克看来,这个联盟是一个政治实体并具有王朝统治的属性;而在孟德斯鸠看来,它最终将被商业化。孟德斯鸠认为,亚历山大通过"海上贸易将印度与西方国家联系在一起",从而促成了一场"大规模的商业革命",用皮埃尔·布里昂(Pierre Briant)的话来说,这场革命催生了一种"融合商业、交流和文明的全球政治概念"。[25] 随着时间的流逝,所有最初征服活动的痕迹将逐渐淡去,然后消失得无影无踪,整个世界将变成斯多葛学派哲学家基提翁的芝诺所说的"一个秩序井然和哲学化社会的幻梦或一幅朦胧的图像"。根据普鲁塔克的说法,亚历山大大帝的帝国在一开始就具备这一特征。[26] 这样亚历山大就是一个活生生的例子。可惜基本上没有人追随他的脚步。孟德斯鸠认为,罗马人是亚历山大大帝认可程度最高的继承人,但他们只是

"为了毁灭一切才去征服一切"。[27] 显然，现代帝国应该采用马其顿模式，而不是罗马模式。即使事实证明孟德斯鸠对商业文明的发展潜力过于乐观的自信是一场幻梦，但事实上人与人之间仅通过交易也往往会让所有相关方从中受益匪浅。与同时代的许多学者相比，大卫·休谟对贸易的政治和道德利益观点的怀疑程度更深，他坚决主张，"我认为保持国家之间的开放沟通是不可能做到的事情，但是每个国家的国内产业都必然会从其他国家的发展中获得发展。"[28]

由此得出的结论是，实际上现代帝国应成为全体民众利益服务的贸易公司。1756 年，布冯（Buffon）的学生查尔斯·德·布罗斯（Charles de Brosses，他也是狄德罗的朋友并曾担任勃艮第的行政长官）积极支持法国在太平洋地区开展探险活动的提议，并且最先将"拜物教"一词引入欧洲语言，他辑录出版了截至当时所有"南部海洋"航行情况的著作——《南方大地之旅》，此书流传范围非常广。他认为，太平洋是世界上最后一块未被污染的区域。他饱含热情地指出，这将会导致

> 为我们的邻居勾画的未来与哥伦布发现的世界截然不同……他们（西班牙人）的前车之鉴将会为我们提供指引。因为我们要避免沾染西班牙人的两大恶习——贪婪和残暴。前者为了追求虚幻的财富而导致自己国家的国库空空如也，绝不应该去做这种事情。后者以民族自豪感和迷信为幌子，致使美洲人几乎遭遇灭顶之灾。他们残忍地屠杀印第安人，仿佛印第安人是低等人种，如同山林野兽一般，数百万印第安人本应是"人"。数

第八章 "野蛮人的冲动——文明人的权衡"——征服、商业和帝国的批判启蒙

百个民族最后所剩无几,仿佛这样西班牙人就可以从无人居住的土地上得到一些好处。

他继续指出,"经验证明,在这些遥远的气候区,人们的角色必须是贸易商而不是征服者,这不是一个在赤道之外的区域建立虚构的王国的问题。"法国人并未建立"虚构的王国",新的法国太平洋帝国将建立一个贸易站网络,其目的是维护所有相关方的共同利益。这样的帝国会将"野蛮人"从"丛林"中解放出来,并"使他们从优越的人文和社会法律中受益"。德·布罗斯总结指出,所有未来的法国帝国模式不是西班牙模式或罗马模式,甚至不是普鲁塔克所说的马其顿模式,而是迦太基模式,因为他们建立的不是附属国或殖民地,而是建立新的国家。他总结道:"对于一个主权国家而言,还有什么比这更宏大的目标呢?"[29]

在18世纪后期,罗马和迦太基之间的区别变成了人们常用的隐喻,用于区分掠夺成性的旧帝国和通达开明的新商业帝国。对于法国和西班牙一些批评帝国的人士而言,尽管英国人出现了明显的失误,但是英国人的体制最接近"迦太基政治体制"。1776年物理学家弗朗索瓦·魁奈就孟德斯鸠《论法的精神》发表的评论中提到了这一点。[30]

> 不仅殖民地,而且大城邦的行省都受到有关商业和运输法律的约束……海上贸易法不会顾忌与政治相关的法律……在这里,农产品贸易、土地财产甚至国家都被视为大城邦的附属

物,而大城邦则是由商人组成的。[31]

但是,他继续指出,这样的政治体制"不能作为君主制帝国的标杆,在君主制帝国中,政治和(个人)利益与商业利益之间是一种极度相斥的关系"。当然,英国是这一规则的例外,只因为孟德斯鸠在其一段著名的叙述中指出英国是一个"隐藏在君主制之下的共和国"。[32]

然而,没有多少人愿意接受魁奈主张中蕴含的逻辑,即要根据"迦太基"模式建立一个真正的商业帝国,法国首先必须将自己转变成共和国,而不仅仅是改变名称。它必须调整其政治上的优先次序,以便能够像德·布罗斯认为的那样,建立一个旨在使所接触的民族变得富裕而不是统治这些民族的帝国。

听上去这是放之四海而皆准的观点。但是,正如所有这些学者所设想的,商业永远不仅仅是交易。的确,从至关重要的意义上说,它根本不是贸易,因为所有人都很清楚,大卫·休谟所说的"贸易的嫉妒者"始终引领"在贸易方面取得某些成就的国家……用一种质疑的眼光看待邻人的成就",这很容易导致各国人民之间出现另一种冲突,而商业是上演另一种战争的舞台。[33] 或正如亚历山大·汉密尔顿所提出的问题:"迄今为止,商业除了改变战争的目的以外还有什么用处呢?"商业国家(甚至"像我们这样的商业共和国")的统治者不也像那些年代较为久远的武士阶层掌权的君主国统治者那样"愤怒、怨恨、嫉妒,有着贪婪的冲动"?他接着说:"贪恋财富同追求权力或荣誉不都是一种凌驾于一切之上和冒

第八章 "野蛮人的冲动——文明人的权衡"——征服、商业和帝国的批判启蒙

险的激情吗？自从商业成为各国的普遍追求以后，因贸易而发动的战争不是和以前因对领土或统治权的贪婪而发动的战争一样频繁吗？"人类的经验——"人类思想中最容易犯错的指南"——似乎给出了肯定的答案。[34]

基于商业所表现出来的良性润饰和增加财富效应将世界变成"一个城邦"的过程中还存在另一个障碍。人们普遍认为，德·布罗斯所说的"澳洲人"（这是他对南太平洋居民的统称）与"宇宙其他部分"如此隔绝，因此这些人"被剥夺了基于与其他人类成员的相似性和认知而能获得的资源"，他们必须在遥远的海岸上等待欧洲救世主的到来并让他们"焕然一新"。[35]非洲人、亚洲人以及其他的美洲人也是如此。1794年，孔多塞侯爵指出，在这些"幅员辽阔的国家"中，"众多民族"就像原先的欧洲人一样，在暴虐的统治者和腐朽的习俗统治下被奴役了数个世纪之久，现在他们正在遥远的海岸上耐心地等待着"被教化以及从我们这里找到教化的方法，并在欧洲人中找到他们的'弟兄'，成为欧洲人的朋友和门徒"。他深信，这些民族将比自己进步得更快、更可靠，"因为他们将从我们这里得到我们历经千辛万苦才发现的东西"。对于"只有在经历了一系列试错之后我们才得到的某些方法"，这些民族将其视为简单的真理而接受。孔多塞公开表明拥护帝国主义。除此之外，他还是一位废奴主义者、妇女和民族平等权利的倡导者。而且，他对欧洲人使命的理解是基于他认为欧洲人有义务向世界其他国家传播欧洲人的知识，这最终使欧洲人摆脱了"神圣的专制者和愚蠢的征服者"身份。他为未来法兰西帝国绘制的蓝图是一个法国

公共教育系统工程样式的全球化愿景，这也是世界上第一个这种类型的设想，他在1792年向国民议会提交了这一议案，他认为这不仅有助于培养法国人的"体力、智力和道德力"，而且将"实现人类整体性和逐步完善，社会政治体制都应朝着这个目标迈进"。[36] 他确信，这将确保人类在未来只服从于理性的力量，而"暴君和奴隶、牧师及其愚蠢或伪善的伎俩将只会出现在戏剧舞台上"。[37]

但是，无论是德·布罗斯还是孔多塞，抑或是商业"软"权力的倡导者以及必然会出现的文明倡导者，他们的基本假设都曾强烈质疑世界上所有人的确希望属于某一个地域广袤且多元化的区域，难道人类社会的理性与开明进步是一种谬误？如果这些民族不希望"变得优雅"或具备也许并非总是不证自明的"人类和社会法律的优点"呢？正如1784年琼斯爵士提醒伯克注意时所说的，"如果将一种自由制度强加于一个不可逆转地养成与之习惯相反的民族，那么这种制度将是一种残酷的暴政制度"。[38] 可能这些民族需要被迫变得自由、文明和开明，但这带来的可能后果从来都不是新的商业自由帝国追求的具体目标。

二

最终，这种悖论的全部力量会影响帝国的缔造者，而欧洲人希望通过征服在欧洲内部建立新帝国最终导致欧洲人希望通过海外征服并建立帝国的观念发生了改变。正如孟德斯鸠所注意到的，至少

第八章 "野蛮人的冲动——文明人的权衡"——征服、商业和帝国的批判启蒙

自"三十年战争"以来,欧洲内部所有此类尝试都注定走向失败。

拿破仑帝国的目标是成为一个自由、伟大的帝国,将尊重当地生活方式与冷酷高效的法律和行政机器结合在一起,而对这一切提供保护的是"人与公民的权利"的不确定性。拿破仑在最终被流放到圣赫勒拿岛后,对他的秘书埃曼纽尔·德·拉斯·卡斯(Emmanuel de Las Cases)说道,他的"宏伟设想"

> 是将同一地区内革命活动和政治生活已溃散的民族集聚在一起。我原本希望将其中的每个民族都纳入一个国家之中……那么,也许可以设想通过采用美国国会或希腊近邻同盟的形式建成一个伟大的欧洲大家庭。[39]

就像拿破仑提到的希腊同盟和美国的情况,无论他多么希望成为某种类型的欧洲先锋,实际上他所做的是对那些民族发动漫长而残忍的战争,这些民族在很大程度上认为自己并不需要法国大革命所宣称的,至少是拿破仑以其名义宣称的那种自由和平等。性情狐疑多变、愤世嫉俗的查尔斯·塔利兰德·佩里戈尔(Charles Talleyrand-Périgord)曾担任拿破仑的外交部部长,他提醒过拿破仑,这位外交部长阐述了一个与琼斯几乎完全相同的普遍真理:"以自由为幌子,强行打开其他民族的大门"肯定会"让人对那样的自由心生厌恶"。[40]

法国大革命成就了拿破仑,正如伯克注意到的,通过摧毁旧的贵族秩序,并利用一群因动乱而暴富的狂热分子来取代旧秩序,大

革命实际上形成了发动征服行动的全新精英群体,从而绕过了人类发展的商业化和必然走向文明化的发展阶段。结果就是声称要重新组建"欧洲大家庭"的所有拿破仑式主张实际上与查理曼大帝(他也曾有过类似的野心)一样腐朽。[41]

1813 年,当拿破仑的下台似乎已是板上钉钉的时候,瑞士政治家、政治理论家和作家本杰明·贡斯当(他也是抨击拿破仑最猛烈的评论家之一)撰写了一部巨著《征服和篡夺的精神及其与欧洲文明的关系》。拿破仑兵败莱比锡战役后不久,该书于 1814 年 1 月在汉诺威出版,从多个方面来说,这本书是对孟德斯鸠《论法的精神》部分内容的改写,并重新设计了即将来临的后拿破仑时代的世界。[42] 这本书是 19 世纪谴责征服活动最有力、支持商业活动最具说服力的著作。[43]

对于贡斯当而言,拿破仑企图在欧洲通过一部法典和一个政府创设新的公民身份所包含的现代世界的意义,这种做法是严重不合时代潮流的。贡斯当认为,战争本身并不是邪恶的,因为和他一样经历过几十年前大屠杀的许多同龄人就持这样的观点。在人类历史的某些阶段,战争已经成为人类所处环境的组成部分,因此从战争中能够涌现出"最优秀和最伟大的人物"。但是,这取决于"一个必要的条件:战争应该是局势发展和民族精神的天然产物"。[44] 19 世纪初距今已经很久远了。现在,征服和掠夺——发动任何战争都不仅仅是为了防御——已经成为实现任何政治目标过时的方法,因此这也是极其危险的方法。古代武士阶层建立了第一批欧洲帝国(整个亚洲的情况也是如此),但是当时的社会规模非常小,社会习俗

第八章 "野蛮人的冲动——文明人的权衡"——征服、商业和帝国的批判启蒙

非常简单,人们鄙视奢侈和舒适的生活,最看重的是慷慨、义气、勇敢和忠诚——对彼此以及首领的忠诚。"每个人不停地攻击他们的邻居或遭到他们邻居的攻击",甚至"那些无意成为征服者的人,仍然不能放下武器,否则自己将会被别人征服"。[45]然而,正如贡斯当所看到的那样,现代世界是一个截然不同的世界。现代社会规模庞大而复杂,除了自己的邻居人们不认识任何人。慷慨、义气、勇敢和忠诚仍然被视为美德,但是它们已成为纯粹的私人美德,如今在个人抱负中居次要位置,人们追求的是过上荣华富贵、无忧无虑的生活。在欧洲北部或东部边境集结的野蛮人成了困扰世世代代欧洲人的共同噩梦,如今这个噩梦已烟消云散。在现代社会中,"数量庞大的人类群体"现在不必担心"仍然处于野蛮状态的部落"。对他们而言,战争只是一种负担,"他们都希望实现和平"。因此,他认为,"现代国家的唯一目标"是"安定、安宁和舒适的生活"。[46]现代人唯一需要的政治产品就是和平与安全,这将使他们能够自由追求这些基本的个人目标。他不无讽刺地补充说,战争"失去了它的魅力和作用。利益或激情再也无法驱使人类"。[47]

商业通过这种方式再一次将古代与现代世界区分开来,这与之前孟德斯鸠进行的区分是一致的。但是,在贡斯当看来,商业取代战争并不是因为商业是无害的,或者并不是因为它可以"使人变得温顺"。与托马斯·霍布斯一样,贡斯当也是经历惨烈内战后的幸存者,他认为人类的本性无法改变,只能通过推理才能认知人性,并且人性会被人为操控。人们常常会被狂热思想、宗教信仰和其他形式的非理性所蒙蔽。但是,对于大多数人而言,不管其本性如

何,他们都知道(或可以证明)什么是自己的利益并为实现自己的利益采取行动。因此,贡斯当对"和气的商业"所蕴含的巨大变革能量的兴趣远低于他对商人精神潜在力量的兴趣。孟德斯鸠认为贸易与商业密不可分,而贸易和战争"只是实现同一目的的两种不同手段,这个目的就是拥有所想要的东西"。除了商业本身之外,商业出现之后所取得的全部成就在于它导致现在人类权衡利益的方式发生了根本性变化。贡斯当写道:

> 商业只是一种渴望占据财富之人对财富占有者的力量的赞美。这是一种试图通过相互订立协议而不是通过暴力获得财富的方式……那么,由此可知,战争是在商业之前出现的。前者全是野蛮人的冲动,后者则是文明人的权衡。显然,商业精神(倾向)越是占据主导地位,暴力强度就会变得越弱。

此外,商业即使不是孟德斯鸠等人所认为的真正的普世文明代言人,但"基于国家彼此之间的相互认同;商业只能靠正义来维持;它建立在平等之上;它在和平时期会不断发展"。[48]贡斯当曾认真研读过康德的著作(并就极端情况下撒谎的合法性问题进行了为人熟知的讨论),像康德一样,贡斯当也提出了贸易在全球形成普遍效应的愿景。[49]他认为,"贸易拉近了各国之间的距离,并使各国形成了几乎相同的习俗和习惯"。他乐观地补充说,君主之间"可能仍然相互视为仇敌,但是民众却像同胞兄弟"。由于这个规模庞大、多样化和多元化的现代世界也对其利益和对个人价值形成了统

第八章 "野蛮人的冲动——文明人的权衡"——征服、商业和帝国的批判启蒙

一的认知,因而根本就不会对通过任何其他方式追求实现上述目标的做法产生进一步的兴趣。贡斯当经常用黑格尔学派式的语言指出,商业已经成为"时代精神"的代名词。[50] 如果罗马和迦太基是在19世纪初而不是在公元前2—3世纪爆发战争,那么胜利一方将是迦太基,因为"迦太基身上寄托着整个世界的希望;迦太基代表了今天的习俗和时代精神"。[51]

贡斯当认为,帝国并不是源于教化、文明化或解救世界落后民族的欲望,它源于人类对权力的竞逐,源于人类最狭隘甚至也是最原始的本能,"人类试图打着爱国主义的幌子粉饰狭隘和敌对的情绪"。[52] 在拿破仑看似推进全球化的野心背后,并不是像拉斯·卡斯认为这是拿破仑的高谈阔论,而从他所说的其他话语(最重要的是对其命运产生重大影响的1789年征服埃及行动过程中所说的话)中发现他真正的驱动力:"于法国人有利,则于天下人有利"。[53]

根据贡斯当的设想,在关注利益权衡的新世界中,贸易已将世界从帝国手中接管过来,正是因为"规模庞大且复杂的商业影响已使(单个)社会的利益超出了其领土的边界"。换句话说,只有和平与全球化才能体现出现代性。今天的任何一个现代政府"想要诱使欧洲人民发动战争和展开征服活动,那都将是野蛮恶劣且灾难性的逆潮流之举。将一种违背自然规律的冲动强加给一个国家是徒劳的"。[54]

而且,由于任何帝国未来进行的扩张行动都将是逆时代潮流之举,因此其对臣民的影响将比前现代世界的任何行为更让人难以承受。因为古代帝国基本上都是极为庞大的国家,所以能容忍甚至欢

迎差异化的存在。亚历山大帝国就是这样的例子。亚历山大大帝——贡斯当将亚历山大大帝与匈奴王阿提拉（Attila）和疯狂的波斯暴君冈比西斯（Cambyses）视为同一类人——允许其臣民追求自己的生活方式，但前提是臣民不得反对他的统治，原因与孟德斯鸠想象的情形不一样，孟德斯鸠认为亚历山大的远大抱负，就像是斯多葛学派将东方和西方联合在一起的构想一样；但这在很大程度上是因为对于其自身以及亚历山大大帝而言这些人的生命如同草芥。群体而不是个人才可以发挥重要作用。但是，现代帝国必然生存在这样的一个世界中，即公众已经将其以前的大部分空间划归私人——在私人领域，最重要的是个人而不是群体。因此，它只能以造成同等严重损害后果作为掩饰来实现该目的。为了生存，就必须"将被征服的因素纳入他们关系最密切的部分，使人们处于不完整的状态中，从而将他们变得毫无差别。之前，征服者期望代表被征服国家的人跪倒在他们面前。今天，他们希望征服人心"。[55] 因此，任何现代的征服者（贡斯当认为拿破仑就属于此类）需要对他所建立的帝国赋予"一种统一的外在形式，在这种统一的外在形式之下，傲慢的权力目光所及之处不会遭到任何可能的冒犯或限制。同一部法典、同样的措施、同样的规章以及如果他们能够逐步地使用同一种语言，那么这就是理想的社会组织形式"。[56] 这种帝国对其臣民造成的损害要远超过任何古代帝国，并且这种后果是无法避免的。他总结说："文明的虚荣心比野蛮人的高傲更折磨人。"[57]

通过改变获得商品的方式完成从战争到商业的现代化过渡，这也将必然改变人们所需商品的性质。在古代，人们崇尚荣誉，厌恶

第八章 "野蛮人的冲动——文明人的权衡"——征服、商业和帝国的批判启蒙

奢侈。现在,这两者则颠倒了位置。贡斯当写道:"我们所在的世纪,人们根据万物的用途来衡量其价值,并且一旦有人试图脱离这个领域,那么这将会是对所有真实或假装的热情的讽刺,因而无法通过毫无价值的荣誉来满足自身的需求,与其他东西相比,我们已经不再愿意通过荣誉来满足这一需求。"[58] 在古代世界中,部落首领只需指明他想要征服的世界上某一片区域,他手下的士兵就会跟随他攻打到那里,目标是什么并不重要。任何形式的征服,无论表面出于何种原因,都必然会带来荣耀,荣耀是最重要的社会公共物品。在现代世界中,为了保护自己的利益而权衡并为此劳心费神,荣誉通常仅占据次要的位置。对于首领催促人们遵从他征服世界的命令,现代人唯一的回应就是"异口同声地表示:'我们不希望征服世界'"。人们可能仍然被胁迫或被要求去参与战斗,但是现代社会的征服者永远无法鼓动民意——贡斯当所说的现代世界中持续性政治力量的源泉,正如他之前曾见识到的,如果没有民意的支持,那么就没有未来,经历革命的社会不可能长期存续下来。人们不可能说服代议制政府(如果这个政府还不是"民主制"政府的话)采取违背其自身利益的行动。他写道:

> 对于一个民族所需具备的、让其他所有民族都臣服的力量而言,如今这种特权比以往任何时候都缺乏持续性。想成为这样一个帝国的国家将会使自己置于比那些最羸弱的部落更危险的境地,所有人都对这个国家感到恐惧。所有的信仰、欲望和仇恨都会成为对国家的威胁,而那些仇恨、信仰

和欲望迟早会迸发出来并吞噬掉这个国家。[60]

1813年，拿破仑显然正逐步沦为逆时代潮流而动的人物，贡斯当可以确信，拿破仑打算将欧洲变为众多附属王国的勃勃野心和充满血腥的行为确实造成了"普遍恐慌"，的确有必要避免重蹈覆辙。从某种意义上说，尽管拿破仑曾短暂地重返历史舞台，但是至少在1914年之前的欧洲，贡斯当的观点都是经得住推敲的。[61]

但是，欧洲之外的情况则截然不同。贡斯当已经注意到，如果一个政府通过"精明和伪善"之举成功地"扰乱（民族的）理性，使其判断颠倒黑白，并使其思想改弦更张"，那么整个民族可能会偏离能够真正实现自身利益的道路，并且这个被洗脑的民族将再次陷入享有"不名一文的荣誉"的错觉之中。[62] 然而，他没有预见到的是，在拿破仑最终兵败之后将会出现一个完全不同于他想象中可以理性地维护自身利益的国家，即本质上追逐功利的国家。维也纳会议之后出现的新民族主义国家的公民最终会被爱国主义的"狭隘和敌对精神"洗脑，与古代胸怀爱国主义情感的人们并无不同。他们可能并不像古代人那样愿意担起征服世界的责任，但是他们乐见别人为他们的利益去征服世界。[63]

民族主义改变了帝国的本质，夺取海外财产成了民族自豪感的来源之一，并在发生危机时成为提升民族凝聚力的潜在手段。从某种意义上说，这一事实从未改变。罗马将军"非洲的征服者西庇阿"以他为帝国立下战功为由要求罗马人放弃对他腐败的指

第八章 "野蛮人的冲动——文明人的权衡"——征服、商业和帝国的批判启蒙

控。[64]17世纪,英国和法国在大西洋你争我夺,这样做主要是为了避免被西班牙吞并。同样,在维也纳会议之后的世界中,"公共舆论"并没有漠视其统治者心中的帝国式自负,而是热情地接纳了它们,但前提是它们只能局限在自己边界以外的安全距离范围内。

1830年法国入侵阿尔及利亚的目的就是修复因拿破仑失败而受损的法国形象,以及迅速取胜使不受欢迎的查理十世政府赢得民意;然而事实证明,这一目的并没有实现。贡斯当在1830年12月去世前就对让他忧心忡忡的这种行为进行了抨击,准确地说,这是"幻想和诱惑",他担心道德败坏的政府可能会利用它来采取行动,让人民放弃纯粹属于私人的享乐活动。[65]在经历了11年漫长的战争之后,当法国人甚至未能在阿尔及利亚广袤的土地上赢得哪怕对一个地区微不足道的控制权时,托克维尔仍然支持法国占领阿尔及利亚,他在1841年10月写道,撤军将"导致在全世界的面前宣布(法国的)衰弱"。他补充说,假设法国放弃阿尔及利亚,那么情况肯定不会像现在这样,"法国似乎正在沦为二流国家,并且似乎已将欧洲事务的控制权拱手让与别国"。[66]并非只有他一个人认同这样的观点,法国有时甚至得依靠海外资产的规模和财富才能维系一个国家在欧洲的大国地位。据称,纳撒尼尔·寇松勋爵在1901年曾表示:"只要我们统治着印度,我们就是世界上最强大的国家。如果我们失去了它,那么我们将立刻沦为三流国家。"[67]

事实证明,新帝国主义与大革命之前的学者所主张的那种

"自由帝国"截然不同。新帝国主义不包含伯克所谓的帝国"神圣信任"的任何因素,只是在约瑟夫·康拉德(Joseph Conrad)对新帝国主义的著名描述中曾被提到,"从那些肤色与自己不同或鼻子比自己略扁平一些的人手上掠走了(土地)"。[68] 在18世纪,帝国或者是至少从孟德斯鸠到伯克的众多学者设想的开明"自由帝国"实际上已经成为一种特殊政体的称谓。就像波科克所说,在18世纪,许多人认为"帝国"和"公民社会"这两个词"几乎完全可以替换"。[69] 然而,到了19世纪末,"帝国"这个词已被用来描述非常不同的事物,它更像一个只有最先进的工业国家才能加入的俱乐部。根据新的民族主义得出的推论,国家占领土地越多则国家越强大。正是这一点让西奥多·罗斯福深陷其中,以至于他认为美国应该在加勒比海和太平洋地区建立一个海外帝国,尽管大多数"美利坚人民"(逐渐变成一个令人捉摸不透的群体)普遍对帝国持敌视态度。基于这一原因,明治时期的日本从1850年代至1910年代力图将自身改造成一个欧洲帝国,并拥立了一个半神半人的天皇(以前没有这样的天皇)。也正是这一点促使奥斯曼帝国(如今已瓦解)的苏丹重获"皇帝"尊号,以期被接纳为欧洲协同体(Concert of Europe)的成员。[70]

当然,这显然是帝国世界即将分崩离析的时刻,熊彼特认为他在1918年亲历了这一时刻。然而,与他之前的学者不同,熊彼特的假设似乎大体上是站得住脚的。他无法预见纳粹德国和奉行斯大林主义的俄罗斯在欧洲重建帝国的最后一次尝试(至少是最近的一次尝试)。但是,相对来说这些尝试历时短暂,至少熊

第八章 "野蛮人的冲动——文明人的权衡"——征服、商业和帝国的批判启蒙

彼特已经阐述了这背后的部分原因,而为其中一个国家(苏联)孕育这种尝试的环境使其不同于以往任何欧洲大陆的帝国。

到1945年时,长久以来欧洲内部所设想的那种帝国世界已经行将就木。大约20年后,它已如轻烟般散去。因为即使我们接受这样的观点,即现代美国在某种意义上算作一个帝国,或者欧洲联盟在某种意义上算作一个帝国,但是有一点仍然未曾改变:国际贸易的利益指引着冷战后"帝国主义"的发展方向,并且国际贸易符合冷战后"帝国主义"的利益。现代"商业社会"可能不像从孟德斯鸠到熊彼特这些"和气的商业"倡导者所希望的那样具有公正性、协调性或普世性,但是至少开展贸易的国家自身无疑变得更为和平安定。

注释

1. *Imperialism and Social Classes* [*Zur Soziologie der Imperialismen*], 6, 8, 99.

2. Ibid., 64-6.

3. Ibid., 75.

4. "Réflexions sur la monarchie universelle en Europe", in *Œuvres complètes*, Roger Caillois ed. (Paris: Bibliothèque de la Pléiade, 1951), II, 19.

5. *De l'esprit des lois X*, 9 and 14.

6. "Smith's Thoughts on the State of the Contest with America, February 1778", *The Correspondence of Adam Smith*, 382-3. On Montesquieu and Spain, see p. 153.

7. *L'Ami L'amides hommes, ou traité de la population*, III, 233-4.

8. On the contributions of Diderot, and others to the *History*, see Anoush Fraser Terjanian, *Commerce and Its Discontents in Eighteenth‑Century French Political Thought* (Cambridge: Cambridge University Press, 2013), 16‑22.

9. *Histoire des Deux Indes in Œuvres*, III, 689.

10. 转引自 Terjanian, *Commerce and Its Discontents in Eighteenth‑Century French Political Thought*, 26。

11. *L'Ami des hommes, ou traité de la population*, III, 5.

12. *De l'esprit des lois*, XXI, 5.

13. 虽然人们通常认为孟德斯鸠创设了"和气的商业"一词,但实际上它是由蒙田(Montaigne)创设的,后来阿尔伯特·赫希曼(Albert Hirschman)在其经典著作《激情与利益:资本主义胜利之前的政治论点》(*Passions and Interests: Political Arguments for Capitalism befors Its Triumph*,普林斯顿:普林斯顿大学出版社1977年版,第61页)中提到了这个观点。蒙田并不认为商业是"美好的事物",但是商业可以形成习俗或习惯。关于这一点,参见 Terjanian, *Commerce and Its Discontents in Eighteenth‑Century French Political Thought*, 12‑14。

14. *The Second Treatise of Government*, 311‑12 (V, 36‑7) and 319 (V, 47).

15. 罗马建筑师维特鲁威(Vitruvius)在其著作《建筑师》(*De architectura*)第六卷序言中提到了阿里斯蒂普斯的故事。

16. *De l'esprit des lois*, XVIII, 15.

17. "Treatise Concerning the Way of Preserving Peace", in *John Locke as Translator Three of the Essais of Pierre Nicole in French and English*, Jean S. Yolton ed. (Oxford: Voltaire Foundation, 2000), 117.

18. *De l'esprit des lois*, XX, 2.

第八章 "野蛮人的冲动——文明人的权衡"——征服、商业和帝国的批判启蒙

19. "Réflexions sur la monarchie universelle en Europe", 34.

20. "A Grammar of the Persian Language", in *The Collected Works of Sir William Jones* [1807], facsimile edition, 13 vols. (New York: New York University Press, 1993), V, 165.

21. "Towards Perpetual Peace: A Philosophical Project", *Practical Philosophy*, 336-7 (AK 8: 368).

22. 例如参见 John E. Mueller, *Capitalism, Democracy, and Ralph's Pretty Good Grocery* (Princeton: Princeton University Press, 1999); G. Schneider and N. P. Gleditsch, "The Capitalist Peace: The Origins and Prospects of a Liberal Idea", *International Interactions* 36 (2010), 107-14; Bruce Russett and John R. Oneal, *Triangulating Peace: Democracy, Interdependence and International Organizations* (New York: Norton, 2001); and more generally Steven Pinker, *The Better Angels of Our Nature: Why Violence Has Declined* (New York: Viking, 2011)。

23. *An Inquiry into the Nature and Causes of the Wealth of Nations*, 626 (IV. vii).

24. *On the Fortune of Alexander*, 329.

25. *De l'esprit des lois*, IV, 8. Pierre Briant, *Alexandre des lumières. Fragments d'histoire européenne* (Paris: Gallimard, 2012), 350.

26. *On the Fortune of Alexander*, 329. See p. 6.

27. *De l'esprit des lois*, X, 14.

28. "Of the Jealousy of Trade", *Essays, Moral, Political, and Literary*, 328.

29. *Histoire des navigations aux Terres australes* (Paris, 1756), I, 17-19.

30. 英国作为海上帝国,从本质上说,它是一个商业帝国,参见 Armitage, *Foundations of Modern International Thought*, 46-56。

31. "Remarques sur l'opinion de l'auteur de l'Espirt des lois concernant les

colonies", in *François Quesnay et la physiocratie*, II, 785.

32. *De l'esprit de lois*, V, 19

33. "Of the Jealousy of Trade", 328, and see Istvan Hont, *Jealousy of Trade: International Competition and the Nation-State in Historical Perspective* (Cambridge, MA: Harvard University Press, 2005), 1-156.

34. *The Federalist Papers*, Issac Kramnick ed. (New York and London: Penguin Books, 1987), Number VI, 106.

35. *Histoire des navigations aux Terres australes I*, 79.

36. "Rapport et projet de décret sur l'organisation générale de l'instruction publi-que", in *Œuvres complètes de Condorcet* (Paris, 1847-9), VII, 450.

37. *Esquisse d'un tableau historique des progrès de l'esprit humain* [1794], Alain Pons ed. (Paris: Flammarion, 1988), 269

38. "The Best Practicable System of Judicature for India", *The Collected Works of Sir William Jones*, I, cxxxiii.

39. 转引自 Bianca Fontana, "The Napoleonic Empire and the Europe of Nations", in *The Idea of Europe from Antiquity to the European Union*, Anthony Pagden ed. (Cambridge: Cambridge University Press, 2002), 123。

40. 转引自 David Lawday, *Napoleon's Master: A Life of Prince Talleyrand* (London: Jonathan Cape, 2006), 3。

41. 参见 J. G. A. Pocock, "The Political Economy of Burke's Analysis of the French Revolution", in *Virtue, Commerce and History* (Cambridge: Cambridge Univer-sity Press, 1985), 193-212。

42. 关于贡斯当对孟德斯鸠表达钦佩和敬意的内容,参见 Biancamaria Fontana, *Benjamin Constant and the Post-Revolutionary Mind* (New Haven and London: Yale University Press, 1991), 26-7。

第八章 "野蛮人的冲动——文明人的权衡"——征服、商业和帝国的批判启蒙

43. 贡斯当关于帝国有些自相矛盾的观点，参见 Jennifer Pitts, *A Turn to Empire：The Rise of Imperial Liberalism in Britain and France*（Princeton：Princeton University Press, 2005）, 173-85, and "Constant's Thoughts on Slavery and Empire", in Helena Rosenblatt ed. , *The Cambridge Companion to Constant*（Cambridge：Cambridge University Press, 2009）, 115-45。

44. "The Spirit of Conquest and Usurpation and Their Relation to European Civil-ization", *Constant：Political Writings*, 51.

45. "The Liberty of the Ancients Compared with that of the Moderns", *Constant：Political Writings*, 312.

46. *The Spirit of Conquest and Usurpation and Their Relation to European Civilization*, 53-4.

47. Ibid. , 55.

48. 贡斯当关于商业晦涩模糊且经常变化的观点，参见 Stephen Holmes, *Benjamin Constant and the Making of Modern Liberalism*（New Haven and London：Yale University Press, 1984）, 212-1。正如海伦娜·罗森布拉特（Helena Rosenblatt）和其他人所指出的，在贡斯当生命的后期，由于他更关注宗教在发挥文明教化方面的潜在作用，他不再笃信功利主义发挥的作用。参见 Helena Rosenblatt, "Commerce et religion dans le libéralisme de Benjamin Constant", *Commentaire* 26（3003）, 415-26。

49. "Des réactions politiques" in L. Omacini and J. -D. Candaux eds. , *Écrits de jeunesse*（1774-1799）（Tübingen：Max Niemeyer Verlag, 1998）, 493, and see Robert J. Benton, "Political Expediency and Lying, Kant vs. Benjamin Constant", *Journal of the History of Ideas* 43（1982）, 135-44.

50. *The Spirit of Conquest and Usurpation and Their Relation to European Civilization*, 65.

51. Ibid. 53-4.

52. Ibid. , 131-2.

53. 转引自 Clement de la Jonquière, *L'Expedition d'Égypte* (Paris, 1899-1907), I, 462。

54. *The Spirit of Conquest and Usurpation and their Relation to European Civilization*, 55.

55. Ibid. , 77.

56. Ibid. , 73.

57. Ibid. , 72.

58. Ibid. , 55.

59. Ibid. , 64.

60. Ibid. , 79. On the central role of public opinion inConstant's thought, see Fontana, *Benjamin Constant and the Post-Revolutionary Mind*, 81-97.

61. Joseph Schumpeter, *Imperialism and Social Classes*, Heinz Norden trans. (New York: Meridian Books, 1955), 7, 8.

62. *The Spirit of Conquest and Usurpation and Their Relation to European Civilization*, 63-4, and see Pitts, *A Turn to Empire*, 178.

63. 关于相互冲突的观点, 参见贡斯当的文章 "On the Spirit of Conquest and Usurpation", 也见 Stephen Holmes, "The Liberal Uses of Bourbon Legitimism", *Journal of the History of Ideas* 43 (1982), 229-48。

64. 这是公元 1 世纪罗马杂文作家奥卢斯·格利乌斯 (Aulus Gellius) 讲述的故事, 参见 *Noctes Atticae*, iv, 8。

65. 参见 Pitts, *A Turn to Empire*, 184。

66. "Travail sur l'Algérie", Tocqueville sur l'Algérie, 96-7.

67. 转引自 Peter Clarke, *The Last Thousand Days of the British Empire: The*

第八章 "野蛮人的冲动——文明人的权衡"——征服、商业和帝国的批判启蒙

Demise of a Superpower, *1944–47* (London and New York: Penguin Books, 2008)。

68. 转引自 Bromwich, *On Empire, Liberty and Reform*, 15–16。

69. J. G. A. Pocock, *Barbarism and Religion* (Cambridge: Cambridge University Press, 1999), IV, 220.

70. Dariusz Kolodziejczyk, "Khan, Caliph, Tsar and Imperator: The Multiple Iden-tities of the Ottoman Sultan", in Peter Fibiger Bang with Dariusz Kolodziejczyk eds., *Universal Empire: A Comparative Approach to Imperial Culture and Representation in Eurasian History* (Cambridge: Cambridge University Press, 2012), 189.

第九章
人权、自然权利和欧洲的帝国遗产

> 你们掌握了足够多的人权理论,再关注一下人性和性格并不是坏事。你们需要关注活生生的人,观察普通人的生活和行为。
>
> ——埃德蒙·伯克致查尔斯-让·弗朗索瓦·杜邦的信[1]

一

1947年,《世界人权宣言》起草委员会收到了来自沙特阿拉伯代表团的抗议,沙特阿拉伯代表团指出,委员会"在很大程度上只考虑了西方文明认可的标准",沙特阿拉伯代表团没有职责"认定一种文明优于所有其他文明,为世界上所有国家确立统一的标准"[2] [有人可能想了解他们是如何解释"世界"(universal)一词的]。不出所料,沙特阿拉伯代表团主要反对《世界人权宣言》第16条关于保障妇女选择婚姻伴侣自由以及第18条关于保障宗教信仰自由的内容;但是他们的反对意见却反映出更广大范围伊斯兰世界对"人"权概念的不安情绪。

第九章　人权、自然权利和欧洲的帝国遗产

因为拒绝接受这种过度欧洲中心主义化的"人"和"权利"的概念，1990年伊斯兰世界发表了《开罗伊斯兰人权宣言》。这一倡议得到了部分亚洲国家领导人尤其是新加坡领导人李光耀的支持，他呼吁人们接纳"亚洲价值观"，这种价值观认为社会利益优先于个人利益，因此无需任何种类的权利。[3] 西方学术界也有学者谴责"人权"概念过分依赖一种狭隘的传统权利观点，这些有关权利的传统观点大部分源自法国、英国和美国。[4] 直至最近一段时间，在尊崇教皇的一些地区，天主教会（即便不是个别的天主教徒）也强烈反对个人主义凌驾于基督教社会价值观的观点。[5]

所有这些批评意见有一个共同点，它们旗帜鲜明，反对将权利尤其是人权视为某种代表普世性和永恒性价值的文化产物。阿根廷哲学家和法学家爱德华多·拉博斯（Eduardo Rabossi）指出，后大屠杀时代的世界形成了拉博斯所说的"人权文化"，它必然是法律文化（尤其是西方和罗马法律文化）的产物；美国哲学家理查德·罗蒂（Richard Rorty）也认同拉博斯的观点。[6] 他们认为，如果脱离了这种文化以及超越了西方世界的法律传统，那么就根本不存在放之四海而皆可适用的"人权"概念。这一切正如在《开罗宣言》中所体现的那样，最终还是采用了法律文本中早已出现的人权概念。[7] 正如人们所预想的，《开罗宣言》中所使用的"权利"概念也是通过明确的宗教形式将其解释为伊斯兰教中所有的权利。权利被描述为真主的恩赐，而不是人与生俱来的。[8] 这一点是显而易见的。但是，鉴于提出评论意见的这些评论家认为这是反对人们享有对任何普世或不证自明的人类自然权利。对于

407

权利尤其是人权的支持者而言,他们往往倾向于忽略"人权"概念的特定起源。但是,如果没有西方世界提出人类应享有作为人类(而不仅仅是特定群体的成员)的权利,那么就很难理解为什么人权现在应该成为当代国际关系中最重要的道德考量因素之一。

"人权"(human right)是一个新近才出现的术语。尽管1789年就已经出现"人的权利"(Rights of Man)的表述,但是似乎在1940年代之前并没有出现"人权"的字眼(然而,正如我们将看到的,"人的权利"与"人权"不仅存在差别,而且在某些方面是直接对立的)。美国历史学家塞缪尔·莫伊(Samuel Moyn)指出,对人权的关注以及人权在国际关系中的核心作用实际上可以追溯到1970年代。美国总统吉米·卡特(Jimmy Carter)希望在相对较短的时间内为美国外交政策注入一定的道德因素,在此之前人们普遍认为"人权"将会走入歧途,因为人权关注那些天马行空且不可能实现的目标。莫伊认为,对于大多数后来以人权作为目标的斗争,尤其是第二次世界大战后殖民地人民为争取独立而进行的斗争,如果说他们的斗争与人权有关,那么联系也非常牵强。他们是为"自决"而斗争,解放者代表其人民主张的唯一权利是在自己新建的民族国家中行使主权权利。尽管几经考量,1948年《世界人权宣言》最终仍纳入"所有民族享有自决权"的表述,但是这一权利实际上不是一项"人"权,而是一项国家权利。

即便我们认可莫伊的解释,它所能告诉我们的全部就是何

第九章 人权、自然权利和欧洲的帝国遗产

时、何处以及基于何种偶然性原因"人权"理念演变成政治权利国际讨论中的重要组成部分。[9] 鉴于人权显然不是无中生有,它并没有告诉我们关于这些权利的含义或起源的太多内容。[10] 一般来说,"人权"被认为只是对早期(尤其是托马斯主义者的)"自然权利"思想的延伸。对于这种解释,有人指出,"自然"一词包含了新托马斯主义者关于天赋权利假设的大量内容,这些观点早已经被人们抛弃;"人权"现在有了立足之地并取代了"自然权利"。然而,这种观点认为一部分人权仅基于自己属于人类就可以对其他人类种群他们是人类的一员。

不论人权是什么,它们都是不证自明、自洽的,人权取决于对"人类"和"权利"的理解,这两者构成了阿奎那所谓的"本体论自然法"的核心。[11] 如果人类因为剥夺其他生命的权利而获益,那么这就符合1942年法国托马斯主义哲学家雅克·马里坦(Jacques Maritain)坚持的观点,这可能是第二次世界大战期间天主教会人权倡导者所秉持的影响力最大的观点,"因为这些生物是人类,所以有些东西才属于他们",因为我们都"存在于宇宙法则和规律支配的普世秩序之中,并且属于世间万物组成的大家庭"。[12] 当然,没有任何一种观点否认这样一个事实,即人权是某种西方权利概念的必然产物。

国际法学家赫希·劳特派特(Hersch Lauterpacht)也赞同这种观点,他在1942年指出,自古以来就存在一种具有很强说服力的观点,即认为必然存在一种法律,这种法律不仅高于国家法,而且各国统治者也是根据这种法律获得他(她或它)的权力。因为

正如关于现代国家的假设，统治权有一种不太受待见的起源，即认为统治权源自民众的同意（而不是源自神灵的意志），那么由此就必然形成劳特派特所谓的"人的自然权利"的表述。他写道，"社会契约隐含着这样的意思，即个体在有组织的社会出现之前就拥有这种已经存在的权利。"[13] 否则，最初就不可能存在契约（也不存在霍布斯所谓的"信约"），从霍布斯的观点展开来，实际上个体在进入社会之时并没有放弃、确实也不能放弃这些权利。正如我们所看到的，这一点与维托利亚提出的"自然伙伴关系和交流权"主张完全一致。[14] 而个体几乎无法在他们所属的国家之外行使权利，这一事实也不能作为否认权利存在的理由。劳特派特指出，"人作为国际法的主体，这种身份往往因为未能区分国际文件中关于确认对个人有益的权利和这些权利在个体层面的可执行性而变得模糊。"[15]

此外，区分国家权利和个人的超国家权利无法抹杀这样一个事实，即一旦我们摒弃了权利是源自神灵或（像基督徒所认为的那样）源自神主导的自然秩序的观点，那么不论集体或个体权利，其唯一的源起就是人本身。所有这些权利最终会成为主观权利。因此，非常清晰的一点就是人权属于个体，人权是一种超越国家权力的存在。英国法学家 H. A. L. 哈特（H. A. L. Hart）在关于自然权利的一篇著名文章中指出：

> 可能存在一种被称为"道德准则"的行为准则……它并没有使用权利这个概念；而且在作为具体要求的一种准则或

道德中，或者说在一种仅仅要求为了获得幸福或者实现某种个体完善的理想而应如何作为的准则之中并没有什么自相矛盾或荒诞之处。

哈特认为，柏拉图、亚里士多德或所有其他希腊学者都没有使用一个代表"权利"的词汇将其与"正义"进行区分，并且大多数希腊法律和法学理论都是关于实现"最高的善"的规范性准则。1955年，哈特在写这篇文章时称这种准则为"不完善的准则"，这是十分恰当的称谓。[16] 历经数十年关于文化和道德多元化的讨论之后，很多当代评论家甚至避免提及这个问题。然而，为了在确定"权利"的整个过程中避免带有明显的特定文化属性，这种尝试往往会说服人们认同这样一种观念，即创设一种特定的文化——尤其是在漫长的军事侵略历史中形成的一种强势文化，所有其他文化并不会认同这种文化。如果从严格意义上来说，某些因素将会导致我们无法制定一套由不同民族达成共识的行为规范。不可否认的是，在当前的情况下，所谓的"国际社会"根据自由主义共识所形成的价值观从本质上来说就是一种基督教伦理认可的世俗化版本，至少在其适用于权利的概念时是这种情况。[17] 但是，这并不会必然导致其针对人类大多数成员长远利益提出的主张归于无效。某些康德式的演绎可能具有合理性，它们认为即便任何可能存在的社群中所有个体现在没有或不认可"人权"的概念，人们仍能够理解这个词的含义。人权的历史也许可以提醒我们，如果我们希望提出一种放之四海而皆可适用的理念，那么我们必须首先表示我们愿意获得和捍卫至少一种高度个性化的生活方式的价值观。不愿意接受这一点将会严重削弱一种观点（即认为现代自由传统所主张的价值观并非毫无意义）全部论据的说服力（实际上这种观点驳斥了那些谴责"人的权利"是代表了特定阶级——"自私的"资产阶级利益观点的人）。[18]

权利的历史，特别是将成为"人权"的权利的历史，必然会让那些对文化敏感的"卫道士"倍感尴尬，因为这些权利并不仅仅是罗马法传统的产物；它们是在帝国主义和法律实践的背景下按照今天我们所理解的方式形成的，并且至少到19世纪晚期，它与帝国主义扩张及其影响关系密切。[19] 某些关于"权利"和欧洲帝国扩张之间不断发展的合理解释，可能提供了一个更佳的视角，据此可以评估为什么我们继续相信"我们"的价值必然与整个人类社会的价值是一致的，以及我们这样做是否具备正当性。

二

当然，英语中的"right"一词源自日耳曼语系，但是它等同于拉丁语中的"ius"，在罗马法中，这个词本质上是指根据每个人的权利将物品分配给每一个人，即给予每个人应得之份（suum ciuque tribuere）。[20] 权利也是客观的。这也就是说，权利被认为是可以被发现的。对此持不同意见的人笃信自己的主张具有正当性，其中一项主张被随后经历的磨难或其他某些超自然的审判证实了

第九章　人权、自然权利和欧洲的帝国遗产

其正当性。裁断就是一种"ius"。这就是为什么托马斯·霍布斯提出了反对意见；事实上，这个术语在中世纪乃至今天仍在被"滥用"，将其作为法律（lex）的代名词。[21] 罗马法中并不存在任何我们所理解的"权利"的概念，它与已颁布的法律没有任何联系。"ius"一词包括权利和义务，因为它确定了一种具备约束力的内容。罗马法最初也没有假定存在一种普遍的、天然存在的（权利）类别。个人可以根据法律来主张"权利"（iura，ius 的复数形式）。但是，没有任何人因为人的身份而享有这些权利。《民法大全》（*Corpus Iuris Civilis*）的规定仅仅是市民法的规定，因此其中不存在关于自然或普遍秩序的任何主张。

"ius"的定义后来变得十分复杂。13 世纪中期，方济各会士就其占有财产的权利、所有权（dominium）是否等同于"ius"的问题展开了讨论，并且区分了主观权利和客观权利，后来这种区分变得具有非常重要的意义。[22] 后者是指仅存在于客体中的权利；也就是说，它们构成了人类实体法的一部分。自然权利和人权都属于主观权利，它与作为主体的人和人类社会的成员具有关联性。对于权利的认知，法国法学家米歇尔·维利（Michel Villey）的总结非常著名且内涵丰富，他将权利解释为"主体的一种特质，是他/她的一种天赋能力，更确切地说是一种许可（特许）、自由、行为的可能性（une possibilité d'agir）"。[23] 奥卡姆的威廉（William of Ockham）主张，至少自 12 世纪以来，这种权利被明确地确定为一种所有权（dominium），因此它们赋予其所有者一种权力（potestas，支配权），即维利（Villey）所说的"行为的可能性"。[24]

显然，根据上述任何一种定义，如果他/她不享有自然权利，那么这就存在重大瑕疵，这个人甚至都不能算作有感情的生物。许多早期的现代法学家认可这种观点，按照亚里士多德的说法，即便是身体"尚未发育成熟的"儿童都能独立于监护人之外普遍地享有权利。因此，无法治愈的疯子也可能是这种情况，用维托利亚的话来讲，"一个疯子也可能成为某一不公行为（iuria）的受害方；因此，疯子享有法律权利"。只有那种不会思考、真正意义上不属于人类的生物才被排除在外。[25]

当然，今天对人权的定义已经远远超出了罗马法学家及其继承者为自然权利划定的范围。从某种程度上来说，这与人们以人性的名义合法地对其所属的国家提出诉求的观念发生改变存在关联。但是，从自然权利到人权的转变反映了当下对"自然"概念的不安情绪，尤其是自康德自然法传统消亡后并伴随着认为存在一种指导性自然原则的主张而出现的不安情绪。人脱离自然状态之后，我们不但可以主张一个人不仅仅享有财产权（1789年法国大革命之后颁布的《人权宣言》中首次提到了这种权利），而且还可以主张1948年《世界人权宣言》第25条所规定的"有权享受为维持他本人和家属的健康和福利所需的生活水准"或"在遭到失业、疾病、残废、丧偶、衰老或在其他不能控制的情况下丧失谋生能力时，有权享受保障"，这两项权利都可以被合理地包含在维利所提出的"行为的可能性"之中；但是，对于早期的法学家而言，这意味着没有受过教育，或忍受饥饿之人，或未占有动产的人从某种程度上已经完全不能再算作一个"人"。[26]

第九章 人权、自然权利和欧洲的帝国遗产

此外,现代人权概念与通常以未被充分代表群体名义所提出的一系列纯粹属于政治层面的主张密切相关。现代人权概念是《人权宣言》和1948年《世界人权宣言》构想的基础,而之后所有的人权公约和条约亦是如此。然而,虽然人们在政治辩论中经常会清晰地提及自然权利的概念,然而一旦他们对自然的要求在某种程度上得以实现,他们对纯粹的"行为的可能性"的诉求就很少被视为对个人可能期望过上某一种生活的主张。尽管如此,对于所有这些实际存在的法律主张,需要将其归结于它的历史传统,而这种传统与欧洲帝国体系的历史密不可分。[27]

当然,人类在所有生活领域中均享有自然权利。但是,自然权利显然仅在理解自然法则方面才会凸显其意义。总体而言,关于自然权利是什么以及其意义的讨论在自然权利与战争的关系方面表现得最明显;关于人权现代性最浓厚的表述也确实反映了这一点,正如罗马法学家所说,战争显然是一个人所可能遭受的最极端的不公正待遇。诚然,这也是对不同国家边界最明显的侵犯,因此也是对不同民法典之间界限的侵犯。正义战争只能是防御性的战争,这实际上是在通过战争捍卫自身的自然权利。虽然人们对其中一些权利几乎没有争议,但显而易见,相关权利通常仅限于生存和生存的必需条件:生命权、自由、迁徙自由等。但是,其他人(在前文中已提到了这些人)认为,针对个人和社会发动的战争可能不是针对潜在敌对者的行为,而仅仅针对他们的习俗。这些人的行为是对苏亚雷斯所称的独立于任何特定主权机构的"人类共和国"(respublica humana)的犯罪和威胁,它可以通过行使自身的"自然权力和管辖权"来自卫。[28]

但是，由于对自然法则没有明显的限制，因此任何偏离文明人赖以生存的、更为核心规则的行为就可以解释为非自然的行为，而不仅是不同的行为。简言之，这些观点可以归纳如下，即如果群体的文化没有发挥我们认为应发挥的作用，那么这个群体就可能被那些文化发挥了这种作用的群体进行统治。因此，这就意味只能根据文明的概念来恰当地定义自然权利。据此，主流和存在分歧的自然法概念（托马斯主义者认为，根据阿奎那的表述，理性人介入神法的制定，这是以"与生俱来的思想"为基础）与霍布斯和格老秀斯相关的所谓现代理论似乎趋于融合，并认为自然"权利"可以被简化为一种不可剥夺的自我防卫权。[29]因为尽管后者坚持认为如果一个民族生活在能够提供最低限度必要保护的社会之中，那么这个民族就被视为遵守了自然法，实际上很少有社会在未同时建立一种政治秩序的前提下提供这种保护，对于托马斯主义者而言，这种秩序包含着自然法的内容。这就是为什么格老秀斯主张实际上世界所有民族都必须遵守他所说的"世界上最文明民族"的习俗。[30]当然，什么是"最文明民族"取决于谁来定义。但是，至少对于格老秀斯来说，从该术语更严格的意义上而言，显然依靠狩猎采集维持生活的民族或半游牧民族——那些没有生活在大多数欧洲人所居住区域的人们，无论其宗教信仰如何，或是否已经接受一种文明或政治生活方式——至少必须将其排除在外。尽管托马斯主义者和现代自然法理论家都试图将自然法的基本要素，也就是将自然权利从纯粹的地域政治

第九章 人权、自然权利和欧洲的帝国遗产

和社会组织架构（即政治）中分离出来，但是政治因素总是会悄悄地重新掺杂进来。只有主张存在一个无所不能的神，并主张他所创造的生灵享有某些跨文化和永恒不变的权利，才能确保这些权利不会因这些生灵的历史演变而改变。托马斯主义者和现代自然法理论家都没有接受这种极端的唯意志论立场。正如我们将要看到的，现代人权理论家正面临同样的困境。[31]

三

从 16 世纪到 18 世纪经过逐渐演变而形成的世界形象（orbis terrarum）大致上是一个由不同社会组成的世界文明，然而所有这些文明都遵循某些自然规则并具备共同的特性，追求遵从某些自然法则，这些是自然权利的应有之意。然而，康德自然法学说的传统以及自然权利的观念就此走向终结。到了 19 世纪第一个十年，正如边沁就驳斥自然权利提出的著名论断所说，自然权利实际上被视为"踩着高跷胡言乱语"（nonsense upon stilts）（尽管这一点非常重要，边沁这句话抨击的是 1789 年《人权宣言》，而不是早期现代的自然法传统）。康德对大同世界的看法也被淹没在新民族主义的浪潮之中，而正如康德所希望的那样，这一浪潮是由帝国主义野心推动的，这种野心最终会因人类越来越向往大同世界秩序而归于平息。似乎抽象的自然权利是该寿终正寝了，并且正如伯克对年轻的法国记者提出的要求，不要将人类视为自然的动因，而要仔细研究"活生生的人"以及他们在日常人类共同生活中发挥的作用。[32] 康德和伯克的主张所处的时代背景当然是法国大革命，人们一般将法国大革命视为现代人权概念——"人的权利"——的起源。

自然权利的概念表示它与市民法或人定法之间存在消极联系，因为不得颁布任何明显与自然法相抵触的法律，而且任何人出于良心都不会遵守这种与自然法相抵触的法律。但是，没有任何自然权利与任何政治行为或特定政治秩序之间建立任何联系；当然，尽管某些政治活动（最明显的就是战争）可能是因为侵犯自然权利而引发的。[33] 1789年《人权宣言》标志着这种思维方式出现了偏离。诺贝尔托·博比奥（Norberto Bobbio）指出，《人权宣言》的前三条重申了卢梭社会契约论中的内容：第一条是关于人处于自然状态下的状况；第二条是关于公民和政治社会的目标；第三条是关于"国家权力合法性的原则"。[34] 但是，与卢梭的契约社会版本不同，《人权宣言》并不是在陈述历史，因为上述任何一种情形提及的权利都被认为是可以共存的。因此，"人的权利"仍然是一种自然权利，因为它们"对于人而言是与生俱来、不可剥夺且神圣的权利"，并且人类被认为"生来是而且始终是自由平等的"；而且，即使在出现社会之后，也必须继续维持这种状态。[35] 正如马克思所注意到的，这些主张很大程度上从一开始就否认了人的身份必然且不可避免地是一种政治身份。然而，它们不仅代表全人类，而且还是以一个主权国家"国民议会"的名义提出来的。此外，基本权利被认为是神圣不可侵犯的，尽管它们与霍布斯学派、格老秀斯学派关于自然法的观点关系密切，但是具体来说基本权利就是公民政治权利。[36] 它们源于权利人作为公民的地位，并且在不仅仅是一种市民社会而且也是作为一个国家社会的背景下，公民享有所有这些权利。劳特派特指出，这"标志着现代国家宪法中承认人与生俱来权利的根本性创新"。它们（尽管劳特派特并不是通过这样的视角来审视这些权利）不仅颠覆了托马斯主义者的观点，而且颠覆了格老秀斯学派关于自然法的观点，因为自然法必定不会因人们所在国家不同而发生改变。[37] 财产权仍然是大革命后所有后续立法的核心，并且仍然是所有现代人权思想的核心，这有效地消弭了自然社会和公民社会在整个现代早期的差异，因为它必然是在订立社会契约之际，世界上几个民族对亚当继承权的分配。托克维尔指出，法国大革命将"人类"视为独立于所有民族组成的社会、法律和规范的世界，对他而言，这场革命似乎"更多地受到人类追求复兴的欲望而不是改造法国的欲望驱动"。但是，《人权宣言》仍然在托克维尔视为具有"宗教"特征的抽象推理与整个19世纪包含具体内容、民族性和政治野心的权利讨论之间架起了一座极为牢固的桥梁。[38]

法兰西共和国成立之后，在有关"人的权利"的各种宣言草案中，更加忽视了早期的自然概念与公民和政治的现代理解。例如，1793年，孔多塞起草了一份宣言，他将该宣言命名为《人的公民和政治自然权利宣言》。[39] 一年之后，激进派领导人让-弗朗索瓦·瓦莱特（Jean-François Varlet）起草了《人在社会状态下的权利宣言》（Déclarationdes droits de l'homme en l'étatsociale），尽管该宣言将这种权利限指特定社会条件下的人类权利，但仍将其定义为"源于自然的、永恒的"以及"与世界一样古老……神圣、不可剥夺、不可动摇"的权利。[40]后来，该表述发生了进一步的变化，尽管"人的权利"仍被普遍描述为源于人类的本性，但是却被限定在个人作为公民所享有的那些权利。[41]与此类权利的自然渊源相对应的表述——"民族的权利""社会人的权利"——也变得极为常见，并且在利古里亚姊妹共和国、巴达维亚（荷兰）、罗马和那不勒斯共和国起草的宣言中都曾出现上述提法。[42]到1848年，尽管《（法兰西）第二共和国宪法》提到"权利和义务优先并高于实在法"，但并未将其描述成天然享有的权利。这部宪法甚至没有称其为"人的权利"，而只是称其为"公民的权利"。[43]

由于人们从思想层面不再相信自然法则和普遍法则，关于自然权利的观点似乎已经全部彻底消失。人的权利不再是针对社会或不同社会所享有的权利。它们是只能在社会之中才可以享有的权利，而且只能在特殊的社会形态中才能享有，即共和制、民主和代议制社会。

"人的权利"（1789年《人权宣言》中的"自然权利"）在某种程度上提供了摆脱殖民统治并获得自由的可能性，法国殖民者以及后来的圣多米尼克黑人都进行了这样的解释。但是，到了1848年，这些权利已转变成一系列特定的政治权利，只有特定国家的公民才享有这些权利。因此，在没有出现真正的超国家或国际组织的情况下，它们在国际或跨文化关系中变得越来越无益。对于密尔和托克维尔这一代自由主义者来说，人们只能在一个被

第九章　人权、自然权利和欧洲的帝国遗产

称为"文明"的范畴内对这些权利展开讨论,"文明"大致上就是指欧洲民族的价值体系。[44] 自然状态与社会状态之间的差异、个人作为个体享有的权利与作为一个特定社会的成员享有的权利之间的区别已经彻底不复存在,托马斯主义者和自然法理论学家曾费力地区分两者,但是几乎没有任何成就。那些自认为文明的人有责任不得通过残酷或"不人道"的方式对待"落后"或野蛮民族;但是,野蛮民族却无法根据任何自然法、权利体系来抵抗任何可能出现的侵略者。密尔写道:"要将任何针对野蛮人的行为定性为违反万民法,那么这仅仅表明持这种观点的人从未将这一主体……即野蛮人视为可以享有权利的民族。"文明国家与野蛮国家之间的关系仅与"人与人之间的普遍道德规则"具有相关性,尽管这显然应视为对行为进行严格限制,但是这可能不具备任何法律效力。[45]

四

然而,到第二次世界大战结束时,这种观点越来越遭到人们的质疑。国家主权和国家权利的思想依然具有强大的影响力,正如莫伊所认为的那样,盟军最终赢得胜利进一步强化了这种思想。但是,打着这种旗号实施的暴行导致一直以来人们认为存在一种包容性文明的信念破灭。此外,显而易见的是,从16世纪末以来形成的所有国际关系和所有关于国际法和权利的讨论中所涉及的欧洲帝国正在迅速瓦解。人们需要达成一项新的共识。显然，1948年《世界人权宣言》就是为了提出这样一个新的共识。但是，这样做必须摒弃人权基础中的特定政治因素。取而代之的是呼吁设立特定机构（在大多数情况下），尤其是要与个体所属的政治社会抗衡。从这一方面来看，它偏离了以《人权宣言》为出发点的传统，米哈伊尔·伊格纳季耶夫（Michael Ignatieff）指出，这标志着"欧洲传统向自然法传统的回归"。[46]

皮埃尔·马奈（Pierre Manet）指出，人权成为"西方社会的道德和政治标杆"。[47]西方社会一直是或许也不可避免地成为一个平台，全新的、范围被缩小的文明概念就适合这个平台。因为现代人权理论家与早期现代自然权利理论家都面临同样的问题，从某种意义上说，他们发现自己在重复着现代早期的前辈们从自然到文化演进的同一段历史。因为除非像某些现代神学家所坚持的那样，否则我们会接受存在一个超自然神灵的观点，即他/她赋予我们的权利，我们从而拥有这些权利，就像他/她赋予了我们双手和言语表达能力一样，只有在"人性"概念的大背景下，跨地域、跨文化的人权才有意义。从经验角度来说，由于人是并且无论出于何种历史原因都是社会人，因此只有在对应然的社会形成一定认知的情况下，人权才会有意义。[48]所有早期自然权利理论家都认为人类可能并不具有社会属性而是具有历史属性，这纯粹是一种臆想。对于所有这些理论家来说，自然权利仍然是公民社会出现之后保留下来的权利，当国家权力似乎侵犯了自然权利时，可以通过自然权利来对抗国家的权力。然而，即便是这些人，他

第九章 人权、自然权利和欧洲的帝国遗产

们也发现自己被迫在特定"文明"概念的大背景下重新认识自然法，密尔将其定义为"人与社会最显著的特性；通往更完美、幸福、高尚和明智的康庄大道"。[49] 因此，它属于一种以"欧洲中心"的特定历史叙事；更进一步而言，其中还包括人类完美主义的假设以及文化与技术进步相互依存且独立于任何与神相关的机构。正如密尔所说，"人类通过对自由和平等的讨论而实现社会进步之前的任何状态"。[50] 在这种情况下，有着不同文化、宗教和社会起源的民族达成任何协议之前都是可能的，不存在任何形式的普遍性主张。

　　现代人权理论家面临同样的困境。他们缺少密尔那种认为人类朝着普遍接受的行为标准携手共进的信心。从某种程度上讲，所有人都认可人权是人类在社会中享有的权利的观念。即使我们的观点具有充分的说服力，在某种现代化的自然状态下，今天所使用的所有人权话语的表述（实际上更不用说涉及政府机构和人格的言论）也没有任何意义。呼吁社会尊重基本人权，因此这暗示只有社会才有权将人权赋予个人。区别在于现在主权民族国家已被覆盖范围更广的政治形态所取代，即通常所说的"国际共同体"。但是，即便如此，它也具备《人权宣言》赋予法国人民权利大部分相同的属性。甚至约翰·罗尔斯（John Rawls）所说的"体面的等级制民众"（他们显然不认为这源于《人权宣言》中的多项条款）也至少尊重一些人权。这是他们过上体面生活的必要条件。[51] 对于这样做的国家，我们必须假定它们也是国际社会的成员。那些做不到这一点的国家则属于"非法"或"流氓"国

423

家。或者,就像密尔所说的那样,这些人属于"野蛮民族"。

但是,为了从某种程度上理解这种新文明的特征,从1848年至今,人权斗士们节节败退。托马斯主义者以及他们的反对方——霍布斯主义者和格老秀斯主义者都是以人性概念作为出发点,从中推导出所谓的"自然权利",而林林总总的人权宪章则以权利概念作为出发点推导出"人"的概念。诺贝尔托·博比奥曾提出了一个问题:"难道国际权利的这一新阶段不是康德所称的'世界公民权利'吗?"[52] 答案必须是大大的"YES"。当然,正如沙特阿拉伯代表团所准确地认识到的那样,作为《世界人权宣言》基础的原则完全基于西方的人权概念。就像康德对友好法则的理解一样,这种概念,取决于人们如何理解"交流",即能够通过理性的论证确立彼此之间的关系。因此,美国国务院在《1999年度人权报告》中将人权与"货币和互联网"作为人类的三种"通用语言",并不像表面上表现出来的那样公然地为"后资本主义时代的美德"摇旗呐喊。[53]

根据康德的学说,人权也具有普遍性,就像"世界公民权利"一样,康德学说也明确主张应当尊重人权,大多数现代人权的主张都要求尊重人权,只能在特定的政治秩序中才会真正地成为现实,也就是他提出的著名的"代议制共和国"。就大多数人权主张而言,这种政治秩序就是指民主。然而,对于像罗尔斯这样的很多人而言,他们可能会坚持认为存在一种"光鲜"的制度,在承认人权的同时又拒绝建立某种代议制的民主模式。事实是目前这样的制度仍未出现,而且今天大多数新人权公约的起草者认为，人权和民主不可分割。[54] 埃米·古特曼（Amy Gutman）坚持认为，"不应将人权视为社会正义的守门人或对美好生活的全部想象"，这一点是正确的；但是，在没有任何此类概念的情况下，这种非常精炼的表述会让人很难看到这种人权是如何形成的或很难赋予它们真正的想象力。[55] 像康德的"代表"概念一样，很难构想出一套政治或道德价值体系，换句话说就是构想出一种"文明"——既能赋予人们《世界人权宣言》中所提出的大多数权利，同时又不赋予其公民政治自主权。正如康德所看到的那样，仅凭一种法律制度不可能形成世界公民权利或人权代表的那种世界秩序。康德不认同他所处时代的一些国际法观点，而其中很多观点恰恰是质疑诸如《世界人权宣言》该等法律文件效力：在缺乏任何强制手段的情况下，这些文件不过是霍布斯笔下那些"没有牙齿"的一纸空文。[56] 任何将人权概念强加于非民主文化的尝试（也就是不接受自治基本原则的文化），从长远来看都只会深陷失败的泥潭之中。博比奥写道："今天，民主的概念已经与人的权利密不可分。"[57]

我们可以看一下 1995 年联合国全球治理委员会发布的《全球若比邻》（*Our Global Neighbourhood*）报告。该报告由一个国际团队负责起草，纳尔逊·曼德拉（Nelson Mandela）撰写了充满溢美之词的序言部分。因此，这显然不是"西方例外论"的产物。它指出，当下存在一种"全球公民道德"，其基础是"一套可以团结所有文化、政治、宗教或哲学背景的民族的核心价值观"。报告的作者开宗明义，指出尽管国际法（即"万民法"）在历史上是

"由欧洲法学家在欧洲制定的,目的是服务欧洲",并且是"基于基督教价值观,旨在推动西方的扩张",然而它还是给出了正确的答案,因为尽管有这样的起源,但是它在树立"人"的普遍观念方面仍发挥了作用。其他任何关于法律的认知均未实现这一目标,这些认知的立论基础大多援引根本不存在的神灵所持的那些毫无根据的愿望。因此,他们坚持认为,"一个国家违反国际法,对欧洲的价值观和影响力持有偏见,那么这个国家的主张就不具有说服力"。人类现在需要实现捉摸不透却从未放弃的"永久和平"梦想,其基础就是"对公民社会基础上的平等与民主原则做出坚定承诺"的"全球公民"。[58] 可能像康德一样,他们过于乐观,尤其是在撰写这些文字的时候,波黑战争的硝烟刚刚散去。但是,像康德一样,他们也知道,只有出现这种法律、政治和文化秩序时,国际法和现已成为其最强有力组成部分的人权才会真正地产生效力。他们知道这只有在未来才会实现。[59] 2004 年,于尔根·哈贝马斯(Jürgen Habermas)写道:"我们早就开始了从古典国际法向康德所谓的'世界公民状态'的过渡。"他接着指出:"这是事实,而且更严谨地说,我认为在人类发展的过程中不会出现任何合理的替代方案。"[60] 如果这最终在某种程度上成为现实,并且这种预言应验,那么这也将是对老牌欧洲帝国最终价值的重估。

注释

1. "Letter to Charles-Jean-François Depont", in *Further Reflections on the Revolution in France*, Daniel E. Ritchie ed. (Indianapolis: Liberty Fund, 1992),

第九章 人权、自然权利和欧洲的帝国遗产

13.

2. 转引自 Michael Ignatieff, *Human Rights as Politics and Idolatry*, Amy Gutman ed. (Princeton and Oxford: Princeton University Press, 2001), 59, 并参见 Glen Johnson and Janusz Symonides, *The Universal Declaration of Human Rights: A History of Its Creation and Implementation, 1948 – 1998* (Paris: UNESCO, 1998)。

3. Fareed Zakaria, "A Conversation with Lee Kuan Yew", *Foreign Affairs* 73 (1994), 109-26, 关于对存在争议的"亚洲价值观"的更多论述, 参见 Daniel A. Bell, *East Meets West: Human Rights and Democracy in East Asia* (Princeton: Princeton University Press, 2000)。

4. 例如参见 A. Pollis and P. Schwab eds., *Human Rights: Cultural and Ideological Perspectives* (New York: Praeger, 1979)。这三项反对意见均转引自 Ignatieff, *Human Rights as Politics and Idolatry*, 58-95。

5. 直到1965年梵蒂冈二世时期,教会才将宗教自由视作一项权利,而不是一个需要慎重考虑的问题。1975年,罗马教皇正义与和平委员会发布《教会与人的权利》(*The Church and the Rights of Man*),从一种很广泛的范围内承认人权概念的重要性,并试图使其尽可能融入基督教历史。1991年,关于教皇的百科全书式著作《教皇通谕》(*Centesimus annus*) 列举了教皇认可的权利清单,该清单在承认言论和结社自由权以及生命权的同时,还强调了"在共同的大家庭中成长的权利"和"自由地组建家庭的权利"。自此以后,历代教皇都广泛使用了这一概念,主要针对的对象是不信仰基督教的社会。

6. Eduardo Rabossi, "La teoría de los derechos humanos naturalizada", *Revista del Centrode Estudios Constitucionales* 5 (1990), 159-79, and Richard Rorty, "Human Rights, Rationality and Sentimentality", in *Truth and Progress: Philo-*

sophical Papers（Cambridge：Cambridge University Press，1998），167-87.

7. 关于人权和伊斯兰教法在某种程度上可以兼容的观点，参见 Heiner Bielefeldt, "'Western' Versus 'Islamic' Human Rights Conceptions?: A Critique of Cultural Essentialism in the Discussion on Human Rights", *Political Theory* 28 (2000), 90-121。

8. 《宣言》序言部分写道:"重申伊斯兰民族的文明和历史作用，真主使其成为最优秀的民族，它为人类带来了普遍而平衡的文明，在今生和来世之间建立了和谐，使知识同信仰结合在一起。伊斯兰民族应该发挥作用，向因冲突的趋势和思想而混乱的人类提供指导，并为这个物质的文明的长期问题提出解决办法。" *Cairo Declaration on Human Rights in Islam*, *Aug.* 5, 1990, UN GAOR, World Conf. on Hum. Rts., 4th Sess., Agenda Item 5, U.N. Doc. A/CONF. 157/PC/62/Add. 18 (1993).

9. 参见 Henry Klug, "Transnational human rights: exploring the Persistence and Globalization of Human Rights", *Annual Review of Law and Social Science* 1 (2005), 85-103。"从1989年至1999年的十年间，联合国185个会员国中有超过56%的会员国对其宪法进行了重大修改，其中至少70%的会员国制定了全新的宪法……最后，在新千年伊始，约有一半联合国会员国在其宪法中纳入了权利法案、基本权利或某种形式的个人和/或集体权利。"

10. 关于《世界人权宣言》与新建立的主权国家（特别是以色列）关系更深入的讨论，参见 Roberto Farneti, *Effetto Israele*: *La sinistra*, *la destra e il conflitto Israelo-Palestinese* (Rome: Carocci, 2015)。

11. 该表述参见 Walter Ullmann's, "Some Observations on the Medieval Evaluation of the 'homo naturalis' and the 'Christianus' ", in *L'Homme et son destin d'après les penseurs du moyen âge*: *Actes du premier congrès international de philosophie médiévale* (Louvain-Paris, 1960), 145-51。

12. *Les droits de l'homme et la loi naturelle* (New York: Éditions de la maison française, 1942), 84–5.

13. "The Law of Nations, the Law of Nature and the Rights of Man", *Transactions of the Grotius Society* 29 (1943), 1–33.

14. See pp. 53–4.

15. *International Law and Human Rights* (London: Stevens and Sons, 1950), 27.

16. "Are There Any Natural Rights?", *Philosophical Review* LXIV (1955), 175–91.

17. 在过去的二十年中,天主教会对人权起源的历史进行了研究,其目的是消弭大多数人权观点导致的某些破坏性更大的影响。然而天主教徒(即使他们十分谨慎)往往会维护这种思想。尤其可参见 Leonard Swidler, "Diritti umani: una panoramica storica", *Concilium, Rivista internazionale di teologia* 26 (1990), 27–42。

18. 即便现在因为某些事件而导致情况发生变化,克劳德·莱福特(Claude Lefort)评论的影响力持续时间最长且说服力最强,参见"Droits de l'homme et politique", in *L'Invention démocratique* (Paris: Fayard, 1981), 45–83。关于左翼人士更反对个人权利而不是集体权利的内容,参见 François Furet, *La Gauche et la révolution au milieu du XIXe siècle* (Paris: Hachette, 1986)。

19. 关于不同的主张,参见理查德·塔克的观点:"这绝不是巧合……在欧洲国家群雄逐鹿、争夺世界统治权期间,以及在此期间内提出的紧迫问题,即国家和个人如何在一个理想化的世界中安身立命,从而可以与其他国家和个人相处,以及和新遇到的民族相处。" *The Rights of War and Peace*, 14.

20. 关于这个问题,相关权威阐释参见 Michel Villey, *Philosophie du droit*

(Paris: Dalloz, 1982), I, 65。

21. *Leviathan*, 1, 2, p. 200. 对于霍布斯而言,"权利就是自由,即市民法赋予我们的自由。"

22. 关于这一点,当前具有代表性的研究可参见 Richard Tuck, *Natural Rights Theories* (Cambridge: Cambridge University Press, 1979), and Brett, *Liberty, Right and Nature*。

23. "[U]ne qualité du sujet, une de ses *facultés*, plus précisément une franchise, une liberté, une possibilité d'agir." "La genèse du droit subjectif chez Guillaume d'Ockham", *Archives de la philosophie du droit* 9 (1969), 97-127, 并且相关讨论参见 Brett, *Liberty, Right and Nature*, 4. 这非常接近伊格纳季耶夫所说的《世界人权宣言》"旨在恢复专门行政机构"的观点。Ignatieff, *Human Rights as Politics and Idolatry*, 5.

24. Tuck, *Natural Rights Theories*, 7-9, 12-13. Brett, *Liberty, Right and Nature*, 10-48.

25. See "On the American Indians", 1.4, 20-23, *Vitoria: Political Writings*, 247-9. "显然,非理性生物不能享有所有权,因为所有权是一种权利。"

26. 关于这些"基本权利"的论述,参见 Henry Shue, *Basic Rights: Substance, Affluence, and U.S. Foreign Policy* (Princeton: Princeton University Press, 1980), 23。《世界人权宣言》的电子文本参见 http://www.unorg/Overview/rigths.html。

27. 不同的观点,参见 Richard Tuck, *The Rights of War and Peace*, and "Rights and Pluralism" in James Tully ed., *Philosophy in an Age of Pluralism: The Philosophy of Charles Taylor in Question* (Cambridge: Cambridge University Press, 1994), 159-70, 并参见 Duncan Ivison, "The Nature of Rights and the History of

Empire" in David Armitage ed., *British Political Thought in History and Literature, 1500-1800* (Cambridge: Cambridge University Press, 2006), 191-211。

28. *Disputatio xii. De Bello*, 158-61. See p. 92.

29. 参见 Richard Tuck, "The 'Modern' Theory of Natural Law" in Anthony Pagden ed., *The Languages of Political Theory in Early-Modern Europe* (Cambridge: Cambridge University Press, 1987), 99-119。

30. 后来,普芬道夫针对这一观点提出反对意见,其基础是认为格老秀斯混淆了只局限于特定群体内部的习惯和自然法(如果自然法能够带来利益,那么它应当"适用于所有人类社会的成员")。因此,不必担心"波斯男子是否与他们的母亲结婚或埃及男子与他们的姐妹结婚"这类事情。转引自 Samuel Pufendorf, *On the Duty of Man and Citizen According to Natural Law*, James Tully ed. (Cambridge: Cambridge University Press, 1991), xxvii-xxviii。

31. 应当强调一下哈维尔·穆格萨(Javier Muguerza)的观点,他认为人权并非源自人的本性,因为这种自然状态——人的生物状态不会衍生出任何形式的权利,人权源自"人类状态",人权必然属于社会历史的范畴。"La lucha por los derechos (Un ensayo de relectura libertaria de un viejo texto liberal)", *Revista internacional de filosofía política* 15 (2000), 43-59, 53. 近来,基督教忏悔派两大分支教会的许多神学家尝试认同这种理念,他们坚持认为在不接受上帝存在的情况下,对于一个与社会概念存在明显差别的"人"的概念而言,这种权利是毫无意义的。参见 Ignatieff, *Human Rights as Politics and Idolatry*, 82。

32. 当然,对于伯克而言,自然法仅规定需要服从上帝的权威和市民法。在他看来,法国《人权宣言》不仅是一种"激情"的表达,而且是试图消除以罗马法规则的"偏见"。他写道:"如果他们(英国人)找到了自己想要的东西,并且他们很少失败,那么他们就会认为继续保持基于理性的偏见，而不是抛弃偏见，仅保留纯粹的理性。" *Reflections on the Revolution in France*, J. G. A. Pocock ed. (Indianapolis: Liberty Fund, 1987), 76-7.

33. 在这方面，伊格纳季耶夫的说法是正确的，他认为"权利不可避免地具有政治性，因为它们暗含着享有权利的人与'控制'权利的人之间的冲突，而拥有权利的人可以向其提出正当的要求"。*Human Rights as Politics and Idolatry*, 67.

34. *L'età dei diritti* (Torino: Einaudi, 1990), 103.

35. "Les droits naturels, inaliéables et sacrés de l'homme" (Preambule), "Les hommes naissent et demeurent libres et égaux en droits" (Article 1), in Lucien Jaume ed., *Les Déclaration des droits de l'homme 1789-1793-1848-1946* (Paris: Flammar-ion, 1989), 12. 当然，《弗吉尼亚、马里兰和马萨诸塞权利法案》也提出了类似的主张。但是，尽管卢梭对法国社会其他方面影响显著，但是学者们认为美国社会形成了规模庞大的"公共利益"、"整体利益"或"共同利益"。尽管卢梭对政治体制的其他方面影响显著，但是法国人关于社会秩序的观点肯定包含个人主义的色彩。"（但是）每一个政治团体的目的都是保护人类与生俱来和不可剥夺的权利"（第二条）。

36. "这些权利是自由权、财产权、享有安全和反抗压迫的权利"（第二条）。

37. 然而，劳特派特认为《人权和公民权利宣言》、《弗吉尼亚、宾夕法尼亚、马里兰、特拉华、新泽西、南卡罗来纳和北卡罗来纳权利宣言》以及1776年《独立宣言》、1780年《马萨诸塞权利法案》和1789年《权利法案》也体现了这一点。"The Law of Nations, the Law of Nature and the Rights of Man", 8.

38. *L'Ancien régime et la révolution*, Francoise Mélonio ed. (Paris: Flammari-on, 1988), 107-8 (Bk. I cap. III).

39. Described by Jonathan Israel in Revolutionary Ideas: *An Intellectual History of the French Revolution from the Rights of Man to Robespierre* (Princeton: Princeton University Press, 2014), 342-73.

40. 孔多塞起草的《宣言》第1条:"自由、平等、安全、财产和社会保障以及反抗压迫是人类的自然权利、公民权利和政治权利。"关于各种宣言的起草及其背后的思想内容,参见 Keith Michael Baker, "The Idea of a Declaration of Rights", in Dale Van Kley ed., *The French Idea of Freedom: The Old Regime and the Declaration of Rights of 1789* (Stanford: Stanford University Press, 1995), 154-96。

41. 参见 Olympe de Gourges' "Les droits de la femme of 1791" in *Les Déclaration des droits de l'homme 1789-1793-1848-1946*, 198-209, 其中主张"女性生来自由,与男性并无二致"。但是,这一原则直到1946年才被写入《法兰西共和国宪法》。

42. 正如皮埃尔·马奈所指出的事实,即1789年《权利宣言》中提到"关于人的权利和公民权利,可以认为公民权利凌驾于人的权利之上"。然而,到19世纪末,"我们更感兴趣的是在民族国家框架内对人权进行整体性确认而不是对这种权利进行一般性确认",*Cours familier de philosophie politique* (Paris: Fayard, 2001), 165。

43. *Les Déclaration des droits de l'homme 1789-1793-1848-1946*, 321-2.

44. 密尔赋予了这个词两种含义。"我们习惯于将一个文明程度更高的国家称为一个文明国家;文明是所有社会最突出的特征;文明是在追求完美的道路上又向前迈进了一步;更幸福、更高尚、更睿智……从另一种意义上讲,它仅代表一种改良,但它对富裕而强大的国家与未开化民族和野蛮民族进行了区分。"John Stuart Mill, "Civilization", in *Collected Works of John Stuart Mill*, XVIII, 117, 并参见 Pitts, *A Turn to Empire*, 141-4.

45. "A Few Words on Non-intervention", in *Collected Works of John Stuart Mill*, XXI, 119, 转引自 Pitts, A Turn to Empire, 141-4。

46. Ignatieff, *Human Rights as Politics and Idolatry*, 5.

47. *Cours familier de philosophie politique*, 163-4.

48. 即克劳德·莱福特提到的《法国人权宣言》"三重悖论"。人的权利已被认为是人享有的个人权利,但该宣言却是由生活在社会中的人发表的。正是该悖论促使约瑟夫·德·迈斯特(Joseph de Maistre)作出了具有讽刺性的著名评论,尽管他曾遇见过许多意大利人、俄罗斯人、西班牙人、英国人和法国人,并且"幸亏孟德斯鸠"还知道存在像波斯人,但是他从未认识到"人"的存在。"Droits de L'homme et politique", 64-7.

49. "Civilization", *Collected Works of John Stuart Mill*, XVIII, 119.

50. *On Liberty* in *On Liberty and Other Writings*, Stefan Collini ed. (Cambridge: Cambridge University Press, 1989), 14.

51. *The Law of Peoples* (Cambridge, MA: Harvard University Press, 1999), 78-81.

52. *L'età dei diritti*, 153.

53. 转引自 Ignatieff, *Human Rights as Politics and Idolatry*, 7。

54. 约翰·罗尔斯明确指出,人权对话和民主是可以相互分割的。根据他虚构的情形,过着"体面生活的"、不享有自由和民主的民族必定会接受某一种人权的观念,或为了过上体面的生活而放弃自己的诉求。对于是否存在这样的民族可能是有争议的。当然,他认为宗教社会可以促成建立宪政民主政权的说法似乎是痴人说梦。

55. Introduction to Ignatieff, *Human Rights as Politics and Idolatry*, x.

56. 例如,相关评论参见 Amy Gutman in Ignatieff, *Human Rights as Politics and Idolatry*, vii-x。

57. *L'età dei diritti*, 155.

58. *Our Global Neighbourhood: The Report of the Commission on Global Governance*, with an Introduction by Nelson Mandela (Oxford: Oxford University Press, 1995).

59. 参见 Norberto Bobbio, "Kant e la Rivoluzione francese", *L'età dei diritti*, 142-54。

60. *The Divided West*, Ciaran Cronin trans. and ed. (Cambridge: Polity Press, 2008), 19.

参考文献

Abarca de Bolea, Pedro Pablo, conde de Aranda, "Exposición del conde de Aranda al rey Carlos III sobre el conveniencia de crear reinos independientes en América", in Andrés Muriel, *Gobierno del señor rey Carlos III* [1838], Carlos Seco Serrano ed. , Biblioteca de autores españoles (Madrid: Ediciones Atlas, 1959), 115.

Abercromby, James, "An Examination of the Acts of Parliament Relative to the Trade and the Government of Our American Colonies" (1752) and "*De Jure et Gubernatione Coloniarum , or An Inquiry in the Nature , and the Rights of Colonies , Ancient , and Modern*" (1774), Jack P. Greene, Charles F. Mullett, and Edward C. Papenfuse Jr. eds. (Philadelphia: American Philosophical Society, 1986).

Acosta, José de, *De promulgatione evangelii apud indo, sive De procuranda indorum salute libri sex* (Cologne, 1596).

    Historia natural y moral de las Indias [1590], Edmundo O'Gorman ed. (Mexico: Fondo de Cultura Económica, 1962).

Adams, John, *Works*, Charles Francis Adams ed. (Boston, 1850-6).

Adelman, Jeremy, *Sovereignty and Revolution in the Iberian Atlantic* (Princeton, Princeton University Press, 2006).

Albert, S. , *Bellum Iustum* (Frankfurter Althistorische Studien 10). (Kallmunz 1980).

Alexandrowicz, C. H. , "Freitas versus Grotius", *British Yearbook of International Law*, 35 (1959), 162-82.

Ando, Clifford, *Imperial Ideology and Provincial Loyalty in the Roman Empire* (Berkeley, Los Angeles, London: University of California Press, 2000).

    "The Roman City in the Roman Period", in Stéphane Benoist ed. , *Rome, a City and Its Empire in Perspective: The Impact of the Roman World through, Fergus Millar's Research. Rome, une cité impériale en jeu: l'impact du monde romain selon Fergus Millar* (Leiden: Brill, 2012), 109-24.

Anghie, Antony, *Imperialism, Sovereignty and the Making of International Law* (Cambridge: Cambridge University Press, 2005).

Anidjar, Gil, "Lines of Blood: Limpieza de Sangre as Political Theology", in Mariacarla Gedebusch Bondia ed., *Blood in History and Blood Histories* (Florence: Edizioni del Galluzzo 2005), 119-36.

Annino, Antonio and François Xavier Guerra eds., *Inventando la nación. Iberoamérica. Siglo XIX* (Mexico: Fondo de Cultura Económica, 2003).

Anon., *Reflexiones sobre el estado actual de la América, o cartas al Abate de Pradt* (Madrid, 1820).

Aquinas, St. Thomas, *In decem libros ad Nicomachum exposition*, R. M. Spiazzi ed. (Rome-Turin: Marietti, 1964).

Aristides, Aelius, "The Roman Oration", in James H. Oliver, *The Ruling Power a Study of the Roman Empire in the Second Century after Christ through the Roman Oration of Aelius Aristides* (Transactions of the American Philosophical Society, New Series, 23) (Philadelphia: American Philosophical Society, 1953).

Armitage, David, "The Cromwellian Protectorate and the Languages of Empire", *Historical Journal*, 35 (1992), 531-55.

The Ideological Origins of the British Empire (Cambridge: Cambridge University Press, 2000).

"The Scottish Vision of Empire: Intellectual Origins of the Darien Venture", in John Robertson ed., *A Union for Empire: Political Thought and the British Union of 1707* (Cambridge: Cambridge University Press, 2006), 45-118.

Foundations of Modern International Thought (Cambridge: Cambridge University Press, 2013).

Bacon, Francis, *The Works of Francis Bacon*, James Spedding ed. (London, 1857-74).

Bailyn, Bernard ed., *Pamphlets of the American Revolution. I 1750-1765* (Cambridge, MA: Harvard University Press, 1965).

The Ideological Origins of the American Revolution (Cambridge, MA: Harvard University Press, 1967).

Baker, Keith Michael, "The Idea of a Declaration of Rights", in Dale Van Kley ed., *The French Idea of Freedom: The Old Regime and the Declaration of Rights of 1789* (Stanford: Stanford University Press, 1995), 154-96.

Balibar, Etienne and Immanuel Wallerstein, *Race, Nation, Class: Ambiguous Identities* (London: Verso, 1991).

Banner, Stuart, *How the Indians Lost Their Land: Law and Power on the Frontier* (Cambridge, MA: Belknap Press, 2005).

Banton, Michael, *Racial Theories* (Cambridge: Cambridge University Press, 1987).

Barnes, Jonathan, "The Just War", in Norman Kretzmann, Anthony Kenny, and Jan Pinborg eds., *Cambridge History of Later Medieval Philosophy* (Cambridge: Cambridge University Press, 1982), 775-8.

Barros, Joam de, *Asia de Joam de Barros dos feitos que os Portugueses fizeram no descobrimento e conquista dos mares et terras do Oriente* (Lisbon, 1781).

Bartlett, Robert, *The Making of Europe* (Harmondsworth: Penguin Books, 1994).

Bataillon, Marcel, "L'Unité du genre humain de P. Acosta à P. Clavigero", in *Mélanges à la mémoire de Jean Sarrailh* (Paris: Institut d'Études Hispaniques, 1966) 1, 175-86.

Bell, Daniel A., *East Meets West: Human Rights and Democracy in East Asia* (Princeton: Princeton University Press, 2000).

Bell, Duncan, *The Idea of Greater Britain. Empire and the Future of World Order, 1860-1900* (Princeton: Princeton University Press, 2007).

"John Stuart Mill on Colonies", *Political Theory*, 38 (2010), 34-68.

Beltrán de Heredia, Vicente, "Colección de dictámenes inéditos", *Ciencia tomista*, 43 (1931).

Benedict, Ruth, *Race and Racism* (London: G. Routledge, 1942).

Benhabib, Seyla, et al., *Another Cosmopolitanism* (Oxford: Oxford University Press, 2004).

Benton, Lauren and Benjamin Straumann, "Acquiring Empire by Law: From Roman Doctrine to Early-Modern European Practice", *Law and History Review*, 28: 1 (2010), 1-38.

Benton, Robert J., "Political Expediency and Lying, Kant vs. Benjamin Constant", *Journal of the History of Ideas*, 43 (1982), 135-44.

Bernasconi, Robert, "Who Invented the Concept of Race? Kant's Role in the Enlightenment Construction of Race", in Robert Bernasconi ed., *Race* (Oxford: Blackwell, 2001), 11-36.

Bernier, François, "Nouvelle division de la Terre, par les différentes Espèces ou Races d'hommes qui l'habitent," *Journal des Scavans*, 12 (April 1684), 148-55.

Bielefeldt, Heiner, "'Western' versus 'Islamic' Human Rights Conceptions? A critique of cultural essentialism in the discussion on human rights", *Political Theory*, 28 (2000), 90-121.

Blackstone, Sir William, *Commentaries on the Laws of England*, Stanley Katz ed. (Chicago: University of Chicago Press, 1979).

Bland, Richard, *An Enquiry into the Rights of the British Colonies* (London, 1766).

Bobbio, Norberto, *L'età dei diritti* (Torino: Einaudi, 1990).

Bolívar, Simón, *Obras*, completas Vicente Lecuna and Esther Barret de Nazaris eds. (Havana:

Editorial Lex, 1950).

Borello, Camillo, *De Regis catholici praestantia, eius regalibus, iuribus et praerogatiuis commentari* (Milan, 1611).

Borschberg, Peter, "The Seizure of the Sta. Catarina Revisited: The Portuguese Empire in Asia, VOC Politics and the Origins of the Dutch-Johor Alliance (1602-1616)", *Journal of Southeast Asia Studies*, 33 (2002), 31-62.

Hugo Grotius, the Portuguese and Free Trade in the East Indies (Singapore: National University of Singapore, 2011).

Boswell, James, *Boswell's Life of Johnson*, G. B. Hill ed. (Oxford: Oxford University Press, 1934).

Bougainville, Louis-Antoine de, *Voyage autour du monde par la frégate la Boudeuse et la flûte l'Étoile; en 1766, 1767, 1768 et 1769* [1771], Michel Bideaux and Sonia Faessel eds. (Paris: Presses de l'Université de Paris-Sorbonne, 2001).

Brading, David, *The First America: The Spanish Monarchy, Creole Patriots and the Liberal State, 1492-1867* (Cambridge: Cambridge University Press, 1991).

Bradley, Mark, ed., *Classics and Imperialism in the British Empire* (Oxford: Oxford University Press, 2010).

Breña, Roberto, *El Primer liberalismo español y los procesos de emancipación de América* (Mexico: El Colegio de México, 2006).

El Imperio de las circumstancias: La independencias hispanoamericanas y la revolución liberal española (Mexico: El Colegio de México, 2012).

Brett, Annabel, *Liberty, Right and Nature* (Cambridge: Cambridge University Press, 1997).

Changes of State: Nature and the Limits of the City in Early-Modern Natural Law (Princeton: Princeton University Press, 2011).

Briant, Pierre, *Alexandre des lumières: Fragments d'histoire européenne* (Paris: Gallimard, 2012).

Bromwich, David, ed. *On Empire, Liberty and Reform: Speeches and Letters of Edmund Burke* (New Haven and London: Yale University Press, 2000).

Brown, Peter, *The World of Late Antiquity* (New York and London: W. W. Norton and Company, 1989).

Bryce, James, *The American Commonwealth* [1888] (New York: Cosmo Classics, 2007).

Burbank, Jane and Fredrick Cooper, *Empires in World History: Power and the Politics of Difference* (Princeton: Princeton University Press, 2010).

Burke, Edmund, *A Letter to Edmund Burke, Esq., A Member of Parliament for the City of Bristol*

    ... in Answer to his Printed Speech (Gloucester, 1775).
    Writings and Speeches (New York: J. F. Taylor, 1901).
    The Writings and Speeches of Edmund Burke, P. J. Marshall ed. (Oxford: Clarendon Press, 1981).
    Reflections on the Revolution in France, J. G. A. Pocock ed. (Indianapolis: Liberty Fund, 1987).
    Selected Works of Edmund Burke, E. J. Payne ed. (Indianapolis: Liberty Fund, 1990).
    Further Reflections on the Revolution in France, Daniel E. Ritchie ed. (Indianapolis: Liberty Fund, 1992).
Burke, Edmund and William Burke, An Account of the European Settlements in America (London, 1757).
Bushnell, David and Lester D. Langley eds., Simón Bolívar: Essays on the Life and Legacy of the Liberator (Lanham: Rowman and Littlefield, 2008).
Byrd, Sharon B. and Joachim Hruschka, "Lex iusti, lex iuridica und lex iustitiae in Kants Rechtslehre", Archiv für Rechts und Sozialphilosophie 91 (2005), 484–500.
    "From the State of Nature to the Juridical State of States", Law and Philosophy 27 (2008), 599–641.
Cairo Declaration on Human Rights in Islam, Aug. 5, 1990, U.N. GAOR, World Conf. on Hum. Rts., 4th Sess., Agenda Item 5, U. N. Doc. A/CONF. 157/PC/62/Add. 18 (1993).
Campillo y Cosío, José de, Nuevo sistema de gobierno económico para la América (Madrid, 1789).
    Lo que hay de mas y menos en España para que sea lo que debe ser y no lo que es, España despierta [1741], Antonio Elorza ed. (Madrid: Seminario de Historia Social y Económica de la Facultad de Filosofía y Letras de la Universidad de Madrid, 1969).
Campomanes, Pedro Rodríguez, conde de, Discurso sobre la educación popular de los artesanos y su fomento (Madrid, 1775).
Campomanes, Pedro Rodríguez, conde de, Reflexiones sobre el comercio español a Indias [1762], Vicente Llombart Roas ed. (Madrid: Ministerio de Economía y Hacienda, 1988).
    Inéditos políticos (Oviedo: Junta General del Principado de Asturias, 1999).
Cano, Melchor, De locis theologicis (Salamanca, 1536).
Careil, Foucher de, Nouvelles lettres et opuscules inédits de Leibniz (Paris, 1857).
Castro Leiva, Luís, La Gran Colombia, una ilusión ilustrada (Caracas: Monte Alva Editores, 1985).
Castro Leiva, Luís and Anthony Pagden, "Civil Society and the Fate of the Republics of Latin A-

merica" in Sudipta Kaviraj and Sunil Khilnani eds. , *Civil Society History and Possibilities* (Cambridge: Cambridge University Press, 2001), 179–203.

Obras, Carole Leal Curiel ed. (Caracas: Fundación Polar, 2005).

Chapman, Robert, *A Relation of the Second Voyage to Guiana* (London, 1596).

Cheyney, Edward P. , "International Law under Queen Elizabeth", *English Historical Review* 20 (1905), 659–72.

Child, Josiah, *A New Discourse on Trade* [1665] (Glasgow, 1751).

Claeys, Gregory, *Imperial Sceptics: British Critics of Empire 1850–1920* (Cambridge: Cambridge University Press, 2010).

Clark, Bruce, *Native Liberty, Crown Sovereignty: The Existing Aboriginal Right of Self-government in Canada* (Montreal: McGill-Queen's University Press, 1990).

Clark, G. N. , "Grotius' East India Mission to England", *Transactions of the Grotius Society XX* (1935), 45–84.

Clarke, Peter, *The Last Thousand Days of the British Empire: The Demise of a Superpower, 1944–47* (London and New York: Penguin Books, 2008).

Cohn, Bernard, "The Command of Language and the Language of Command", in Ranajit Guha ed. , *Subaltern Studies* (Delhi, 1985), IV, 295–320.

Coke, Edward, *The Reports of Sir Edward Coke* (London, 1658).

First Institute of the Laws of England [1628] (Philadelphia, 1826–7).

Commission on Global Governance, *Our Global Neighbourhood: The Report of the Commission on Global Governance*, with an introduction by Nelson Mandela (Oxford: Oxford University Press, 1995).

Condorcet, Marie Jean Antoine Nicolas de Caritat, marquis de, *Œuvres complètes de Condorcet* (Paris, 1847–9).

Esquisse d'un tableau historique des progrès de l'esprit humain [1794], Alain Pons ed. (Paris: Flammarion, 1988).

Connor, Michael, *The Invention of Terra Nullius. Historical and Legal Fictions in the Foundation of Australia* (Sydney: Macleay Press, 2005).

Constant, Benjamin, "Commentaire sur l'ouvrage de Filangieri", in Gaetano Filangieri, *Oeuvres* (Paris, 1822).

Constant: Political Writings, Biancamaria Fontana trans. and ed. (Cambridge: Cambridge University Press, 1988).

Écrits de jeunesse (1774–1799), L. Omacini and J.-D. Candaux eds. (Tübingen: Max Niemeyer Verlag, 1998).

Constitución política de la monarquía española, promulgada en Cádiz a 19 marzo, 1812 (Cádiz, 1812).

Cortés, Hernán, *Letters from Mexico*, Anthony Pagden trans. and ed. (London and New Haven: Yale University Press, 1986).

Covarrubias, Diego de, *Opera omnia* (Geneva, 1697).

Cramb, J. A., *Reflections on the Origins and Destiny of Imperial Britain* (London: Macmillan, 1900).

Cuoco, Vicenzo, *Saggio storico sulla rivoluzione di Napoli* (Milan, 1806).

Curzon, Lord Nathaniel, *Speeches by Lord Curzon of Kedleston, Viceroy and Governor General of India* (Calcutta, 1900).

Cushman, Robert, *Reasons and Considerations Touching the Lawfullness of Removing out of England into Parts of America* (London, 1622).

Cuxil, Cojti, *Demetrio. El movimiento maya* (Guatemala: Cholsamj, 1997).

D'Amico, Juan Carlos, *Charles Quint maître du monde: entre mythe et réalité* (Caen: Presses universitaires de Caen, 2004).

Davenant, Charles, *The Political and Commercial Works of that Celebrated Writer, Charles D'Avenant LL. D.* (London, 1771).

De Brosses, Charles, *Histoire des navigations aux Terres australes* (Paris, 1756).

De Pradt, Dominique-Georges-Frédéric Dufour, *Du Congrès de Vienne* (Paris, 1815).
    The Colonies and the Present American Revolutions (London, 1817).
    Congrés du Panama (Paris, 1825).

Deckers, Daniel, *Gerechtigkeit und Recht. Eine historisch - kritische Untersuchung der Gerechtigkeitslehre des Francisco de Vitoria (1483 - 1546)* (Freiburg: Universitätsverlag Freiburg, 1991).

Dee, John, *The Limits of the British Empire*, Ken MacMillan (with Jennifer Abeles) eds. (Westport, CT, and London: Praeger, 2004).

Dewey, Clive, "The Influence of Sir Henry Maine on Agrarian Policy in India" in Alan Diamond ed., *The Victorian Achievement of Sir Henry Maine* (Cambridge: Cambridge University Press, 1991), 353-75.

Diderot, Denis, *Œuvres*, Laurent Versini ed. (Paris: Robert Laffont, 1994).

Donne, John, *A Sermon Preached to the Honourable Company of the Virginia Plantation* 13 Nov. 1622 (London, 1623).

Duffy Burnett, Christina, and Burke Marshall eds. *Foreign in a Domestic Sense: American Expansion and the Constitution* (Durham: Duke University Press, 2001).

Dummer, Jeremiah, *A Defence of the New-England Charters* (London, 1721).

Edits, ordonnances royaux, déclarations et arrêts du conseil d'état du Roi concernant le Canada (Quebec, 1854-6).

Elliott, J. H., *The Old World and the New, 1492-1650* (Cambridge: Cambridge University Press, 1970).

  Empires of the Atlantic World. Britain and Spain in America 1492-1830 (New Haven and London: Yale University Press, 2006).

  Spain, Europe and the Wider World 1500-1800 (New Haven and London: Yale University Press, 2009).

Farías, Luís M., *La América de Aranda* (Mexico: Fondo de Cultura Económica, 2003).

Farneti, Roberto, *Effetto Israele: La sinistra, la destra e il conflitto Israelo-Palestinese* (Rome: Carocci, 2015).

Faure, Élie, *Mon périple* (Paris: Seghers, 1987).

Ferguson, Robert, *A Just and Modest Vindication of the Scots Design, for Having Established a Colony at Darien* (N. P., 1699).

Fernández de Oviedo, Gonzalo, *La Historia General de las Indias, primera parte* (Seville, 1535).

Fernández Durán, Reyes, *Gerónimo de Uztaríz (1670-1732). Una política económica para Felipe V* (Madrid: Minerva, 1999).

Fibiger Bang, Peter and Dariusz Kolodziejczyk eds., *Universal Empire: A Comparative Approach to Imperial Culture and Representation in Eurasian History* (Cambridge: Cambridge University Press, 2012).

Fitzmaurice, Andrew, *Humanism and America: An Intellectual History of English Colonization 1500-1625* (Cambridge: Cambridge University Press, 2003).

  "The Genealogy of Terra nullius", *Australian Historical Studies* 38 (2007), 1-15.

Fletcher, Andrew, *The Political Works of Andrew Fletcher* (London, 1737).

Flikschuh, Katrin and Lea Ypi eds., *Kant and Colonialism: Historical and Critical Perspectives* (Oxford: Oxford University Press, 2014).

Fontana, Bianca, *Benjamin Constant and the Post-Revolutionary Mind* (New Haven and London: Yale University Press, 1991).

  ed., *The Invention of the Modern Republic* (Cambridge: Cambridge University Press, 1994).

Fournel, Jean-Louis, *La Cité du soleil et les territoires des hommes: Le savoir du monde chez Campanella* (Paris: Albin Michel, 2012).

Fox Morcillo, Sebastian, *Brevis et perspicua totius ethicae, seu de moribus philosophiae descriptio*

(Basle, 1566).

Franklin, Benjamin, *The Papers of Benjamin Franklin*, William B. Wilcox ed. (New Haven and London: Yale University Press, 1959-93).

Freitas, Serafim de, *Do Justo império asiático dos Portugueses* (*De iusto imperio lusitanorum asiatico*) trad. Miguel Pinto de Meneses (Lisbon: Instituto de Alta Cultura, 1959).

Frémeaux, Jacques, Les Empires coloniaux dans le processus de mondialisation (Paris: Maisonneuve & Larose, 2002).

Furet, François, La Gauche et la révolution au milieu du XIXe siècle (Paris: Hachette, 1986).

Furnivall, J. S., Netherlands India: A Study of Plural Economy (Cambridge: Cambridge University Press, 1939).

Garver, Eugene, "Aristotle's Natural Slaves: Incomplete praxeis and Incomplete Human Beings", Journal of the History of Philosophy 32 (1994), 175-96.

Gellner, Ernest, Nations and Nationalism (Oxford: Blackwell, 2006).

Gentili, Alberico, Alberici Gentilis, De Iure Belli, Thomas Erskine Holland ed. (Oxford: Clarendon Press, 1877).

De iure belli, John Rolfe trans. (Oxford: Clarendon Press, 1933).

Hispanicae advocationis libri duo, Frank Frost Abbott trans. (New York: Oceana Publications, 1964).

De armis Romanis, Benedict Kingsbury and Benjamin Straumann eds., David Lupher trans. (Oxford: Oxford University Press, 2011).

Ghosh, R. N., "John Stuart Mill on Colonies and Colonization" in *John Stuart Mill*, John Cunningham Wood ed. (London: Croom Helm, 1987), IV, 354-67.

Gibbon, Edmund, *Decline and Fall of the Roman Empire*, David Womersley ed. (London: Penguin, 1994).

Gibson, Charles, *The Spanish Tradition in America* (New York: Norton, 1968).

Gil, Juan and José Maria Maestre eds., *Humanismo latino y descrubrimiento* (Seville: Universidad de Sevilla and Universidad de Cadiz, 1992).

Gliozzi, Giuliano, *Adamo e il nuovo mondo* (Florence: La Nuova Italia, 1977).

Differenze e uguaglianza nella cutura europea moderna (Naples: Vivarium, 1993).

Gould, Eliga H., *The Persistence of Empire: British Political Culture in the Age of the American Revolution* (Chapel Hill, University of North Carolina Press, 2000).

Goyard-Fabre, Simone, *Kant et le problème du droit* (Paris: Vrin, 1975).

Greene, Jack P., *Peripheries and Center: Constitutional Development in the Extended Polities of the British Empire and the United States 1607-1788* (Athens and London: University of Georgia Press, 1986).

Grotius, Hugo, *De iure praedae commentarius* (*Commentary on the Law of Prize and Booty*), G. L. Williams trans. (Oxford: Oxford University Press, 1950).

The Free Sea [*De Mare Libero*], Richard Hakluyt trans., David Armitage ed. (Indianapolis: Liberty Fund, 2004).

The Rights of War and Peace [*De Jure Belli ac Pacis*], Richard Tuck ed., from the edition by Jean Barbeyrac (Indianapolis: Liberty Fund, 2005).

Gruzinski, Serge, *Les Quatres parties du monde: Histoire d'une mondialisation*, (Paris: Editions de la Martinière, 2004).

Grynaeus, Simon, *Novus orbis regionum ac insularum veteribus incognitarum* (Basle, 1532).

Habermas, Jürgen, *The Divided West*, Ciaran Cronin trans. and ed. (Cambridge: Polity Press, 2008).

Haggenmacher, Peter, "Mutations du concept de guerre juste de Grotius à Kant", *Cahiers de philosophie politique et juridique* 10 (1986), 117–22.

Hakluyt, Richard, *The Original Writings and Correspondence of the Two Richard Hakluyts*, E. G. R. Taylor ed. (London: Hakluyt Society, 1935).

Halperín, Jean-Louis, *Entre nationalisme juridique et communauté du droit* (Paris: Presses Universitaires de France, 1999).

Hamilton, Alexander, James Madison, and John Jay, *The Federalist Papers*, Isaac Kramnick ed. (Harmondsworth: Penguin Books, 1987).

Hannaford, Ivan, *Race: The History of an Idea in the West* (Baltimore: Johns Hopkins University Press, 1996).

Hart, H. A. L., "Are There Any Natural Rights?", *Philosophical Review* LXIV (1955), 175–91.

Hassner, Pierre, "Les concepts de guerre et de paix chez Kant", *Revue française de science politique* XI (1961), 642–70.

Headley, John M., "The Sixteenth-Century Venetian Celebration of the Earth's Total Habitability: The Issue of the Fully Habitable World for Renaissance Europe", *Journal of World History* 8 (1997), 1–27.

Heath, Malcolm, "Aristotle on Natural Slavery", *Phronesis* 53 (2008), 243–70.

Hegel, Georg Friedrich, *The Philosophy of History*, J. Sibree trans. (New York: Dover Publications, 1956).

Elements of the Philosophy of Right, trans. H. B. Nisbet (Cambridge: Cambridge University Press, 1991).

Herder, Johann Gottfried von, *Outlines of a Philosophy of the History of Man* [*Ideen zur Philosophie der Geschichte der Menscheit*], T. Churchill trans. (London, 1800).

Hermes Trismegistus, *Corpus Hermeticum*, A. J. Festugière and Arthur Darby Knock eds. (Paris: Société d'édition "Les Belles Lettres", 1954)

Hingley, Richard, *Roman Officers and English Gentlemen: The Imperial Origins of Roman Archaeology* (London and New York: Routledge: 2007).

Hirschman, Albert, *The Passions and Interests: Political Arguments for Capitalism before Its Triumph* (Princeton: Princeton University Press, 1977).

Historical Collection of South Carolina; Embracing Many Rare and Valuable Pamphlets and Other Documents Relating to the State from Its First Discovery until Its Independence in the Year 1776 (New York, 1836).

Hobbes, Thomas, *Leviathan*, Richard Tuck ed. (Cambridge: Cambridge University Press, 1991).

Hobsbawn, Eric, *The Age of Empire, 1875-1914* (London: Abacus, 1987).

On Empire: America, War and Global Supremacy (New York and London: New Press, 2008).

Hobson, John Atkinson, *Imperialism: A Study* (London: James Nisbet, 1902).

Höffe, Otfried, *Kant's Cosmopolitan Theory of Law and Peace*, Alexandra Newton trans. (Cambridge: Cambridge University Press, 2006).

Holmes, Stephen, "The Liberal Uses of Bourbon Legitimism", *Journal of the History of Ideas* 43 (1982), 229-48.

Benjamin Constant and the Making of Modern Liberalism (New Haven and London: Yale University Press, 1984).

Home, Henry, Lord Kames, *Sketches of the History of Man*, James A. Harris ed. (Indianapolis: Liberty Fund 2007).

Hont, Istvan, *Jealousy of Trade: International Competition and the Nation-State in Historical Perspective* (Cambridge, MA. : Harvard University Press, 2005).

Howard, Michael, *Restraints on War* (Oxford: Oxford University Press, 1979).

Hume, David, *Essays, Moral, Political, and Literary* [1777], Eugene F. Miller ed. (Indianapolis: Liberty Fund, 1985).

Hyam, Ronald, *Britain's Imperial Century 1815-1914: A Study of Empire and Expansion* (London: B. T. Batsford, 1976).

Ignatieff, Michael, *Human Rights as Politics and Idolatry*, Amy Gutman ed. (Princeton and Oxford: Princeton University Press, 2001).

Isaac, Benjamin, *The Invention of Racism in Classical Antiquity* (Princeton: Princeton University Press, 2004).

Israel, Jonathan, *Revolutionary Ideas: An Intellectual History of the French Revolution from the Rights of Man to Robespierre* (Princeton: Princeton University Press, 2014).

Ivison, Duncan, "The Nature of Rights and the History of Empire" in*British Political Thought in History and Literature, 1500–1800*, David Armitage ed. (Cambridge: Cambridge University Press, 2006), 191–211.

James, Harold, *The Roman Predicament: How the Rules of International Order Create the Politics of Empire* (Princeton: Princeton University Press, 2008).

Jarcho, Saul, "Origin of the American Indian as Suggested by Fray Joseph de Acosta", *Isis* 59 (1959), 430–8.

Jaume, Lucien, ed., *Les Déclaration des droits de l'homme 1789–1793–1848–1946* (Paris: Flammarion, 1989).

Jefferson, Thomas, *A Summary View of the Rights of British America* (London, 1774).
Writings (New York: Library of America, 1984).

Jennings, Francis, *Empire of Fortune: Crowns, Colonies, and Tribes in the Seven Years' War in America* (New York: W. W. Norton, 1988).

Jennings, R. Y., *The Acquisition of Territory in International Law* (Manchester: Manchester University Press, 1963).

Jèze, Gaston, *Étude théorique et pratique sur l'occupation* (Paris, 1896).

Johnson, Glen and Janusz Symonides, *The Universal Declaration of Human Rights: A History of its Creation and Implementation, 1948–1998* (Paris: UNESCO, 1998).

Johnson, Robert, *Nova Britannia, Offering Most Excellent Fruites by Planting in Virginia* (London, 1609).

Jones, William, *The Collected Works of Sir William Jones* [1807] *facsimile edition* (New York: New York University Press, 1993).

Jonquière, Clement de la, *L'Expedition d'Égypte* (Paris, 1899–1907).

Jovellanos, Gaspar Melchor de, *Obras completas*, Vicente Llombart and Rosa Joaquín Ocampo Suárez-Valdés eds. (Gijón: Instituto Feijoo de Estudios del Siglo XVIII, 2008).

Juricek, John Thomas, "English Claims in North America to 1660: A Study in Legal and Constitutional History", unpublished PhD thesis, University of Chicago, 1970.

Kant, Immanuel, *Lectures on Ethics*, Peter Heath trans. and ed., *The Cambridge Edition of the Works of Immanuel Kant* (Cambridge: Cambridge University Press, 1997).
Practical Philosophy, Mary Gregor trans. and ed., *The Cambridge Edition of the Works of Im-*

manuel Kant (Cambridge: Cambridge University Press, 1999).

Anthropology. History, and Education, Günter Zöller and Robert B. Louden eds., The Cambridge Edition of the Works of Immanuel Kant (Cambridge: Cambridge University Press, 2007).

Kapp, Ernst, *Philosophische oder Vergleichende allgeine Erdkunde* (Braunschweig, 1845).

Kaser, Max, *Ius gentium* (Cologne, Weimar, Vienna: Böhlau Verlag, 1993).

Keene, Edward, *Beyond the Anarchical Society: Grotius, Colonialism and Order in World Politics* (Cambridge: Cambridge University Press, 2002).

Kennedy, Paul, *The Rise and Fall of the Great Powers* (New York: Random House 1987).

Kennedy, W. P. M., ed., *Documents of the Canadian Constitution* (Toronto and New York: Oxford University Press, 1918).

Kidd, Colin, *The Forging of Races: Race and Scripture in the Protestant Atlantic World, 1600–2000* (Cambridge, 2006).

Kingsbury, Benedict "Confronting Difference: The Puzzling Durability of Gentili's Combination of Pragmatic Realism and Normative Judgment", *American Journal of International Law* 92: 4 (1998), 713–23.

Kingsbury, Benedict, and Benjamin Straumann eds., *The Roman Foundations of the Law of Nations* (Oxford: Oxford University Press, 2010).

Kleingeld, Pauline, "Kant's Second Thoughts on Race", *Philosophical Quarterly* 57 (2007), 573–92.

Kant and Cosmopolitanism: The Philosophical Ideal of World Citizenship (Cambridge: Cambridge University Press, 2012).

Klug, Henry, "Transnational Human Rights: Exploring the Persistence and Globalization of Human Rights", *Annual Review of Law and Social Science* 1 (2005), 85–103.

Koebner, Richard, *Empire* (Cambridge: Cambridge University Press, 1961).

Koebner, Richard and H. Schmidt eds., *Imperialism: The Story and Significance of a Political Word, 1840–1960* (Cambridge: Cambridge University Press, 1964).

Koenigsberger, H. G., "Dominium regale or Dominium politicum et regale" in *Politicians and Virtuosi: Essays in Early-Modern History* (London: Hambledon Press, 1986).

Kolb, Robert, *Réflexions de philosophie du droit international* (Brussell: Editions Bruylant, 2003).

Korman, Sharon, *The Right of Conquest: The Acquisition of Territory by Force in International Law and Practice* (Oxford: Clarendon Press, 1996).

Koskenniemi, Martti, *From Apology to Utopia: The Structure of International Legal Argument*

(Cambridge: Cambridge University Press, 1989).

The Gentle Civilizer of Nations: The Rise and Fall of International Law 1870-1960 (Cambridge: Cambridge University Press, 2002).

"Ruling the World by Law (S): The View from around 1850" in Martti Koskenniemi and Bo Strath eds., *Europe 1815-1914: Creating Community and Ordering the World* (Helsinki: University of Helsinki, 2014), 16-32.

Kupperman, Karen Ordahl, *Settling with the Indians: The Meeting of English and Indian Cultures in America, 1580-1640* (Totowa, NJ: Rowman and Littlefield, 1980).

America in European Consciousness 1493-1750 (Chapel Hill and London: University of North Carolina Press, 1995).

Las Casas, Bartolomé de, *Historia de las Indias*, Augustín Millares Carlo ed. (Mexico: Fondo de Cultura Económica, 1951).

Lauterpacht, Hersch, "The Law of Nations, the Law of Nature and the Rights of Man", *Transactions of the Grotius Society* 29 (1943), 1-33.

International Law and Human Rights (London: Stevens and Sons, 1950).

Lawday, David, *Napoleon's Master: A Life of Prince Talleyrand* (London: Jonathan Cape, 2006).

Lefort, Claude, "Droits de l'homme et politique" in *L'Invention démocratique* (Paris: Fayard, 1981), 45-83.

Leroy-Beaulieu, *De la colonization chez les peuples modernes* (Paris, 1874).

De la colonization chez les peuples modernes (Paris: Guillaumin, 1902, 5th edition).

Lissón, Carlos, *La República en el Perú y la cuestión peruana* (Lima, 1867).

Locke, John, *Locke's Two Treatises of Government*, Peter Laslett ed. (Cambridge: Cambridge University Press, 1960).

John Locke: Political Essays, Mark Goldie ed. (Cambridge: Cambridge University Press, 1997).

John Locke as Translator Three of the Essais of Pierre Nicole in French and English, Jean S. Yolton ed. (Oxford: Voltaire Foundation, 2000).

Lugard, Frederick John, *The Dual Mandate in British Tropical Africa* (London: Blackwood, 1923).

Lupher, David A., *Romans in a New World: Classical Models in Sixteenth-Century Spanish America* (Ann Arbor: University of Michigan Press, 2003).

Lynch, John, *Simón Bolívar: A Life* (New Haven and London: Yale University Press, 2006).

Mack Smith, Denis, *Mazzini* (New Haven and London: Yale University Press, 1994).

MacMillan, Ken, *Sovereignty and Possession in the English New World: The Legal Foundations of Empire, 1576-1640* (Cambridge: Cambridge University Press, 2006).

Maier, Charles, *Among Empires: American Ascendancy and Its Predecessors* (Cambridge: Harvard University Press, 2006).

Maine, Henry Sumner, *Ancient Law* (London, 1861).

The Effects of Observation of India in Modern European Thought (London: John Murray, 1875).

International Law: A Series of Lectures Delivered before the University of Cambridge 1887 (London: John Murray, 1888).

Major, John, *In secundum librum Sententiarum* (Paris, 1519).

Malcolm, Noel, "Hobbes's Theory of International Relations" in *Aspects of Hobbes* (Oxford: Oxford University Press, 2002), 432-56.

Manent, Pierre, Cours familier de philosophie politique (Paris: Fayard, 2001).

Mantena, Karuna, *Alibis of Empire: Henry Maine and the Ends of Liberal Imperialism* (Princeton: Princeton *University* Press, 2010).

Marcoci, Giuseppe, *L'invenzione di un imperio: Politica e cultura nel mondo portoghese (1450-1600)* (Rome: Caroci editore, 2011).

Maritain, Jacques, *Les droits de l'homme et la loi naturelle* (New York: Éditions de la maison française, 1942).

Marshall, John, *The Life of George Washington: Commander in Chief of the American Forces during the War which Established the Independence of His Country, and First President of the United State* (to which is prefixed, an introduction containing a compendious view of the colonies planted by the English on the continent of North America) (London, 1804-7).

Marshall, P. J., *The Impeachment of Warren Hastings* (Oxford: Oxford University Press, 1965).

Martínez, María Elena, *Genealogical Fictions: Limpieza de Sangre, Religion, and Gender in Colonial Mexico* (Stanford: Stanford University Press, 2008).

Mazower, Mark, *Governing the World: The History of an Idea* (New York: Penguin Press, 2012).

McCarthy, Thomas, *Race, Empire and the Idea of Human Development* (Cambridge: Cambridge University Press, 2009).

McConville, Brendan, *These Daring Disturbers of the Public Peace: The Struggle for Property and Power in Early New Jersey* (Ithaca: Cornell University Press, 1999).

Mcneil, Kent, "A Question of Title: Has the Common Law Been Misapplied to Dispossess the

Aboriginals?", *Monash University Law Review* 16 (1990), 91-110.

Mede, Joseph, *The Works of the Pious and Profoundly-Learned Joseph Mede*, (corrected and enlarged according to the author's own manuscripts) (London, 1672).

Mehta, Uday Singh, *Liberalism and Empire: A Study in Nineteenth-Century British Liberal Thought* (Chicago: University of Chicago Press, 1999).

Meinecke, Friedrich, *Weltbürgertum und Nationalstaat: Studien zur Genesis des deutschen Nationalstaates* (Munich: R. Oldenbourg, 1922).

Miaja de la Muela, Adolfo, "El derecho totius orbis en el pensamiento de Francisco de Vitoria", *Revista española de derecho internacional* 18 (1965), 341, 348-52.

Mill, John Stuart, *Collected Works of John Stuart Mill*, J. M. Robson ed. (Toronto: University of Toronto Press, 1984).

"On Liberty" in *On Liberty and Other Writings*, Stefan Collini ed. (Cambridge: Cambridge University Press, 1989).

Miller, Peter, *Defining the Common Good: Empire, Religion and Philosophy in Eighteenth-century Britain* (Cambridge: Cambridge University Press, 1994).

Mirabeau, Victor de Riquetti, marquis de, *L'Ami des hommes, ou traité de la population* (The Hague, 1758).

Mommsen, Theodore, *Le Droit publique romain* [Romisches Staatsrecht], P. F. Girard trans. (Paris, 1896).

Montesquieu, Charles de Secondat, baron de, *Oeuvres complètes*, Roger Caillois ed. (Paris: Bibliothèque de la Pléiade, 1949-51).

Monumenta hericina (Coimbra: Comissao Executiva das Comemorações do V Centenario da Morte do Infante D. Henrique, 1960-74).

Moyn, Samuel, *The Last Utopia Human Rights in History* (Cambridge, MA: Harvard University Press, 2010)

Mueller, John E., *Capitalism, Democracy, and Ralph's Pretty Good Grocery* (Princeton: Princeton University Press, 1999).

Muguerza, Javier, "La lucha por los derechos (Un ensayo de relectura libertaria de un viejo texto liberal)", *Revista internacional de filosofía política* 15 (2000), 43-59.

Mulholland, Leslie Arthur, *Kant's System of Rights* (New York: Columbia University Press, 1989).

Münkler, Herfried, *Empires*, Patrick Camiller trans. (Cambridge: Polity Press, 2007).

Muriel, Andrés, *Gobierno del señor rey Carlos III* [1838], Carlos Seco Serrano ed., *Biblioteca de autores españoles* (Madrid: Ediciones Atlas, 1959).

Muthu, Sankar, *Enlightenment against Empire* (Princeton and Oxford: Princeton University Press, 2003).

Na'im, Abd Allah Ahmed, *Toward an Islamic Reformation: Civil Liberties, Human Rights, and International Law* (Syracuse: Syracuse University Press, 1990).

Nardi, Bruno, "Pietro Pomponazzi e la teoria di Avicenna intorno alla generazione spontanea del uomo" in *Studi su Pietro Pompanazzi* (Florence: F. Le Monnier, 1965).

Nelson, Eric, "Liberty: One Concept Too Many?" *Political Theory* 33 (2005), 58–78.

Newcomb, Steven T., "The Evidence of Christian Nationalism in Federal Indian Law: The Doctrine of Discovery, Johnson v. McIntosh and Plenary Power", *New York Review of Law and Social Change* 20 (1993), 303–41.

Nicolet, Claude, *The World of the Citizen in Republican Rome*, P. S. Falla trans. (Berkeley and Los Angeles: California University Press, 1980).

Ninkovich, Frank, *The United States and Imperialism* (Malden: Blackwell Publishers, 2001).

Nussbaum, Arthur, *A Concise History of the Law of Nations* (New York: Macmillan, 1954).

Orford, Anne, *International Authority and the Responsibility to Protect* (Cambridge: Cambridge University Press, 2011).

Ortega Martínez, Francisco A., "Entre 'constitución' y 'colonia', el estatuto ambiguo de las Indias en la monarquía hispánica" in *Conceptos fundamentales de la cultura política de la Independencia* (Bogotá: Universidad Nacional de Colombia, 2012), 61–91.

Otis, James, "The Rights of the British Colonies Asserted and Proved" [Boston, 1764] in Bernard Bailyn ed., *Pamphlets of the American Revolution.* I: 1750–1765, (Cambridge, MA: Harvard University Press, 1965).

Pagden, Anthony, "The 'School of Salamanca' and the 'Affair of the Indies' ", *History of Universities* 1 (1981), 71–112.

The Fall of Natural Man: The American Indian and the Origins of Comparative Ethnology (Cambridge: Cambridge University Press, 1986, Second revised and enlarged edition).

"Identity Formation in Spanish America" in Nicholas Canny and Anthony Pagden eds., *Colonial Identity in the Atlantic World, 1500–1800* (Princeton: Princeton University Press, 1987), 81–3.

Spanish Imperialism and the Political Imagination: Studies in European and Spanish-American Social and Political Theory 1513–1830 (New Haven and London: Yale University Press, 1990).

European Encounters with the New World from Renaissance to Romanticism (New Haven and London: Yale University Press, 1993).

Lords of All the World: Ideologies of Empire in Spain, Britain and France c. 1500 – c. 1899 (New Haven and London: Yale University Press, 1995).

"Ley y sociabilidad en Giambattista Vico: hacia una historia crítica de las ciencias humanas", *Agora Papeles de Filosofía* 16: 2 (1997), 59–80.

"The Struggle for Legitimacy and the Image of Empire in the Atlantic to c. 1700" in Nicholas Canny ed., *The Oxford History of the British Empire*, I, *The Origins of Empire* (Oxford: Oxford University Press, 1998), 34–54.

"Stoicism, Cosmopolitanism and the Legacy of European Imperialism", *Constellations* 7 (2000), 3–22.

"La monarquía española en el siglo XVIII. A propósito de los frescos de Giambattista Tiepolo", Reales Sitios. *Revista del Patrimonio Nacional* 38 (2001), 2–9.

ed., *The Idea of Europe from Antiquity to the European Union* (Cambridge: Cambridge University Press, 2002).

"La Découverte de l'Amérique et la transformation du temps et de l'espace en Europe", *Revue de synthèse* 129 (2008), 1–16.

The Enlightenment – and Why It Still Matters (New York: Random House, 2013).

Palacios Rubios, Juan López de, *Insularum mari Oceani tractatus in De las islas del mar Océano por Juan López de Palacios Rubios*, Augustín Millares Carlo ed. (Mexico City: Fondo de Cultura Económica, 1954).

Panizza, Diego, *Alberico Gentili, giurista ideologico nell' Inghilterra elisabettiana* (Padua: la Garangola, 1981).

"Political Theory and Jurisprudence in Gentili's De Iure Belli: The Great Debate between 'Theological' and 'Humanist' Perspectives from Vitoria to Grotius", *International Law and Justice Working Papers* 15: 5 (2005), available at http://www.iilj.org/publications/2005-15.

Paquette, Gabriel B., *Enlightenment, Governance and Reform in Spain and its Empire* (Houndsmills: Palgrave Macmillan, 2008), 29–55.

Paterson, William, *The Writings of William Paterson, Founder of the Bank of England*, S. Bannister ed. (London, 1858).

Pereña, Luciano, *Misión de España en América* (Madrid: Consejo Superior de Investigaciones Scientíficas, 1956).

Philonenko, Alexis, "Kant et le problème de la paix" in *Essais sur la philosophie de la guerre* (Paris: Vrin, 1976), 32–5.

Pinker, Steven, *The Better Angels of Our Nature: Why Violence Has Declined* (New York: Viking, 2011).

Pitts, Jennifer, A Turn to Empire: *The Rise of Imperial Liberalism in Britain and France* (Princeton: Princeton University Press, 2005).

"Constant's Thoughts on Slavery and Empire" in Helena Rosenblatt ed. , *The Cambridge Companion to Constant* (Cambridge: Cambridge University Press, 2009), 115-45.

"Empire and Legal Universalism in the Eighteenth Century", *American Historical Review* 117 (2012), 92-121.

Pocock, J. G. A. , Virtue, *Commerce and History* (Cambridge: Cambridge University Press, 1985).

"A Discourse on Sovereignty: Observations on the Work in Progress" in Nicholas Phillipson and Quentin Skinner eds. , *Political Discourse in Early-Modern Britain* (Cambridge: Cambridge University Press, 1993), 377-428.

Barbarism and Religion (Cambridge: Cambridge University Press, 1999).

Pollis, A. and P. Schwab eds. , *Human Rights: Cultural and Ideological Perspectives* (New York: Praeger, 1979).

Popkin, Richard, *Isaac La Peyrère (1596-1676): His Life, Work and Influence* (Leiden and New York: Brill, 1987).

Price, Richard, *Political Writings*, D. O. Thomas ed. (Cambridge: Cambridge University Press, 1991).

Prien, Hans-Jürgen, "Las Bulas Alejandrinas de 1493" in Bernd Schröter and Karin Schüller eds. , *Tordesillas y sus consequencias: La política de las grandes potencias europeas respecto a América Latina (1494 1898)* (Frankfurt: Vervuet Iberoamericana, 1995), 12-28.

Pufendorf, Samuel, *De iure naturae et gentium libri octo*, C. H. Oldfather and W. A. Oldfather trans. (Oxford: Clarendon Press, 1934).

On the Duty of Man and Citizen According to Natural Law, James Tully ed. (Cambridge: Cambridge University Press, 1991).

Purchas, Samuel, *Purchas his Pilgrimes* (London, 1625).

Quesnay, François, *François Quesnay et la physiocratie* (Paris: Institut national d'études demographiques, 1958).

Rapport fait à l0 Assemblée Nationale, *sur les colonies, au nom des Comitées de Constitution, de Marine, d'Agriculture, de Commerce et des Colonies*, le 23 Septembre, 1791 [Paris].

Rabossi, Eduardo, "La teoría de los derechos humanos naturalizada" *Revista del Centro de Estudios Constitucionales* 5 (1990), 159-79.

Randles, W. G. L. , "Classical Models of World Geography and Their Transformation following the Discovery of America" in Wolfgang Haase and Meyer Rheinhold eds. , *The Classical Tradition and the Americas* (Berlin and New York: W. de Gruyter, 1993), 5-76.

Raustiala, Kal, *Does the Constitution Follow the Flag? The Evolution of Territoriality in American Law* (Oxford: Oxford University Press, 2009).

Rawls, John, *The Law of Peoples* (Cambridge, MA: Harvard University Press, 1999).

Raynal, Guillaume-Thomas, *Histoire philosophique et politique des établissements et du commerce des Européens dans les deux Indes*, Anthony Strugnell et al. eds. (Paris: Centre International d'Études du XVIIIe siècle, 2010).

Recchia, Stefano and Nadia Urbinati eds. , *A Cosmopolitanism of Nations: Giuseppe Mazzini's Writings on Democracy, Nation Building and International Relations* (Princeton: Princeton University Press, 2009).

Recopilación de leyes de los reynos de las Indias (Madrid, 1791).

Records of the Governor and Company of the Massachusetts Bay, Nathaniel Shurtleff ed. (Boston: William White, 1853-4)

Richardson, W. A. R. , "Mercator's Southern Continent: Its Origins, Influence and Gradual Decline", *Terrae Incognitae* 25 (1993), 67-98.

Ripstein, Arthur, *Force and Freedom Kant's Legal and Political Philosophy* (Cambridge, MA: Harvard University Press, 2009).

Rorty, Richard, *Truth and Progress: Philosophical Papers* (Cambridge: Cambridge University Press, 1998).

Rosenblatt, Helena, "Commerce et religion dans le libéralisme de Benjamin Constant, *Commentaire* 26 (2003), 415-26.

Rosenthal, Earl, "Plus ultra, non plus ultra, and the Columnar Device of Emperor Charles V", *Journal of the Warburg and Courtauld Institutes* 34 (1971), 204-28.

Rousseau, Jean-Jacques, *Oeuvres complètes*, édition publiée sous la direction de Bernard Gagnebin et Marcel Raymond (Paris: Bibliothèque de la Pléiade, 1964).

Rubies, Joan-Pau, "Hugo Grotius' Dissertation on the Origins of the American Peoples, and the Use of Comparative Method", *Journal of the History of Ideas* 52 (1991), 221-44.

Russell, Frederick H. , *The Just War in the Middle Ages* (Cambridge: Cambridge University Press, 1975).

Russett, Bruce and John R. Oneal, *Triangulating Peace: Democracy, Interdependence and International Organizations* (New York: Norton, 2001).

Saavedra Fajardo, Diego, *Empresas polĺticas: Idea de un princĺpe polĺtico-cristiano*, A. Vaquero ed. (Madrid: Editorial Nacional, 1976).

Sahagún, Bernardino de, *Historia de las cosas de la Nueva España* (Mexico City: Fondo de Cultura Económica, 1938).

Sahlins, Marshall, *Islands of History* (Chicago: Chicago University Press, 1985).

Schiavone, Aldo, *Ius: L'invenzione del diritto in Occidente* (Turin: Einaudi, 2005).

Storia e destino (Turin: Einaudi, 2007).

Schmidt, Benjamin, *Innocence Abroad: The Dutch Imagination and the New World, 1570-1670* (Cambridge: Cambridge University Press, 2001).

Schmitt, Carl, *Land und Meer: Eine weltgeschichtliche Bertracchtung* (Leipzig: Reclam, 1942).

The Nomos of the Earth in the International Law of the Jus Publicum Europaeum, G. L. Umen trans. and ed. (New York: Telos Press, 2003).

Schneider. G. and N. P. Gleditsch, "The Capitalist Peace: The Origins and Prospects of a Liberal Idea, *International Interactions* 36 (2010), 107-14

Schofield, Malcolm, "Ideology and Philosophy in Aristotle's Theory of Slavery" in *Saving the City: Philosopher Kings and Other Classical Paradigms* (London: Routledge, 1999), 115-40.

Schumpeter, Joseph, *Imperialism and Social Classes* [*Zur Soziologie der Imperialismen*], Heinz Norden trans. (New York: Meridian Books, 1955).

Scott, James Brown, *The Spanish Origin of International Law: Lectures on Francisco de Vitoria (1480-1546) and Francisco Suárez (1548-1617)* (Washington, DC: School of Foreign Service, Georgetown University, [1928]).

Seed, Patricia, *Ceremonies of Possession in Europe's Conquest of the New World, 1492-1640* (Cambridge: Cambridge University Press, 1995).

Seeley, John Robert, *The Expansion of England: Two Courses of Lectures* (London: Macmillan, 1883).

Sepúlveda, Juan Gines de, *Democratus secundus, sive de justis causis belli apud Indos*, in *Democrates Segundo, o justas causas de la Guerra contra los indios*, Angel Losada trans. and ed. (Madrid: Consejo Superior de Investigaciones Cientifícas, 1951).

Sherwin-White, A. N., *The Roman Citizenship* (Oxford: Oxford University Press, 1973).

Shklar, Judith, "Subversive Genealogies" in*Political Thought and Political Thinkers*, Stanley Hoffman ed. (Chicago: Chicago University Press, 1998), 132-60.

Shue, Henry, *Basic Rights: Substance, Affluence, and U. S. Foreign Policy* (Princeton: Princeton University Press, 1980).

Sicroff, Albert A., *Les controverses des status de "pureté de sang" en Espagne du XIVe au XVIIe siècles* (Paris: Didier, 1960).

Simms, Brendan and D. J. B. Trim eds., *Humanitarian Intervention: A History* (Cambridge:

Cambridge University Press, 2011).

Sissa, Giulia, "La Génération automatique" in Barbara Cassin and Jean-Louis Labarrière eds., *L'Animal dans l'antiquité* (Paris: Vrin, 1997).

Smiley, T. S., *Principles and Methods of Colonial Administration*, Colson Papers (London: Butterworth Scientific Publications, 1950).

Smith, Adam, *An Inquiry into the Nature and Causes of the Wealth of Nations*, W. B. Todd ed. (Oxford: Clarendon Press, 1976).

    Essays on Philosophical Subjects W. P. D. Wightman and J. C. Bryce eds. (Oxford: Oxford University Press, 1980).

    The Correspondence of Adam Smith, Ernest Campbell Mossner and Ian Simpson Ross eds. (Oxford: Oxford University Press, 1987).

Smith, Joseph Henry, *Appeals to the Privy Council from the American Plantations* (New York: Columbia University Press, 1950).

Solórzano Pereira, Juan de, *Política Indiana*, Francisco Tomás y Valiente y Ana María Barrero eds. (Madrid: Biblioteca Castro, 1996).

Soto, Domingo de, *De iustitia et iure*, *libri decem* (Salamanca, 1556).

    De legibus. Comentarios al tratado de la ley, Francisco Puy and Luís Núñez trans. and ed. (Granada: Universidad de Granada, 1965).

Sousa e Alvim, Diogo de, "A Disputa pelo Arquipélago do Pináculo (Senkaku/Diaoyu) Uma Análise Jurídica" (February 27, 2011), available athttp://ssrn.com/abstract=1772223.

Stein, J. and Barbara H. Stein, *Silver Trade and War: Spain and America in the Making of Early-Modern Europe* (Baltimore: Johns Hopkins University Press, 2000).

Stein, Peter, "The Development of the Notion of Naturalis Ratio" in A. Watson ed., *Daube Noster: Essays in Legal History for David Daube* (Edinburgh: Edinburgh University Press, 1974), 305-16.

Story, Joseph, *Commentaries on the Constitution of the United States* (Boston, 1891).

Strachey, William, *The Historie of Travell into Virginia Britania*, Louis B. Wright and Virginia Freund eds. (London: Hakluyt Society, 1953).

Straumann, Benjamin, "The Right to Punish as a Just Use of War in Hugo Grotius' Natural Law", *Studies in the History of Ethics* 2 (2006), 1-20.

Stuurman, Siep, "François Bernier and the Invention of Racial Classification", *History Workshop Journal* 50 (2000), 1-21.

Suárez, Francisco, *Opus de triplici virtute theologica: Fide spe et charitate* (Paris, 1611).

    Disputatio xii. De Bello [from *Opus de triplice virtute theologica, fide spe et charitate* Paris,

1621] in Luciano Pereña Vicente, *Teoria de la guerra en Francisco Suárez* (Madrid, 1954), II.

Tractatus de legibus ac Deo Legislatore [1612], Luciano Pereña ed. (Madrid: CSIC, 1971).

Swidler, Leonard, "Diritti umani: una panoramica storica" in *Concilium, Rivista internazionale di teologia* 26 (1990), 27–42.

Tanner, Marie, *The Last Descendant of Aeneas: The Habsburgs and the Mythic Image of the Emperor* (New Haven and London: Yale University Press, 1993).

Terjanian, Anoush Fraser, *Commerce and Its Discontents in Eighteenth-Century French Political Thought* (Cambridge: Cambridge University Press, 2013).

Thomas, Rosalind, *Herodotus in Context: Ethnography, Science and the Art of Persuasion* (Cambridge: Cambridge University Press, 2002).

Thomasius, Christian, *Fundamenta juris naturae et gentium ex sensu communi deducta* (Halle, 1718).

The Three Charters of the Virginia Company of London with Seven Related Documents, with an introduction by Samuel M. Bemiss (Williamsburg: Jamestown 350th Anniversary Historical Booklets, 1957).

Tierney, Brian, *The Crisis of Church and State* 1050–1300 (Toronto: Toronto University Press, 1988).

The Idea of Natural Rights Natural Law, and Church Law, 1150–1625 (Atlanta, GA: Scholars Press, 1997).

"Kant on Property: The Problem of Permissive Law", *Journal of the History of Ideas* 62 (2001), 301–12.

Tocqueville, Alexis de, *L'Ancien régime et la révolution*, François Mélonio (Paris: Flammarion, 1988).

Tocqueville sur l'Algérie, Seloua Luste Boulbina ed. (Paris: Flamarion, 2003).

Todorov, Tzvetan, *Le Nouveau désordre mondial: Réflexions d'un Européen* (Paris: Robert Laffont, 2003).

Trudel, Marcel, *The Beginnings of New France, 1524–1663*, Patricia Claxton trans. (Toronto: Toronto University Press, 1973).

Tuck, Richard, *Natural Rights Theories* (Cambridge: Cambridge University Press, 1979).

"The 'Modern' Theory of Natural Law" in Anthony Pagden ed., *The Languages of Political Theory in Early-Modern Europe* (Cambridge: Cambridge University Press, 1987), 99–119.

"Rights and Pluralism" in James Tully ed., *Philosophy in an Age of Pluralism: The Philoso-*

  phy of Charles Taylor in Question (Cambridge: Cambridge University Press, 1994), 159-70.

  The Rights of War and Peace: Political Thought and the International Order from Grotius to Kant (Oxford: Oxford University Press, 1999).

  "Alliances with Infidels in the European Imperial Expansion" in Sankar Muthu ed., *Empire and Modern Political Thought* (Cambridge: Cambridge University Press, 2012), 61-83.

Tucker, Robert W. and David C. Hendrickson, *Empire of Liberty: The Statecraft of Thomas Jefferson* (Oxford: Oxford University Press, 1990).

Tully, James, *An Approach to Political Philosophy: Locke in Contexts* (Cambridge: Cambridge University Press, 1993).

  "Aboriginal Property and Western Theory: Recovering a Middle Ground", *Social Philosophy and Policy* 11 (1994), 153-80.

Tuori, Kaius, "Alberico Gentili and the Criticism of Expansion in the Roman Empire: The Invader's Remorse," *Journal of the History of International Law* 11 (2009), 205-19.

Turgot, Anne-Robert-Jacques, baron de Laune, *Mémoires sur les colonies américaines, sur leurs relations politiques avec leurs métropoles, et sur la maniéré dont la France et l'Espagne on dû envisager les suites de l'indépendance des Etats unis de l'Amérique* [6 April, 1776], (Paris, 1791).

Twiss, Travers, *Two Introductory Lectures on the Science of International Law* (London: Longmans, 1856).

Ullmann, Walter, "Some Observations on the Medieval Evaluation of the 'homo naturalis' and the 'Christianus' " in *L'Homme et son destin d'après les penseurs du moyen âge: Actes du premier congrès international de philosophie médiévale* (Louvain-Paris, 1960), 145-51.

Uztaríz, Gerónimo de, *Theoríca y practica de comercio y de marina* (Madrid, 1724).

Valls, Andrew, "A Lousy Empirical Scientist": Reconsidering Hume's Racism" in Andrew Valls ed., *Race and Racism in Modern Philosophy* (Cornell: Cornell University Press, 2005), 127-49.

Van Ittersum, Martine Julia, *Profit and Principle: Hugo Grotius, Natural Rights Theories and the Rise of Dutch Power in the East Indies* (1595-1615) (LeidenBoston: Brill, 2006).

Vattel, Emer de, *Le Droit des gens, et les devoirs des citoyens, ou principe de la loi naturelle* (Nimes, 1793).

  The Law of Nations or, Principles of the Law of Nature, Béla Kapossy and Richard Whatmore eds. (Indianapolis: Liberty Fund, 2008).

Vázquez de Menchaca, Fernando, *Controversiarum illustrium aliarumque usu frequentium, libri tres* [1563], Fidel Rodriguez Alcalde ed. (Valladolid, 1931-5).

Vico, Giambattista, *Opere*, F. Nicolini ed. (Bari: Laterza, 1911-41).

Vieira, Mónica Brito, "Mare Liberum vs. Mare Clausum: Grotius, Freitas, and Selden's Debate on Dominion over the Seas", *Journal of the History of Ideas* 63 (2003), 361-77.

Villey, Michel, "La genèse du droit subjectif chez Guillaume d'Ockham" in *Archives de la philosophie du droit*, 9 (1969), 97-127.

Philosophie du droit (Paris: Dalloz, 1982).

Viscardo, Juan Pablo, *Carta derijida* [*sic*] *a los Españoles Americanos por uno de sus compatriotas* (London, 1801).

Vitoria, Francisco de, *De Justitia*, Vicente Beltrán de Heredia ed. (Salamanca, 1932).

Comentarios a la Secunda Secundae de Santo Tomás, Vicente Beltrán de Heredia ed. (Salamanca: Biblioteca de teólogos españoles, 1934).

Vitoria: Political Writings, Anthony Pagden and Jeremy Lawrance trans. and eds. (Cambridge: Cambridge University Press, 1991).

Von der Heydte, Friedrich August, "Discovery, Symbolic Annexation and Virtual Effectiveness in International Law," *American Journal of International Law* 29 (1935), 448-71.

Wagner, Andreas, "Francisco de Vitoria and Alberico Gentili on the Legal Character of the Global Commonwealth", *Oxford Journal of Legal Studies* 31: 3 (2011), 565-82.

Waldron, Jeremy, "Kant's Theory of the State" in Pauline Kleingeld ed., *Towards Perpetual Peace and Other Writings on Politics, Peace and History*, (New Haven and London: Yale University Press, 2006), 194-7.

Ward, Robert, *An Enquiry into the Foundations of the Laws of Nations in Europe from the Time of the Greeks and Romans to the Age of Grotius* (London, 1795).

Williams, Bernard, *Shame and Necessity*. (Berkeley, Los Angeles, and Oxford: California University Press, 1993), 110-16.

Williams, Gwyn A., *Madoc: The Legend of the Welsh Discovery of America* (London: Methuen, 1979).

Wolff, Christian, *Jus gentium methodo scientifica pertractatum* (Oxford: Clarendon Press, 1934).

Wood, Gordon, *The Creation of the American Republic 1776-1787* (New York and London: W. W. Norton, 1972).

Wright, Quincy, "The Goa Incident", *American Journal of International Law* 56 (1962), 626-37.

Yirush, Craig, *Settlers, Liberty and Empire: The Roots of Early American Political Theory 1675-*

    1775 (Cambridge: Cambridge University Press, 2011).

Young, Arthur, *Political Essays Concerning the Present State of the British Empire* (London, 1772).

Zakaria, Fareed, "A Conversation with Lee Kuan Yew", *Foreign Affairs* 73 (1994), 109-26.

Zielonka, Jan, *Europe as Empire: The Nature of the Enlarged European Union* (Oxford: Oxford University Press, 2006).

致 谢

在撰写和修订本书所选编的文章过程中，我需要向许多人表达谢意。首先，我要感谢大卫·阿米蒂奇（David Armitage）和詹妮弗·皮特斯（Jennifer Pitts），他们很早之前就通读了整部书稿。他们独具慧眼，让我避免了许多错误，他们的建议对本书希望实现的整体连贯性贡献颇多。我查阅了大量拉丁语资料，大卫·卢弗尔（David Lupher）给予了大量帮助，使我避免因诸多误读而困扰。我要感谢克利福德·安多（Clifford Ando）、本杰明·斯特劳曼（Benjamin Straumann）和阿尔多·斯契亚沃尼（Aldo Schiavone）的慷慨相助，就有关罗马法的问题为我解疑释惑。我还要感谢桑杰·萨布拉曼洋（Sanjay Subrahmanyam）、西奥多·克里斯托弗（Theodore Christov）、克瑞格·伊拉士（Craig Yirush）、桑卡尔·穆图（Sankar Muthu）、约瑟·玛利亚·赫尔南德斯（José Maria Hernandez）、费尔南德·塞万提斯（Fernando Cervantes）、卡尔·劳斯迪亚（Kal Raustiala）、斯图尔特·班纳（Stuart Banner）、约书亚·西蒙（Joshua Simon）、罗伯特·法尔内蒂（Roberto Farneti）、阿努什·特尔加尼亚（Anoush Terjanian）以及琼·保罗·鲁比斯·鲁比斯·米拉贝特（Joan-Pau Rubies Rubiés Mirabet），感谢他们通过不同方式（有时是以我意料之外的方式）为我最终完成这些文章所做的巨大贡献。其中一些文章的早期版本曾在圣地亚哥·德·孔波斯特拉大学、巴黎社会科学高等研究院、德尼·狄德罗-巴黎第七大学、麦吉尔大学政治学系、耶鲁大学政治学系、史密斯学院卡恩文科学院、佛罗伦萨欧洲大学研究所、蒙特利尔大学加拿大德国和欧洲研究中心以及牛津布莱克法尔学院举行的讲座或研讨会上演讲过。感谢参会专家提出的宝贵评论意见。

我还要感谢剑桥大学出版社罗伯特·德利森（Robert Dreesen）先生，他给了我莫大的鼓励；感谢出版社伊丽莎白·珍妮切克（Elizabeth Janetschek）和保罗·斯莫伦斯基（Paul Smolenski），他们为本书的出版提供了出色的指导；同时，我还要感谢排印编辑——派特·福克斯公司苏珊·考夫曼（Susan Kauffman）先生，他整理完成了本书的终稿。

我最需要感谢的是我的妻子朱莉娅·西莎（Giulia Sissa），她也是我生活中的挚友和伙伴，一直以来，她对我的写作给予了大力支持，她从头至尾见证了我在探究前人观点以及考据大部分前人的生平中所碰到的困难（她还帮我选定了本书封面图片）。与此前一样，我要以此书向她表达谢意。

索引

(页码为原版页码,见本书边码)

Abercromby, James, 詹姆斯·阿伯克龙比 133-4

Achaemenid Persians, governance and, 波斯帝国阿契美尼德波斯王朝 5

Acosta, José de, 何塞·德·阿科斯塔 110-11

Adams, John, 约翰·亚当斯 134

Afonso V (king of Portugal), 阿方索五世 (葡萄牙国王) 17, 49

Alamán, Lucas, 卢卡斯·阿拉曼 187-8

Alexander the Great, 亚历山大大帝 1-2, 4-5, 7

Alexander VI (pope), 亚历山大六世 (教皇) 10, 49-50

American Indians, 美洲印第安人 14-15
    as natural slaves, 自然奴隶 106-7
    origins of humanity and, 人性起源 109-15
    Victoria on, 维托利亚论著 60

Andros, Sir Edmund, 埃德蒙·安德罗斯爵士 143

Antoinine Constitution, 安东尼宪法 4

Antoninus Pius (emperor), 安东尼·庇护 (皇帝) 5

Aotourou, 奥托若 101

Aranda, Count of (Pedro Pablo Abarca de Bolea), 阿兰达伯爵 (佩德罗·帕布洛·阿瓦尔卡·德·博莱亚) 147, 186-8

Aristides, Publius Aelius, 普布利乌斯-埃列乌斯·阿里斯蒂德斯 5, 87

Aristotle, 亚里士多德 14, 58
    theory of natural slavery of, 自然奴隶论 103-5

Armitage, David, 大卫·阿米蒂奇 136

Aron, Raymond, 雷蒙·阿隆 34

Augustine of Hippo (saint), 希波的奥古斯丁 (圣) 57, 62

authority, sovereign, 权力,主权 29-30

Bacon, Francis, 弗朗西斯·培根 131, 138

Barbados, 巴巴多斯 129

barbarians, School of Salamanca and, 野蛮民族,萨拉曼卡学派 97-8

Barnave, Antoine, 安托万·巴纳夫 130-1

Barros, João de, 若望·德·巴洛斯 101,

155

Bembo, Pietro, 皮埃特罗·本博 155

Bentham, Jeremy, 杰里米·边沁 201, 250

Bernier, François, 弗朗索瓦·伯尼尔 98-9

Blackstone, Sir William, 威廉·布莱克斯通爵士 129-30

Bland, Richard, 理查德·布兰德 30-1, 146

Bobbio, Norbeto, 诺贝尔托·博比奥 255

Bolívar, Simón, 西蒙·玻利瓦尔 19, 147, 194-5

Bombast, Theophrastus, 德奥弗拉斯特·博姆巴斯茨 111

Borello, Camillo, 卡米洛·博雷洛 120

Bougainville, Antoine de, 安托万·德·布干维尔 101

British East India Company, 英属东印度公司 33

British Empire, 大英帝国 2
　collapse of in North America, 在北美洲分崩离析 20

British Raj, 英属印度帝国 6

Brown, Aaron V., 阿伦·V. 布朗 134

Bryan, William Jennings, 威廉·詹宁斯·布赖恩 36

Bryce, Viscount James, 詹姆斯·布莱斯子爵 35

Bulkley, John, 约翰·巴尔克利 144

Bulls of Donation, 《赠与诏书》17, 49-51, 114, 125, 137

Burgos, Laws of, 《布尔戈斯法》114

Burke, Edmund, 埃德蒙·伯克 27-8, 36, 59, 127, 131, 135, 140-1, 232, 238, 250

Cairo Declaration of Human Rights in Islam, 《开罗伊斯兰人权宣言》244

Caligula (emperor), 卡利古拉（皇帝）8

Camden, William, 威廉·卡姆登 50

Campanella, Tommaso, 托马索·康帕内拉 10

Campillo y Cosío, José de, 坎皮略·y·科西奥 178, 181-3

Campomanes, Pedro Rodríguez, 佩德罗·罗德里格斯·坎波马内斯 18, 177, 183-5

Cano, Melchor, 梅尔乔·卡诺 46-7, 58, 107-8

Caracalla (emperor), 卡拉卡拉（皇帝）4, 7

Cartier, Jacques, 雅克·卡蒂亚 93

Chapman, Robert, 罗伯特·查普曼 126

Charles III (king of Spain), 查理三世（西班牙国王）19, 176-8

Charles V (king of Spain), 查理五世（西班牙国王）10, 12, 52

Charles VI (king of Spain), 查理六世（西班牙国王）19

Charlevois, Pierre François, 皮埃尔·弗朗索瓦·夏利华 155

charters, 特许状 127-8

Child, Sir Josiah, 乔赛亚·查尔德爵士 179

China, 中国 1-2

Christians, cosmopolitanism and, 基督教徒, 普世主义 8-9

Cicero, 西塞罗 7-8, 45, 54, 104-5, 154
　on war/warfae, 论战争 57

Citizenship, 公民身份 5
　idea of open society and, 开放社会思想 5
　Romans and, 罗马人 3-4

universal，普世 6
Clark, Bruce，布鲁斯·克拉克 145
Claudian，克劳迪安 87
Claudius (emperor)，克劳狄（皇帝）6
Coke, Sir Edward，爱德华·柯克爵士 124, 126-7, 129-30
commerce, empires and，商业帝国 226-32
commercial societies，商业社会 227
composite monarchy，复合君主国 19, 31, 120
concession, of land，土地特许权 142-6
Condorcet, marquis de (Marie-Jean-Antoine Nicholas de Caritat)，德·孔多塞侯爵（马利·让·安托万·尼古拉·德·卡里塔）231, 252
conquests，征服 57, 61, 175
　　England and，英格兰 123-33
　　European justifications of conquests of，欧洲人征服的正当性 15-18
Conrad, Joseph，约瑟夫·康拉德 238
Constant, Benjamin，本杰明·贡斯当 24-5, 193, 233-8
Cortés Hernán，埃尔南·科尔特斯 6, 136
cosmopolitanism，普世主义 8
　　Christians and，基督徒 8-9
　　human rights and，人权 255
Cotton, John，约翰·科顿 123
Covarrubias y Leyva, Diego，迭戈·德·柯瓦卢毕亚斯·y·莱瓦 46, 107
Cramb, J. A.，J. A. 克兰布 26
cuius regio eius religio principle，教随国定原则 7
Curzon, Lord Nathaniel，纳撒尼尔·寇松勋爵 26, 238

Cyrus the Great，居鲁士大帝 4
Dante，但丁 5
Davenant, Charles，查尔斯·达维南特 132, 179
Davies, John，约翰·戴维斯 137
de Brosses, Charles，查尔斯·德·布罗斯 230-2
Dee, John，约翰·迪伊 50, 124, 135-6
Denning, Lord，丹宁勋爵 144
Diocletian (emperor)，戴克里先（皇帝）6
discovery, right of，发现权 133-42, 168-9
Donne, John，约翰·邓恩 139
Dummer, Jeremiah，耶利米·达默 143
Dutch East India Company (VOC)，荷兰东印度公司（VOC）158

Eliott, John，约翰·艾略特 122
Elizabeth I (queen of England)，伊丽莎白一世（英格兰女王）50, 124, 135-6
empires，帝国 27
　　after Second World War，第二次世界大战之后 239
　　as machines for extracting wealth，攫取财富的机器 226
　　conception of，理念 2-3
　　end of, after 1945，1945 年底 33-4
　　nationalism and，民族主义 238
　　of liberty，自由 36
　　settler societies and，移民社会 18
　　similarities of，相似性 1
　　sovereign authority in，主权权力 29-30
　　substitution of commerce for conquest and，用商业代替征服 226-32

466

Universal, 普世 53
word origin of, 词源 2
England, 英格兰
  American colonization by, 美洲殖民化 120-1
  conquests and, 征服 123-33
  founding charters for colonies and, 建立殖民地宪章 123
  legal character of American colonies, 美洲殖民地法律特征 122
  view of colonizing ventures by, vs. European rivals, 殖民冒险活动 vs. 欧洲竞争者 121-2
  view of indigenes, 土著的观点 123

Fajardo, Saavedra, 萨阿韦德拉·法哈尔多 179
Faure, Élie, 艾利·福尔 27
Ferdinand IV (king of Spain), 费迪南德四世（西班牙国王）176
Ferguson, Robert, 罗伯特·弗格森 142
Fletcher, Andrew, 安德鲁·弗莱彻 130
Floridablanca, conde de (José Moñino), 佛罗里达布兰卡伯爵（何塞·莫尼诺）177
Franklin, Benjamin, 本杰明·富兰克林 127, 131, 186
Freitas, Serafim de, 塞拉菲姆·德·弗莱塔 17, 165-70
French Empire, 法兰西帝国 7
Frobisher, Sir Martin, 马丁·弗罗比舍爵士 137

Gaius, 盖尤斯 54
Galerius (emperor), 伽列里乌斯（皇帝）6

Gassendi, Pierre, 皮埃尔·加森迪 98-9
Gellner, Ernest, 厄内斯特·盖尔纳 33
Gentili, Alberico, 贞提利·阿尔贝里科 13-14, 67, 139
  as humanist, 人文学家 76-8
  brief biography of, 生平简介 75-6
  legitimation of Spanish conquest and occupation of Americas, 西班牙征服和占领美洲合法性 88-93
  on law of nations, 万民法 78-88
  support of natural slavery argument, 支持自然奴隶论 108
Gibbon, Edward, 爱德华·吉本 4, 8
Gilbert, Sir Humphrey, 汉弗里·吉尔伯特爵士 137
globalization, 全球化 36
Gómara, Francisco López de, 弗朗西斯科·洛佩斯·德·戈马拉 153
Goths, 哥特人 3
Gravina, Giovanni Vincenzo, 乔凡尼·文森佐·格雷维纳 14
Great Britain, 大不列颠 See England, 见英国
Grotius, Hugo, 雨果·格老秀斯 4, 9, 12, 17-18, 46, 53, 67, 137, 141, 159-70, 250
Grynaeus, Simon, 西门·谷利纽斯 155
Gutman, Amy, 埃米·古特曼 255

Habermas, Jürgen, 于尔根·哈贝马斯 256
Habsburg monarchy, 哈布斯堡王朝 176
Hakluyt, Richard, 理查德·哈克卢特 50, 125-6, 136-7, 155
Hamiltloon, Alexander, 亚历山大·汉密尔

顿 231
Hart, H. A. L., H. A. L. 哈特 246
Heermskerk, Jakob van, 雅各布·范·海姆斯克 158
Hegel, Georg Friedrich, 格奥尔格·弗里德里希·黑格尔 174-5
Henry the Navigator (prince of Portugal), 航海家亨利（葡萄牙王子）154
Hercules, pillars of, 赫拉克勒斯之柱 157-8
Hermes Trismegistus, 赫尔墨斯·特里斯墨吉斯忒斯 156
Herodotus, 希罗多德 154
Herrera, Antonio de, 安东尼奥·德·埃雷拉 155
Hobbes, Thomas, 托马斯·霍布斯 13, 127-8, 247
Hobsbawn, Ericc, 艾瑞克·霍布斯邦 27, 34
Hobson, John Atkinson, 约翰·阿特金森·霍布森 32-3
Holy Roman Empire, 神圣罗马帝国 175-6
human rights, 人权 36-7
   as element in international debates over political entitlements, 政治权利国际讨论中的一项重要因素 245
   authority of state and, 国家权力 246-7
   cultural criticism of, 文化批判 244
   history of term, 术语历史 244-5
   imperial expansion and, 帝国扩张 247
   Islamic unease with, 伊斯兰世界不安情绪 243
   ius and, 权利 247-50
   natural rights and, 自然权利 245
   opposition to, 反对 244

   problems facing modern theorists of, 现代理论家面临的问题 253-4
   social contract and, 社会契约 245-6
Hume, David, 大卫·休谟 20, 100, 185-6
Hurgronje, Snouck, 斯诺克·洪格涅 29
Ignatieff, MIchael, 米哈伊尔·伊格纳季耶夫 253
Imperialism, 帝国主义 2, 26-7
   post Cold-War, 冷战后 239
   Schumpeter on, 熊彼特 224-6
improvement, concept of, 改良概念 139-40
Incan Empire, 印加帝国 2
Indigenous peoples, 原住民 See American Indians indirect rule, 见间接统治美洲印第安人 28-9
inhabited world (*oikoumene*), 人类居住的世界 154
international law, 国际法 9, 36, 201, 256
Ireland, 爱尔兰 130
Issacs, Issac, 伊萨克·伊萨克斯 127
Isle of Man, 马恩岛 130
ius gentium, 国际法 54-6
ius, human rights and, 权利和人权 247-50

Jamaica, 牙买加 128
Jefferson, Thomas, 托马斯·杰斐逊 34, 146-7
Jèze, Gaston, 加斯顿·杰兹 67
Johnson v. M'Intosh (1823), 约翰逊诉麦金托什案（1823年）134, 144
Johnson, Samuel, 塞缪尔·约翰逊 47
Jones, Sir William, 威廉·琼斯爵士 3, 232
Jovellanos, Gaspar de Melchor, 加斯帕·梅

尔乔·德·约韦拉诺斯 177-9
Justinian I, 优士丁尼一世 3

Kant, Immanuel, 伊曼努尔·康德 13, 20-4, 34, 256
  cosmopolitanism and, 普世主义 250
  creation of colonies/empires through war and, 通过战争建立殖民地/帝国 212-19
  end of natural law tradition and, 自然法传统的终结 250
  human rights and, 人权 255
  on empires, 帝国 201-6
  on race, 种族 99
  on war, 战争 206-12
Kapp, Ernst, 恩斯特·卡普 153
Khomeini, Ayatollah, 阿亚图拉·霍梅尼 37
Kipling, Rudyard, 鲁德亚德·吉卜林 33
Kleingeld, Pauline, 鲍林·克莱因菲尔德 99
koinos nomous (universal law of mankind), 普遍适用于人类的法律 7-8

Lafitau, Joseph François, 弗朗索瓦·约瑟夫·拉菲托 93
land-appropriation (*Landnahme*), "土地占取" 10-11
las Casas, Bartholomé de, 巴托洛梅·德·拉斯·卡萨斯 115, 122
Laurier, Sir Wilfrid, 威尔弗里德·劳里尔 32
Lauterpaacht, Hersch, 赫希·劳特派特 245-6
law of nations, 万民法 9, 54, 62, 201, 256
  Gentili on, 贞提利 78-88
  modern, 现代 68

Le Peyrère, Isaac, 伊萨克·拉·佩雷尔 112-14
Leroy-Beaulieu, Paul, 保罗·勒鲁瓦-博利厄 26
liberal nationalism, 自由民族主义 33
Livy, 李维 3
Locke, John, 约翰·洛克 16, 139-40
Lopez de Gómara, Francisco, 弗朗西斯科·洛佩斯·德·戈马拉 156
Louis I (king of Spain), 路易一世（西班牙国王）176
Lucan, 卢坎 156
Lugard, F. D., F. D. 卢加德 28, 33

Mabo v. The State of Queensland (1992), 马博诉昆士兰州（1992）134
Macaulay, Thomas Babbington, 托马斯·巴宾顿·麦考雷 33
Machiavell, Niccolò, 尼科洛·马基雅维利 4
Madison, James, 詹姆斯·麦迪逊 131
Madoc story, 马多克传说 136
Maine, Henry Sumner, 亨利·萨姆纳·梅因 9, 12-13, 26, 29-30, 32, 35
Major, John, 约翰·梅杰 105-6
Maldonado, Juan de, 胡安·德·马尔多纳多 157
Malinowski, Bronislaw, 布罗尼斯拉夫·马林诺夫斯基 28
Manet, Pierre, 皮埃尔·马奈 253
Marcus Aurelius (emperor), 马可·奥勒留（皇帝）8
Maritain, Jacques, 雅克·马里坦 245
Marlowe, Christopher, 克里斯蒂弗·马洛 2
Marshall, John, 约翰·马歇尔 133-5, 144

Marx, Karl, 卡尔·马克思 247
Mazzini, Giuseppe, 朱塞佩·马齐尼 25, 33
Meiji Japan, 日本明治天皇 238
Mesa, Bernardo de, 贝尔纳多·德·梅萨 109
Mill, John Stuart, 约翰·斯图亚特·密尔 4, 12, 14, 32, 36, 254
Minuit, Pieter, 彼得·米纽伊特 142
Mirabeau, marquis de (Victor de Riqueti), 米拉博侯爵（维克多·德·里克提）18, 226
Molina, Luís de, 路易·德·莫利纳 46
Mommsen, Theodore, 特奥多尔·蒙森 9
Montesquieu, Baron de la Brede et de, 夏尔·德·塞孔达, 孟德斯鸠男爵 135, 225-6
Morcillo, Sebastian Fox, 塞瓦斯蒂安·福克斯·莫西罗 114
Morris, Robert Hunter, 罗伯特·亨特·莫里斯 141
Moyn, Samuel, 塞缪尔·莫伊 244-5, 253
Mughal Empire, British control of, 英国人控制的莫卧儿帝国 6
Muriel, Andrés, 安德烈斯·穆里尔 177

Napoleon Bonaparte, 拿破仑·波拿巴 25, 233-7
Napoleonic Empire, 拿破仑帝国 25
nationalism, 民族主义
　empires and, 帝国 238
　liberal, 自由 33
nation-states, 民族-国家 2
　defined, 确认 30
Native Americans, 美洲土著 See American Indians natural rights, 见美洲印第安人自然权利
　civil law and, 市民法 250-2
　end of usage of term, 使用术语的目的, 250-3
　human rights and, 人权 245, 248-50
Nero (emperor), 尼禄（皇帝）8
Nerva (emperor), 涅尔瓦（皇帝）8
New England, Dominion of, 新英格兰自治领 132
New France, 新法兰西 7, 120, 123
New World, 新世界
　discovery of, 发现 153-8
　European justifications of conquests, 欧洲人征服活动的正当性 15-18
Nicholas V (pope), 尼古拉斯五世（教皇）17, 49
North America, 北美洲
　Hegel's comparing North America with, 黑格尔对北美洲和南美洲的比较 174-5
Northwest Ordinance of 1787, 1787年《西北条例》35
Nussbaum, Arthur, 阿瑟·努斯鲍姆 65

oceans, as highways, 海洋大道 155
Ockham, William of, 奥卡姆的威廉 248
O'Higgins, Bernardo, 贝尔纳多·奥希金斯 195
oikoumene (inhabited world), 世界（有人居住的世界）154
ontoloogically divinised natural law, 本体论自然法 245
Otis, James, 詹姆士·奥蒂斯 127
Ottoman Empire, 奥斯曼帝国 1-2, 239

law and, 法律 5

Our Global Neighbourhood（United Nations），《全球若比邻》（联合国）255-6

Oviedo, Gonzalo Fernández de, 贡萨洛·费尔南德斯·德·奥维耶多 106, 155

Pacheco Pereira, Duarte, 杜阿尔特·帕谢科·佩雷拉 154

Palacios Rubios, Juan López, 胡安·洛佩兹·德·帕拉西欧斯·卢比欧斯 107

papal donation, 教皇捐赠 49

Paris Peace Conference of 1919, 1919 年巴黎和会 33

Paterson, William, 威廉·帕特森 50

Paul III（pope），保罗三世（教皇）10

Peace, 和平 26

Peckham, George, 乔治·佩克汉姆 136

Pinto, Isaac de, 伊萨克·德·平托 226

Pizarro, Francisco, 弗朗西斯科·皮萨罗 2

Plassey, battle of, 普拉西之战 6

Pliny, 普林尼 8

Plutarch, 普鲁塔克 87

Pocock, John, 约翰·波科克 145, 238

Polybius, 波利比乌斯 87

prescription, 时效 141-2

Price, Richard, 理查德·普莱斯 137, 145

property, John Locke's theory of, 约翰洛克财产权理论 140

Prudentius, Aurelius, 奥里利乌斯·普鲁登修斯 8, 87

Pufendorf, Samuel, 塞缪尔·普芬道夫 65-7

Purchas, Samuel, 弗朗索瓦·奎斯奈 155

purchase, of land, 购买土地 142-6

Quesnay, François, 弗朗索瓦·奎斯奈 230-1

Rabossi, Eduardo, 爱德华多·拉博斯 244

race, 种族
　blood lines and, 血缘联系 100
　early classifications, 早期分类 99-100
　early treatment of word, 早期对这一词汇的观点 98-9
　environment/climate and, 环境/气候 102-3
　language-acquisition and, 掌握语言 101
　origin of word, 词汇起源 98
　Regino of Prüm on, 普吕姆的雷吉诺 100
　religious conversian and, 宗教皈依 101-2
　race., 种族 100-1

Ralegh, Sir Walter, 沃尔特·雷利 125

Rawls, John, 约翰·罗尔斯 254

Rawson, Edward, 爱德华·罗森 143

Raynal, Abbé Guilaume Thomas, 吉洛姆·托马斯·雷纳尔神父 153

Regino of Prüm, 普吕姆的雷吉诺 100

respublica, 共和国 55-6

Ricci, Victoria, 维多利亚·里奇 158

rights, 权利 *See* human rights 见人类权利

Roman Empire, 罗马帝国 1-2

Roman Law, 罗马法 3

Rome, 罗马
　citizenship and, 公民身份 3-4
　universal order and, 普遍秩序 8

Roosevelt, Theodre, 西奥多·罗斯福 35, 238

Rorty, Richard, 理查德·罗蒂 244

Royal Proclamation of 1763,《1763 年皇家宣

471

言》143-6

Sahlins, Marshall, 马歇尔·萨林斯 1
Salamanca, School of, 萨拉曼卡学派 10, 46-7
　treatment of barbarians by, 对待野蛮人 97-8
satraps, 总督 5
Savigny, Friedrich Karl von, 弗里德里希·卡尔·冯·萨维尼, 32
Schmitt, Carl, 卡尔·施米特 10, 56, 153
Schumpeter, Joseph, 约瑟夫·熊彼特 224-6, 239
Scott, James Brown, 詹姆斯·布朗·斯科特 68
Seeley, J. R., J. R. 西利 2, 121
Septimius Severus, 塞普蒂米乌斯·塞弗勒斯 6
Sepúlveda, Juan Ginés de, 胡安·希内斯·德·塞普尔韦达 108, 115
settler societies, 移民社会 18
Shelburne, earl of (William Petty), 谢尔伯恩伯爵（威廉·佩蒂）186
Sinha of Raipur, Baron, 赖布尔辛哈男爵 6
slavery, theory of natural, 自然奴隶论 14, 58, 103-5
　support of, by Gentili, 贞提利支持 108
　use of, to bolster Spanish claims to Indies, 支持西班牙占有西印度群岛 107-8
slaves, natural, American Indians and, 美洲印第安人自然奴隶 106-7
Smith, Adam, 亚当·斯密 18, 36, 146, 153, 170, 185-6, 226
Somnium Scipionis (Cicero), 西庇阿之梦（西塞罗）, 154
Soto, Domingo de, 多明戈·德·索托 46-7, 52-3, 107-8, 156-7
South America, 南美洲
　Hegel's comparing North America with, 黑格尔对南美洲和北美洲的比较 174-5
sovereign authority, 主权 29-30
Spain, 西班牙
　accession of Bourbons and, 建立波旁王朝 176-9
　discovery and conquests of Americas and, 发现和占领美洲 179-80
　Habsburg monarchy and, 哈布斯堡王朝 176
　Holy Roman Empire and, 神圣罗马帝国 175-6
　insurgency of Spanish American colonies and, 西班牙美洲殖民地叛乱 188-96
　problems facing monarchy of, 君主制面临的问题 179
　solution to predicament of its new found wealth for, 新发现财富困境的解决方案 180-1
Spanish Empire, 西班牙帝国 7, 10, 47, 120
Spenser, Edmund, 埃德蒙·斯宾塞 98
Stewart, Dugald, 杜格尔德·斯图尔特 177
Stoicism, 斯多葛主义 8
Story, Joseph, 约瑟夫·斯托利 134
Suárez, Francisco, 弗朗西斯科·苏亚雷斯 46, 62, 109

Tamburlaine, 帖木儿 2
Tasman, Abel, 阿贝尔·塔斯曼 158
terra-nullius (land of no-one) argument, 无

主土地论 16-18，135，138-9，141
Tertullian，特尔图良 3，5
Theodoric the Great（king of the Ostrogoths），西奥多里克大帝（东哥特国王）3
Thevet, André，安德烈·特维 155
Third Reich，第三帝国 6
Thomas Aquinas，托马斯·阿奎那 245
Thomasius, Christian，克里斯蒂安·托马修斯 67
Tiberius（emperor），提比略（皇帝）8
Tocqueville, Alexis de，亚历克西斯·德·托克维尔 28-9，36，238
Tordesillas, treaty of，《托德西利亚斯条约》50
Tucker, Josiah，乔赛亚·塔克 127
Twiss, Sir Travers，特拉弗斯·特威斯爵士 47，51，67

United Kingdom，联合王国 See England，见英格兰
    United States，美国
    as sole surviving contender for imperial status，唯一幸存下来可以争夺帝国地位的国家 34-6
    internal colonization of，内部殖民 35-6
universal citizenship，普遍公民权 6
Universal Declaration of Human Rights of 1948，《1948年世界人权宣言》243，253，255
universal empire，世界帝国 53
Universalism，普世主义 7，9

Varlet, Jean-François，让·弗朗索瓦·瓦莱特 252
Vásquez de Menchaca, Fernando，费尔南多·瓦斯克斯·德·门查卡 46，48，67
Vattel, Emer de，埃米尔·德·瓦特尔 9，67
Vázquez de Menchaca, Fernando，费尔南多·瓦斯克斯·德·门查卡 11
Vico, Giambattista，詹巴蒂斯塔·提埃坡罗 14
Villey, Michel，米歇尔·维利 247-8
Virgil，维吉尔 5，9
Virginia Company，弗吉尼亚公司 125
Vitoria, Francisco de，弗朗西斯科·德·维托利亚 10-13，46-53，107-8，176，201，245-6，248
    Gentili's misreading of，贞提利的误读 88-93
    modern law of nations and，现代国际法 68
    on division of things，区分 62-8
    on right of discovery，发现权 137
    on right of the Spanish crown to exercise dominion in Americas，西班牙王室在美洲行使统治权 56-62
Vrehulst, Willem，威廉·弗赫斯特 142

Ward, Robert，罗伯特·沃德 67
wars/warfare，战争 56-8，62
    Kant on，康德 206-12
Western exceptionalism，西方例外主义 256
Westphalia, Treaty of，《威斯特伐利亚和约》7
Wilson, James，詹姆斯·威尔逊 131
Wilson, Woodrow，伍德罗·威尔逊 33
Winslow, Edward，爱德华·温斯洛 126
Wolff Christian，沃尔夫·克里斯蒂安 14，

帝国的重负：公元 1539 年至今
67，201

Yew, Lee Kuan，李光耀 37，244
Young, Arthur，阿瑟·扬 137

Zeno of Citium，基提翁的芝诺 8
Zurara, Gomes Eannes de，戈梅斯·埃亚内斯·德祖拉拉 15

This is a Simplified Chinese translation of the following title published by Cambridge University Press:

The Burdens of Empire: 1539 to the Present
ISBN: 9780521188289

© Anthony Pagden 2015

This Simplified Chinese translation for the People's Republic of China (excluding Hong Kong, Macau and Taiwan) is publishedby arrangement with the Press Syndicate of the University of Cambridge, Cambridge, United Kingdom.

© The Contemporary World Press 2022

This Simplified Chinese translationis authorized for sale in the People's Republic of China (excluding Hong Kong, Macau andTaiwan) only. Unauthorized export of this Simplified Chinese translation is a violation of the Copyright Act. No part of this publication may be reproduced or distributed by any means, or stored in a database or retrieval system, without the prior written permission of Cambridge University Press and The Contemporary World Press.

Copies of this book sold without a Cambridge University Press sticker on the cover are unauthorized and illegal.

本书封面贴有 Cambridge University Press 防伪标签，无标签者不得销售。

版权登记号：图字：01-2022-0563 号

图书在版编目（CIP）数据

帝国的重负：公元 1539 年至今／（美）安东尼·帕戈登著；杨春景译. -- 北京：当代世界出版社，2022.10
ISBN 978-7-5090-1553-7

Ⅰ. ①帝… Ⅱ. ①安… ②杨… Ⅲ. ①帝国主义-研究-欧洲 Ⅳ. ①D033.3

中国版本图书馆 CIP 数据核字（2021）第 244189 号

书　　名：	帝国的重负：公元 1539 年至今
出版发行：	当代世界出版社
地　　址：	北京市东城区地安门东大街 70-9 号
邮　　箱：	ddsjchubanshe@163.com
编务电话：	（010）83907528
发行电话：	（010）83908410
经　　销：	新华书店
印　　刷：	北京中科印刷有限公司
开　　本：	889 毫米×1230 毫米　1/32
印　　张：	15.25
字　　数：	325 千字
版　　次：	2022 年 10 月第 1 版
印　　次：	2022 年 10 月第 1 次
书　　号：	978-7-5090-1553-7
定　　价：	88.00 元

如发现印装质量问题，请与承印厂联系调换。
版权所有，翻印必究；未经许可，不得转载！